時兆文化

復臨教會的開創史

唯恐我們忘記

「面對未來，我們一無所懼；
除非，我們忘記上帝過去的引領和教導。」

——懷愛倫

George R. Knight

喬治・賴特 著

張恩澤 譯

LEST WE
FORGET

寫給旅伴們的話

歡迎參與我們的旅程，讓我們同走這365天，共同來經歷復臨信徒在歷史上成長的歷程。

我懷著以下幾個堅定的信念寫成這本晨鐘課。（1）上帝曾帶領基督復臨安息日會走過歷史，今天還繼續引導著她。（2）「基督復臨論」的提出是一個預言性的運動，而不只是一個新增的基督教派。（3）在二十一世紀，我們教會所面臨一個最大的危機是忘記自己的身分，以致迷失了自己的目標和存在的理由。所以，本書取名——《唯恐我們忘記》。

它不像一般的靈修課程，聚焦在與某一經文相關聯的培靈和激勵人心的教導上，本書從歷史的角度，尋求藉著復臨教會的發展歷程來啟迪讀者，激勵他們。這兩個目標的結合通常不太容易在一頁的篇幅裏完成，但我盡力去克服這個困難。因我深知大部分的復臨信徒對我們教會的歷史所知甚少，所以我在寫這本書的時候兼顧它的教導性和靈修性。從長遠來看，這兩個領域是不可分割的。畢竟，所有真正的靈修是立足於事實而不是小說上。

我相信這一年的學習將會帶領讀者更加靠近我們的主，更加熱愛主的教會。我也懇求主使我們看見祂在過去對祂子民的帶領，教導我們領會其中的教訓，使我們得鼓勵，仰望主的第二次再來。

本書的完成乃藉由妻子和我在評閱宣報出版社（Review and Herald Publishing Association）兩位得力助手編輯的幫助，他們是——吉拉爾德‧維勒（Gerald Wheeler）和珍妮特‧詹森（Jeannette Johnson）。

喬治‧賴特

寫於俄勒岡州洛格河畔

＊編者注：本書內文所標示的書籍頁碼，皆為英文原著的頁碼，包括懷氏著作在內。

作紀念的石碑

他們從約旦河中取來的那十二塊石頭，約書亞就立在吉甲，對以色列人說：「日後你們的子孫問他們的父親說：『這些石頭是什麼意思？』你們就告訴他們說：『以色列人曾走乾地過這約旦河。』」（書4：20－22）

不單是一堆古老的石頭而已！每一塊石頭都有其特殊含義。它們承載著歷史，是紀念的石碑。

雖然就這些石頭本身而言，再普通不過了，它們跟巴勒斯坦山地上堆積的百萬顆石頭沒有什麼區別。但這十二塊石頭卻傳達出特別訊息，指引我們回望上帝在以色列人歷史中的引領。

聖經是一本歷史書，記載著人類歷史中發生的一系列事件。從創世，罪進入世界，以及之後在歷史的長河裡繼續流淌：上帝與亞伯拉罕立約，以色列人出埃及、被擄、歸回，童女生子，耶穌聖潔的一生，十架犧牲，復活和復臨。

聖經是一本紀念上帝對祂百姓奇妙帶領的書。

教會如果忘記這些歷史所蘊涵的深刻含義，就會陷入危險的境地。好像離泊的船隻，迷失方向。那標榜為猶太－基督教傳統的社會（Judeo-Christian）的迷失，始於忘記過去——更確切的說，是忘記過去上帝的帶領。

在這樣的情況下，基督徒就會迷失自我，以致迷失了使命和目標。因為，如果你不知道自己的人生與上帝的計畫有什麼關聯，那麼你能告訴這世界什麼呢？

基督教歷史上，時常有些教會團體忘記自己是從哪裡來的，以致面對未來時，毫無方向。而這樣的遺忘也成為今天復臨信徒一個非常真實的試探。

所以，當我們讀到懷愛倫在晚年向讀者們就這個話題所發出的告誡時，就不足為奇了。她寫道：「我既親自經驗了我們前進過程中的每一階段，現在回顧我們過去的歷史時，我就能說，讚美上帝！當我看見上帝對我們的鍛造，就驚奇不已，又因基督是我們的導師，而信心滿滿。面對未來，我們一無所懼；除非，我們忘記上帝過去的引領和教導。」（《懷氏傳略》第196頁）

這一年，我們要從復臨信徒的歷史中，思想我們所要走的旅程，我們的教會也該有它自己紀念的石碑。

忽略它們，後果堪憂。🧑

譯者注：猶太－基督教道統（Judeo-Christian）這一名詞係指共同被猶太教及基督教接受的理念，且被認為是美國等社會法規及道德規範之基礎，他們強調的核心價值觀是自由和平等。

激動人心的歲月（一）

但以理啊，你要隱藏這話，封閉這書，直到末時。必有多人來往奔跑，知識就必增長。（但12：4）

歷史學家阿尼斯特·桑迪（Ernest Sandeen）說：「十九世紀初的美國，沉醉在千禧年當中。所有的基督徒，不分宗派，都相信他們已經逼近上帝之國的邊界。」

1755年在里斯本所發生的毀滅性大地震，已經直接觸動人們的心靈，使他們能夠面對世界末日的話題。但最大的刺激來源於1790年代的法國大革命及其衍生的一系列事件。社會、政治和宗教的動盪，輪番地提醒人們有關聖經中對末世的描述。猛烈又巨大的法國大災難，使得大西洋兩岸的學者們，不約而同的把視線聚焦到但以理書和啟示錄的預言中。

特別的是，許多聖經研究者很快就對聖經中有關時間的預言和1798年，表現出特別濃厚的興趣。1798年2月，拿破崙的大將貝爾帝埃（Berthier）率軍佔領羅馬城，廢黜教皇庇烏斯六世（Pius VI）。對這些聖經學者來說，1798年成了世俗歷史和聖經預言相互關聯的定位點。按「一日等於一年」的聖經預言解釋原則，他們發現教皇的被捕事件，正是啟示錄13章3節所指的「死傷」，也應驗了但以理書7章25節和啟示錄12章6、14節；13章5節所提到的1260年／天的預言。

身為聖經學者和作家的桑迪，相信他們現在已經找到了「但以理書和啟示錄預言中所標示的時間固定點。甚至某些人確定，在這個被揭露的預言時間點中，他們在這個時代所處的位置已經可以被標注出來了。」

最後，他們做出結論，但以理書12章4節的預言已經來到了它被應驗的時刻。基督降生的六百多年前，先知記下這段文字：「但以理啊，你要隱藏這話，封閉這書，直到末時。必有多人來往奔跑，知識就必增長。」因為世界上所發生的這些大事件，許多人堅信他們已經進入聖經所說的「末時」了。聖經研究者們從來沒有像這樣，逐字逐句地「來往奔跑」於但以理書的字裡行間。他們試圖對這些末世的事件有更清楚的理解。於是從十八世紀末到十九世紀初，湧現出一股出版研究聖經預言書籍的空前熱潮。

聖經預言正在不斷地應驗中。不僅人們從未像這樣認真查考但以理書，並且對這些預言的知識也迅速增長中。那是一個對預言狂熱的年代。

3日　激動人心的歲月（二）

這天國的福音要傳遍天下，對萬民作見證，然後末期才來到。（太24：14）

致力於研究聖經預言的行動，並不是對法國大革命唯一的宗教反應。第二次革命更激起了美國有史以來空前的宗教大復興，震動了整個國家。從1790年代開始，持續到1840年代的「第二次大覺醒」（The Second Great Awakening），是這個年輕的國家成為一個基督教國家的最主要原因。

伴隨宗教復興的，還有一波社會和人心的變革。十八世紀末十九世紀初，政治和工業技術發展上的巨大成就，使得許多人開始相信，他們已經擁有足以創造人間天堂的操控。成百上千的變革運動興起，希望能建造一個更完美的人類社會。

到了十九世紀初，許多致力於革新運動的社團紛紛興起，變革幾乎發生在人類能想像到的任何一個領域。就在那數十年間，廢除奴隸制度、戰爭、飲酒等活動成為美國文化的最主要元素。另外，一些社團還主張提升公共教育、善待聾啞者、盲人、智能障礙者、囚犯、追求兩性和種族平等，等等一些主張。在社會範疇之外，人們會尋求一些組織團體，來支持個人在道德、健康上的改革——美國素食協會就是其中一個例子。

宗教家和世俗主義者都傾其全力和資源，試圖通過這些變革，使人類社會變得更加完美。但這些宗教家更超越了他們同時代的人。他們成立了各種聖經公會，國內和海外佈道協會，主日學聯合協會，和其他一些宣傳「主日神聖」（Sunday Sacredness）論的協會。新教徒第一次感受到有向全世界傳揚福音的必要性。

在1830年代，因為這變革和對外宣教的熱忱，使得期待千禧年到來的觀念普遍深入人心。查理斯・芬尼（Charles Finney），那個時代最偉大的美國佈道家，道出了當時教會中最流行的觀念；1835年他以改革的口吻寫道：「如果教會能擔負起她的使命，千禧年就能在3年之內到來。」

他們的觀點是：這些變革和各方面的大覺醒，可以幫助這個世界開始做好準備，迎接啟示錄20章所提到的千禧年降臨。然後，在這個千禧年中，世界要繼續改革變新，直到一千年結束基督再來時。

就在這樣一個極度熱切期待千禧年到來的社會背景下，威廉・米勒耳（Willian Miller）開始傳講基督復臨的信息。結果，各地教會紛紛張開雙臂歡迎他。

上帝已預備了道路，正如祂平素所行，而我們的任務就是順從祂的引領。

難以置信的未來傳道人 **4**日

我實實在在地告訴你，人若不重生，就不能見上帝的國。（約3：3）

那是一個充滿希望、期待而又生機勃勃的「第二次大覺醒」時代。然而，出現在我們眼前的這個未來傳道者米勒耳，竟然看起來毫無希望。

事實上，在威廉‧米勒耳20多歲時（他出生1782年），他比較喜歡嘲弄講道人而不是聽從他們的教導。他尤其喜歡在自己的家族中找一些可以作為嘲弄的目標。他「最喜歡」的嘲笑對象，包括他的祖父費爾普斯（浸信會的牧師）和他的叔叔以利戶‧米勒耳，漢普頓浸信會的牧師。

威廉模仿他的祖父和叔叔虔誠的特性，為他的懷疑論朋友提供極大的消遣。他以「滑稽般的嚴肅方式，模仿他們的用語、聲調、動作、激情、甚至連悲傷的樣子，都逼真到彷彿他們就在現場。」

他的這些行為不僅為朋友們提供消遣，更向我們顯現出年輕的米勒耳是個什麼樣的人。在那個文化快速變遷的時代背景下，米勒耳跟其他的年輕人一樣，正經歷著他的青少年個性危機。毋庸置疑，他在青春期的多年掙扎，主要表現在他對家族的叛逆上，藉著對父母的反抗，來張揚他自己的個性。

不幸的，這種爭戰，無論對父母或青少年來說，都是非常痛苦的。對威廉那虔誠的母親也不例外。她知道他的滑稽表現一點也不幽默。對她來說，長子的行為所帶給她的，只是「如死亡般的苦澀」。

當然，威廉也不是向來就反叛宗教。相反的，他小時候對信仰熱心，甚至非常虔誠到為信仰受苦。在他日記本的扉頁上有這麼一句話（他十多歲就開始寫日記）：「我從小就受教導要向上帝禱告。」作為日記本序言中唯一描述他自己的一句話，對這個性格獨特的人來說，它一定是句重要的話。

可是好景不常。就在他成年後的初期階段，便離開了基督教信仰，變成一個好鬥、多疑的自然神論者。之後他所攻擊所譏諷的對象們，不僅是他的祖父，更是整個基督教本身。

然而，他的祖父費爾普斯從來沒有對他放棄過。「你不要對威廉感到太苦惱，他將來一定會為上帝做些什麼事。」他安慰威廉的母親。

這番話後來果然應驗。但對他母親來說，確實有點不幸，因為的確花了一段較長的時間，這個預言才應驗。

費爾普斯從沒有停止過為他的孩子們和孫子們禱告。這對於身處二十一世紀的我們來說，有其重要的特殊意義。🔔

9

5日　無望的指出希望

「我就心裏說：『愚昧人所遇見的，我也必遇見，我為何更有智慧呢？』我心裏說，這也是虛空。智慧人和愚昧人一樣，永遠無人記念，因為日後都被忘記；可歎智慧人死亡，與愚昧人無異。」「世人……都歸於塵土。」（傳2：15、16；3：19、20）

在第二次英美戰爭（1812－1814年），米勒耳服役為陸軍上尉，這是他人生的一個轉捩點。之前，他就已經對他的自然神論信仰產生疑問。其中比較關鍵的一點是，自然神論應許人死後有生命，但事實上，米勒耳認為人死後，一切都歸於虛無。

同時，米勒耳開始沉思自己的生死及其意義。1814年10月28日，他在給妻子的信中提到他死去的一個戰友：「再過不了多久，我也會像斯班瑟一樣，不再活在世上。這是很嚴肅的的想法。」

生命的嚴峻事實，催促著米勒耳上尉轉向他從前曾竭力拒絕的信仰。

但他仍不死心。他認為如果能在軍中找到真正的愛國主義精神，那麼，他就可以下結論：自然神論信仰沒有錯。他寫道，「但兩年的軍涯已夠使我相信，我在這件事情上是錯誤的。」聖經對人類墮落本性的描寫，看來比自然神論的觀點正確。自然神論認為人的本性是善良的、正直的，但米勒耳覺得他在歷史上找不到這些印證。他繼續寫道：「我讀得越多，就越覺得人類的本性顯得墮落。我察覺到過去的歷史中沒有任何光明。那些世界的征服者，歷史的英雄人物，只不過是魔鬼寄居在人的形體中……這令我覺得人類是靠不住的。」

米勒耳對自然神論最後一個信仰的危機，就是他從1814年9月普拉茨堡戰役（Battle of Plattsburg）來看上帝在歷史中扮演一個什麼樣的角色。在這次的戰役裏，美國的「雜牌軍」竟然打敗了英國第一流的正規軍，這支優良的軍隊不久前曾戰勝了拿破崙的軍隊。

美軍原先注定是要失敗的。「這真是一個令人驚訝的結局，竟然在這麼微小的機率中獲勝。」米勒耳下結論説，「對我來説，這只能解釋宇宙中還有一個比人力更強大的超能力存在。」

正如傳道書的作者所説，嚴峻的現實生活，迫使米勒耳從另一個角度來認識上帝。值得慶幸的是，今天這嚴峻的現實在我們的生活上，仍扮演著同樣的功用。

上帝以奇妙的方法作工

可見，信道是從聽道來的，聽道是從基督的話來的。（羅10：17）

米勒耳離開錯謬的自然神論信仰，並不意味著他會欣然成為一個基督徒。不過，他漸漸地開始上教堂。至少在他覺得喜歡的時候就會去。

米勒耳接下來的一個人生轉捩點發生在1816年5月，他突然發現自己都在做些「妄稱耶和華之名」的事情。他曾要求軍隊這樣做，後來發現這都是錯的。

對大部分的人來說，這些事可能根本無所謂，但這個有關信仰的話題，卻一直使米勒耳苦惱不已。最後，它終於爆發成為他人生的危機。他後來寫道：「在1816年5月，我好像被判罪一般；恐懼充滿了我的心靈！我茶飯不思，真如晴天霹靂。這樣的日子延續到十月，直到上帝打開了我的眼睛。」

1816年9月發生了兩件事情，為他的十月危機作了預備。第一件事是普萊茨堡戰役慶祝大會。聯歡晚會前，人們在為「狂歡」時節做準備。老兵們先來參加佈道聚會，這使他們的眼目轉向自己的心靈深處。當他們回想起當年苦戰情景並「出人意外」的勝利時，禱告和讚美代替了原先準備的娛樂和跳舞。

第二件事情發生在接下來的星期天。米勒耳的母親發現：每當教會的牧師不在鎮上的時候，教會的一位執事就必須勉強站起來讀一篇講稿，在這樣的情況下米勒耳就會立刻缺席禮拜。

米勒耳曾表示，如果能讓他來讀講稿的話，他就會出席每一次的禮拜。就這樣，還是自然神論者的米勒耳開始經常接受邀請，宣讀執事們選好的講稿。1816年9月15日，正當他在讀講稿的時候，突然感到一陣窒息，以致他不得不中斷坐下來。他的靈性到了一個緊要關頭。

幾個星期後，米勒耳回憶道：「上帝開了我的眼睛，哦！我的靈啊！耶穌是我何等寶貴的救主！」這種看見促使這位新蒙恩者去參加教會常規的聖經查經班。很快的，他就感受到聖經「成了我的歡樂，在耶穌裏我找到了一個朋友。」

上帝是行神蹟的上帝。祂竟然看顧一向懷疑的米勒耳，藉著他讀講稿，來引導他歸向上帝，這是多麼令人驚奇的事情啊！我們所事奉的上帝，祂能用無數的方法來完成祂自己的旨意。

為上帝的話而活的人

你的話是我腳前的燈，是我路上的光。（詩119：105）

米勒耳曾是一個博學的自然神論知識分子，在1816年轉為基督徒後，有一本書對他來說是必不可少的，那就是聖經。幾年後，在給一位年輕傳道人的信中，他這樣說：「你要宣講聖經，以聖經來證明一切，用聖經來說話，用聖經勸勉人，用聖經的話禱告，熱愛聖經，盡所能力幫助別人也愛聖經。」

另外，他也曾說：「聖經是世界買不到的珍寶。」它不僅帶給我們平安及「將來堅定的希望」，且「加添了我們心力」，還「賜給我們強有力的武器，勝過逆境。」不僅如此，「它還告訴我們將來的事情，指教我們如何預備去迎接這些事情的到來。」他希望年輕的傳道人深入細緻地研究聖經，而不是給自己灌輸一些「某教派的信條……我希望他們自己研究聖經……如果他們沒有自己的頭腦，那就只好印上別人的思想，在他們的額上貼上一張衛道人士的標籤，送去做奴隸！」

米勒耳不僅教導別人研究聖經，他更實踐自己所說的。就因為他自己對聖經所做的大量深入的研究，才使他得到那叫人震驚的結論。他的學習方法是全面且有條理性的。他介紹自己早年學習聖經的時候，是從創世紀開始，逐字逐句地讀，「不求進度快，直到這些經文的含義都全部弄懂；不迴避任何神秘主義的質疑和反駁，我都能自如地解決各種困窘。」「當我碰到一些難懂經文的時候，」他解釋道，「我的辦法是拿它跟全部相關經文一一對照比較；找出這些難懂經文各部分關鍵的語詞，藉著《克盧頓經文彙編》（Cruden）的幫助，我找到聖經中所有出現這些語詞的其他經文。然後，得出每一個語詞在經文主題中正確的含義。如果我的看法跟每一處比照經文的含義相和諧，困難就迎刃而解了。」

米勒耳學習聖經不僅追求深度而且追求廣度。他花了兩年全時間地通讀整本聖經。一直到他「對以經解經完全滿意為止，」認識到「聖經是一個明顯真理的系統，是那樣的簡單明瞭，以致『無論是流浪者，還是愚鈍的，都不會誤解真理。』」

感謝上帝的恩典，祂今天仍舊通過祂的話語帶領我們。

令人吃驚的發現 **8**日

他對我說：「到二千三百日，聖所就必潔淨。」（但8：14）

米勒耳沒有迴避那些被人們認為是比較無用的經文，例如年代等。「我完全相信『聖經是上帝所默示的，都是有益的』，從來沒有出於人意，乃是人被聖靈感動記下上帝的話來。記下來是為了讓我們學習，藉著聖經使我們學習忍耐，得安慰，充滿希望。聖經中有關記載年代的部分同樣是上帝的話之一部分，也是值得我們認真去思想的，正如我們研究聖經的其他部分一樣。」

「所以我覺得，當我們努力理解上帝因著慈愛，啟示給我們適合的真理時，我們就沒有理由越過這些關於年代的預言。我明白預示的事件應驗所需要的天數，可以擴大理解為相應的年數，正如上帝在民數記14章34節和以西結書4章4至6節中所指出的一天等於一年⋯⋯根據所有新教聖經注釋公認的標準解釋，我只能看待這個時間為一種表號，表明一天等於一年。這樣，如果我們能獲得某種線索，確知開始的時間，就很可能按著預言所説的，得出它結束的時間。上帝不會啟示我們一個沒有用的預言，所以，當我們有信心尋求基督再來的時候，這些預言就會引導我們明白主來的日子。」

根據但以理書8章14節，米勒耳解釋「聖所就必潔淨」是指基督第二次再來時用火潔淨地球。鑑於聖經學者們普遍同意二千三百日預言的起點是西元前457年，他便下結論：但以理的預言將會在1843年前後應驗，跟眾多學者們對預言的觀點一致。

他們對但以理書8章14節所持不同的意見不在於那段時間，而是在於事件本身的性質。1818年米勒耳得出了他令人震驚的結論：「大約再過25年⋯⋯當今世上的所有事物將會終結。其中所有的驕傲和權勢，浮華和空虛，邪惡和壓迫將結束。歷代所盼望的和平彌賽亞之國將被建立，取代世上的萬國。」

如今，耶穌的再來依舊是我們盼望中的盼望，它最終會給我們帶來無窮的歡樂。

譯者按：這些學者和米勒耳主義者不同的觀點在於事件本身的性質，即1843年究竟會發生什麼事情。當然，米勒耳的觀點認為潔淨聖所就是指基督第二次再來。其他人則認為是另有所指。

隨之而來的欣喜

我就走到天使那裏，對他說：「請你把小書卷給我。」他對我說：「你拿著吃盡了……在你口中要甜如蜜。」（啟10：9）

啟示錄第10章是七號筒中美妙的間奏。你若查看從啟示錄9章13節到啟示錄11章15至18節，就曉得第10章是嵌在第六號筒和第七號筒之間。並且十分明顯的，第七號筒的聲音是有關基督第二次再來的。「世上的國，成了我主和主基督的國，他要作王，直到永永遠遠。」（啟11：15）

第10章的焦點是「小書卷」（第2、8－10節），原文動詞的時態（第2節），表明小書卷將要在末世的時候被揭去封印而展開（從全章上下文看）。舊約聖經只有提到一本書會被封住直到末時。「但以理啊，你要隱藏這話，封閉這書，直到末時。必有多人來往奔跑，（對但以理書的）知識就必增長。」（但12：4）

有趣的是，但以理書也只有兩個地方清楚地講明要封住異象直到末時。其一是第12章7至9節提到的1260年預言。另一個就是8章26節，「所說二千三百日的異象是真的，但你要將這異象封住，因為關乎後來許多的日子。」喬伊絲・伯德文（Joyce Baldwin）在她的聖經注釋裏，洞察入微地對但以理書12章4節作注解：「為什麼但以理書要封閉他最後的兩個異象，或至少沒有詳述它的細節？原因是相應的時間還沒有到（但8：26；12：9）。」萊恩・伍德（Leon Wood）在其但以理書注釋裏指出，「只有但以理書8章14節提到2300個日夜，那麼在26節中提到的『所說的日夜的異象』，就是指14節提到的二千三百日夜的預言。」

同樣有趣的是，在但以理書第8章，加百列也是兩次清楚地告訴但以理這個異象要延續到末時（17、19節）。在天使的解釋中四個表象裏面的三個已經在歷史中應驗（20－25節），最後只剩下一個（就是二千三百日異象）到末時的時候才應驗（26節）。

米勒耳察覺到這些東西，他繪製了一個時間表，發表在1841年5月的《時兆》月刊上，指出啟示錄第10章已經應驗了，小書卷已經打開了，打開後果然甘甜如蜜。「當我看見這令人欣喜的指望，我無法言傳那充滿我心的喜樂。」

那被封住的小書卷信息的確帶來了甜蜜。正如我們大家一樣，米勒耳珍惜這一部分的預言，就是他覺得自己十分瞭解的那部分，但他卻越過了預言的其他部分。結果，他忽略了另一個結論，就是那展開的小書卷最後還帶來苦楚和失望。（啟10：8－10）

主啊，幫助我們學會用睜大的雙眼去讀祢的話語。

譯者注：（但8：14）2300日英文版為2300個日夜（evenings and mornings）。但以理書8：26中文聖經已經直接翻譯成2300日的異象，但英文版聖經對這一節的翻譯只寫「所說的日夜的異象」（The vision of the evenings and mornings），作者這裏想證明26節所說的就是2300日的預言。

米勒耳對預言的理解

第一要緊的，該知道經上所有的預言沒有可隨私意解說的；因為預言從來沒有出於人意的，乃是人被聖靈感動，說出上帝的話來。（彼後1：20、21）

米勒耳所持解釋預言的觀點是正確的。神學上對預言的解釋主要分為三種學派。首先是過去觀學派（Preterism）認為預言在寫下來之前或寫的當時就已經應驗了。例如，按照他們的觀點，啟示錄所講的事情，首先是指發生在第一世紀末的基督教時代所發生的事情。

第二個學派是將來觀學派（Futurism）。他們認為大部分關於末世的預言，將會在基督復臨前的一段很短的時間內應驗。當今很流行的「餘留」（Left Behind）系列著作就是根植於這種學派的理論。

第三個是歷史觀學派（Historicism）。他們認為預言的應驗是從先知的時代開始，繼續貫穿整個歷史時代，在耶穌第二次再來的時候達到高潮。

但以理書第二章是闡明歷史觀學派觀點的最好例子，這裏的預言持續應驗在尼布甲尼撒和但以理的一生中，並且貫穿後來統治地中海沿岸的三個王朝，再到東西羅馬分裂，一直到末世上帝之國到來的應驗為止。但以理書7、8、9章和10到12章又多次重複展現這歷史演變的模式。還有啟示錄第12章，追溯歷史從基督降生開始一直到17節所提到的末世。這樣就為13章到22章所啟示末世將發生的事件，提供了一個背景舞臺。

米勒耳的觀點屬於歷史觀學派，正如早期教會和十九世紀中以前的幾乎所有的新教教會一樣，都是以歷史的觀點來解釋預言。將來觀學派和過去觀學派只是捕捉一些重要的聖經預言，他們在馬丁路德改革之前不太關注有關末世的預言。當時天主教的釋經家們，試圖迴避一些他們認為是歷史觀學派所主張有疑問的預言解釋，比如關於大紅龍或巴比倫的淫亂等話題。十九世紀末到二十世紀，將來觀學派和過去觀學派如潮水湧現，部分原因是對米勒耳主義失敗的反應。

但是，米勒耳復臨主義觀的失誤，並沒有改變歷史觀學派對顯而易見的但以理書2章的解釋和一日等於一年的解經的原則，因為它跟但以理書9章緊緊聯繫在一起，以致英文標準修訂版（Revised Standard Version）的譯者們就直接把24節翻譯為「七十個星期或七十個七年」。儘管在希伯來原文裏只寫著「七十個星期」。對一些人來說，就算是他們不相信預言，這個附加也是有必要的，只要他們認可這預言所宣告的，是有關從重建耶路撒冷到彌賽亞的時間。

01

11日　　　　聖經研究的「罪」

人子啊，我立你作以色列家守望的人，所以你要聽我口中的話，替我警戒他們。我何時指著惡人說：他必要死；你若不警戒他，也不勸戒他，使他離開惡行，拯救他的性命，這惡人必死在罪孽之中；我卻要向你討他喪命的罪。

（結3：17、18）

威廉·米勒耳在1818年發現耶穌的再來就在這「25年之內，這使他充滿歡樂」。這當然是件好事。

但是，他寫道，「一個信念帶著巨大的能力臨到我的身上，鑑於感動我心的這些證據，我意識到自己對世界的責任。」如果世界的末日已經臨近，那麼世人都必須知道這信息，這是極其重要的。

他料想他所下的基督復臨結論一定會遭到那些不信上帝之人的反對。但毫無疑問的，如果基督徒有機會聽到這個信息則會愉快地接受。然而，他還是不敢去宣傳他的發現。「唯恐自己有失誤的可能，就誤導別人。」這樣，他又再花了5年時間（1818－1823年）繼續研究聖經。他一個又一個地解決了他對基督復臨觀點的諸多疑義，例如「那日子，那時辰，沒有人知道。」1845年，米勒耳回憶這5年期間，「我頭腦裏出現的疑義，比先前我的反對者們提出的更多。以致，沒有什麼疑義是我從來沒有想到過的。」經過這樣認真研究以後，他相信根據聖經，沒有什麼問題是他回答不了的。這樣，經過7年的研究，米勒耳完全確信，基督將於「1843年前後」復臨。

就在那時，米勒耳寫道：「向別人宣告迫近的基督復臨的責任——儘管我試圖躲避，希望還能找到一個對抗真理的異議做我的藉口——更強烈地臨到我的身上。」

於是，他只好開始在跟鄰居或傳道人私下交通時更多談及此事。但令他驚訝的是，「很少有人……饒有興趣地聽從。」

米勒耳繼續研究聖經。他越研究就越確信他有責任告訴別人。「去告訴世人他們的危險」這個信息日夜折磨著他的心。但這是他希望放在最後一步才去做的事情。你看，正如我們當中的許多人，米勒耳也是喜歡研究聖經，但缺乏幹勁去把它實踐出來。這就是所謂的研究聖經之「罪」。我們都試圖把研究當作終結，卻不願鼓起勇氣把它化成行動。

留心你向上帝所許的願 **12**日

以利才明白是耶和華呼喚童子。因此以利對撒母耳說：「你仍去睡吧；若再呼喚你，你就說：『耶和華啊，請說，僕人敬聽！』」（撒上3：8、9）

有時，我們不太願意聆聽。米勒耳也是這個樣子，儘管耳邊一直響著鈴聲，警告他世界將面臨的危險，他還是不願意去做。

「我盡力去迴避我需要做什麼的念頭；有機會的時候我會去把這些告訴大家，以完成我的職責。但是，上帝得興起必要的手段來完成祂的工作。我禱告求主使一些傳道人能看見這個真理，然後，全身心投入到傳揚真理的工作中去。」

現在，有一個簡便的解決辦法，就是讓一些傳道人參與到我們的工作中來。可是我知道，如果教會僅僅依靠傳道人去完成上帝的託付，那所需要的時間可能是比永遠還要再長一點。但壞消息中的好消息是，上帝呼召我們每一個人盡自己的責任為主工作。

但那正是普通人米勒耳不願意做的事情。希望有什麼人可以代他做。最終，他像摩西一樣找藉口。「我已經告訴主，我不太適合在公眾面前講話，我的演講水準不足以吸引聽眾的注意力」等等。但他心中得不到解脫，為上帝做工的意念在心中揮之不去。米勒耳在這樣的思想爭戰下又過了9年。直到1832年的一個星期六，他在書桌前坐下，準備查考聖經教導的一個細節。突然間，一個思緒在他裏面翻滾，催促他要積極為上帝而活。

在極度掙扎中，他大聲呼喊說不能去。

「為什麼不能？」一個聲音回覆。

他於是把所有陳腐的理由盡數一遍。

最後，他實在抵擋不住巨大的壓力，只好答應說，如果有人邀請他去講有關基督復臨的道理，他就盡責去做。他這才得以釋重負地嘆了口氣。畢竟，他已經五十多歲，並且從來沒有人邀請過他去講這方面的道理。他終於感到釋放了。誰知，才過了半個小時，他竟然真的收到這樣的一個邀請。他便後悔不該跟上帝許下這個諾言。他沒有答應就氣呼呼地衝出房子，跟上帝和自己爭戰了一個多小時後，他終於同意第二天去講道。那個講道所開啟的事工，是十九世紀中葉最有成效的一項事工之一。

功課：要留心向上帝所許的願。祂對你的人生有更美的旨意，超過你的所思所想。

13日   寶貝與瓦器

耶和華說：「你出來站在山上，在我面前。」那時耶和華從那裏經過，在他面前有烈風大作，崩山碎石，耶和華卻不在風中；風後地震，耶和華卻不在其中；地震後有火，耶和華也不在火中；火後有微小的聲音。（王上19：11、12）

上帝常常使用生活中極普通的東西成就其工。這是一個好消息，因為我們都是普通人，米勒耳也是。

麻薩諸塞州的羅威爾城基督徒聯會（Christian Connexion congregation）牧師提摩太・科爾有以下的一段經歷。他細數了當年的情景。1830年代，科爾風聞米勒耳是一位傑出、成功的奮興佈道家。就邀請米勒耳來他的教會舉辦一系列的奮興大會。他去火車站接這位著名的佈道家。憑米勒耳的赫赫聲名，他料想米勒耳應該是一個風流倜儻的紳士模樣打扮的人。他便很仔細地搜尋著每一位下車的旅客，但沒有一個人跟他所期待的形像相符。最後一個毫不起眼的老人，顫顫悠悠地從車廂裏出來，令科爾沮喪的是，這老人竟然是米勒耳。他心裏立刻後悔竟請了這麼一個人來。他覺得像米勒耳這樣的一個人，從外表看，一定是一個不太懂聖經的人。

科爾很尷尬地帶著米勒耳從教堂的後門走了進來，把講臺指給米勒耳看之後，他便坐到人群中。米勒耳也略微感受到這種怠慢，但還是繼續工作。雖然科爾有點瞧不起米勒耳的外貌，但當他聽到米勒耳的講道時，他的態度起了180度的大轉變。聽了15分鐘後，他激動地從會眾中站了起來，走上講臺坐在米勒耳的後面。米勒耳在接下來的一週裏每天講道，後來，過了一個月，又來做第二次系列的講道。那次培靈會非常成功，科爾本人也接受了米勒耳的觀點。

事實表明，上帝使用平凡的人成就不平凡的事。《緬因州衛理公會報》說米勒耳是一個「樸素的農夫」，並且報導說他「在一個半到兩個小時，成功地抓住聽眾的注意力。」事實上，吸引人的不是他個人而是他的信息。米勒耳的信息是真誠的，富於邏輯的，更是根植於聖經的。他還富有幽默。有一次，有人攻擊他的信仰，他對聽眾們說：「人們傳言說我是個瘋子，並且說我在瘋人院住了7年；如果他們說我在瘋人世界住了57年，那倒是真的。」

一個普通人傳講一個大能的信息。上帝使用他。你如果願意，祂也會這樣用你。

夜半呼聲

半夜有人喊著說：「新郎來了，你們出來迎接他！」（太25：6）

不足為奇地，米勒耳和他的支持者們被耶穌在馬太福音第24、25章，關於祂末時再來的教導深深地吸引。其中，馬太福音第25章1至13節記載的十個童女的比喻，更是引起他們的注意。他們在這一段經文裏看見了自己發起的運動和信息。在這種狀況下，他們用歷史化的觀點來解釋這個比喻的細節。

他們試著解釋以十個童女代表全人類，5個聰明的童女代表那些信上帝的人，五個愚拙的童女就是不信上帝的人了。

燈代表上帝的話，油則代表信心。

其中所提到的婚禮對他們來説是焦點信息。這就是指基督——教會的新郎從天上駕雲降臨。婚禮就是歷世以來所有的事件所指向的目標。新郎的到來是他們的盼望，這激勵著他們奉獻自己的財物，來支援他們所傳的信息。

米勒耳信徒認為童女沉睡的光景，表明人們在基督復臨迫近時的冷淡和無知，包括基督徒和不信者。

那「夜半的呼聲，」米勒耳寫道，「就是守望者，他們中的一些人，藉著上帝的話，發現那顯明的時間，就立即發出警告的聲音。『看哪，新郎來了，你們出來迎接他！』」換句話説，夜半呼聲是上帝最後一次的警告，喚醒人們預備好迎接神聖的新郎到來。

但不是所有的人都回應這個信息。這樣正如米勒耳所看見的，人們對夜半呼聲的不同反應，就分出了聰明的和愚拙的，也就是那些接受這個信息，並且預備迎接新郎來臨的人，和那些繼續沉睡的人。

在基督第二次再來的時候，聰明的要隨同新郎一起進入國度裏面。對其餘的人，「門就關了」。米勒耳認為這裏的關門，就意味著上帝對人類考驗期的終結。

這也意味著信息的緊迫性。人們必須聽到警告，然後他們才能夠預備迎接這歷代所盼望的大事件。

這個信息在今天仍舊非常重要。米勒耳所犯的錯誤在於計算基督復臨的時間，但基督第二次再來仍是歷代的盼望。上帝百姓的職責是繼續喚醒沉睡的罪人，最終使他們明白：我們眼前的世界不會存到永遠。

15日　　　　　　　　出版界的拿破崙

我又看見另有一位天使飛在空中……他大聲說：「應當敬畏上帝，將榮耀歸給他！因他施行審判的時候已經到了。」（啟14：6、7）

把米勒耳的基督復臨信息傳到各地的，不是米勒耳，而是一個叫約書亞‧海姆茲（Joshua Himes）的人。他是基督徒聯會的年輕傳道人，曾跟威廉‧加瑞森（William Garrison）一起工作過，因此學到一些出版技術。加瑞森是解放黑奴運動極具宣傳力的宣導者。

1839年11月，當海姆茲第一次遇見米勒耳的時候，就被米勒耳的信息所震撼，並且希奇它怎麼不被更多的人所知。

「你真的相信這個信息嗎？」海姆茲問這個老傳道人。

「當然相信，否則我就不會傳講。」

可是「你要怎樣把這個信息傳遍全世界呢？」

「盡我最大的能力。」米勒耳回答。

「目前所有的信息仍舊局限在一個角落裏面。儘管通過你的努力，人們有了一些關於基督復臨的知識，但也是很有限的。如果，基督真如你所說的，在幾年內再來，那麼我們就要抓緊一切的時間，用震響的雷聲，向教會和世人發出警告，喚醒他們起來準備。」

「我知道，我知道，海姆茲弟兄。但是，像我這樣一個老農民能做什麼呢？……我正在尋求幫助——我需要幫助。」

「就在這樣的情況下，」海姆茲回憶道，「我把我自己，我的家庭、事業、名譽都擺在上帝的祭壇上，來幫助他，用我所有的能力，直到末時。」

海姆茲的加入，激起米勒耳從來沒有過的活力。像一部飽含智慧和活力的發電機，1840至1844年間，海姆茲為復臨運動掛上高速檔，使米勒耳的基督復臨信息主義成為家喻戶曉。

美國宗教史界泰斗拿單‧哈曲（Nathan Hatch）形容海姆茲的出版事工像「空前的媒體轟炸」、「空前的信息雪崩」。甚至連一個詆毀者也不得不承認海姆茲的功績，稱他為「出版界的拿破崙」。在短短的一段時間裏，活力四射的海姆茲創辦了《夜半呼聲》（Midnight Cry）和《時兆》月刊（The Signs of the Times），源源不斷地發行書刊冊子，把基督復臨的信息帶到世界的各個角落。在僅有的幾年時間內，他們用最原始的技術，分發了數以百萬的印刷品。一個宣傳家海姆茲和一個思想家米勒耳，加上其餘一批默默無聞的人們，掀起了一場如火如荼的運動。

大好的消息就是：上帝需要我們所有人。我們每一個人都有各自的才能用以榮耀上帝。事實上，今天，上帝正呼召你為祂和祂地上的工作，再次奉獻你的生命、才能。

一個緊迫的信息　

所以你們要往岔路口上去，凡遇見的，都召來赴席。（太22：9）

米勒耳信徒感受到警告世界預備基督再來的急迫性。他們所使用的一個主要的途徑就是帳棚大會，一種自十九世紀初開始，衛理公會等宗派常使用的信徒聚會方式。

他們的第一次帳棚大會是1842年5月在波士頓召開的。那時，1843年的日期已隱約迫在眉睫，但大多數人還未收到警告。

科林斯（L. C. Collins）的記載表達了當時大部分人的信心，他寫道：「我對基督復臨的信心在1843年變得更堅定。我所有的計畫都沒有超過這一年，對主的榮耀充滿期盼……但要在這麼短的時間裏喚醒沉睡的童女，拯救生靈，我們必須勤懇地日夜作工。上帝要我們快快出去，向人們發出最後的邀請，勉強他們進來，住滿上帝的家……以色列的強者聚集前來幫助我們。半夜的呼聲必須響起，響徹每一個山谷，每一個山崗和平原。在錫安，罪人要被可怕的戰兢抓住。在恩典之門永遠向他們關閉之前，必有危機臨到。他們必須意識到要嘛就現在接受，不然就永遠失去。」

1842年中期，米勒耳信徒感受到這股緊迫又沉重的負擔。就在科林斯寫下上述文字的第二天，他們召開了意義深遠的波士頓大會，貝約瑟（Joseph Bates）是當時的領袖。那次的會議不僅表決要舉行帳棚大會——同時也成立了一個專門委員會來管理此事。原則上，帳棚大會的目標是：「藉著『夜半呼聲』信息喚醒罪人，潔淨基督徒。」

有些米勒耳信徒覺得開帳棚大會有點不太可能。畢竟，那是一項很大的事工。「什麼？」有人驚訝地説，「就憑這一小撮復臨信徒還想開帳棚大會！為什麼？他們連舉行家庭聚會都有困難。」其實，儘管看起來困難重重，其重點還是在於他們是否願意「嘗試」去做。

上帝回報了他們的信心。約西亞‧利奇（Josiah Litch）估計，在頭兩次復臨信徒帳棚大會上，便有五、六百人回轉歸向上帝。這裏有一個寶貴的教訓：外在的困難算不得什麼，關鍵在於上帝的賜福。今天，祂依舊樂意賜福給那些憑信去「**嘗試**」的人。🔔

熱情的查理斯·費治

因我為你的殿心裏焦急，如同火燒。（詩69：9）

1838年，米勒耳一本有關基督復臨的書落到查理斯·費治（Charles Fitch）的手上，他是長老會的傳道人，也是一個頗有聲望的主張廢奴制度者。

他在3月5日寫信給米勒耳：「我懷著極大的興趣拜讀了你的書，除了聖經以外沒有其他什麼書能這麼吸引我。我拿它跟聖經和歷史作了比較，對於你的觀點我找不到任何可疑和不對的地方。」

因著費治的熱情和真誠的性格，僅讀過一遍米勒耳的書並無法滿足他。就在通讀了六遍之前，費治發現自己「被這個主題深深吸引」。

受到米勒耳的信息驅使，他立刻「寫文章並且向波士頓的人們宣講」他所得的新亮光。3月4日他就根據米勒耳的信息做了兩堂證道，隔天，即熱情洋溢地寫信給米勒耳。表明自己願意做「城牆上的守望者」，成為世人「號筒的聲音」。

為了表明他竭力參與這項事工，他告訴米勒耳，自己已經安排好，將在第二天，就是3月6日，到波士頓傳道協會面前，宣讀一篇有關基督復臨的文章。然而，有時熱情會沖昏知識和聰明的頭腦，查理斯·費治也是如此。1838年3月6日，這位熱心的傳道人還來不及好好研究米勒耳的論點，就被別人的回應嚇壞了。他的傳道者同事回應說他簡直是「胡言亂語」。「這個話題引來哄堂大笑，我不禁覺得自己被當作傻瓜看待。」費治回憶道。於是，他放棄宣講基督復臨的迫近信息。他後來明白，「是對人的懼怕使我掉進了網羅」。

但不久後，1841年他就這個話題重新研究聖經，終於成為復臨運動最主要的宣導者之一。他是米勒耳信徒中唯一一位沒有經歷1844年10月大失望的領袖。9月下旬，他在紐約州水牛城的伊利湖（Lake Erie）中為一班人施洗。當時寒風凜厲，禮畢後，他準備換下濕衣服時，卻不得不兩次回到水中為更多的人施洗。之後長時間的受寒使他病倒，最終在10月14日離世。但這位39歲的信徒，即使瀕臨死亡，仍絲毫不消減他的熱情。他相信「只需打盹片時，之後便在復活的清晨醒來。」

又有第二位天使接著說：「叫萬民喝邪淫、大怒之酒的巴比倫大城傾倒了！傾倒了！」．(啟14：8)

米勒耳信徒相信他們是在傳講啟示錄14章6至7節中第一位天使的信息：「我又看見另有一位天使飛在空中，有永遠的福音要傳給住在地上的人，就是各國、各族、各方、各民。他大聲說：『應當敬畏上帝，將榮耀歸給他！因他施行審判的時候已經到了。應當敬拜那創造天地海和眾水泉源的。』」

對他們來說，「審判的時候」是指基督第二次再來。因此，它也等於但以理書8章的「潔淨聖所」和馬太福音25章的「新郎到來」。他們相信這三處的經文都是指向基督的復臨。

剛開始，宣講這信息看起來並無大礙。但是當所期望的日期越臨近，他們跟當地教會的磨擦就越凸顯出來。要知道1843年前米勒耳的信徒並沒有從各自的教會中分離出來。相反地，他們還是跟那些沒有接受米勒耳信息的人一同在教會敬拜上帝。然而隨著日期迫近，他們無法再保持沉默。因為這是他們心中最大的盼望。基督復臨的信息是他們所談論話題的全部。

話題本身是好的，但是各教會的教友聽到太多米勒耳信徒所帶來的世界末日信息，因此引發衝突。終於，許多人認為他們受夠了這些復臨信徒。唯一解決的辦法就是開除他們，把他們的傳道人趕下講臺。

復臨信徒以查理斯·費治宣講第二位天使的信息作為回應：「巴比倫大城傾倒了」（啟14：8），「我的民哪，你們要從那城出來」（啟18：4）。對費治和他的追隨者來說，那些漠視耶穌就要顯現的人是糊塗的（如：巴比倫）。

第二位天使的信息為他們提供了神學上的理由，使他們從各自教會的會眾中分離出來，組成了自己的團體。更重要的是，在1844年10月大失望之後，他們感覺有繼續學習聖經的需要，讓上帝帶領他們從第二位天使的信息走到第三位天使的信息。邁向真理的道路總是崎嶇不平的，儘管我們有時無法透過世界的紛擾和迷霧看清我們的路，但上帝依舊引領我們。

作紀念的石碑

19日

> 我的上帝差遣使者，封住獅子的口，叫獅子不傷我。（但6：22）

米勒耳信徒的多數領袖，基本上主張廢除奴隸制度，所以他們在美國南部不受歡迎。儘管如此，還是不斷有邀約從南部來。1843年5月的米勒耳大會，考慮到危險和艱難，決定不派遣宣教士到那些保留奴隸制度的各州去。

1844年初，貝約瑟堅信上帝呼召他向奴隸和他們的主人宣教。這個無畏的宣教士在馬里蘭州獲得一些成功後，被一位衛理公會的平信徒領袖攻擊，「以激烈的方式質疑基督復臨的教義」，甚至揚言「要順著鐵軌把我們驅逐出城」。

「我們已經作好最壞的打算，先生，如果你能放個馬鞍在上面，我們就會騎馬出城，不必走路。」貝約瑟回擊道。

他接著說：「你不要以為我們自費跨越600英里的冰天雪地，給你們『夜半呼聲』信息，卻沒有事先坐下來計算代價。現在，如果上帝認為我們的使命已經完畢，那麼，我們甘願躺到切薩皮克灣（Chesapeake Bay）的海底或其他任何地方直等到主來。但如果上帝還要我們做更多的工作，你就碰不到我們一根汗毛。」

《紐沃每日廣告》（Newark Daily Advertiser）報導了這件事，評論說：「對如此沉著的人來說，就算天崩地裂也不過是小事一樁。」

就在這次旅程的一次機遇中，一個南方法官說他知道貝約瑟是一個主張廢奴者，他南下的目的是「奪走我們的奴隸」。

「是的，法官大人，我是一個廢奴主義者，我來不僅想要得你的奴隸，還想要得到你！」貝約瑟回答說。

貝約瑟和他的同伴為能將信息傳給奴隸們而感到特別高興。多少次，他們甘願步行到一個又一個預約好的地方，為的是能跟這些奴隸們在外面碰面，不被白人聽見。「可憐的奴隸們，渴慕這個信息，如同水牛歡然飲水，特別是當他們得知禧年就在眼前時。憑著我所見聞的，我相信他們當中很多人一定會預備好迎接主耶穌的再來。」他報告說。

上帝未曾應許我們人生的道路一直平坦。但應許我們只要我們全心信靠，祂總與我們同在，賜福我們。

作為基督徒，我們可以每天為祂的賜福獻上讚美。

米勒耳的黑人信徒　　**20**日

主的靈在我身上，因為他用膏膏我，叫我傳福音給貧窮的人；差遣我報告：被擄的得釋放⋯⋯叫那受壓制的得自由。（路4：18）

當米勒耳運動廣泛流行於北方白人世界之際，大部分的黑人仍住在南方各州。然而，我們還是能找到切實的證據，表明黑人參與復臨運動和帳棚大會。到1843年中葉，米勒耳信徒領袖們更清楚地意識到在黑人團體中工作的責任。於是，查理斯‧費治在5月份成功舉辦了一次大會，「為我們的黑人弟兄籌募資金、支持勞工。」第二天，與會者們就募到款項，使約翰‧路易斯（John Lewis）「一個備受尊重的黑人宣教士」，能夠專職服事「我們弟兄中被忽略的社會階層，並與他關係最密切的黑人群體」。

1844年2月，海姆茲報導說：「在費城，許多黑人領受了復臨信息，其中有一個最具影響力的傳道人已完全接納這個教義，且願意完全投身於傳揚它的工作中。」

另一個傳講復臨信息的黑人傳道人是傅威廉（William E. Foy）。他從1842年1月18日起陸續見了一些異象。這些異象引導他相信耶穌快要再來。儘管如此，他寫道：「我原本敵對這個耶穌快來的教義」，直到見了這些異象。在接受基督復臨觀點之後，他寫道：「向我的同胞們傳講上帝所顯現給我看的異象，警告他們逃避將來的忿怒，這樣的責任被重重地加在我的身上。」

傅威廉先是抗拒這個念頭，一方面是因為基督復臨的信息與人們的期望「相差太遠」，另一方面也是因為「人們對有色人種的偏見」。就在極度憂愁的禱告中，他得到了確切的應許，如果他去跟人分享這個信息，上帝必定與他同在。於是他開始宣講這個新的信息。

不管什麼種族或文化，基督復臨的盼望信息總是能在被世界壓制的人群中，找到願接受信息的心。那些把他們的國度建立在這世界的人，會拒絕這信息。我們應當記住：全世界的居民都屈服在罪的奴役之下，我們需要那位解放囚奴者來拯救我們。基督復臨的盼望是每個人對永恆自由的夢想。

21日　　　　復臨運動中的婦女

米利暗應聲說：「你們要歌頌耶和華，因他大大戰勝，將馬和騎馬的投在海中。」（出15：21）

婦女在上帝的工作中總佔有一席之地。在米勒耳主義的復臨運動中，當然也不例外。露茜‧何賽（Lucy Hersey）就是其中的一個例子，她在18歲的時候成為復臨信徒，了解上帝呼召她去宣講福音。

1842年她接受米勒耳的信息。不久後，她陪同父親前往紐約州的斯克內克塔迪（Schenectady），因為她的父親受邀去向一群非復臨信徒做見證。這群人對婦女講道非常反對，所以，邀請者認為最好是由她的父親來講見證。然而，這時發生奇蹟，她的父親突然講不出話來。

沉默了好長的一段時間，主人只好介紹露茜，說她是唯一能講述這個主題的人。於是她就起來講道，結果聽眾的反應非常熱烈，人數大大增加，以至於他們不得不移到另一個更大的會場去。這個有著結果纍纍的事工開端，因為其豐盛的結果，有好幾位弟兄後來成為復臨宣教士。

更成功的還有奧利弗‧萊斯（Olive Maria Rice）。1842年接受米勒耳的觀點後，她「堅信上帝要我做更大的事情，而不是單單協助禱告會。」1843年3月，上帝賜福她的工作，有成千上百的人接受信仰。她寫信給海姆茲：「經常有4至5個地方同時邀請我去作工講道。」

萊斯明白很多人因為她是女性而反對她的工作，但她宣告「不會只因為我是姊妹這個理由而停止工作。雖然男士會批評指責，但我知道自己在上帝面前是公義的，為此歡喜獻上自己來喚醒同胞們。」

艾維拉‧法薩（Elvira Fassett）則必須克服丈夫的反對。她曾受教導說婦女不能在公共場合演講。但在別人的鼓勵下，她奉獻自己，並且看見上帝非常賜福她的工作。使她轉變的一個最重要的人物就是她的丈夫。他見證了她講道的巨大影響力，並且意識到約珥書第2章的重要預言，在末後的日子，上帝的靈要澆灌年輕的使女們。結果，法薩夫婦成了一個傳揚基督復臨信息的事奉團隊。

今天，美好的消息就是，上帝也呼召我們每一位去傳揚祂的信息。當我們降服在祂的旨意當中，祂必定賜福我們的工作。

世界的末年

看哪，他駕雲降臨！眾目要看見他。（啟1：7）

「今年⋯⋯是撒但轄制我們地球的最後一年。耶穌基督要來了⋯⋯地上的國將要被粉碎⋯⋯我們必聽見天上發出的凱旋之聲⋯⋯不再有時日了。」1843年1月1日，威廉‧米勒耳在他「向復臨信徒的新年賀詞」中這樣寫道。經過漫長的等待，世界末日這一年終於來了。

你可能以為他們會情緒高漲。但其實他們不太確定要注目這一年裏的哪一天。米勒耳自己知道基督所說的，即那日子，那時辰，沒有人知道。所以對這個話題也格外小心。「大概在1843年」，他能說的最明確時間也只能到這個程度。

但在1842年12月前，他的信徒已催促他說得再詳細一點。畢竟，下個月就是1843年了。米勒耳的結論是，他的確可以再詳細一點。基於對猶太人逾越節的計算，他寫下結論說，相信耶穌將於1843年3月21日到1844年3月21日間出現在雲端。

那些人認為他們已找到公式，在這兩個時間點之間計算出了確切日期。米勒耳自己則保留「最後階段之時間點」的觀點，因為他認為他們的信心需要試煉。

試煉的確來了。1844年3月21日並沒有發生基督第二次再來。他們便寄望在是他們算錯了逾越節的時間，或許是在4月21日。但這一天也過去了。這樣米勒耳會眾經歷了第一次或稱「春天的失望」。

那時復臨運動並沒有瓦解，因為他們對具體的日期也沒有抱太大的希望。但另一方面，還是不免沮喪。他們繼續研究聖經，以便查明自己在預言時間中的位置。後來，在初夏，他們發現了哈巴谷書2章3節說：「因為這默示有一定的日期，快要應驗，並不虛謊。雖然遲延，還要等候；因為必然臨到，不再遲延。」他們下結論說，現在便是「遲延的時候」。畢竟，馬太福音25章5節同樣明確提到「新郎的遲延嗎？」

我們不得不佩服他們信心的彈性。是的，他們失望了，但是他們沒有放棄，而是繼續轉向聖經去尋求他們在預言歷史中的位置。這可能不是他們原先要做的事，但這卻是我們尋求上帝之人唯一的選擇，我們不斷呼喊「哦，主啊！要等到幾時呢？」（啟6：10）

七月運動

七月初十是贖罪日。（利23：27）

1844年8月，一個名叫撒母耳·史諾（Samuel Snow）的衛理公會傳道人，根據聖經指出米勒耳復臨信徒對但以理書8章14節二千三百日預言的應驗，看錯了日子。這多少在那些沮喪的復臨信徒心中重新燃起希望。

米勒耳自己其實已經在1843年5月17日的《時兆》，發表過這個新的邏輯思考。當時他提到，基督第一次降臨應驗了利未記中提到的猶太年春季節期，這樣，耶穌第二次降臨理當跟秋季或七月的節期有關。

這在邏輯上聽起來有點道理。畢竟初熟果子的獻祭，預表基督之死是逾越節的羔羊，而根據新約聖經，五旬節的聖靈沛降也發生了。但是，跟收割相關的七月節期，沒有一個在新約時代應驗過的。

這些因素使米勒耳建議他的追隨者們，應該以猶太曆的七月，來解釋他們所認定的基督復臨預言的應驗。

米勒耳本可在1843年5月對「七月觀點」作進一步探討，但他還是放棄這個想法，回到一月或逾越節的觀點。不過，史諾順著米勒耳的邏輯，自然得出這個結論。為了找出二千三百日終結時基督的復臨，他預言說耶穌會在1844年10月22日復臨，即猶太年七月的贖罪日。

史諾首先在1844年2月22日的《夜半呼聲》中發表他的發現。當時沒有人關注聆聽，直到8月份，人們才開始全神貫注地聽他的解釋。

七月運動大受米勒耳信徒歡迎。1844年10月3日的《夜半呼聲》中，喬治·史脫斯（George Storrs）寫道：「我執筆時，突然一個從來沒有過的感覺湧上來。毫無疑問，在我的腦海中，7月10日將見證我們的主在雲端顯現。再過幾天這大事就要發生了……現在那真正的夜半呼聲來了。以前的只不過是個警報，**現在所響起的才是真正的聲音：哦！多麼神聖的時刻。**」

現在，才是激情高漲的時刻。當你相信用數學的方法，就能算出基督在不到三星期後會出現時，你會怎麼生活？這確實是我們每一天該有的生活態度。

口中甜蜜，肚子發苦

我從天使手中把小書卷接過來，吃盡了，在我口中果然甜如蜜，吃了以後，肚子覺得發苦了。（啟10：10）

多麼甜蜜的時刻啊！

米勒耳最終在10月6日寫下他接受10月22日基督復臨的說法，並在《夜半呼聲》10月12日的頭版上寫著：「我看見七月的榮光了，是我從沒有看見過的。雖然，一年半以前（1843年5月的文章），上帝曾顯示給我看七月與基督復臨的特殊關聯，但是我卻沒有意識到節期預表的重要性……我的靈啊，當稱謝耶和華。願史諾弟兄、史脫斯弟兄並其他弟兄姊妹蒙福，他們助我開了眼。我就要回天家了，榮耀！榮耀！！榮耀！！！我看見那日期是對的……。」

「我靈充滿喜樂，是我不能言語的……我確知我們是對的。上帝的話是真理，我的靈滿了喜樂，我的心向上帝滿了感恩。哦，我多麼希望可以大聲呼喊。但我要在『萬王之王來臨』的時候呼喊。我知道你會說：『米勒耳弟兄瘋了！』是的，你愛怎麼說就怎麼說吧！我不在乎；基督要在七月復臨，要賜福我們每一個人。哦！榮耀的盼望。那時我要見祂，必要像祂，永遠與祂同在。是的，永永遠遠。」

沒有什麼東西比基督就要的希望更甜蜜的了！然而，祂竟沒有來！發苦的是人們的大失望。

10月24日，米勒耳信徒的領袖約西亞·利奇在費城寫信給米勒耳和海姆茲：「這裏的日子充滿黑暗——羊都分散了——主卻沒有來。」

海蘭·愛德生（Hiram Edson）說：「我們最渴望的希望和期待已經破滅了。從來沒有經歷過的憂傷淹沒了我們。就算失去了世上所有的朋友也不足比擬。我們哭泣，一直哭泣，直到天亮。」

一個名叫懷雅各（James White）的米勒耳青年信徒寫道：「過去所帶來的大失望真是苦，真信徒為了基督放棄了一切，他們比從前任何時候更加傳揚主的快來……主耶穌的愛充滿每一個人的心……無比懇切地禱告：『主耶穌啊，就快來了』，但祂沒有來。現在，信徒只能轉向對生活的憂慮和迷惑，並在眾目睽睽之下受那些不信之人嘲笑、辱罵和空前的藐視，這是對信心和忍耐的可怕試煉。」

打開的但以理書小書卷，果真在口裏甜蜜，在肚子卻發苦了。🔖

25日 回顧：犯錯和上帝的引導

但我們素來所盼望、要贖以色列民的就是他！（路24：21）

很顯然，威廉・米勒耳和他的信徒在某些方面誤解了聖經。畢竟，耶穌並沒有在1844年10月22日或1840年代前後復臨。

人們不禁要問：「這樣的運動是否得到上帝的引導？」

我們在新約聖經裏找到最好的答案。我們看見門徒們一再曲解耶穌所說，關於祂將被釘十字架和祂國度的性質。直到祂復活後，他們才開始醒悟，為何耶穌如此急切地尋求各種方式教導他們。但因為他們沒有聆聽，所以他們必須經歷極度的失望，甚至動搖了上帝所引領的信仰根基。他們需要更進一步的研究和成長，才能理解之後發生在他們身上的這些事情。

問題是上帝在救贖計畫中選擇藉著人類來作工。因此，在上帝所引領的各種屬世狀況，也都包含了屬上帝的和屬人的元素。而所有人會涉及的部分都含有人類易犯錯的元素。這就是為何長久以來，我們看到上帝隨時藉著人類介入歷史。

更具體地，對米勒耳信徒來說，人們只會覺得納悶，既然米勒耳相信與啟示錄10章相對應的但以理書這本小書上所打開的預言，會應驗在他們的時代，為什麼他沒有繼續讀本章後面的部分呢？也就是說，如果他相信那本被打開的書，其中的信息在嘴裏甜如蜜，那麼，為什麼他沒有注意到它還會使肚子發苦呢（10節）？這樣，另一個運動將在痛苦的爐灰中興起。帶著一個世界性的信息，傳給「多民、多國、多方、多王」（11節）。米勒耳的邏輯應該能使他自己看到，上帝已經預見大失望的痛苦，正如耶穌預見其門徒的情形一樣。

再說，如果米勒耳能夠把持他是在傳講第一位天使的信息（啟14：6、7），他許多的追隨者相信他們是實踐著第二位天使的聲音（8節），但為什麼他們卻在理當強調的第三位天使的信息上失敗了呢（9–12節）？這三者應是循序漸進地引導出14到20節基督第二次再來的景象。

遺憾的是，上帝為祂在地上事工所揀選的執行者，竟是容易犯錯的人類。但好消息是，儘管我們有缺點，祂始終與我們同工。故此我們應當讚美祂。

大分散（一）

看哪，時候將到，且是已經到了，你們要分散。（約16：32）

約西亞‧利奇在十月大失望後的兩天，用富含聖經意義的話語寫道，「這裏的日子充滿黑暗——羊都分散了——主卻沒有來！」深度的靈性大失望往往導致信徒的絕望和分散。

1844年底至1845年初，米勒耳信徒就是處於這樣的情景。中肯地説，他們在尋求最近這段經歷的含義時迷失了方向。高度的期待造成絕望的深谷。

很難對大失望後的米勒耳信徒們有一個完整、準確的景象，可能大部分的信徒放棄了基督復臨的信仰，他們不是回到原來的教會去，就是漂流在世俗的洪流中，成為不信者。

我們可以視那些仍持守基督快來盼望的人們為三個群體之一。那麼，對於他們來説，最大的問題是，如果在10月22日，就是但以理書8章14節所説的二千三百日結束之日，確實發生了事情，那又是什麼事情呢？

在大失望後興起的第一個可以確認的小團體是「屬靈派」。這部分的復臨信徒聲稱，復臨運動在日期和事件上都是正確的。也就是説，基督在10月22日已經到來，在屬靈含義上，祂進入他們的心，而不是駕著天上可見的雲降臨。

帶著這樣的觀點，他們遠離了米勒耳原先對聖經的解釋，開始把事件靈意化，儘管有些經文很顯然是指著歷史事件説的。這樣，他們便是向欺騙、詭計的道理敞開了心扉。

狂熱主義極易在屬靈派中興起。一些人宣稱，既然他們是在神的國度裏，就意味著他們是無罪的或超越罪的。於是這些人就有了「屬靈的丈夫和妻子」，也就有了很多很「不屬靈的結果」。另一些人認為既然他們已在第七個千禧年中，所以去作工是錯的。還有一些人則聲稱順從聖經的命令，天國的成員必須成為小孩的樣式，放棄刀叉，用手抓吃，且手腳並用在地上爬行。毋庸置疑，他們陷入了極度狂熱主義的深淵。

這裏給了我們一個很重要的教訓。我們在讀上帝話語的時候，需要謹慎而有智慧。離開聖經本意的靈意解經，是給屬靈的毀滅開啟了大門。

27日　　　　　大分散（二）

那時，耶穌對他們說：「……我要擊打牧人，羊就分散了。」（太26：31）

要說威廉·米勒耳最擔心的一點，那就是狂熱主義。1844年10月之前，他所帶領的運動完全沒有這種狂熱主義。但1845年春天開始，狂熱主義和過度濫用靈恩，開始在屬靈派中蔓延開來。

1845年4月，米勒耳開始跟這種愈演愈烈的狂熱主義區隔開來。那個月，他寫信給海姆茲：「在這個不尋常的時代，五花八門的新奇解經學說，是那些新傑出者所開出的處方，他們向四面八方射出光線和熱度。他們之中的一些人只不過是流星而已，另一些人則是薄暮微光。我厭倦了這樣沒完沒了的變化。但是，我親愛的弟兄，我們必須學會忍耐。如果基督在這個春天來臨，我們就不需忍耐太久；但如果祂沒有來，我們還要再忍耐。我會作最壞的打算，抱最大的希望。」

很不幸地，隨著時間的推移，米勒耳和他的追隨者們經歷不到他們所抱的「最大希望」。18個月以後，病痛中的米勒耳寫道：「自從你們離開以後，我的傷痛還沒有好，又接連來了頭痛、牙痛、骨頭痛、心痛；最痛苦的是，當我看見這麼多曾摯愛的弟兄們，自大失望後進入到各種狂熱主義中，離開了偉大的上帝和救主耶穌基督向我們所顯現的重要原則。」

1845年初被屬靈派昏聵的思想擾亂而困惑的人，不只米勒耳一個。海姆茲在五月份也注意到「七月運動產生了深至七尺的催眠術」。

1845年初，所有的米勒耳信徒所面臨的問題在於自我定位。運動中不同派別的人為復臨運動產生不同的答案，但他們所處理的卻是同一個議題。

坦率地說，在大危機的時候保持純正是很難的。過去是這樣，將來也會如此。求主保守，使我們總是保持雙腳站穩，頭腦清醒，特別是在困難時期。

願我們能像米勒耳，在經歷這麼多次的考驗後還能抱最大的希望，作最壞的打算。

我們的天父，求祢今天幫助我們，使我們有端正的態度和禱告的心。

大分散（三） **28**日

凡事都要規規矩矩地按著次序行。（林前14：40）

從迷惑中走出來。那是復臨信徒在1845年春天最需要做的事情。至少約書亞・海姆茲是這樣想的，他不能眼睜睜地看著狂熱的屬靈派把運動帶向毀滅。

狂熱主義不是海姆茲對屬靈派觀點有異議的唯一地方。他還反對他們認為預言已經於1844年10月應驗的觀點。如我們前面所見的，屬靈派認為——耶穌已在1844年10月22日來到他們的心裏，二千三百日預言已應驗，他們在預言的日期和事件上都是正確的。

海姆茲最終認為米勒耳主義在時間觀點上是錯誤，但在二千三百日結束後應該發生的事件上是正確的。換句話說，在10月22日沒有什麼預言應驗，他們必須繼續期待耶穌在後面幾年「有爭議的日期」裏復臨。在他下此結論的過程中，海姆茲早在1844年11月時，便開始放棄米勒耳對預言的觀點。結果他帶領他自己的信徒，脫離曾給予米勒耳力量和支持的傳道工作。

在1845年春天期間，這樣的結局對大家來說都還不明朗。海姆茲一心認為他們必須離開狂熱主義的錯誤教導。1845年4月，出於同樣的擔憂，驅使極其虛弱病痛的米勒耳加入海姆茲的陣營。海姆茲勸說米勒耳於4月29日參加他們計畫在紐約州奧爾巴尼（Albany）召開的會議。在那裏，大部分的復臨信徒將基於其教義和初步的組織架構，形成一個類似宗派的團體。

奧爾巴尼會議從某方面來說是好的，它可以為混亂的局面帶來秩序。但從另一方面來看卻是無益的。他們因為對預言的不同理解，而從米勒耳主義中分裂出來，但起初卻是因著對預言的理解而誕生此運動。根本問題在於，他們主要的動機是為了反對別人，並以此來為自己的行為下定義。他們陷入一個鬥爭的泥沼，研究神學主要是為了反對他們的弟兄，其結果就失去了平衡。

幫助我，主啊！當我們尋求如何度過年歲時，讓我的眼睛注目祢的話語而不是別人的問題。 🙏

大分散（四）

29日

我們因著信，就知道……。（希11：3）

理解事情並不容易。尤其當困惑動搖我們生命的基礎時，我們更需要理解這些事情。身處一百六十多年後的我們，真的很難完全理解當時十月大失望後，米勒耳行列中被造成的極度困惑和混亂。

1844年十月到底發生了什麼事情？在過去三天的學習中，我們已瞭解到其答案有好幾個。屬靈派認為，他們在日期和事件上是對的，宣稱耶穌的確在10月22日已經來臨了。另一方面，奧爾巴尼派的信徒認為，他們對日期的計算是錯的，但二千三百日結束時所發生的事件是對的。也就是説，沒有什麼預言在10月應驗，但是聖所潔淨確實是指基督第二次復臨，只是事情還沒有發生。

這兩個團體其實都忽略了一些重要的東西。屬靈派所忽略的是對聖經原意的理解，而奧爾巴尼派則還是米勒耳的觀點。

對於1844年10月和二千三百日的預言應驗，其實還有第三種可能的解釋。那就是，米勒耳主義在日期上是對的，但在事件上錯了。換句話説，二千三百日預言已經應驗，但潔淨聖所顯然不是指基督第二次再來。

針對所發生的這一切事情，有趣的是不像前面兩種解釋，這第三種解釋沒有明顯可見的擁護者。相反的，在1845年中期，成千上萬的人仍認同屬靈派領袖和雜誌的觀點，或奧爾巴尼派的看法。他們認為10月22日的確發生了某些事情，卻不認同潔淨聖殿是指基督第二次再來的第三種解釋。

然而，就是從這第三個解釋開始，復臨信徒中最大的一個團體，安息日派的復臨信徒終將浮出檯面。但其發展需要等待三樣東西：（1）領袖的興起，（2）逐步成熟的教義來解釋米勒耳經歷，並且澄清錯誤的觀點，（3）逐步成熟的雜誌和組織策略來傳揚這些教導。這一年最後的旅程就是要跟著這第三個團體的腳蹤。

同時，我們要感謝上帝的忍耐——直到如今，祂還在等候我們，幫助我們撫平人生的艱難困苦。

結識貝約瑟

我也與你同在。你無論往哪裏去，我必保佑你。（創28：15）

貝約瑟是基督復臨安息日會最早期的核心人物。他不僅站在復臨運動教義發展的中心位置，而且最終把安息日的教義介紹給另外兩個本會的創始人。正如我們將要看見的，貝約瑟不僅是復臨教會關鍵的創始人，而且是最熱情的一個宣教士。毫不諱言，如果沒有他的先鋒領導，就不會有今天的基督復臨安息日會。

貝約瑟也並非一直都是基督徒。他出生於1792年7月8日的麻薩諸塞州，很年輕的時候便放棄他父親的信仰。他的家鄉是美國的捕鯨之都，因此他日夜夢想著成為一個海上探險家。

他的父親，在這孩子身上有很大的寄望，最終准許他實現航海夢，希望能藉此「矯正」他的想法，但事與願違。

1807年6月，就在他15歲生日前夕，約瑟以船上侍者的身分開始了他歐洲的航行。他早年的航海經歷幾乎使這個靦腆的少年放棄夢想回家。例如，有一次從英格蘭回航，這個年輕的海員從桅頂跌落到海裏，剛好旁邊有一條曾吃掉他同伴的大鯊魚。如果當時鯊魚沒有剛好調轉方向，貝約瑟可能已結束了他短暫的航海生涯。

1809年春天，貝約瑟又有另一次幾乎喪命的經歷，他的船撞上紐西蘭的一座冰山。他和另一個水手被困在下層的船艙裏，他們一邊彼此抱著在黑暗中等死，一邊不停地聽到「甲板上的同伴們驚呼哀號，祈求上帝的憐憫。」

數年後，貝約瑟回憶起攪動他靈命的那個時刻：「哦，多可怕的想法！一切全沒了……我們將隨著這艘船沉入海底，再也看不見親友，連……天國的盼望都沒有。」

這個粗魯的年輕人領受到靈性覺醒的呼喚，但他還沒有準備好將生命交託給上帝。

我們真應該感謝上帝，因為祂並沒有放棄我們。有福的確據是，祂始終在作工，甚至在我們最愛的人身上作工。

01

31 日　　　　囚犯貝約瑟

一天的難處一天當就夠了。（太6：34）

只有經歷多年的生活，我才明白這一節經文的含義。聖經新標點和合本寫得很簡明：「每一天有它自己足夠的難處。」

年輕的貝約瑟一定會同意這個說法。1807年和1809年間的探險之旅，僅僅是他即將面臨困難的小小預嘗。

他人生主要的轉捩點發生在1810年4月27日。那天晚上，一個軍官帶著12個人來強徵人入伍，這班人闖進了他在英格蘭利物浦的宿舍，抓住他和其他幾個美國人，把他們拖出去，用劍指著他們說要「招募」英國海軍，儘管證件顯示他們是美國公民。

他們的遭遇簡直令我們覺得不可思議。但那是不同的年代。當時英國正和拿破崙打一場生死存亡之戰，他們的海軍需要人。但因為工資低，居住條件髒，伙食供給差，遭受鞭打是家常便飯，所以想招到足夠的新兵幾乎是不可能的。1812年美英戰爭剛開始的時候，英國海軍隊伍中還有近六千名的美國人。

17歲的貝約瑟在接下來的5年裏（1810－1815）成了英國政府的「客人」。他一半的時間在皇家海軍服役，另一半時間成為戰爭囚犯。他的經歷造就了他的堅韌。1812年，美英戰爭爆發後，英國敦促在貝約瑟部隊中的200個美國人，為英國去跟法國爭戰。只有包括貝約瑟在內的6個人拒絕參戰。但他為原則所做出的拒絕使他付出了昂貴的代價。

據貝約瑟回憶，有一次在跟法國艦隊的戰鬥中，除貝約瑟之外的其餘美國人都出來幫助英軍。由於他的不合作，一個英國軍官將他打倒在地，命令他帶上腳鐐。貝約瑟回應說他會戴上腳鐐，但他不會做任何事情，因為他是戰爭的囚犯。氣急敗壞的軍官揚言，打仗一開始，就把他「綁在主桅杆上作法國人的靶子」。

自主和堅毅是貝約瑟一生品格的寫照。就是這樣堅持原則的無畏精神，造就他成為一個堅強的人，之後全神貫注在米勒耳主義的廢墟上，重新發起了一項新的運動。

願這樣的人興旺。上帝需要像貝約瑟這樣的人在各地教會。

貝約瑟信主

我曾尋求耶和華，他就應允我。（詩34：4）

貝約瑟的父親是一位虔誠的基督徒，希望培養自己的孩子作一個屬靈的人。1807年，第二次大覺醒的興奮之波深深攪動年輕的貝約瑟。但這份激動只維持很短的時間，不久貝約瑟便開始了海上的職業生涯。

但大海有它的辦法使這個水手的眼目轉向上帝，特別是有一次他們乘小木船的經歷。貝約瑟後來回憶道，在暴風雨中的大海，什麼都沒有，只有「一片船板的厚度隔開我們與永恆之間的距離」。就是在面臨著將要失去這小船板時刻，貝約瑟回想起當年的靈性感動。在咆哮四天並掀起跟主桅杆一樣高的巨浪颶風中，絕望的年輕船長做了兩件事情——把40噸重的鐵塊扔進海裏，然後邁出破天荒的一步，叫他的廚師禱告。

不只有廚師一人禱告，貝約瑟的妻子普露蒂也為他禱告。不僅如此，她見丈夫為旅程準備了太多的小說、浪漫傳奇，於是就在他行李裏塞了《新約聖經》和幾本基督教書籍。藉著這些書籍，聖靈開始適時作工。很快地，貝約瑟就對這些打發消遣的書失去興趣，開始如饑似渴地讀起像腓利·道瑞（Philip Doddridge）所寫的《屬靈生命的興起和長進》（Rise and Progress of Religion in the Soul）等宗教書籍。這位32歲的船長開始關注信仰，但他不敢讓手下們發現，怕他們取笑他。

水手克里斯多福的死成了他人生的轉捩點。出於船長的職責，他出席那場葬禮，然而卻使他感覺人生的虛空。

辦好葬禮四天後，他就把自己的生命交託給了上帝，並且「向上帝許諾，用自己的餘生事奉祂」。

克里斯多福的葬禮不僅影響了貝約瑟本人——他還拿這件事去激勵他的船員們，接下來的那個禮拜天，他還講了一堂關於永生的道理。

貝約瑟回想自己當初的決志信主，如同尋見了「重價的珠子，其價值比滿滿一船的財物還要高」。他唯一的願望，就是「能把這救恩的生命之道分享給別人」。

並且盡他所能地去教導他人。這個使命佔據了他的餘生。

我們事奉一位大能的上帝，祂能改變我們的生命，也改變我們兒女的生命。

散漫時的改革

我們當深深考察自己的行為，再歸向耶和華。（哀3：40）

在貝約瑟最後一次的航行中（就在他決志歸主後），他相信自己的責任不僅是使他的船員轉變歸入基督教，而且確定他們的行為也像基督徒，甚至在他們還沒真正成為基督徒之前。

這樣，在1827年8月9號日落之前（他們起程出航的當天），他把船員招聚起來，宣讀航行管理的規章制度。那些規章必定使站在他面前的這班粗獷的海員們大吃一驚。他們不僅要杜絕粗話，為了彼此尊重，還要稱呼別人正確的名字，而不是叫別人的綽號。還有更激進的規定，船如果星期天停靠在碼頭，船員不許上岸休息。船長宣告，這是因為「我們要在船上遵守安息日」。

大部分的船員驚愕地靜靜坐著聽這個宣告。有幾個人表示異議，但他們能做什麼呢？畢竟，已經出了海，而且這一航行就是18個月的時間。

然而，真正的炸彈還沒有扔下來。貝約瑟宣布「皇后號」實行全程禁酒，在船上不許飲用酒類和其他一切含酒精的飲料。如果可以的話，他還想說服他們，即使上岸也不要飲酒。

然後，貝約瑟跪下，把他自己和船員們奉獻給上帝。

這樣的氛圍下，船員們一定覺得這是一趟很奇特的航行。我們不知道他們的感想如何，只知道其中有一個船員喊道，他們「有了一個很好的開端」，但另一個人卻認為這是一個很差的開始。

也是在這趟航行，貝約瑟對安息日有了一個更好的理解。人們看見他至少讀了兩遍塞斯・維利斯頓（Seth Williston）所寫的《五論安息日》（Five Discourses on the Sabbath）。讀完第一遍，貝約瑟說他從來沒料到，聖經對安息日這個標題會談到這麼多。當然，那時他以為「這是針對七日（一週）的第一日說的」，是為了紀念這一天「我們的救主從死裏復活的得勝」。幾個星期後，他寫道：「我一邊讀一邊默想『星期日』這個聖日，就越相信我們有必要將它完全分別為聖」。

基督教使貝約瑟的生活有很大的轉變。每一方面都煥然一新。當我們接受基督做救主時，我們也要如此改變。只要跟隨祂的腳蹤，祂將賜我們一個完全不同於周圍現實世界的新生命。

貝約瑟發現最終的改革

但我們照他的應許，盼望新天新地，有義居在其中。（彼後3：13）

貝約瑟透過當地的傳道人，第一次聽到基督快來的教導。但是，他並沒有太注意這個教導，直到1839年。那一年秋天，他聽到威廉·米勒耳的講道，說基督約在1843年左右到來。

當時貝約瑟反對這個觀點，但有人告訴他，米勒耳用大量的聖經章節來證明這個觀點。不久，貝約瑟參加了一系列復臨信徒培靈會，結果「很驚奇地發現，竟然有人可以這樣闡述救主再來的時間。」聽完第一堂講道後，他在回家的路上向妻子斷言，「這是真理」。

他的下一步是讀米勒耳寫的書《有關1843年基督復臨的聖經和歷史證據》，貝約瑟全心接受米勒耳的教導，因此，成為之後第一批基督復臨安息日會的信徒，以擁抱和參與米勒耳主義的復臨運動為樂。

米勒耳主義很快就主導了貝約瑟的生活，最終使他放下先前致力的社會改革而投身於復臨運動中來。他的一些朋友們詫異為什麼他不再參與那些戒酒和廢奴的社團活動。他告訴那些人：「我的回答是──接受救主第二次再來的觀點，全心投入預備這麼大的一個事件，並且協助別人做同樣的事情，對我來說已經足夠了。況且，那些接受這個觀點的人，也必然會擁護戒酒和廢除奴隸制度。」

貝約瑟繼續告訴他的朋友們，「如果在問題的根源上下工夫，我們將可以完成更多的事」。畢竟，各種社團所努力根除的那些不道德行為，只是罪惡生活的產物，而基督的復臨將要「一次性地清除所有的罪惡」。這樣米勒耳主義便成了貝約瑟解決問題的「最終之改革方案」。他下結論說，「敗壞的人類不能革除敗壞」。基督復臨將是唯一真正永久的解決辦法。

一開始，貝約瑟就成了米勒耳主義主要的領袖，1840年他成了第一屆總會代表大會的16個成員之一，1842年5月，他成了那屆總會代表大會的主席。這些責任把他推上那個位子，最終也造就他在1840年代末策劃興起守安息日的復臨運動。

上帝一步步帶領貝約瑟人生的道路，祂也同樣如此對待我們。我們的工作是不要跑在祂的前面，而是每一天跟隨祂的引導。

認識懷雅各

耶和華的話臨到……約拿，說：「你起來往尼尼微大城去，向其中的居民呼喊，因為他們的惡達到我面前。」約拿卻起來，逃往他施去躲避耶和華。
（拿1：1—3）

我們當中有些人可能也領受過上帝的呼召，傳達祂的話，但不是所有的人都樂意去做。懷雅各也是如此，他是第二個上帝所使用去建立基督復臨安息日會的人。

懷雅各1821年8月4日生於緬因州帕米拉城（Palmyra）。他說道：「15歲時，我就受洗加入基督徒聯會。但20歲時，我埋頭於研究和教學中，把十字架道理放到一邊。我從來沒有像一般人那樣沉緬於罪中，雖然我不吸菸，也不喝茶、咖啡，滴酒不沾，但是我卻愛這世界勝過愛基督，我所敬拜的是教育而不是天上的上帝。」

雅各年輕的時候就聽說米勒耳主義，但他看那純粹是「狂熱主義」。帶著這樣眼光的他驚奇地發現，他最信任的母親竟然對基督復臨的觀點津津樂道。但他還沒有準備好接受它的衝擊，其原因是他已為自己的人生做好一切的打算。然而，他心中對真理的信念始終揮之不去。

「當我轉向主的時候，」他後來回憶說，「心裏有一個很強烈的感動，就是我必須放棄屬世的計畫，將自己投入警告人們預備迎接上帝之日的工作中。我是這麼愛讀書，然而，在我墮落的靈性狀況下，我不僅沒時間，也不喜歡學習聖經，因此對預言就毫無所知了。」

再說，懷雅各覺得需要去探訪他曾經在公立學校教過的一些學生。他寫道：「在禱告中我以此做藉口，但是心裏沒有平安。」在這樣的想法下，他在父親的地裏工作，「試圖藉著勞動把這痛苦的感覺甩掉。」

但他還是不能。雅各禱告懇求釋放，還是沒用。最後「我的心裏跑出一個反抗上帝的意念，我不加思索說，我是不會去為主作工的。」他使勁地跺了跺腳，不願多想，就出去做他自己的事情了。

我們當中的一些人也常跟懷雅各有一樣的經歷。當聽到上帝呼召我們做這個做那個，我們也是跺腳努力抗拒。

但是上帝卻沒有放棄。祂對我們每人都有一個計畫。今天祂在你身上的計畫是什麼呢？更重要的是，你如何使自己跟上帝的旨意聯結起來呢？

極不情願的宣教士　　　**5**日

我在上帝面前，並在……基督耶穌面前……囑咐你：務要傳道，無論得時不得時，總要專心，並用百般的忍耐、各樣的教訓責備人，警戒人，勸勉人。

（提後4：1、2）

昨天我們講到懷雅各仍舊拒絕上帝的呼召。他回憶道：「終於，我決定盡我的本分。」轉眼間，「一陣甜蜜的平安流進我心，天堂的光輝照耀我身。我舉起雙手讚美上帝，唱出得勝的歡歌。」雖然他與屬世抱負的掙扎還沒有結束，但至少已經轉向正確的方向了。

雅各的見證剛開始時很有衝擊力。在某地，一名婦女招聚了約25個鄰居，他們裏頭沒有一個人是基督徒。雅各去向他們做見證，然後低頭禱告。他寫道：「我很驚訝地發現，這25個罪人同我一起低頭禱告。我感動得流淚，他們也跟我一起流淚。」

他成功了，但還是經常覺得進退兩難，一方面是屬世的理想，另一方面是傳講基督復臨的上帝呼召。他寫道：「心裏真是一種煎熬。」另有一件事，使他「覺得很尷尬」。因為缺乏聖經的知識，他的講道就顯得耗竭無力。意外的是，有一些聽眾已經開始稱呼他「懷長老」。他回憶道：「長老這個詞，讓我心痛，我陷入混亂並幾乎癱瘓。」

事情還算順利，不過，有一天他試圖跟兩個尚未接受復臨信仰的傳道人分享。談了20多分鐘後，他覺得自己「既迷惑又尷尬，只好坐下來。」他後來回憶說，就在那時，「終於，我降服在基督和祂的福音事工下，頓時心中充滿了平安和釋放。」

完全降服後，雅各也體驗到如果想成為一個成功的傳道人，他需要裝備自己。他說：「我去買復臨刊物，認真閱讀，研究聖經，」然後上帝便開路，讓他能在公眾傳道。

我們可以從懷雅各的經歷中得出一些教訓。當然，並不是所有的人都被呼召去當傳道人。但上帝要我們各人使用祂所賜的才能。我們中間有一些人正處在回應上帝呼召的掙扎中。好消息是上帝沒有對我們失去耐心。正如祂對待雅各一樣，祂要繼續與我們同工，祂要藉著我們作工。因此，我們必須每天求主向我們顯明祂的旨意，並且接受祂給我們的生命旨意。

02

6日 沒有人說那是容易的

你卻要凡事謹慎，忍受苦難，做傳道的工夫，盡你的職分。（提後4：5）

沒有人會説實行上帝的旨意是容易的。至少對懷雅各這個傳道新手是這樣。首先，他很貧窮。他回憶説，當他出發尋找「屬天的大禾場時，我不但沒有馬、馬鞍、韁繩，也沒有錢，然而我還是得去。我把去年冬天所有的積蓄，用來買必需的衣服、參加復臨大會、買書和預言圖表。我的父親提供我冬天使用的馬匹，葆利長老給我一個沒有踏板的馬鞍，一條破碎的馬韁。」

儘管窮困，他還是繼續工作。但也並不是每一個人都歡迎他的到來。他談到在某個地方，正當他禱告時，有一顆雪球差一點打到他頭上。接著一群暴民叫嚷著圍過來，他只好大聲禱告以壓過他們吵嘈的聲音。他回憶説：「我的衣服和聖經，被上百個融化了的雪球碎片打濕了。」

如何應對這樣的場面，實在是一個挑戰。他説：「當時也來不及細想，我闔上聖經後，開始描述末後主大而可畏之日的景象……你們要認罪悔改。」他這樣呼籲。結果會後竟有近百人起來禱告。

上帝從來沒有説這是簡單的事情。但難做並不意味著上帝沒有祝福我們。年輕的懷雅各學會了在困境中成長。在這個過程中，他創新一些與人交心的方法。

另一次在嘈雜的環境中，他甚至要費很大的勁才能走上講臺，觀眾從他口裏所聽到的第一個聲音，是一首清晰而嘹亮的歌：

> 「你將看見你的主來臨，
> 你將看見你的主來臨，
> 你將看見你的主來臨，
> 再過不多時候，
> 當天上的樂聲，
> 當天上的樂聲，
> 當天上的樂聲，
> 響徹雲層。」

他的歌聲不僅使人群安靜下來，還表達了他對基督快來的滿懷憧憬，他為此而奉獻自己人生。上帝從來沒有告訴我們，跟從基督是容易的。但當我們為祂工作時，祂應許賜下無盡的祝福。

認識懷愛倫

你趁著年幼、衰敗的日子尚未來到，就是你所說，我毫無喜樂的那些年日未曾臨近之先，當記念造你的主。（傳12：1）

「當我在家庭禮拜禱告時，聖靈降臨在我的身上，我覺得自己在上升，越升越高，遠離這個黑暗的世界。我轉過身來想看看下面的復臨信徒，卻看不見他們，這時一個聲音對我說話：『再往高一點的地方看』。我抬眼望去，見有一條筆直的窄路，遠遠高過這個世界。那些復臨信徒正在這路上往聖城走去，那城設在這路的盡頭。」（《早期著作》第14頁）這段話是17歲的愛倫·哈門（Ellen G. Harmon）在1844年12月見到第一個來自天上異象的片斷。

愛倫和她的攣生姐妹1827年11月26日出生於緬因州的歌罕鎮（Gorham），她在家庭8個孩子中排行最小。她的父親是一個製造兼銷售帽子的小商販，後來他們全家搬往緬因州的波特蘭（Portland）。

就在波特蘭，9歲的愛倫遭遇了深遠影響她的意外事故。被一個同學扔來的石頭砸中臉部，她徘徊在死亡的邊緣好幾個星期。最終還是康復過來了，但是這個事故給她留下一個屏弱的身體，以致她不能繼續上普通的學校，雖然她盡了最大的努力。身體欠佳給她的生活帶來了很大的困擾。

然而，不能上學並不能攔阻她接受非正規的教育。她的自傳可概略反映出她是一個感覺敏銳，富於探究精神的小女孩。到她去世時，其私人藏書規模，顯明她博覽群書。

她的敏銳不僅表現在與人的交往上，更表現在她與上帝的關係上。這一點，你甚至略讀一遍她的自傳時即可感覺到，在她最早期的經歷裏她就已經懇切追求真理了。

耶穌可能幾年內就要復臨，這說法使小愛倫大驚失色。她第一次聽到這個信息是在8歲的時候。有一天，在上學的路上，她撿到了一張紙片，上面寫著耶穌將在幾年之內再來。她寫道，「我立即身感恐怖，這在我的心裏留下了深刻的影響……使我幾天睡不好覺，不斷地求主使我預備好迎接耶穌的到來。」（《懷氏傳略》第20、21頁）

她早期的這些經歷幫助我們看見一個事實，即有些東西雖然會使我們害怕，但終將成為我們人生的希望，特別是當我們更深入瞭解上帝的品格之後。

與上帝較力

我信！但我信不足，求主幫助。（可9：24）

每一個人信仰的旅程不一定都是快樂的，對那些比較敏感的人來説更是這樣。年輕的愛倫就是其中的一員。

昨天我們提到當她第一次讀到基督快臨近時「身感恐怖」，她對基督復臨的恐懼有多方面的原因。其中一個原因是她深度的自卑感。她寫道：「在我的內心深處，我覺得自己永遠不值得被稱為上帝的兒女……對我來説，我的行為令我還不夠資格進入天國。」《懷氏傳略》第21頁）

好多年來，愛倫在掙扎中度過。她的問題在於她有兩種錯誤的想法。首先，她必須是個好人──甚至是完美的人──上帝才會接納她。其次，如果她真得蒙拯救了，她應該會有一種屬靈的狂喜。

1841年夏，在參加衛理公會在緬因州布克斯頓（Buxton）召開的帳棚大會期間，她靈性上的黑暗開始被驅散。在那裏，她聽到講臺上的信息説，人靠自以為義和努力是不能賺取上帝的喜悦。她認識到「唯獨藉著信與耶穌相聯，罪人才能成為滿有希望的上帝兒女。」（同上23頁）

基於這樣的相信，她懇切認罪祈求赦免，並盡力將她所有的獻給主。她後來寫道：「我心裏所有的話，就是『耶穌，幫助我，拯救我，我要喪命了。』」她又説，「突然間，我的重擔脱落了，我的心頓覺輕鬆。」（同上）

但是，她覺得，這好得令人難以置信。結果，她試圖重新背上一直以來伴隨著她的焦慮和罪責。正如她説的：「我覺得自己沒有快樂和幸福的權利」（同上）。之後她慢慢領會到上帝奇妙、滿足的救贖恩典。

但儘管有這樣的新領受，她還是滿懷掙扎和疑慮，因為她並不總有狂喜的感覺，因為她認為當一個人真正得救的時候，應該有狂喜的感覺。因此，她仍害怕自己不夠完全去迎見救主的復臨。

愛倫的感受對你是否熟悉？我們許多人很難相信，福音真的像上帝所宣告的那樣美好。最終的解決辦法是，不要憑感覺，而是細讀上帝實實在在所説的應許。

主啊，幫助我們脱離這樣的不信。

年輕的米勒耳信徒（一）

在我父的家裏有許多住處；若是沒有，我就早已告訴你們了。我去原是為你們預備地方去。我若去為你們預備了地方，就必再來接你們到我那裏去，我在哪裏，叫你們也在那裏。（約14：2、3）

1842年3月，在緬因州波特蘭城的一系列佈道大會上，愛倫‧哈門第一次聽到米勒耳的講道。所以當他在1842年6月再回來辦佈道大會時，她就欣然前往。

她已經接受米勒耳的信息，但還是無法脫離那難纏的恐懼，便是她仍感覺她還「不夠好」。再者，她也受困在上帝在地獄裏無止息地折磨罪人的想法裡。

在這樣的情形下，母親建議她向利未‧斯多克曼（Levi Stockman）諮詢。他是一個衛理公會的傳道人，並且他也接受米勒耳主義。斯多克曼的話使愛倫的心感到釋懷，他告訴愛倫「上帝愛祂犯錯的兒女，不會對他們的滅亡幸災樂禍。祂渴望引領他們，只要單單藉著信和交託就近祂自己。賜下基督偉大的愛和救恩的計畫。」

「平平安安地去吧！」他對她說，「信靠耶穌，因為祂不向任何真正尋求的人保留祂的愛。」（《教會證言》卷一第30頁）那一次的談心，是愛倫‧哈門人生最大的轉捩點。從那以後，她以上帝為「和藹可親的父親，而不是強制人盲從的嚴厲暴君。」她的心「對上帝充滿深切而又熾熱的愛。因順從祂而滿了快樂，便樂意事奉祂。」（《懷氏傳略》第39頁）

她看上帝為慈愛父親的新認識，在好多方面造就了年輕的愛倫。其中重要的一點是對地獄性質的認識，我們將在後面的閱讀中繼續討論這個話題。

慈愛父親觀念也幫助她對基督復臨滿懷希望和熱情。面對這樣的上帝，她感到毫無畏懼，只有盼望。

多麼有福的盼望啊！我們這生活在二十一世紀的人們，常常被日常的生活纏累太深，以至於我們忽略了基督復臨這一重大的應許。

儘管「慈愛的父親」在這個世上已經給了我們很多好東西，但聖經告訴我們，祂將來要給我們的是更美好的無限。

我們要感謝我們「慈愛的父親」。

10日 年輕的米勒耳信徒（二）

因為主必親自從天降臨，有呼叫的聲音和天使長的聲音，又有上帝的號吹響；那在基督裏死了的人必先復活。以後我們這活著還存留的人必和他們一同被提到雲裏，在空中與主相遇。這樣，我們就要和主永遠同在。所以，你們當用這些話彼此勸慰。（帖前4：16—18）

多麼令人安慰的話啊！年輕的愛倫・哈門的感受更是如此。她所發現上帝是「慈愛的父親」一事，激勵她去傳揚基督第二次再來的消息，這樣，人們便可以預備迎接那振奮人心之大事。

此後，她一改害羞的性格，開始參與公眾禱告，在衛理公會各類聚會中，跟別人分享她所相信的耶穌拯救的大能，並祂的快來。她還賺錢以便買一些印刷資料去傳揚基督復臨的信息。

後者特別給她沉重的負擔。因為如此，使她不得不支撐著虛弱的身體坐在床上編織長襪，每天只賺25美分。熱烈而真摯的品格，從她生活的各方面彰顯出來，她的許多朋友便因此相信耶穌。

不單單是愛倫熱衷於米勒耳所講的基督復臨信息，她的父母兄弟姐妹也都喜歡。但是他們當地衛理公會的信徒們被教導——認為基督直到豐富、和平的千禧年過後才會來——因此，並不欣賞他們持續不斷地嘮叨基督就要再來的教導。結果，在1843年9月，他們開除了哈門一家的教籍。

他們的經歷，反射出當時各地米勒耳復臨信徒的情況，這些人再也不願就耶穌即將復臨的話題上自甘沉默。

愛倫和大部分其他的復臨信徒一樣，並不太在意從各自的教派中被趕出來。畢竟，耶穌就要在短短的幾個月之內來臨，到那時，所有的麻煩將不復存在。帶著這樣的希望，米勒耳信徒們繼續聚集在一起，彼此鼓勵，共同等候預定日期的到來。

他們的心充滿了喜樂。愛倫後來回憶說，1843年到1844年的這段時期「是我一生最快樂的時光」（《懷氏傳略》第59頁）。回顧往昔，我們知道這些信徒們是在計算基督復臨的時間上錯誤，但這個希望的本身並沒有錯誤。耶穌復臨這個有福的盼望，今天依舊使我們的心充滿喜樂。🔈

屬聖經的人（一）

聖經都是上帝所默示的（或譯：凡上帝所默示的聖經），於教訓、督責、使人歸正、教導人學義都是有益的。（提後3：16）

任何宗教團體最基本的議題就是威信。那些基督復臨安息日運動的發起者對這個話題非常清楚。正如懷雅各在1847年初所説的：「聖經是全然美好的啟示，是我們信心和行為的唯一準則。」

我們在後面幾天將談到守安息日者，他們根據聖經研究，發展出他們特殊的教義信仰。但在實際生活中，他們的詆毀者總是不太清楚這一點。比如説，麥爾‧格蘭特（Miles Grant），在1874年《世界的決定性時刻》（The World's Crisis，一本由守星期日的復臨信徒辦的權威雜誌）中辯稱，「守安息天的復臨信徒們説，但以理書8章13節到14節中提到，1300（二千三百）日結束的時候，天上的聖所將會潔淨，並且説，這個潔淨聖殿的日期始於西元1844年秋天。如果有人問他們為什麼相信這説法，其答案就是──這個信息乃出自於懷愛倫所見的異象。」

烏利亞‧史密斯（Uriah Smith），為當時的《評閱宣報》（Review and Herald）主編，對這個指控作了有力的反駁。「人們寫了成百上千的文章來討論『聖所』的話題。但是當中沒有一篇是以異象作為這個話題的權威依據，我們所持的觀點也沒有一個是以此異象作為資料來源的，更沒有什麼傳道人拿這些異象來回答以上這些問題。我們對這個話題所持的觀點，有充足的證據可以證明其答案都是來自聖經。」

我們需要特別指出，史密斯作了一個聲明，就是任何人可以找到當初守安息日的復臨信徒之著作，進行核實或反駁。保羅‧戈登（Paul Gordon）就這樣做了，他在1983年就聖所的話題寫了《聖所、1844年和先驅們》（The Sanctuary, 1844, and the Prioneeers）。他研究的結果證實了史密斯的話。

在後來的歷史中，有許多的復臨信徒趨向依賴懷愛倫的權威或教會的傳統，其實，早期的復臨信徒是「聖經」的信徒。當今的復臨信徒在探究真正的復臨主義歷史時，都應該注意到這個事實。好消息是，上帝已在聖經裏賜下生命的話語。今天，我們可以很喜樂的和詩人一同説：「我將你的話藏在心裏，免得我得罪你。」（詩119：11）

12日　屬聖經的人（二）

這地方的人賢於帖撒羅尼迦的人，甘心領受這道，天天考查聖經，要曉得這道是與不是。（徒17：11）

懷愛倫跟她的丈夫和貝約瑟都是以聖經為中心的人。在她的第一本書（1851年出版）中，她寫道：「親愛的讀者，我向你推薦『上帝的聖言』作為你們信心和行為的準則，」（《早期著作》第78頁）。58年以後，在1909年基督復臨安息日會全球總會代表大會上，她手持聖經站起來說話：「弟兄姊妹們，我向你們推薦這本書。」這是她向全球總會代表大會說的最後一段話，也是她超過60年事奉生涯的寫照。

1847年，懷雅各在論及聖經於復臨信仰建構中所扮演的獨特角色時，聲稱聖經是「我們信心和行為的唯一準則。」在談到他妻子的先知職事之背景時，他寫道：「她被給予的真異象，引領我們到上帝並祂的聖經面前；如果這異象是帶給我們遠離聖經的信心和行為之新命令，就一定不是從上帝而來，我們要拒絕它。」

四年後，他再一次明確闡述這個觀點。他說：「每一個基督徒都應該看待聖經是他信心和本分的完美準則。在聖靈的幫助下，他要懇切禱告，從聖經中尋求全備的真理，並他所有的本分。他不能藉由其他任何恩賜，隨意改變來學習他的本分。我們說他如果這樣做，是誤用了恩賜，而置身於極其危險的境地。上帝的話必須行在前頭，教會應該注目於它，以其為前進的準則，智慧的基礎，從中學習行『各樣的善事』。」

簡而言之，早期守安息天的復臨信徒在他們的信仰建構中摒棄了傳統，教會的權威，甚至屬靈的恩賜。

有了這個認識，今天作為基督復臨安息日會的信徒（包括個人或團體），我們應該怎樣看待權威這個論題，這是非常重要的。因為有太多的事情表明，我們在聖經研究上顯得薄弱不足。

今天或許是最好的時機讓我們在這個問題上調轉腳步。現在，當你禱告的時候，我盼望你再一次向主委身，要認認真真地每天學習聖經。我們可以從《四福音書》、《保羅書信》和《詩篇》開始。

然而，最重要的不是從哪裏開始學習，而是學習先賢們的精神，至少每天花費一個半小時的時間學習聖經。我知道這將影響到你看電視的時間，但這對你是有益處的。

「門就關了」的中心含義

她們去買的時候，新郎到了。那預備好了的，同他進去坐席，門就關了。其餘的童女隨後也來了，說：「主啊，主啊，給我們開門！」他卻回答說：「我實在告訴你們，我不認識你們。」（太25：10—12）

　　　　些聖經的表號在不同的歷史時期有著不同的解釋。在1840年代後期，「門就關了」的含義在後米勒耳復臨運動中的解釋就有這樣的遭遇。

　　之前我們已看見，早在1836年米勒耳就認為馬太福音25章10節中提到的「門就關了」，被視為人的考驗時期結束。那也就是說，基督復臨之前，每個人必須下決定要順從祂，還是要拒絕祂。

　　自從米勒耳把1844年十月的日期和基督復臨作聯結，他便認為考驗期就是到那時結束。在十月大失望後他仍舊保持那個觀點。比如說，1844年11月18日，他寫道：「在傳警告給罪人的事情上，我們已經完成使命……上帝已經照祂的旨意關閉了恩典之門；我們現在唯一要做的事情是彼此鼓勵，忍耐等候。」

　　但在1844年秋天混亂的局面裏，這不是唯一的觀點。例如：約書亞·海姆茲在11月5日下結論說，沒有什麼預言是在1844年10月應驗的，這樣，考驗期的門還沒有關閉。所以，上帝的子民依舊需要救恩的信息。

　　我們今天看起來可能覺得不可思議，1845年以後，就是因為對「恩典之門關了」的不同理解，使得復臨信徒分裂成不同的群體。為了能釐清問題，我們有必要了解1845年初「恩典之門關了」這句話所包含的兩個含義：

　　（1）考驗時期的結束。

　　（2）這個預言已經在1844年10月應驗。

　　基於這樣的認識，我們可以稱那追隨海姆茲的奧爾巴尼復臨信徒為「開門論的復臨信徒」，而稱狂熱的屬靈派和遵守安息日派為「關門論的復臨信徒」。

　　懷雅各則認定這個預言已經在二千三百日結束的時候應驗了，於是他概括稱守安息日派為「守安息天的關門論主義者」（感謝上帝！這個名字並不固定）。

　　在1840年代末期，守安息日派的神學任務，就是從「關門論的復臨狂熱主義」弟兄中間分離出來。這就有賴於更多的聖經研究和上帝的引領。🔖

聖所的新亮光（一）

他對我說：「到二千三百日，聖所就必潔淨。」（但8：14）

不要忘了，那些守安息日的復臨信徒是持「關門論」觀點的。也就是說，他們相信但以理書8章14節的預言已經在1844年10月應驗了。他們對預言的時間沒有疑問。但以理書的歷史解經者，普遍接受二千三百日預言已在1843年到1847年之間應驗的觀點。其爭議不是在日期上，而是在於預言結束期到底發生了什麼事情。換句話說，人們在有關預表性日期的解釋上意見一致，但對但以理書8章14節所提的另外兩個表號，在解釋上有很大的分歧。

十月大失望之後，復臨信徒在神學上所必須完成的任務，是解釋聖所和潔淨的含義。

我們前面已經知道，米勒耳把聖所解釋為地球，潔淨解釋為基督復臨時用火焚燒潔淨地球。他的觀點很顯然是錯的。我們注意到，在十月大失望之前，其實已經有人對米勒耳的解釋提出質疑。比如說，約西亞·利奇在1844年4月寫道：「我們並不能完全證明二千三百日結束時所發生的聖所潔淨，就是指基督復臨或潔淨地球。」他還說，當斟酌經文含義的時候，他覺得他們很有可能對「作為結束的標記事件是錯的」。

這個思想很快就在十月大失望後再次興起。約瑟·瑪敘（Joseph Marsh）在11月初就得知這個論點：「我們樂意接受，對事件性質判斷的錯誤，就是我們所期待要發生的這件事⋯⋯；但是我們還不能接受，認為我們的大祭司，沒有在這一天完成那些我們所期待使我們稱義的預表。」

我們可以在這裏得到一個教訓，有時我們對某段聖經之解釋的自信，超過了我們該有的權力範圍。在研究上帝話語的時候，我們需要謙卑盡我們的本分。

天父啊，求祢幫助我們，當我們學習祢話語的時候，使我們對祢持續的引導能持開放的態度。

聖所的新亮光（二）　　**15**^日

我們所講的事，其中第一要緊的，就是我們有這樣的大祭司，已經坐在天上至大者寶座的右邊，在聖所，就是真帳幕裏，作執事；這帳幕是主所支的，不是人所支的。（來8：1、2）

過了多年以後，海潤・愛德生（Hiram Edson）回憶起1844年10月23日的事情，就是大失望後的第一天。他寫道：「我開始感覺到，或許有什麼亮光可以幫助我們走出眼前的困境。我對幾個弟兄說，我們去穀倉。進了穀倉後，我們關上門跪在上帝的面前祈禱。」

「我們懇切禱告，因為感受到需要。我們繼續懇切禱告直到得了聖靈的明證，禱告已經得蒙悅納，上帝要賜給我們亮光，要解釋這個大失望，使我們清楚滿足。早餐後我對其中一個弟兄（可能是克羅西亞O. R. L Crosier）說：『我們出去看看，去鼓勵我們的弟兄。』」

「我們便出發了，當走到一塊大田地的中間，我停住了。天好像開了我的眼睛，我看得清清楚楚，我們的大祭司不是從天上的至聖所出來，在二千三百日結束時的7月10日到地球；而是在這日第一次進入天上聖所的第二層，祂要先完成至聖所裏的工作，然後再到地球上來。」

愛德生的回憶在守安息天的復臨信徒中廣為流傳。一些人好像以為就是通過他的「異象」，教會發展出聖所的教義。

然而，我們要問，可以拿他的異象或者洞察（或其他任何人的）來當作教義的基礎嗎？我再問，如果復臨教會從來沒有聽說過愛德生的經歷呢？這會產生什麼不同嗎？這絕對不可以！

愛德生繼續說，克羅西亞（有一段時間跟他住在一起）和漢博士（Dr. F.B. Hahn）就聖所的道理與他一起學習聖經。克羅西亞進行了一個深度的研究，以致愛德生和漢同意資助將這個研究發表。

這裏有個很重要的教訓。愛德生的經歷充其量只不過是在聖所含義的多種解釋中，道出了其中一個。只有聖經研究才可以為聖經自己提供堅實的根基。

我們必須把所有的教導根植於堅實的聖經研究之上。**永遠都是！**

16日　聖所的新亮光（三）

他們供奉的事本是天上事的形狀和影像，正如摩西將要造帳幕的時候，蒙上帝警戒他，說：「你要謹慎，作各樣的物件都要照著在山上指示你的樣式。」（來8：5）

昨天我們已經談到克羅西亞，他是海潤‧愛德生的朋友，奉獻自己的精力，就但以理書8章14節二千三百日結束時聖所並它潔淨的含義，進行集中而又廣泛的研究。並發表在由愛德生和漢博士發行的《黎明》（Day Dawn）雜誌上，克羅西亞系統地闡述了自己的發現。其中他的第一個結論就是米勒耳把聖經解釋錯了，因為「無論在什麼原則下，聖所都不能解釋為地球。」很顯然，克羅西亞手中有他自己的經文索引，他注意到「聖所一詞在聖經中出現104次——100次在舊約，4次在新約，都集中在希伯來書。」

後來，克羅西亞在文中下結論說，但以理書8章14節提到的聖所不可能指猶太人的聖所，因為猶太人的聖所已經被「完全毀滅，不可挽回。」「儘管，猶太人的聖所在1800年前已經被拆毀，廢棄了。但另一種也被稱為『聖所』的事物持續到二千三百日結束。就在這一段時期的最後，發生了一個改變，被稱作：『潔淨』、『被稱義』、『被昭雪』、『被宣布為義』。」

克羅西亞指出，有一點在希伯來書中是很清楚的：「基督升天後進入的地方，猶太人的聖所是它的影像、模型和預表。在福音的傳播期間（Gospel Dispensation），祂就是在這個地方事奉的。」毫不含糊的，希伯來書在這裏指出：「『我們有這樣的大祭司，已經坐在天上至大者寶座的右邊，在聖所，就是真帳幕裏作執事……』這就是新約聖經中，除了指猶太人聖所的另外三處經文外，唯一出現聖所這個詞的地方。現在我們可以放心地說，在聖經權威裏，在福音的傳播期間，基督從升天歸父開始到第二次再來，除了祂在天上服事的地方，沒有其他地方可以被稱為聖所。」

我們感謝上帝，今天有耶穌在天上的聖所做我們的大祭司。「凡靠著他進到上帝面前的人，他都拯救到底，因為他是長遠活著，替他們祈求。」（來7：25）阿們！

聖所的新亮光（四）　　　**17**日

凡靠著他進到上帝面前的人，他都能拯救到底；因為他是長遠活著，替他們祈求。（來7：25）

845年3月克羅西亞開始寫有關天上聖所的文章。不過，1846年2月7日，他才呈現他最完整的理解想法，文章取名為「摩西的律法」。

我們可以把「摩西的律法」一文的結論歸納如下：

1 確實有一個聖所存在於天上。

2 希伯來人的聖所代表天上聖所完整可見的模型，預表著救恩的計畫。

3 正如在曠野會幕裏，地上祭司有兩層的聖所事奉；基督在天上的聖所也有同樣兩層的事奉。

4 基督第一層的事奉是處理赦免的問題，第二層的事奉包括抹去罪惡，潔淨聖殿和信徒個人。

5 但以理書8章14節說的潔淨，是指用血完全洗淨罪惡而不是以火消滅罪惡。

6 從基督聖所第二層服事到祂第二次再來，應該有一段時間。

克羅西亞聖經研究的結果解決了「聖所」的類別和「潔淨」的性質。再者，它也指明了但以理書8章14節提到的二千三百日結束時，究竟發生了什麼事情。

克羅西亞的文章沒有被那些守安息日的未來復臨領袖們所忽視。1846年5月，貝約瑟稱讚克羅西亞對聖所的解釋是「在這類現存的解經中最優秀的一個」。

第二年懷愛倫寫道：「主啟示給我異象，一年多以前，克羅西亞弟兄在聖所潔淨等論題上有了真亮光；主的旨意讓克羅西亞弟兄把這個寫下來，就是他發表在1846年2月7日《晨星》副刊（Day-Star, Extra）上的。」（《給一小群信徒的一番話》第2頁）

我們感謝上帝，祂不僅有一個計畫將祂的子民從罪中拯救出來，而且藉著基督在天上的事工把這個計畫推向完美成就。

18日 　聖所的新亮光（五）

照著天上樣式做的物件必須用這些祭物去潔淨；但那天上的本物自然當用更美的祭物去潔淨。因為基督並不是進了人手所造的聖所，乃是進了天堂，如今為我們顯在上帝面前。（來9：23、24）

我們對以下發現並不感到驚奇：不僅是愛德生、克羅西亞和漢博士，還有其他的人，已向「關門論的復臨信徒」提供有關但以理書8章14節的重要教導，並特別關注其中聖所的類別，潔淨的性質，以及二千三百日預言完成時發生的事情等。

其他就這個論題發表著述的學者還有，艾米莉·克萊曼斯（Emily C.Clemons），她在1845年間編輯了繪圖本雜誌，取名《面紗下的希望》（Hope Within the Veil）；皮維（G. W. Peavey）在1845年4月也教導說，基督已經「結束7月10日前一切日常供奉的預表，在這一日進入至聖所。」

皮維也看見但以理書8章14節，希伯來書9章23、24節和利未記16章之間內在的聯繫，結論說，在贖罪節所預表的日子裏，天上的至聖所需要被基督的血所潔淨。然而，他相信天上聖所已經在1844年10月22日被潔淨。相反地，克羅西亞和他的朋友們則相信，這個贖罪節的供奉尚未完成，僅僅是在那一天開始。克羅西亞的觀點最終為守安息日的復臨信徒所接受。

愛倫·哈門早期的異象也觸及聖所的話題。1845年初，她分享自己的一個異象，在基督開始天上聖所第二層的事奉時，她「看到聖父從寶座上起來，並駕著一個發火焰的車進入幔子之內的至聖所，坐了下來。」（《早期著作》第55頁）

當她的異象跟克羅西亞及其他以聖經為根據的結論相吻合的時候，要知道她當時在復臨信徒中還不突出，也沒有什麼權威。也不為當時聖所道理主要的創立者們所知。對那些人來說，她不過是一個17歲的少女，聲稱見了異象，正如在當時各種矛盾衝突的意見中，許多「關門論的復臨信徒」過分追求字面含義，聲稱自己得了神奇恩賜的人。

感謝天父，當我們尋求祢偉大救贖計畫之知識的時候，祢願意引導我們。

懷愛倫的第一個異象（一）　　**19**日

以後，我要將我的靈澆灌凡有血氣的。你們的兒女要說預言；你們的老年人要做異夢，少年人要見異象。　（珥2：28）

1844年12月，當愛倫·哈門和其他四個婦女在緬因州波特蘭海妮斯（Haines）太太的家中禱告。她回憶道：「正在祈禱的時候，上帝的能力臨到我的身上，是我以前所從未感覺到的。」（《懷氏傳略》第64頁）

她繼續寫說：「我好像被光輝所環繞，漸漸從這個高而又高的地面上升；我轉過身來想要看看世上的復臨信徒，可是找不到他們，當時有聲音對我說：『你再看，稍微往高處看看。』於是我舉目向上觀看，見有一條筆直的窄路，遠遠高過這個世界。那些復臨信徒正在這路上往聖城走去，那城設在這路的盡頭。在他們的後面，就是這路的起點處，有一道明光；有一位天使告訴我說，這光就是那夜半的呼聲。」

「這光照耀著全部路程，使他們可以看清楚自己的腳步，不致跌倒。他們若定睛仰望行在他們前面領他們走向那城的耶穌，就得安全。」

「但不久就有人感到疲倦，並說那城離他們太遠，他們原來盼望早能進去。那時耶穌就舉起祂榮耀的右手鼓勵他們……。」

「其他的人則輕率地否認那在他們後面的光，說那領他們奔走這遙遠路程的不是上帝。於是他們後面的光就熄滅了，他們的腳步也就陷於全然黑暗之中；他們既看不見耶穌和前面的目標，便從那路上跌到下面黑暗罪惡的世界中去了……。」

「不久，我們引目向東觀看，見有一小片黑雲出現，只有人的半個手掌那麼大，我們都曉得這是人子降臨的預兆。當這雲臨近時，我們都以嚴肅的靜默看著它；它越來越光明，越榮耀，直到成為一大片白雲……。」

「接著耶穌的銀號筒吹響了，祂駕雲降臨，有火焰四面環繞著。祂注視那些睡了的聖徒的墳墓，然後向天舉目伸手，並且喊叫說：『醒起！醒起！醒起！你們睡在塵埃中的人，要起來！』」（《早期著作》第14－16頁）

02

20日　　　　懷愛倫的第一個異象（二）

上帝說：在末後的日子，我要將我的靈澆灌凡有血氣的。你們的兒女要說預言；你們的少年人要見異象；老年人要做異夢。（徒2：17）

令人奇怪的是，懷愛倫的第一個異象不是有關聖所或它的潔淨，而是鼓勵失望的米勒耳復臨信徒，給他們確據和安慰。更具體地說，從幾個方面教導他們。

首先，這個異象表明10月22日的運動並沒有錯。相反的，10月22日見證了預言的應驗。所以，它就是失望的復臨信徒們身後的那道「明光」，幫助他們找到方向，引領他們走向未來。有趣的是，愛倫‧哈門在見第一個異象前的那個月，已經放棄相信十月的信息。於是，這個異象使她的思想有了轉機。

其次，這個異象也表明基督將繼續引導他們，他們則要定睛仰望祂。這樣，復臨信徒有兩樣值得關注的東西做他們的指導——歷史中的十月事件和耶穌對未來的繼續引導。

再者，這個異象好像還暗示，等候耶穌再來的日子比原先所期待的要長一點。

第四，摒棄1844年的經歷，或聲稱上帝沒有在其間帶領，將是一個極大的錯誤。下這樣結論的人將會飄蕩在靈性的黑暗中，而迷失他們的方向。

愛倫的第一個異象帶來了一系列積極的教導。但是請記住一點：這異象並沒有告訴人1844年10月22日到底發生了什麼。這樣的知識只能通過聖經研究才變得明朗。愛倫的第一個異象不是提供具體的解釋，而僅僅是突出一個事實，就是上帝確實仍舊在引領著人們，儘管他們還在失望和迷惑中。這異象也是上帝藉著愛倫‧哈門顯明祂眷顧和引領子民的第一個記號。

上帝引導祂的子民走過可見的和不可見的危險，這個主題將成為懷愛倫一生事奉的中心主題，將在她的預言之靈叢書中有完整的表述，從《先祖和先知》中介紹罪進入世界開始，到《善惡之爭》中上帝救贖計畫的完成為止，描繪了上帝在人類歷史中的引領。

我們為上帝今天繼續的帶領感謝祂。

編按：懷愛倫的「預言之靈」叢書是《先祖與先知》、《先知與君王》、《歷代願望》、《使徒行述》、《善惡之爭》這五本書。

被召做主見證

不要怕，只管講，不要閉口。（徒18：9）

在見了第一個異象後，過了一個星期，愛倫經歷了第二個異象，要求她把上帝所啟示她的告訴其他的復臨信徒。同時也説清楚，她將會遭到別人的攻擊。

她躲避這個任務。並且藉口説，畢竟她的身體不好，只有17歲，又生性膽小。「數日之久，」她後來解釋説，「我常禱告，要求把這個重負從我身上移到比我更能幹的人身上。但這指明我責任的亮光一直沒有改變，所以天使的話一直在我耳邊：『要把我所啟示給你的事傳給別人』」（《懷氏傳略》第69頁）。她甚至説為了擺脱那責任，她寧可去死。結果那蒙恩以來一直伴隨她的甘美平安失去了，絕望又重新佔據她的心頭。

面向公眾，愛倫感覺沮喪，這也難怪。畢竟，社會大眾公開蔑視米勒耳信徒，況且，嚴重錯誤的道理，以及五花八門的狂熱主義，已經困擾著大失望後的這群米勒耳主義信徒的陣營。

更具體地説，在1844年，不管是社會大眾還是米勒耳信徒中，預言恩賜特別遭人質疑。1844年夏天，摩門教的「先知」約瑟‧史密斯（Joseph Smith），在伊利諾斯州的暴民圍攻中喪生；1844年末至1845年初，湧現一大群復臨信徒的「先知」，帶著一些很有問題的特徵，他們之中的大部分人在緬因州活動。並且1845年春，奧爾巴尼的復臨信徒投票表決説他們「不相信任何新的信息、異象、異夢、方言、神蹟、特殊思賜、啟示」等等之類東西。

在這樣的環境下，怪不得年輕的愛倫‧哈門盡力躲避做先知職能的呼召。然而，儘管有懼怕，她還是冒險開始傳講上帝對這班困惑的復臨信徒的安慰勉言。

我們粗略地從她的幾處早期自傳記敍中可以看出，她曾遭遇許多狂熱主義和個人的攻擊。她一些早期的異象常常就是直接針對某個具體的狂熱主義和攻擊作出勉勵和指責。

哦，主啊，今天求祢來幫助，使我們在祢為我們所作安排的地方盡忠，為祢所賜的信息發聲。

22日　　　屬靈恩賜和聖經的關係（一）

他所賜的，有使徒，有先知，有傳福音的，有牧師和教師，為要成全聖徒，各盡其職，建立基督的身體，直等到我們眾人在真道上同歸於一，認識上帝的兒子，得以長大成人，滿有基督長成的身量。（弗4：11-13）

早期的第七日復臨信徒認為聖經教導說，屬靈恩賜，包括預言的恩賜，將存在於教會中直到基督第二次再來。

　　烏利亞・史密斯舉了一個例子來更好地說明這個觀點。「比方說，」他寫道，「我們即將開始一次航行。船主給了我們一本說明手冊，告訴我們，裡面所包含的內容足夠指導我們完成整個旅程，如果能留心手冊上的指示，我們將安全抵達終點港口。」

　　「起航的時候，我們打開手冊研究其中的內容。我們發現作者制定規程大綱對航行進行指導，並且，盡一切可行的方式，指教我們處理可能出現的各種各樣的偶發事故，直到最後；同時他也告訴我們，旅程的最後階段將會特別危險；而且海岸的地形將會因流沙和暴風雨變得變幻莫測；『但這部分的旅程，』作者說，『我會派一個嚮導到你們那裏，根據周圍環境和危險的需要給你們指導；你們要留心他的教導。』」

　　「帶著這樣的指示，我們進入了所說的危險階段，正如所應許的，嚮導也出現了。但是當他努力工作的時候，我們當中有些船員起來反對他。『我們已經有原版的說明手冊，』他們說，『這已經足夠，我們立足於其上，單靠這本書；我們不需要你來。』」

　　「現在，誰才是留意原版說明手冊的人呢？是反對嚮導的人呢？還是根據書的教導接受的人呢？請判斷。」

　　「然而，有些人……在這一點上，可能會說：『這樣，你的意思是把懷姊妹當作嚮導，對不對？』說這句話的意思，是要先發制人防止事情朝這個方向發展。但我們並沒有這樣說。我們清清楚楚說的是：在這危險的時代，嚮導作為屬靈的恩賜加給我們，無論在什麼時候，無論在什麼人身上，當我們看見這屬靈恩賜的真實顯示，必定尊重他們，以至我們沒有拒絕上帝的話，就是指示我們要接受這屬靈恩賜的。」

從「復原主義論」而得的教訓　　**23**日

那些出於你的人必修造久已荒廢之處；你要建立拆毀累代的根基。你必稱為補破口的，和重修路徑與人居住的。（賽58：12）

1800年前後，「復原主義論」（Restorationism）在美國許多地方自主興起，他們的目標是進行教會改革，恢復新約聖經所有的教導。「復原主義論」不認為改革只發生在16世紀。認為改革是從那時開始，但將持續進行，一直到人的傳統不留痕跡，聖經的教導完全根植於教會中為止。「復原主義論」運動的任務是完成未竟的改革。

「復原主義論」者信奉完全的「唯獨聖經」的觀點。希望能為他們所提出的每一個狀況都找到聖經的根據。聖經是他們信心和行為的唯一準則。這個運動還反對制定信條。其擁護者最流行的一個宣言是「除聖經外我們沒有其他信條」。在十九世紀初，對美國多數的新教徒來說，「復原主義論」運動的精神為他們許多的神學研究創造了條件。它培養了人們回歸聖經的態度，影響了美國新教當時的思想方式。

「復原主義論」論運動的其中一支對基督復臨安息日會來說顯得特別重要，那就是基督徒聯會。懷雅各和貝約瑟（基督復臨安息日會的三個奠基者中的兩個）就是這個教派的成員。

這兩個人把兩樣東西帶到基督復臨安息日會，基督徒聯會的聖經導向思想，和帶領教會回歸所有失落的聖經教導的幹勁。他們堅信這樣的恢復必須在基督復臨之前發生。

「復原主義論」的歷史觀今天仍舊影響著復臨教會。例如，基督復臨安息日會的基本信仰的開場白這樣說：「基督復臨安息日會接受聖經作他們唯一的信條。」不僅如此，懷愛倫的《善惡之爭》也是建立在「復原主義論」論的模式上的，從改革運動開始，一直延續到末後，描繪教會應回歸對初世紀基督教失落的聖經教導。

作為基督復臨安息日會信徒，我們滿懷感恩，因為我們屬於一個強調聖經的運動。

譯者注：作者將「屬靈恩賜和聖經的關係（二）」放到2月24日。

24日　　　屬靈恩賜和聖經的關係（二）

上帝在教會所設立的：第一是使徒，第二是先知，第三是教師，其次是行異能的，再次是得恩賜醫病的，幫助人的，治理事的，說方言的。（林前12：28）

基督徒聯會對早期守安息日的復臨信徒帶來很大的影響，包括對屬靈恩賜的看法。我們是通過威廉‧金凱德（William Kinkade，1783年出生）的著作，瞭解基督徒聯會在這主題上的觀點，他是復臨運動最主要的神學家之一。 金凱德1829年寫到他早年的時候，只願意自己被稱作「基督徒，而不要別的頭銜」，除了「聖經之外，他不會拿任何其他的書籍作為生活規範。」

他當然清楚聖經在信仰上至高無上的權威。然而，當他進一步談論「恢復古老的傳統」時，他說自己不能滿足於「部分的」新約的傳統。

他辯解道，新約傳統的中心是屬靈的恩賜，包括「哥林多前書12章8節至31節和以弗所書4章11節至16節提到先知的恩賜，教會裏的屬靈恩賜就是『古老的傳統』；誰要是反對這個，就是反對古老的基督教。如果說上帝停止這些屬靈的恩賜，就等於說，上帝已經廢除新約教會的傳統……這些屬靈的恩賜構成古老的傳統。」

金凱德辯解說，沒有什麼在使徒時代就停止的臨時的屬靈恩賜。正如新約聖經提到的「這些記在聖經中的恩賜，組成了福音事工」。

在聖經是唯一的權威資源的前提下，威廉‧金凱德有關屬靈恩賜持續不斷的新約神學理論，對我們理解早期第七日復臨信仰是很重要的，因為三個本會的奠基者中，有兩個活躍於基督徒聯會中。懷雅各和貝約瑟，在進入第七日復臨信仰的時候就是帶著這兩個觀點：聖經是信心和行為的唯一準則；屬靈的恩賜是持續的。

懷雅各的著述中反映出兩者之間的微妙平衡，也為教會中屬靈恩賜的合理功能定下了基調。

天父上帝，感謝祢，眷顧祢的教會澆奠聖靈的恩賜。求祢幫助我們在使用祢的恩賜上有智慧。

屬靈恩賜和聖經的關係（三）　　25日

不要消滅聖靈的感動；不要藐視先知的講論。但要凡事察驗，善美的要持守。（帖前5：19—21）

對於那些聲稱自己有預言恩賜的人，藐視他們的講論是多麼容易啊！因為，我們有聖經。當然，在歷史上有很多瘋狂的和有問題的人也會這樣聲稱。鑑於這樣的狀況，我們其實可以表示疑問而不是藐視。

在這個話題上，聖經有它自己的教導：「不要消滅聖靈的感動，不要藐視先知的講論；但要凡事察驗，善美的要持守。」（帖前5：19—21）

對所有聲稱有先知恩賜的人一概否定，這不是新約基督徒該有的態度。相反的，聖經要求我們「察驗」這些宣稱。

值得慶幸的是，聖經不僅告訴我們要察驗它們，而且建議一些如何察驗的方法。其中一個方法記在山上寶訓裏面，這裏，耶穌警戒我們「要防備假先知。他們到你們這裏來，外面披著羊皮，裏面卻是殘暴的狼。憑著他們的果子，就可以認出他們來……凡好樹都結好果子，惟獨壞樹結壞果子。」（太7：15—17）

應用到那稱為先知者身上，我們需要檢驗他們所推崇的那些原則之結果，並且看他們的生活是否反映新約基督教的信仰。

另一個檢驗的方法記在約翰一書第4章。聖經告訴我們「總要試驗那些靈是出於上帝的不是，因為世上有許多假先知已經出來了。凡靈認耶穌基督是成了肉身來的，就是出於上帝的；從此你們可以認出上帝的靈來。凡靈不認耶穌，就不是出於上帝」（1—3節）。

我們需要問自己，什麼是先知對耶穌的見證？

以賽亞書8章20節給了我們第三個方法：這個人的教訓符合聖經嗎？

這些都是很重要的標準，但還有更重要的，就是他們的教導是指向他們自己的話呢？還是耶穌和聖經？

1840年代末期，那些早期的復臨信徒就是這樣從聖經裏尋求原則，來評估愛倫・哈門（懷）和其他人。但要作一個判斷總是不太容易。

到現在也還是不容易。但這不是重點，因為我們有指導原則。

天父啊，現在求祢幫助，使我們成為祢話語的熱心學生，成為一切屬靈之事更好的評估者。

26日　　先知的檢驗（一）

你們要防備假先知。他們到你們這裏來，外面披著羊皮，裏面卻是殘暴的狼。憑著他們的果子，就可以認出他們來。荊棘上豈能摘葡萄呢？蒺藜裏豈能摘無花果呢？（太7：15、16）

昨天我們談到聖經教導我們去檢驗那些聲稱有先知恩賜的人。早期守安息日的復臨信徒就是這樣去做了。

我們以貝約瑟做一個例子。幾次親眼目睹了懷愛倫見異象後，他宣告自己是「多疑的多馬」。「我不相信她的異象，」他說，「但是，如果我能相信姊妹今晚所說的證言確實是上帝給我們的話語，我就是世上最快樂的人了。」

他說愛倫的信息的確使他感動，並且相信她是真實的，而且她的經歷略帶幾分神祕色彩。「雖然我看不出她的異象裏有什麼違背上帝話語的地方，」他後來寫道，「然而我感到極度的恐慌和痛苦。有一段很長的時間，我不願意相信，覺得這些只不過是她長期虛弱身體的產物而已。」

儘管他有疑問，但他還是沒有把她排除在外。基督徒聯會出身的他，至少還帶著一個觀點，就是新約裏的聖靈恩賜（包括先知的恩賜）還是活躍於教會中，直到基督的再來。

結果，貝約瑟決定調查愛倫所相信做先知的神聖恩賜。他寫道：「我在眾人的面前尋求機會，當她有空閒的時候，就不斷地提問她和陪同她的同伴，特別是她的姐姐，盡可能地找到真實的情況。」當她在見異象的時候，貝約瑟補充說：「我認真聽每一個詞，看她的每一個動作，察明是否有欺騙或受催眠術影響的跡象。」

從貝約瑟的身上，我們有了一個實例研究的機會，就是一個人在兩個思想之間的鬥爭，一方面，當聽到個別人聲稱有先知恩賜時，自然傾向於拒絕；另一方面，聖經又告誡我們去察驗並且持守善美的事（帖前5：19－21）。

我們將會回頭討論貝約瑟在這個話題上的掙扎。但我們需要對自己誠實。如果我面臨這事將會怎樣？我的心智是否真的開放？或者我們心中對這樣一種恩賜充滿了偏見，以至對事實視而不見？願主賜給我們每個人都有清楚的異象，並且對這樣一個話題能持開放的態度。

先知的檢驗（二） 27日

親愛的弟兄啊，一切的靈，你們不可都信，總要試驗那些靈是出於上帝的不是，因為世上有許多假先知已經出來了。（約一4：1）

貝約瑟對懷愛倫恩賜所持評價的轉捩點，發生在1846年11月的緬因州托普珊（Topsham），當她見了一個異象包含了一些天文學的資料。作為海員出身的他，貝約瑟相當熟悉這些知識。

他後來跟拉博柔（J. N. Loughborough）分享自己在托普珊的經歷。「有一天晚上，貝弟兄也在場，他那時還不太相信異象，」拉博柔回憶道，「懷夫人見了一個異象，異象中她很快就開始談論星星。熟練地描述在一些星球表層看見的淺玫瑰色環，然後補充說：『我看見四個月亮。』貝弟兄說：『哦，她是看見了木星。』」然後她繼續描述看見的其他天文現象。

懷愛倫從異象裏出來後，貝約瑟問她有沒有學過天文學。「我告訴他，」懷愛倫回憶說，「我從來沒有看過一眼有關天文學的書。」

針對她完全沒有這方面的知識，懷雅各也有同樣的說法。他寫文章描述1847年初托普珊的異象：「眾所周知地，她一點也不懂天文學，在她見這個異象之前，根本不能回答有關宇宙的任何問題。」

對於懷疑的貝約瑟來說，這個證據已經足夠了。從那以後，他堅定相信愛倫有神聖的恩賜。1847年4月，他結論說， 自從1844年大失望之後，上帝已經賜給她恩賜「去安慰、加力量給祂的『離散的、分裂的和失落的子民』」。

1848年1月，貝約瑟呼籲他的讀者們不要拒絕懷愛倫的工作，「因為，她從小身體虛弱，並且缺乏世俗的知識。」然而，他指出，「上帝的方法是揀選世上軟弱的，叫那有智慧和強壯的羞愧。」據貝約瑟說，上帝使用她去「鼓勵小羊群」，就是在那個非常時代，被他們原先的領袖們所遺棄的人們。

他說，「我曾遲鈍，不相信姊妹的異象是來自上帝的。但我沒有反對它們，因為上帝的話清清楚楚告訴我們，屬靈的異象將要在末後的時候賜給祂的子民。」

上帝果真賜下異象。我們的任務不是藐視而是察驗。願上帝在這個事上幫助我們。

28日 貝約瑟領受安息日（一）

當記念安息日，守為聖日。六日要勞碌做你一切的工，但第七日是向耶和華
——你神當守的安息日。這一日你和你的兒女、僕婢、牲畜，並你城裏寄居
的客旅，無論何工都不可做。（出20：8－10）

基督復臨安息日會信徒把貝約瑟比做安息日的使徒。我們不禁要問，他是怎麼談到這個話題的。

要回答這個問題，說來話長。首先，當他初為基督徒的時候，曾經把星期天當作安息日，甚至，當他做船長的時候把自己的見解強加錯給他的船員。

第二個途徑無疑是通過他對預言的研究。畢竟，一個啟示錄的學者，並不難看見上帝的誡命將在末後的時日裏，將為人們所遵守（參考啟12：17；14：12）。

那麼貝約瑟是如何明白這個事實，就是新約中的安息日是星期六，而不是星期天呢？

就是在這裏，安息日浸信會（Seventh Day Baptists）的信仰進來了。這個群體從來就不是主動傳福音的群體。1840年的時候，在美國，他們只有6000人。到2000年的時候，他們的人數更是縮水到了4800人——160年後人數下降了20%。坦率地說，傳福音從來都不是他們的強項。

但是在他們的歷史中至少也有一次是比較主動的。他們的1841年全球代表大會議定，上帝「要求」他們傳揚安息日的道理。這樣在1842年，馬臨‧伯特（Merlin Burt）報告說，這個教派的出版社「開始面向基督徒社會，出版一系列題為『介紹安息日』的小冊子。」再者，在他們1843年的全球代表大會上，他們再一次決議，認為向他們的同胞們介紹第七日安息日的道理是他們「神聖的責任」。

他們的努力有了一些積極的結果。在他們1844年的大會上，安息日浸信會信徒感謝上帝，因為「人們對這個主題的興趣變得更廣更深，在我們這個國家裏，這個主題也從來沒有這樣被廣為人知道過。」

這些浸信會教友的故事告訴我們，真理是好東西。但是同時也表明，真理也可能發揮不了它的好處，如果我們僅僅是坐在那裏的話。

只有在他們做了明智的決定，使他們的光在這個主題上發出來，這一切的事才得以發生。今天，我們還需要有這種明亮的決議。

貝約瑟領受安息日（二）

1 日

上帝賜福給第七日，定為聖日；因為在這日，上帝歇了他一切創造的工，就安息了。（創2：3）

昨天我們已經談到安息日浸信會在1840年代的努力，取得了一些成果，激發其他教派的基督徒注意聖經中的安息日道理。

有趣的是，米勒耳復臨信徒中有很多人漸漸對此感興趣起來。結果，1844年6月那期的《安息日記錄》（Sabbath Recorder）報導說：「在等候基督迫近的人群當中，有可觀數量的人已接受第七日，開始遵守這日為安息日。」《安息日記錄》繼續指出，對復臨信徒來說，遵守安息日是對基督復臨「最好的預備」之一。

我們不知道「可觀數量」 具體是指多少的米勒耳信徒，從1844年夏天已開始遵守安息日；但是我們確實知道第七日安息日的問題已經形成相當的氣候，因為米勒耳的信徒李治出版的《夜半呼聲》（The Midnight Cry）發表了兩篇關於安息日話題的長文。

我們可以讀到：「許多人的腦海中深深地關注一個假設的義務，遵守第七日。」雜誌的編輯還下結論說：「對基督徒來說，律法沒有要求他們特別分辨出哪一段時間分別為聖。但是如果這個結論錯誤的話，那麼，我們想第七日應該是唯一可能被某種律法定為該遵守的一天。」

後一篇文章以這樣的觀點作結論：「守第七日的弟兄姊妹們……正試圖修補破舊的猶太人的軛，把它套在自己的脖子上。」文章也建議基督徒們不要把星期天稱作安息日。

安息日浸信會回應《夜半呼聲》的文章說：「基督第二次復臨的信徒們有了新的發現，他們非常確定基督將在七月初十日再來，或許，他們的腦筋過分著迷於這個理論，以致不能思考所顯明的安息日道理。」

的確如此。但聖經的真理是持久不變的。我們為此向上帝感恩。祂引導全體子民，也引導每一個人一步步走在真理的道上。

貝約瑟領受安息日（三）

2日

我實在告訴你們，就是到天地都廢去了，律法的一點一畫也不能廢去，都要成全。（太5：18）

在跟米勒耳信徒互動的安息日浸信會信徒中，其中一個比較突出的是拉結·奧克絲（Rachel Oakes）。1844年初，她不僅接受復臨的信息，而且跟新罕布什爾州華盛頓的復臨信徒們分享安息日的觀點。她的女兒（賽勒斯·範斯吾斯夫人 Mrs. Cyrus Farnsworth）就是這個教會的成員。

受她轉化的第一個人好像是威廉·範斯吾斯（William Farnsworth），就是原先帶給她米勒耳信息的人。

第二個接受她安息日道理的人是弗列德力克·維勒（Frederick Wheeler），就是這個人，他在華盛頓教會講道時，強調所有領受基督聖餐的人必須「預備好跟從祂，在一切事上順服和持守上帝的誡命。」

會後拉結·奧克絲抓住維勒的這句話，提醒他：「聚會的時候，我幾乎想站起來，說你幾句。」

「你想要說什麼？」維勒問。

「我想建議你最好還是重新擺好聖餐的桌子，先把桌子蓋上布，直到你開始遵守上帝的誡命。」

她的當頭一棒著實讓維勒大吃一驚。他後來告訴朋友，奧克絲太太的話「深深地刺透我的心，超過別人曾經對我說過的任何一句話。」他仔細考慮這話，就這個主題研究聖經，很快他便開始遵守安息日了。

大概在1844年3月，漸漸地，就有幾個華盛頓教會的信徒加入到維勒和威廉·範斯吾斯的行列中，開始遵守聖經教導的安息日。

當我到了天國，其中一個我想見的人就是拉結·奧克絲。她一定是一個很有個性的人。至少我們可以說，她向別人分享她的信仰時毫不羞怯。上帝賜她聲音，她以此來傳揚祂安息日的真理。我不知道她的方法是以基督為中心還是略帶攻擊性的，但我相信是前者，因為維勒這個衛理公會的傳道人，沒有厭惡轉而離開她。

從拉結·奧克絲身上得到的一個教訓是，我們永遠不知道自己會給別人帶來多大的影響。這個教訓適用於我們每一個人，甚至是你！

你們若愛我，就必遵守我的命令。（約14：15）

很顯然，復臨信徒於1844年春天，在新罕布什爾州的華盛頓，接觸到安息日道理。但更有影響力的是湯瑪斯‧普列伯（Thomas M. Preble）接受安息日的轉變。普列伯是納什亞（Nashua）附近的甘心浸信會（Free Will Baptist）的牧師，他從1841年起就接受米勒耳的信息。他可能是從距他家35英里外的華盛頓教會弗列德力克‧維勒那裏得到安息日道理的。普列伯告訴我們，他於1844年夏天開始遵守安息日。

在十月大失望之前，我們沒有任何普列伯發表關於安息日問題的記錄。雖然他也可能參與到當時的大辯論中，這辯論致使《夜半呼聲》在9月份發表了幾篇文章，旨在使人們對第七日的熱衷潑一下冷水。

但是，1845年普列伯為這個道理勇敢地站了出來，在2月28日的《以色列的希望》上發表了一篇有關安息日的文章。他作結論説：「所有守第一日為『安息日』的人，就是守教皇星期日的人！他們是上帝安息日的破壞者！！」

「就算我在世的日子只剩一天，」普列伯宣告説，「只要一發現到真理，我就會馬上更正我的錯誤。願主賜我們智慧，幫助我們遵守『祂的誡命，使我們得權柄能到生命樹那裏』（啟22：14）。」

一本叫《根據誡命，應當遵守第七日為安息日，而不是遵守第一日》的12頁小冊子，很快即隨著他的文章出來了。

1845年4月，貝約瑟看見普列伯發表在《以色列的希望》上有關安息日的文章。他説讀了，並把普列伯的證據和聖經進行對照後，就確信經文「從來沒有什麼改變」，會使安息日變成一週的第一日去。

「這是真理！」他對自己宣告説，「幾天之內，我便決定開始遵守這第四條誡命。」他説。

貝約瑟給我們一個深刻的印象是：當面對切實的聖經證據時，他願意改變固有的舊觀念。當上帝引領我們走生命的道路時，祂願意我們每一個人都有受教的心靈和頭腦。

貝約瑟傳揚安息日（一）

我又聽見主的聲音說：「我可以差遣誰呢？誰肯為我們去呢？」我說：「我在這裏，請差遣我！」（賽6：8）

接受安息日道理後，貝約瑟很快就來到新罕布什爾州的華盛頓，和維勒、範斯吾斯弟兄並其他守安息日的復臨信徒見面。維勒的兒子喬治回憶說，貝約瑟在晚上10點鐘「他們全家都上床睡覺後」到達。喬治聽到他的父親讓一個人進屋。那天晚上他幾次醒來時都能聽到他們講話的聲音。他們徹夜長談，後來又繼續談到第二天中午，然後貝約瑟才回去。

回到麻薩諸塞州，貝約瑟在連接法爾哈文鎮（Fairhaven）和新貝德弗德鎮（New Bedford）的大橋上遇見雅各・豪爾（James Hall）。

就是在這次相遇中，豪爾不假思索地脫口問了一個決定命運的問題，或許改變了他那天的行程，但卻確實永遠改變了他的人生。「有什麼消息嗎？貝船長。」

「好消息就是，」他回答說，「第七日是安息日，我們都必須遵守。」

我不知道他們在那座橋上談了多久，但按照貝約瑟的風格，他們有可能在那裏待了一整天。我們能確定的是，豪爾回到家中，研究聖經裏的這個主題，即刻遵守了接下來的那個安息日。他的妻子在一個星期後也跟著遵守了安息日。豪爾是貝約瑟在安息日道理上轉化的第一個人，這個道理鑄造了這兩個人的餘生。

從豪爾的角度來說，從那以後，他對貝約瑟敬重有加，以致他給自己獨生子取名叫貝約瑟・豪爾。

此外，貝約瑟還是一個富有使命感的人。直到臨終之前，他總是竭盡全力地工作，不到最後絕不放棄。沒有什麼東西可以使他停下來。

比如說，1850年代早期，貝約瑟談到一次為期5週的加拿大佈道之旅，其中20多天，他在嚴寒暴雪之中掙扎。甚至有一次，他不惜在深雪裏長途跋涉40多英里，只為了把他的信息傳給一個感興趣的家庭。

還有一次，他切開3英尺厚的冰，為了能得到足夠的水，在華氏零下30度（約攝氏零下34度）的氣溫下給人施洗。

如果我們還覺得自己是熱心的！請再自我檢查一遍。

上帝啊，求祢今日幫助我，使我更認真地對待祢的信息。幫助我從自己的安樂窩裏走出來。

貝約瑟傳揚安息日（二）　　**5**日

只要心裏尊主基督為聖。有人問你們心中盼望的緣由，就要常作準備，以溫柔、敬畏的心回答各人。（彼前3：15）

保守地說，對剛領受的第七日安息日道理，貝約瑟是一個熱情的見證者。比如說，1854年，年輕的司提反・哈斯科爾（Stephen Haskell，他是守星期天的復臨信徒傳道人）遇見貝約瑟時，即覺得他是一個有旋風般能量、信念堅定且熱心的人。21歲的哈斯科爾雖已聽過第七日安息日的信息，但他還不完全相信。

有人帶貝約瑟到哈斯科爾的家裏。哈斯科爾回憶說，貝約瑟和他們一起住了10天，包括安息日和星期天，每個晚上給他們講道。此外，這個按捺不住的貝約瑟還給哈斯科爾和其他的幾個人查經，「從早上到中午，從中午到晚上，然後，從晚上再一直講到上床睡覺。」

「他這樣連續工作了十天，」哈斯科爾回憶道，「從那時開始，我便成了第七日復臨信徒。」他從此對這個重要的安息日道理深信不疑。貝約瑟又一次成功了。

但他的見證也不是每一次都成功。其中一次最大的失敗發生在1846年8月。那個月，他先是遇見基督徒聯會的一個年輕傳道人及其女朋友——懷雅各和愛倫．哈門。當然，貝約瑟就開始拿他最喜歡的聖經主題作長篇大論的分享。結果呢？失敗了！完全失敗！

他們兩個人全都拒絕了他在第七日安息日道理上的教導。愛倫回憶道：「貝長老當時正守安息日，並爭辯說它很重要。我感覺不到它的重要性，而且覺得貝長老錯誤地把第四條誡命凌駕於其他九條之上。」（《懷氏傳略》第236、237頁，1888年）

貝約瑟遇見懷雅各及其未婚妻，不是1846年8月唯一發生的重要事情。那個月雅各和愛倫結婚，而且這個月還見證了貝約瑟出版第一本關於安息日的小冊子，題目叫《第七日安息日，一個永久的記號》。

我們繼續談這些事情之前，先再說一下貝約瑟。我們至少可以從他的身上學到三個教訓。第一，在分享聖經信息時，我們很容易偏向某一點而失去平衡。第二，有時甚至會導致最大的失敗。第三，這個失敗不能成為我們停止努力的藉口。

懷雅各改變了他對婚姻的觀念

6日

耶穌回答說：「那起初造人的，是造男造女，並且說：『因此，人要離開父母，與妻子連合，二人成為一體。』這經你們沒有念過嗎？」（太19：4、5）

我們發現懷雅各原先並不相信婚姻的道理，這無疑會令大部分基督復臨安息日會的信徒大吃一驚。

是的，我說的是真的。雅各在1845年反對婚姻。所以他在《晨星》（Day-Star）上發表文章說，如果一對復臨信徒宣告結婚就是「違背了他們的信仰」。「婚姻」，懷雅各說，是「魔鬼的引誘。在緬因州等候基督復臨的弟兄們，應該信心堅固的，不要過這樣的生活。」你們可能會問，為什麼他會持守這樣的觀點？或許可以從他下一句話中找到答案：「我們在清晨的守望中尋求救贖。」

這件事的關鍵因素是，他期待基督在1845年10月復臨。再者，早期的復臨信徒相信基督復臨的時間極其短暫。基於這樣的觀點，婚姻家庭看起來就是否定耶穌馬上要來的信仰。畢竟，如果耶穌按照他們所期待的時間降臨了，那麼他們就不必有屬世的婚姻和家庭生活了。

正如懷雅各後來說的：「大部分的弟兄姊妹們，跟我們一樣相信復臨運動是上帝的工作，我們反對結婚是因為我們覺得時間很緊迫，認為結婚是只關注屬世的生命和年日，是對我們信仰的否定。」

但隨著時間的推移，他們重新審訂他們的信仰。

結果，雅各和愛倫就在1846年8月結婚了。其原因是：「上帝在我們兩個人的身上都有工作的託付，而且祂看見我們可以在工作上互相幫助。」畢竟，如果年輕的愛倫肩負著「傳給世界……重要的信息」，走遍全國時，她需要一個「合法的保護者」。

功課：有時，我們可能會犯錯。但當我們真的有錯時，唯一明智的選擇是，承認並改錯。但那對我們之中的某些人來說是不容易的。

主啊，幫助我們，儘管我們錯了，請讓我們看見祢的引領。幫助我，能謙卑改正我們所犯的錯誤。

譯者注：作者將「貝約瑟傳揚安息日（三）」放到3月7日。

貝約瑟傳揚安息日（三）

7日

他必向至高者說誇大的話，必折磨至高者的聖民，必想改變節期和律法。聖民必交付他手一載、二載、半載。（但7：25）

1846年8月，貝約瑟出版了第一本關於安息日的小冊子，《根據上帝的誡命，第七日安息日，一個永久的記號，從起初直到進入聖城之門》。

這麼長的一個題目！但它表明了貝約瑟堅信末世安息日道理的重要性。

1846年版的這本小冊子（只有48頁），主要介紹安息日浸信會對安息日的觀點。貝約瑟提出第七日安息日是敬拜上帝的正確日子，而教皇試圖改變上帝的律法（但7：25）。

1846年版的小冊子特別關注兩點，表明貝約瑟開始在復臨教會神學框架的亮光下，解釋安息日的道理。

第一點，就是序言裏所提出的「第七日」，需要在「基督耶穌第二次復臨之前被恢復。」這個觀點是貝約瑟從基督徒聯會帶來的，源自於復原主義論的思想。也就是說，改革還沒有完成，直到聖經中所有被忽略、被曲解的真理，透過歷史，在上帝的教會裡得以恢復。

這本帶有復臨信仰傾向的第二點是，貝約瑟在啟示錄的背景下，解釋安息日的道理。他把安息日和啟示錄14章12節聯繫起來：「聖徒的忍耐就在此，他們是守上帝的誡命和耶穌真道的。」他同時也提到第7節，天使命令說，「應當敬拜那創造天、地、海和眾水泉源的。」那麼「第七日安息日的誡命就比其餘的九條更清楚地列在這裏。」

就是因為他對這點特別強調，使得愛倫・哈門反感。但貝約瑟並沒有因為遇到批評和拒絕而退縮。

主啊，求祢幫助，使我們在應用祢話語的時候睜大眼睛。當我們發現真理的時候，求祢賜我們力量。

8日

普列伯和奧克絲怎麼了？

今日就可以選擇所要事奉的。（書24：15）

今天我們來關注普列伯和奧克絲的命運，在引導貝約瑟領受安息日道理的一連串事件中，他們是上帝所使用的兩個重要工具。

很遺憾地，普列伯放棄了第七日安息日的信仰。「我認認真真地遵守第七日為安息日，大約三年後，」他1849年寫道，「我有充分的理由放棄這個信仰，然後我開始遵守第一日到現在。」1867年他出版了一本書《第一日安息日：有清楚的證據表明，在福音的傳播期間，舊約和十誡已經被更改，或被成全了》。

從基督復臨安息日會信仰的角度來評論這本書，烏利亞·史密斯明確指出，普列伯前面所寫有關第七日安息日的書比這本還要有理。

普列伯的姐夫質疑他回轉守星期日的誠摯性。據他説，普列伯繼承了一大筆遺產，當守安息日妨礙到他的事業時，他就放棄了遵守安息日。「那個沒有律法依據的理論，是這件事情的一個藉口。」

儘管普列伯在個人經歷中拒絕了安息日道理，但他給貝約瑟的心靈和思想所帶來的影響，是沒有什麼東西可以取代的。

在守安息日的幾個主要復臨領袖中，貝約瑟也不是唯一一個受普列伯1845年小冊子影響的人。那年春天，這本小冊子傳到15歲的約翰·安得烈（John Nevins Andrews）手中，使他轉為守安息日的人。安得烈後來成為基督復臨安息日會裡一位研究安息日道理的主要學者。1873年他出版了第一個重要作品《安息日和七日第一日的歷史淵源》。

拉結·奧克絲怎麼樣？就是她間接把安息日道理傳給普列伯。她在餘生中都遵守安息日。但她沒有加入基督復臨安息日會，因為她聽到某些關於懷雅各和懷愛倫的謠言。及至這些謠言在1860年代末期被消除以後，她才在臨死前受洗加入教會。

「她睡了，」哈斯科爾在她的訃文上寫著，「但她教導安息日道理的果效一直在復臨信徒中長存。」

讚美上帝，因祂對祂孩子們奇妙的帶領！

譯者注：作者將「貝約瑟傳揚安息日（四）」放到3月9日。

貝約瑟傳揚安息日（四）

不要怕，只管講，不要閉口。（徒18：9）

我們知道貝約瑟跟別人分享安息日道理的時候一點也不羞怯。但他在這個方面一個明顯的失敗，就是他的妻子。儘管他就這個主題寫了一本又一本的書，但這件事不斷困擾著他的妻子。妻子一定跟從前的他一樣頑梗。結果他只好「獨自遵守安息日」。

法爾海文鎮（Fairhaven）流傳著這樣一個故事，「貝船長通常星期天駕著馬車送他妻子去教堂，但他自己不會在這個『教皇的安息日』進去教堂敬拜上帝；散會後他會再來接妻子回家。」令人高興的是，他的妻子普露登斯在1850年接受了安息日的道理。他的禱告、榜樣，以及忍耐，終於得了報償。就像我們的朋友和家人，她雖然尚未做出任何行動，但她已經開始在聆聽了。

對貝約瑟來說，有更多的好消息傳來，可能是1846年11月，懷雅各和懷愛倫也接受了第七日的道理。雅各後來說：「藉著閱讀貝約瑟的《第七日安息日，一個永久的記號》一書，我在安息日的道理上得到造就，也開始教導這個道理了。」

他們的接受為基督復臨安息日會的成立奠定了基礎。從那以後，貝約瑟開始和懷氏夫婦一起同工。

事情便由此開始發展。到1846年12月，貝約瑟的第七日安息日道理已經傳到紐約州的西部。那年的年底，貝約瑟和雅各希望能和海潤‧愛德生、克羅西亞、漢等（天上聖所道理的創立者）到愛德生位於紐約吉普森港的家裏會面，但懷雅各被行程耽誤停留在東部。

他們議題的其中之一，就是愛德生所說的，他已經嚮往了好幾個月，想聆聽第七日安息日的道理，只是沒有明確的認識。

但是貝約瑟同他分享以後，愛德生「再也坐不住了，他惶恐地站了起來說：『貝弟兄，這是亮光，是真理。第七日是安息日，我要和你一同遵守。』」

這樣在1846年底，我們看見一群信徒在三個關鍵的教義上聯合一起——基督第二次復臨，安息日，天上聖所。基督復臨安息日會登場的舞臺已經搭好了。

正如我們所見的，上帝正慢慢地，但堅實地引導著我們。

主啊，求祢幫助，耐心引導我們。

10日   律法主義的試探

所以凡有血氣的，沒有一個因行律法能在上帝面前稱義，因為律法本是叫人知罪。（羅3：20）

貝約瑟所教導的東西不全都是精金。從1846年到他生命結束，他將一生獻身於傳揚第七日安息日的信息，沒有人對此有絲毫質疑。但他對安息日和救恩計畫的關係並不是很了解。

有時這位好船長會走到一個極端律法主義的地步：

●「守這些律法，使你靈命得救。」

●**「守上帝的安息日，以它為神聖，使生靈得救！但如果只守這一條，或只守其他九條也不能得救。」**

●「如果我們想要得救，就必須要守全部的律法。」

●「上帝的子民想蒙拯救，一定要藉著遵行上帝的誡命。」

當貝約瑟作出類似福音的宣告時，毫無疑問地，他整個人生的歷程都跟律法主義糾纏不清了。

他最喜歡引用的一段經文是馬太福音19章，富有少年官的故事，來支持以律法主義方式教導安息日的道理。他不斷以此故事來立論。「那個少年人來見耶穌說：『良善的夫子，我該做什麼善事才能得永生？』耶穌回答說：『你若要進入永生，就當遵守誡命。』」貝約瑟解釋這段教訓的含義「進入永生唯一的路就是守上帝的誡命。」不僅如此，他還說，如果耶穌說的不是這個意思，「那祂就是欺哄這個律法師了。」

表達這樣的觀點後20年，貝約瑟還是以同樣的思路理解少年官的故事，並且下結論說，「如果你真的渴望在耶穌來的時候有永生的生命，確記，哦！一定要確記，你遵守上帝的十條誡命。」

很不幸的，在1888年其間，烏利亞・史密斯和巴特勒（G.I. Butler）仍舊以同樣的方式引用馬太福音19章。事實上，我回想1960年代，我們出版的聖經學課仍以這段經文來作為守誡命的證明。對某些人來說，遵守誡命仍舊是他得永生的途徑。

這正是保羅在今天的存心節（羅3：20）裏所抨擊的觀點。

不幸的是，真誠的信徒也會把美好的聖經章節用在不好的地方。

哦！主啊，幫助我們，讓我們抓住聖經話語的真正含義。

福音一瞥

你們得救是本乎恩，也因著信；這並不是出於自己，乃是上帝所賜的；也不是出於行為，免得有人自誇。（弗2：8、9）

貝約瑟可以說服另外兩個基督復臨安息日會的創始人接受安息日的道理，但無法讓他們接受他的律法主義想法。

比如說，懷雅各就非常仔細清楚地寫道：「讓我們清楚地理解，在律法裏沒有救恩，換句話說，在律法的特質裡沒有救贖的功能。」

對懷雅各來說，最重要的是要「對耶穌有活潑的信心。」當他在1850年分享米勒耳信息的時候，他宣告這信息是要「引領我們到耶穌的腳前，求主赦免我們一切的罪，藉著基督的血賜給我們免費而又完全的救恩。」

當懷雅各呼籲人們「藉著遵守上帝的誡命，順從且歸榮耀給祂」時，他同時會寫著「我們必須為自己的罪孽和過犯尋求完全的、無條件的赦免，藉著耶穌基督的代贖，現在祂正以寶血在天父面前為我們代求。」

愛倫和他的丈夫有同樣的觀點。特別是在她一生的傳道工作中，她引用馬太福音19章少年官的例子，引導人們明白真理，跟貝約瑟、史密斯和巴特勒完全不同。她從來沒有引用耶穌所說的這段話，來說明進入天國的辦法是遵守誡命。

相反的，她指出少年官（和貝約瑟）對耶穌的理解是「外在膚淺的」。她超越這種理解，指出人有更深的需要，只有通過個人與基督的關係，生命才能完全的更新。

以她的觀點，馬太福音19章16至17節所指的，不是人可以憑著守律法賺取救恩，而是這個富有的少年官並不了解十誡。儘管從表面上看來，他是遵從了十條誡命，但他並沒有看見律法是根植於上帝的愛。她認為，這個富有的少年官並沒有因為守誡命而得救，而是完全失去了。（參考《屬靈的恩賜》第二卷239－243頁；《歷代願望》第518－523頁；《天路》第390－392頁）。

親愛的朋友，我們日常生活最重要的認識之一，就是律法和救人的福音之間的關係。在這一年學習的後面部分，我們將廣泛回顧福音的信息。但是對於這個主題，我們的旅程要從今天開始。

12日 安息日和世界末了的異象（一）

當時，上帝天上的殿開了，在他殿中現出他的約櫃。（啟11：19）

幾天前，我們已經談到貝約瑟在1846年8月出版有關安息日的小冊子。我們注意到第一版的《第七日安息日，一個永久的記號》，主要闡述安息日浸信會對安息日的觀點。也就是說，第七日是正確的日子，中世紀的時候，教會就將它改變了。

我們也看到這本書如何轉變了懷氏夫婦和海潤·愛德生，以及其他研究天上聖所道理的學者們，使他們接受安息日真理。貝約瑟和這些人討論，使他更全面地理解第七日安息日在基督復臨前夕的意義。貝約瑟在1847年1月發行的第二版《第七日安息日》中，增加了他的新領受。雖然只補充了14頁的內容，卻為將來所有復臨安息日信徒的神學思想，提供了基礎框架。

在啟示錄11章19節得到一個重要的領悟：「上帝天上的殿開了，在他殿中現出他的約櫃。」貝約瑟得出了一個結論，和他對但以理書8章14節天上聖所第二層的了解相吻合。鑑於啟示錄的每一個異象都是以聖所的場景開始的，在前半卷書中，這些異象發生在聖所。但從啟示錄11章19節開始，焦點轉移到了至聖所。換句話說，貝約瑟認為啟示錄本身就是把天上至聖所打開，和末時事件聯繫在一起。

但對他來說，更重要的是約櫃裏的東西。正如他所說的，「這個殿為某種目的而開。」根據他的理解，這個目的就是要強調十條誡命，因為這是約櫃裏面最重要的東西（申10：5）。

貝約瑟開始認為啟示錄的核心與基督第二次復臨、末時天上聖殿的打開、基督來臨前夕十誡的重要性，都是聯繫在一起的。在他看來，這樣的理解在啟示錄12章到14章更加明顯。

求祢幫助，主啊，使我們看見，祢正努力教導我們這個重要的末世信息。

安息日和世界末了的異象（二）　　**13**日

龍向婦人發怒，去與她其餘的兒女爭戰，這兒女就是那守上帝誡命、為耶穌作見證的。（啟12：17）

貝約瑟發現啟示錄11章19節關於聖殿的教導，很自然地帶他到啟示錄12章。這一章描繪基督教的歷史，從基督降生開始到世界的末了，其間「龍（就是9節提到的魔鬼撒但）向婦人（教會）發怒，去和她其餘的兒女爭戰，這兒女就是守上帝誡命的」（啟12：17）。

基於這樣的觀點，貝約瑟發現了啟示錄11章9節和12章17節之間的聯繫。不但看見天上聖所的第二層在末時被打開，放有十條誡命的約櫃顯現出來，而且，正是這些誡命，成了12章末世高潮中的特寫。

在他的研究中，貝約瑟下結論說，不但十條誡命在末時要被恢復，而且衝突也將由此而生。以他的觀點，這個衝突將主要集中於一條誡命──安息日，就是曾經被教會改變的（但7：25）。他又看到啟示錄14章7節也指出這條誡命。

貝約瑟寫道：「將會有一個巨大的鬥爭，是關於恢復和遵守第七日安息日，這也將考驗每一個進入聖城之門的生靈，這是毫無疑問的。很顯然，魔鬼將要因這些發起戰爭。請看出埃及記20：8『當記念安息日，守為聖日。』阿們！」1847年版的《第七日安息日》他以這段話作結論。

貝約瑟在啟示錄裏的發現，完全令他折服。不僅是因為上帝存留了在末時遵守安息日的「餘民」，還有關於誡命的爭端等信息。這樣的結論將會在啟示錄13章和14章變得更加穩固。

要緊的是，我們明白貝約瑟對他的這些發現很清楚，12章17節是啟示錄其餘部分的鑰節。緊接著，13章詳述12章17節所提到龍的勢力，以及17章末時的婦人。這兩章都反映了末時上帝的子民因為忠心而面臨的鬥爭。再者，啟示錄15章到19章是在13章和14章的基礎上，活現預言中末時將出現的一系列事件。

主啊，求祢幫助我們在學習這些關係重大的章節時，更加小心。 🙏

14日 安息日和世界末了的異象（三）

聖徒的忍耐就在此；他們是守上帝誡命和耶穌真道的。（啟14：12）

在上一篇，我們知道1847年1月貝約瑟已經從啟示錄12章17節得出結論，就是上帝不僅在末時存留一幫人，他們尊重放在約櫃裏的十條誡命（啟11：19），而且那大龍將對這些守誡命的人發起戰爭。我們再稍微往後讀就會看見啟示錄13章7、8節所提到末時的爭戰，那些敬拜獸的人與那些跟從羔羊的人爭戰。

從第13章看到第14章，描述末時拜羔羊的人，「羔羊無論往哪裡去，他們都跟隨他。」（4節）

在這個當口，啟示錄14章成了貝約瑟在第二版的《第七日安息日，一個永久的記號》研究的焦點，在瞭解他的結論之前，我們先來看一下啟示錄14章的大綱：

❶ 1－5節介紹末世代的十四萬四千人，他們聽從羔羊並祂一切的教導，有「祂的名和祂父的名寫在他們的額上。」（1節）

❷ 6－7節宣告第一位天使的信息。

❸ 8節傳達第二位天使的信息。

❹ 9－12節闡述第三位天使的信息。

❺ 13節突出那些跟從羔羊者的命運，聯繫到啟示錄13章所講末世的大逼迫。

❻ 第14章的最高潮是基督從天上駕雲降臨，收割地上熟透了的莊稼（14－20節）。

貝約瑟沒有忽略所有的這些內容，他努力理解上帝的子民在末世一系列事件中的位置。有趣的是，一些米勒耳信徒已經強調第一位天使和第二位天使的信息。米勒耳自己也相信他正處在傳講第一位天使信息的時代。對他來說，第7節所說的審判就是指基督復臨的信息。

查理斯·費治開始在1843年眾教派逼迫復臨信徒的時候，宣講第二位天使的信息，巴比倫大城傾倒了。然而，更吸引貝約瑟注意的是第三位天使的信息。

今晨，在你祈禱之前，我建議你最好先讀一遍啟示錄第14章。

安息日和世界末了的異象（四）　　**15**_日

應當敬畏上帝，將榮耀歸給他！因他施行審判的時候已經到了。應當敬拜那創造天地海和眾水泉源的。（啟14：7）

在過去的幾天裏，我們看到貝約瑟對啟示錄第12章到14章研究的進展。他特別著迷於14章第三位天使的信息，認為這是在基督復臨前上帝所啟示的最後一幕景象。

他發現第12節特別寶貴。因為這節又一次突顯出一個事實，就是末時上帝要存留一班遵守誡命的子民。當然，他也沒有忘記第7節的潛在含義，表明在末時的鬥爭中，誡命將是爭論的焦點。他正確地認識到經文所說的「應當敬拜那創造天、地、海和眾水泉源的」，暗指出埃及記20章8到11節所提到的安息日的誡命（參考創2：1-3）。他也清楚地看到啟示錄14章7到9節所說，在歷史的終點敬拜將是世界的中心議題。根據啟示錄14章，基督復臨前夕，世人要麼敬拜啟示錄13章所說的獸（參考啟14：9），不然就敬拜造天地的主（7節）。當然，後者在忍耐等候耶穌再來時（12節），需遵守上帝所有的誡命（14-20節）。

研讀啟示錄12章17節到14章20節，給貝約瑟帶來一系列的結論。首先，1845年起，上帝興起一幫人遵守上帝所有的誡命，包括安息日的誡命。「現在，」他1847年寫道，「正如第12節所描述的，這樣的一幫人可以在世上被尋見。在過去的兩年裏他們聯結成為一個群體，遵守上帝誡命和耶穌真道，這是清清楚楚不容置疑的。」

其次，「約翰指出他們就是餘民（當然是指末代）與龍爭戰（他的意思是很顯然的），是因為『遵守上帝的誡命……』（啟12：17）。」

再者，貝約瑟指出，啟示錄描繪，在末後只有兩群人，「其中一群是遵守上帝誡命和耶穌真道的，剩下的另一群人則帶著獸的印記。」

他的觀點為基督復臨安息日會神學理論的構建打下了基礎。並且在1847年，他已經奠定了後來被復臨信徒熟知的善惡鬥爭的神學思想。

天父，當我們默想祢所賜給這個罪惡世界末後信息的時候，求祢同時賜給我們一個清醒的頭腦。

03

16日　安息日和世界末了的異象（五）

我又觀看，見有一片白雲，雲上坐著一位好像人子，頭上戴著金冠冕，手裏拿著快鐮刀。（啟14：14）

去的幾天裏，我們學習了貝約瑟提出了善惡大鬥爭的神學思想。到1847年初，他便得出結論，當時所進行的復臨安息日運動並不僅僅是促成一個新興的教派，更是預言的一個運動。

另一點我們必須知道的是，善惡之爭的理論是牢牢地根植於聖經的。有太多的人以為這是懷愛倫首創的。最早在1847年4月7日，她也強調這個教導。但她報告說自己有關這方面的異象，是對貝約瑟聖經研究結果的證實之一，而不是說明她是這個理論的發起人。讓我們回顧一下她最早有關善惡之爭的異象。

1847年4月7日，她寫道：「親愛的貝約瑟弟兄，上個安息日我們和這裏親愛的弟兄姊妹們相見……很快的我就對地上的事物完全失去知覺，而為上帝榮耀的異象所包圍了……在我瞻仰聖所的榮美之後，耶穌就掀起第二層幔子，我便走進了至聖所。」

「我在至聖所裏看見一個約櫃……約櫃裏有……兩塊石版……耶穌將石版打開，我就看見上帝親手所寫的十條誡命。一塊上面寫著四條，另一塊上面寫著六條。那第一塊石版上的四條煥發著比那六條更亮的光輝。但第四條（就是安息日的誡命）又比其他各條更光亮，因為安息日乃是分別出來，應當敬謹遵守以尊榮上帝聖名的……我發覺上帝沒有改變安息日，因為祂是永遠不改變的……。」

「我看出聖安息日仍是──而且永遠要作為上帝的真以色列民和不信的人之間的分界線；而且這安息日乃是使那為上帝所寵愛並等候祂的聖徒團結的大前提。」（《給一小群信徒的一番話》，第18、19頁）

她繼續提到，忠心傳揚和遵守安息日將會成為一個強有力的信息，但是「在大艱難時期開始的時候」將會有大逼迫，甚至到達這樣的地步，所有「不接受獸和獸像印記的人……將不可買或賣。」這個異象結束於大逼迫和耶穌在「大朵的白雲」中第二次再來，拯救聖徒（同上，原文第19、20頁）。

天父啊，我們仰盼那朵帶著深意和祝福的雲彩降臨，阿們。

守安息日的復臨信徒「自我定位」的基調　**17**日

你當為自己設立指路碑，豎起引路柱。你要留心向大路。（耶31：21）

貝約瑟從來沒有把歷史和神學分開。相反的，在他的想法中，這是同一個主題的兩個方面。這種結合可以在他大部分的書名裏看出來。包括兩個版本的《第七日安息日，一個永久的記號》（1846、1847），它們的副標題是《根據誡命，從起初到進入聖城之門》。這種歷史傾向在他1847年出版的另一本書更顯明，《基督第二次復臨的路碑和引路柱：從1840到1847年，藉著上帝特殊的子民，以連貫的眼光，來看預言的應驗》（Second Advent Way Marks and High Heaps: Or a Connected View, of the Fulfilment of Prophey, by God's Peculiar People, From the Year 1840 to 1847.）。

在貝約瑟看來，基督復臨安息日的運動和信息是定錨於預言歷史的。很顯然「路碑和引路柱」是取自耶利米書31章21節，是對上帝的子民說的，做他們回家旅途的指南。我們在1月1日第一篇文章讀約書亞記4章20到22節，提到上帝怎樣用一堆紀念的石頭，幫助祂的子民不忘上帝過去對他們的帶領。貝約瑟也使用同樣的手法，表明上帝仍舊這樣引領祂的子民。

懷雅各非常熱衷於貝約瑟的《基督第二次復臨的路碑和引路柱》。在這本書出版一個月後，他向朋友表達對這書的讚賞：「貝弟兄寫了一本關於我們過往經歷的書。」三個月後，懷雅各寫道；「貝約瑟研究主的安息日和我們過往的經歷，這些出處對在考驗時期的我們來說，是非常寶貴的。」他接著說，「感謝上帝幫助貝弟兄，使他能清楚地解釋我們所走過的歷程，是跟聖經教導相和諧，也使他能明確地捍衛安息日的道理。」

在懷雅各看來，貝約瑟的核心貢獻在於後來懷雅各稱之為「事件之鏈」（chain of events）的觀點，即上帝以啟示錄14章所描述的方式引導自己的子民。對這一系列事件的認知，始於米勒耳傳講基督第二次再來的好消息（啟14：6、7），接著，查理斯‧費治傳講巴比倫傾倒了（8節），最後，在啟示錄14章12節的宣告中達到高潮，帶出末世遵守上帝誡命的信息。貝約瑟和懷氏夫婦都看見這條鏈子把人們引向基督第二次復臨。

謝謝祢，主啊，賜下預言的路標。幫助我們看見它們相互間的聯繫。

憑信心邁步

她說：「我指著永生耶和華——你的上帝起誓，我沒有餅，罈內只有一把麵，瓶裏只有一點油；我現在找兩根柴，回家要為我和我兒子做餅；我們吃了，死就死吧！」以利亞對她說：「不要懼怕！可以照你所說的去做吧！只要先為我做一個小餅拿來給我，然後為你和你的兒子做餅。」（王上17：12、13）

她真的照做了！直到饑荒停止之前，她的麵和油沒有耗盡。撒勒法的寡婦憑信心邁出一步，上帝因此就報償了她。

貝約瑟曾有過好幾次類似的經歷。36歲的時候，他已經為退休攢夠了錢。但到1844年末，他為了廣傳米勒耳的信息，幾乎花光了所有的積蓄。他的慷慨樂施把他推到一個需要憑信心生活的地步。

這個想法把我們的思緒帶回到小冊那裏。他發現寫一本書比籌錢出版更容易一點。1847年秋天，他坐下寫了一本百餘頁的書，口袋裏只剩下12.5美分。

正想去找印刷商的時候，他的妻子叫他去買一些麵粉。但在他的12.5美分只能買4鎊的麵粉。妻子不太理解他的處境，認為一個賣了一艘航行全世界大船的人，怎麼只能帶回來這麼一點麵粉。

這時，他告訴妻子兩件事情。首先，他花光了所有的積蓄。其次，他正在寫另一本關於安息日的書。

這個消息實在令他妻子感到沮喪。畢竟，她甚至還沒有接受安息日。正如貝約瑟所寫的：「她並不理解我的責任。」像平常一樣，他告訴普露蒂上帝將會看顧他們。

上帝的確看顧他們！

不一會兒，他心裏的一個感動驅使他去郵局，果真在那兒他收到一封信，裏面放著10美金。於是他便有了足夠的錢買食物和生活用品，而且可以開始考慮發行書的事情。

儘管還沒有足夠的錢，他到了印刷商那裏，驚奇地發現，竟然已經有人為他付清了出版的全部費用。

是信心還是愚笨？

這事在今天仍舊是我們關鍵的問題。上帝繼續施恩給那些憑信心邁步的人。並且祂有時還會使用祂的僕人替我們「付款」。

召聚的時期（一）

「你們要往岔路口上去，凡遇見的，都召來赴席。」那些僕人就出去，到大路上，凡遇見的，不論善惡都召聚了來。（太22：9、10）

回顧1月的文章，我們談到1844年10月的大失望瓦解了米勒耳信仰。一度強盛的運動後信徒被分裂為幾個派系，而且很多人完全放棄復臨信仰。大分散從1844年末陸續開始了。

但並不是所有的人都迷失了。三年半熱切的聖經研究使得貝約瑟和懷氏夫婦，對於大失望的原因，以及啟示錄中預言歷史發展的形式，得到了一些強有力的結論。

到1848年初，基於約翰啟示錄的核心內容，他們得出一個信息，就是把基督第二次復臨，天上第二層聖所的打開，和末時安息日的重要性結合在一起，形成一個整體的神學理論。對貝約瑟和懷氏夫婦來說，這不是三個信條或「基本信仰」，而是一個整體的末世信息。他們根據啟示錄14章的三天使信息，看它們為傳播福音的一個組合。

讓我們一瞥懷雅各在1849年11月8日，給一個名叫伯利斯弟兄的信，信上寫著：「上帝將祂的道啟示給我們，宣告安息日的真理和復臨運動之間的聯繫。我們所經歷的大分散已經過去，現在，是聖徒們藉著合一的信心聚集的時候了，同受一個聖靈的印記，合一的真理已經臨到。是的，弟兄啊！它已經來了。我們承認這個工作進展緩慢，但它確實在進展，並且每一步都在積聚力量。新的信息已經進入禾場……並且宣告蓋印，傳揚啟示錄14章三天使的信息……哦，我的靈哪，這是一個多麼偉大的信息啊！」

「我們過去復臨運動的經歷、現況和將來的工作都已經在啟示錄14章裏標注出來了……在預言中清清楚楚地寫著。感謝上帝讓我們看見……我相信安息日的真理將要響徹全地，是復臨運動以來從未經歷過的。讓我們時刻警醒、預備好為主工作……我們的家鄉，安歇之地，我們的天堂就在那邊，在那邊……耶穌要來招聚我們這群被遺棄的窮苦者回家。」

你很難沒有感受到他的興奮。當我讀到上帝的應許和祂的預言，現今依舊激動不已。我們的家鄉不在這裏，而是在天的「那一邊」。

20_日 召聚的時期（二）

主人對僕人說：「你出去到路上和籬笆那裏，勉強人進來，坐滿我的屋子。」（路14：23）

到1847年中葉，那些成為復臨安息日信徒的領袖們，紛紛接受了這個核心信仰。他們的下一步就是要如何把這個信仰分享給別人。他們首要的方法是組織一系列性的大會。其目標，正如懷雅各所說：「在與第三位天使信息相關聯的偉大真道上，使弟兄們合而為一」。

到1848年，許多在新英格蘭和紐約州西部的復臨信徒，都堅信其中一條或多條守安息日的信仰是正確的，但是，他們卻意見分歧。

這系列性的大會從1848年開始，用宣教的方式傳揚守安息日的信息，表明守安息日信徒乃是相信關門論的復臨信徒，即相信除了接受米勒耳信息的人之外，考驗時期已經向其餘所有的人關閉。被邀請參加大會的人，僅限於那些已經接受第一位天使信息，並且期望接受第二位天使信息的復臨信徒。傳教士的任務是傳達第三位天使的信息，回答二千三百日結束時發生了什麼事情這個問題，這樣就顯明了他們在預言歷史中的位置。

懷雅各記載1848年4月第一次大會的情形，大約有50個人參加，「他們並不都完全明白真理……貝弟兄清楚地對誡命的亮光做了報告，那些有力的見證深觸他們的心。結果，上帝的話使那些已接受的人在真理上繼續得建造，也喚醒那些還沒有完全接受的人。」

大會的目標在懷愛倫的記載中顯得更清楚，她記載1848年8月在「阿諾德（Arnold）弟兄的穀倉」召開的大會。有35個人出席會議，她寫道：「那時基本上有兩種看法……雙方都渴望有機會……向我們表達。」但是「他們被告知，我們遠道而來不是聽他們的意見，而是來教導他們真理」。她也高興地看到經過一場艱辛的討論，與會者終於在「第三位天使的信息」中合而為一（《屬靈的恩賜》第二卷97－99頁）。

上帝仍舊使用那些把握祂話語的男女，去引領其他的人理解聖經的教導。祂現今更盼望使用你做這樣的工作。

召聚的時期（三）　　**21**日

那報佳音，傳平安，報好信，傳救恩的，對錫安說：你的上帝作王了！這人的腳登山何等佳美！（賽52：7）

當初懷雅各稱之為召聚的時期是從1848年持續到1850年。期間召開的安息日信徒大會，是貝約瑟和懷氏夫婦在啟示錄14章三天使信息的平臺上，用來組織一個核心信徒團體的途徑。但這些大會並不是上帝所使用的唯一方式。

1848年11月，懷愛倫在麻薩諸塞州的道徹斯特（Dorchester）所見的一次異象，永遠改變了復臨教會的發展。

從異象中出來後，她對丈夫說：「我有一個信息要給你。你必須開始印刷小單張然後分發給人們。開始的時候先做小一點，但當人們閱讀以後，他們將給你資助用以印刷，這將會在一開始就很成功。就從這個小小的開端，正如同那所啟示給我看見的，好像傾瀉的亮光，分明地撒向全球。」（《懷氏傳略》第125頁）

一百六十多年後的今天，這句話說並不是什麼太難的事。畢竟，在二十一世紀初，復臨出版品確實已經遍布全球，許多家出版社，用成百上千種語言，每年發行數以百萬計的出版物。

但這些都是應驗，而不是預言。

早期的信徒們對這樣的一個異象會作什麼樣的感想？畢竟，在1848年11月的時候，總共大概只有一百多位復臨安息日信徒，而且他們大部分是貧窮的。

此外，他們都相信福音大門已關的觀點，包括懷愛倫自己。正如她後來寫道：「在44年過後，我跟弟兄姊妹們都相信不再有罪人蒙恩悔改。然而，我從來沒有得過異象說不再有罪人蒙恩悔改了。」

事實上，這個關於出版的異象，剛開始跟她個人的信仰以及其他信徒的信仰相抵觸的。這是在關門論信徒中出現一個開門論的異象。

然而，儘管他們的信仰是這樣，復臨出版物，包括那「小單張」已經「如同傾瀉的亮光撒向全球」。

上帝啊，感謝祢，祢的眼目高過我們的眼目。求祢今天幫助我用祢的眼光看事情而不是用我的眼光。

22日　　　　將信息出版（一）

但聖靈降臨在你們身上，你們就必得著能力，並要在耶路撒冷、猶太全地，和撒馬利亞，直到地極，作我的見證。（徒1：8）

早期基督教是以一個小小的開端起步，基督復臨安息日教會也是如此。人們很難想像一個遍布全球的出版事工竟有如此卑微的起源。

　　為了回應他妻子出版的異象，一貧如洗、無家可歸的懷雅各憑信心向前邁步，開始撰寫和印刷「小單張」。後來回首往事，他寫道：「我們坐下來，準備小單張，逐字逐句地寫，我們整個圖書館不過包含一本3先令的《袖珍聖經》、《克盧頓經文彙編摘要》和還缺一個封皮的《沃克的老字典》。沒有什麼財產，我們成功的希望在乎上帝。」

　　沒有什麼選擇的餘地，懷雅各找了一個非復臨信徒的印刷商，他願意為一個完全陌生的人發行這個8頁的小冊子，而且願意等到想像中的讀者捐款回流以後再付錢給他。懷雅各在康涅狄格州的米德爾敦（Middletown）尋到這個印刷商查理斯‧彼爾敦（Charles Pelton）。

　　第一批的1000本《現代真理》（Present Truth）就在1849年7月出版了。「當他把這第一批書從印刷廠拿回家，」懷愛倫回憶道，「我們圍著它俯伏禱告，帶著謙恭的心淚流滿面祈求主，願祂的祝福降在祂僕人微弱的成果上。他（雅各）使用旅行袋把書裝起來，背到八英里外的郵局，把書寄給所有他認為會讀這書的人……很快的，就有信回覆，並且捎來捐款供出版費用。此外，還傳來好消息，許多人的心靈開始擁抱真理。」（1888年，《懷氏傳略》第260頁）

　　《現代真理》的內容，包括基督復臨安息日信徒如何看待上帝給他們時代特殊的信息——安息日、三天使的信息，及其相關的話題。「小單張」在1840年代末的召聚時期發揮了重大的作用。

　　從人的角度看，上帝常常用奇特的方式工作。在任何領域，我們總關注那些偉大和有勢力的人事物。但主看重謙卑和獻身。憑著謙卑的信心邁步不是懷雅各的專利。上帝也可以使用你和我，如果我們願意把自己微薄之力謙恭地奉獻給祂。

現代真理的本質（一） **23**日

因此，雖然你們已經知道這些事，而且在所領受的真理上站穩了，我仍然要不斷地提醒你們。（彼後1：12）

每一位基督復臨安息日會的創立者，對他們口中所稱的「現代真理」，都有他們自己一套有力的解釋。當然，也並不是只有他們才使用這個名詞。米勒耳信徒在更早的時候就已經使用這個名詞來指它為迫近的耶穌復臨。後來他們又拿它來指七月運動（宣稱耶穌將於1844年10月來臨）。單單米勒耳信徒使用「現代真理」這個詞，我們就都能看出這個詞不斷快速地演變中。

這樣，懷雅各拿它來作為復臨安息日信徒第一本期刊的名字，也就不足為奇了。貝約瑟也使用這個名詞，最早出現在1847年1月，用來指代安息日以及相關的真理。

懷雅各在他的1849年7月第一個版本的小冊子中，先引用了彼得後書1章12節，上面寫著「建立在**現代真理**之上」，然後寫道：「在彼得的時代，有他們所謂的現代真理，或某種真理正應用在他們的時代。教會曾經有現代的真理。我們今天的現代真理，顯明當今的責任，給我們這群見證艱難時期的人們一個正確的位置。」他同意貝約瑟所說的現代真理之內容。啟示錄14章前兩位天使的聲音已經響過了，現在是第三位天使信息的時候。

早期守安息日的信徒，確切地相信，他們擁有一些世界需要知道的信息，但他們意識到，上帝還有更多的東西要啟示給他們。這就是說，他們看真理是活潑發展的。所以，懷愛倫在寫到有關1888年全球代表大會神學問題的時候，說道：「上帝讓祂的僕人今天所說的，或許對二十年前的人來說，並不代表是他們那時候的現代真理，但它卻是上帝要給我們這個時代的信息。」（《懷氏手稿》8a, 1888年）

懷氏夫婦和貝約瑟對真理的發展是持開放態度的。其後年輕的一代領袖則證實了這些創立者們的開放態度。例如，烏利亞・史密斯，1857年寫到，安息日信徒自1844年起已經漸進地發現真理。他說：「我們已經被賦予權力可以因真理而快樂，遠在我們能覺察之前。但我們並不認為自己已經知道全部了……我們還需要進步，在道路上繼續成長，越走越光明。」

今天，我該怎麼做呢？當上帝在祂的話語中向我啟示真理時，我的心智仍舊向祂的引導敞開嗎？

譯者注：❶ 在英文聖經欽定版（KJV）中彼得後書1章12節為「established in the PRESENT TRUTH」，直譯為「建立在現代真理之上」，懷雅各可能以此為出處，給書定名為《現代真理》。
　　　　❷ 作者將「將信息出版（二）」內文排到3月25日。

24日　現代真理的本質（二）

第三個天使跟著前兩個天使大聲說⋯⋯。（啟14：9）

有一種方法可以確定這些基督復臨安息日會的創立者們對現代真理的理解，就是檢驗懷雅各的其中一篇福音講道。在我們領受他強有力的信息時，需要記住他或講或寫的對象都是面對以前的米勒耳信徒——男的或女的，這些人已經接受啟示錄14章第一位天使的信息，或許也已經接受第二位天使的信息。

雅各宣告，「然後，14章6節介紹了基督第二次復臨的信息，它也開始了連續的另一個『事件鏈』，在基督第二次復臨之前，是對上帝子民的宣告。」

「所有相信基督復臨的人都認為第一位天使的信息」已經在1840年代基督第二次復臨的宣告中應驗了。「帶著這樣莊嚴、熱情、神聖的自信，上帝的僕人宣布了那時間。哦！他們的話是怎樣臨到人們的啊，以致融化了最堅硬的罪人之心。」

第二位天使「接著第一位天使所傳達信息的要旨。他呼籲我們出來⋯⋯現今在教會裏我們可以自由思想，自主行動，敬畏上帝。令人特別覺得有趣的事實是，當復臨信徒被呼召，從第二位天使所説的教會中出來的時候，安息日的問題立刻開始在他們中間攪動起來。上帝的工作是按著次序行的。安息日的真理正是在恰當的時候出現，以應驗預言。阿們！」

「1844年，祂呼召我們從教會的束縛中出來，又使我們卑微，並且供應我們的需要，然後預備祂子民的心，察驗他們是否遵守祂的誡命⋯⋯。」

「許多人只停留在第一位天使的信息，另一些則留在第二位天使的信息，許多人會拒絕第三位天使的信息，只有少部分人將『跟隨羔羊無論往哪裡去』，然後起來傳遍福音到全地。」

對基督復臨安息日信仰的發起人來説，現代真理是預言歷史的流程。上帝在呼召一群人。一步步向他們啟示真理。他們從來沒有看自己僅僅是另一個教派。相反地，他們一直視他們的運動是一個預言。在耶穌復臨之前，他們有特殊的信息分享給人們——這信息清清楚楚地記在啟示錄14章6至12節，成為上帝末世宣告的核心。

將信息出版（二）

你要作主的前驅，為他預備道路。（路1：76）

———些激動人心的信息會促使人們渴望與別人分享。這是確確實實的，特別是當這個信息是從上帝來的希望。

到1849年，雖然復臨安息日信徒在人數上不多，但他們極其渴望通過印刷的單張傳揚他們所領受的信息。懷雅各不僅創辦了《現代真理》，發表對安息日和第三位天使信息的新領受，而且在1850年夏天，他開始出版《復臨評論》（Advent Review），這是一本試圖通過強有力、滿有真理的論據，支持1844年的運動，來感化已分散各地的米勒耳信徒的一本雜誌。

懷雅各的方法背後是有計劃的。如果《復臨評論》可以喚醒失望的米勒耳信徒，接受滿有真理的第一和第二位天使信息，那麼《現代真理》就可以敦促他們接受第三位天使信息。1850年11月他把兩本雜誌合併取名叫《第二次復臨評論和安息日宣報》（Second Advent Review and Sabbath Herald）（就是今日所知的《復臨信徒評論》Adventist Review）。

守安息日的信徒堅信他們擁有上帝給他們的末世信息。從1860年第一次復臨信徒普查的反映來看，我們可以得知他們對這些信息的熱情，和樂意為出版事工的奉獻。復臨基督徒運動的泰勒（Taylor）負責這次普查，結果顯示，54000名各個派別的復臨信徒中，大概只有3000名是守安息日的。但泰勒的數字中有一點極不尋常，就是相對應的各復臨團體的出版刊物之數量。其中最大的一個團體，人數大約是安息日信徒人數的20倍，而他們刊物的發行數量只有5000份，相反的，在這當中最小團體其刊物的發行量卻有4300份。泰勒從他自己的角度指出，安息日信徒「雖然明顯的，只是一個少數團體，但在傳揚他們對星期日和安息日特有的觀點上，卻是獻身、熱情和積極的。」

他們的確是。他們知道自己有信息給上帝末世的子民。

他們的積極進取得到了報償。在召聚時期，安息日信徒的數量從1848年底的100人，四年後，直線上升到2500人。感謝他們的出版事工，其他人也開始看見他們信息的邏輯觀。

上帝仍舊使用復臨出版品來傳揚祂的信息。藉著我們的奉獻或者禱告，我們每個人都有份於這項事工。

26日 好朋友起大爭執

於是二人起了爭論，甚至彼此分開。（徒15：39）

他們看起來是完美的福音團隊。但即使是最要好的基督徒朋友也會出現問題。保羅和巴拿巴也曾經為馬可對事工的合適與否起了爭執。結果，他們看起來竟彼此發怒，分道揚鑣。但儘管有問題，上帝仍舊祝福他們。祂現在就有了兩個福音團隊來代替原先的一個。

那個強烈爭執的記錄，使我想起1850年那次兩名安息日領袖分裂的危險。問題在於道徹斯特「小單張」的異象上。確實，懷愛倫在見異象後告訴她的丈夫——可能是私底下——要出版雜誌，並且說它最終會「像傾瀉的亮光，分明地撒向全球」，然而貝約瑟在這個問題上有他自己的看法。

這個老人堅持認為懷雅各的雜誌，佔用了原本應該用來支付傳福音的錢。但另一方面懷雅各則認為耗費在其他領域上的錢，應該也可以用來支持出版。

懷雅各寫道：「貝弟兄給我寫了一封信把我貶到從沒經歷過的最低處。有時，我本身已經因為小單張的經費負擔到心急火燎」，而貝弟兄的信更是火上澆油——「這個負擔在我身上變得越來越沉重，我都想應該永遠放棄了」。我想，這小單張「要結束了……我想，我應該把這一切都束之高閣了」。

這場戰鬥使1850年大部分時間都充滿硝煙彌漫，而且使基督復臨安息日教會面臨被摧毀的危險。我的朋友們，魔鬼從來不會打盹。經過幾年的掙扎和克己，貝約瑟和懷雅各終於各講各的，直到召聚時期。都是因為這運動的兩個創始人倔強的個性。懷愛倫在這兩個人之間斡旋，擔心他們會把自己心愛的工作毀壞。好消息是，上帝幫助他們面對自己，走出困境。

這種情形到今天不會有太大的改觀。二十一世紀的教會仍舊充斥著固執己見、個性強硬的人。

而且魔鬼仍舊試圖阻隔。

但上帝依舊看顧醫治。

我們需要敞開心扉，接受祂聖靈溫柔的撫慰。

給上帝特別子民的詩歌

唱上帝僕人摩西的歌和羔羊的歌。（啟15：3）

當基督徒運動開始有一個比較明確的框架，通常就會編寫他們自己的詩歌本。懷雅各就著手為基督復臨安息日教會做這個工作，在1849年出版了一本詩歌本，稱之《給上帝特別子民的詩歌，就是那些守上帝誡命和耶穌真道的》。

詩歌和詩歌本，當然從來都不會是平淡的。它們所反映的信息對作詩的人或編輯詩歌本的人來說，通常是最重要的。正如當年羅馬帝國時代的許多人，依舊用他們的方式來唱正統的基督教教義，同樣，在十九世紀許多人用他們的方式來唱基督復臨的信息。

懷雅各瞭解詩歌的能力。他也瞭解詩歌有著教義一般的功能。瞭解這些概念後，再看見懷雅各詩歌集中的第一首詩歌是「聖安息日」，就不足為奇了。這首歌的信息非常清楚地表達出來。

1. 上帝話聖潔可靠，根基不動搖。典章箴言和律法，清心聽主道。
2. 上帝話將我引領，平安到天庭。如果不顧祂誡命，滑跌不前行。
3. 上帝設立安息日，神聖祂所賜。如果你是聽從主，必定緊守持。
4. 古時摩西細聆聽，上帝頒誡命。遵主聖言是因為，成聖在我心。
5. 聽啊先知傳預言，很久很久前，莫懼羞辱和詰難，謹守第七天。
6. 因全能上帝應許，安息真兒女，乘駕大地的高處，賜產業養育。
7. 他們衷心長等候，全誠命持守，何當歡聚在聖城，忍耐直到頭。
8. 堅定正路不回轉，美好進迦南，我們走在黃金街，安息到永遠。

懷雅各的詩歌本只有歌詞沒有歌譜，你必須自己理解如何唱這首歌。儘管曲調已經遺失，但歌詞還是傳下來了，而它的信息毫不含糊。

03

28日　　　　　　　　　　　**更多的復臨詩歌**

並且耶和華救贖的民必歸回，歌唱來到錫安；永樂必歸到他們的頭上。（賽35：10）

正如我們所猜想的，懷雅各的《給上帝特別子民的詩歌》包含許多有關基督第二次復臨和天國的詩歌。由於大部分人在成為基督復臨安息日信徒之前，已經是基督徒了，所以他好像不太覺得有必要放很多有關恩典、敬拜崇高上帝的詩歌，就是那些為人們所熟知的歌曲。雅各好像要用他的詩歌集來填補教義上的缺口。有一些歌特別有針對性，例如有一首歌直接就取名為「洗腳禮」。

但「洗腳禮」沒能入選今天的《基督復臨安息日會聖詩本》（Seventh-day Adventist Hymnal），當然也有一些歌入選。我最喜歡的一首是「我是天路客」。這首歌在1941年版的《聖詩本》裏是第666首，我很高興在今天的《聖詩本》裏，有一個更屬靈的首數第444首。今晨，為什麼不先和我一起來唱呢？

1　我是天路客，我是異鄉人；我能耽擱，只能耽擱一晚上。不要阻止我，因為我前往；那泉源永不止息的地方。

2　那裏的榮光，永遠在閃耀；哦我心啊！最渴望是那地方。在這個世上，黑暗又淒涼；長行絕望中我身心疲倦。

3　榮耀的天堂，旅程的終點；我的救主，寶貝救主是那光。不再有痛苦，不再有悲傷，不再有眼淚，不再有死亡。

副歌表達的是中心信息：
「我是天路客，我是異鄉人；我能耽擱，只能耽擱一晚上。」
真的嗎？當今復臨信徒真的看自己是天路客，是地球的異鄉人，只能耽擱一晚上嗎？我們中間太多的人看這世界為自己的家，覺得這裏舒適，喜歡這兒。因為我們對自己說：「我是富足，已經發了財，一樣都不缺。」（啟3：17）

然後，有一天員警來敲門，告訴我們女兒出事；而醫生報告說我們得了末期癌症；然後出乎意料地配偶突然叫囂著要離婚。瞬間，我們回到了現實。這世界不是我們的家。

天父啊，求祢今天來幫助我，使我重新評估生命中事情的輕重緩急，重新安排我每天的生活。

屬天的異夢

看哪，上帝的帳幕在人間。他要與人同住，他們要作他的子民。上帝要親自與他們同在，作他們的神。（啟21：3）

在我們思想早期復臨聖詩的時候，我們需要停下來看一看安妮·史密斯（Annie Smith）短暫而又多產的一生。她一共有三首歌被收錄在《基督復臨安息日會聖詩本》中——「家鄉還有多遠？」（How Far From Home），「洪福之望」（I Saw One Weary），「長久在高山上」（Long Upon the Mountains）。

安妮的母親曾是米勒耳信徒，1851年成為基督復臨安息日信徒，並且遇見了貝約瑟。他們兩人相約為她的孩子們禱告，因為孩子們對復臨信仰不太感興趣。此後不久，貝約瑟安排一次在安妮家附近的地方領聚會。母親催促她去參加，但是女兒不太感興趣。或許是為了得母親的歡心，她終於同意前往。

聚會前一天的晚上，貝約瑟夢見了這次聚會。除了靠門的一個座位，其餘的位置都坐滿了人。他夢見自己換掉原先計畫好的講題，改講聖所的題目。他們唱了第一首詩歌，禱告，然後又唱了第二首詩歌。正當他翻開聖經一邊讀「到二千三百日，聖所就必潔淨」一邊指著他那張預言大圖表裏聖所的圖案，門開了，一個年輕女子進來，在那張空著的椅子上坐下。貝約瑟還夢見這個人就是安妮·史密斯，就是他跟她的母親所代禱的人。同一天晚上，安妮也做了個幾乎一樣的夢。在夢中，她也看見自己遲到了，當時主講人正在讀但以理書8章14節。

第二天晚上，安妮出發時有充裕的時間，但她迷路了，以致耽擱了，直到第二首詩歌後才到達。她急忙在門邊的位置上坐下，剛好主講人在讀她所夢見的那節經文。

貝約瑟原來也沒有細想自己的夢，直到她進到了屋子裏。當聚會結束時，他走到安妮面前，知道她就是前一天晚上他夢到的史密斯太太的女兒。安妮·史密斯的生活從此就改變了。當晚她接受了基督復臨安息日會的信息。

上帝用奇妙的方式工作。在今天也是如此。我們每一個人都有所愛的人，他們需要更深入理解上帝的眷顧。那關心我們的上帝，也同樣關心我們所愛的人。讓我們永遠不要停止為他們禱告。

多瞭解安妮・史密斯

上帝要擦去他們一切的眼淚；不再有死亡，也不再有悲哀、哭號、疼痛，因為以前的事都過去了。（啟21：4）

昨天我們邂逅安妮・史密斯在她信仰轉化的時候。此後不久，1851年11月21日，她在《評閱宣報》（Review and Herald）上發表文章，寫道：「我相信自己已經拋棄一切來跟從羔羊，無論祂領我到何方。世界對我已經失去吸引力。現在，我的希望、喜樂和愛都是以在天上的、神聖的事為中心。」

「沒有什麼地方，勝過坐在耶穌腳前，聆聽祂的教導；沒有什麼職業，勝過服事我天上的父親；沒有什麼喜樂，勝過上帝所賜的平安；它超過一切的思想。」

「哦，讚美主的名，因祂為我所成就的一切。我感覺自己甘美預嘗到一個更美世界的榮耀——預示著我們所要承受的那產業——我決意靠祂的恩典勝過一切的攔阻，背起十字架，輕看一切的羞辱，得以進入我們救主耶穌基督賜予永遠的國度。」

在她人生的這個時刻，她已經達到原先所希望的，成為一流中學的教師。事實上，前不久，她剛被提拔到有名望的位置，有很高的工資待遇。簡言之，到1851年，她已經得到了在這個世上想望的一切。

但當她接受了貝約瑟所傳的復臨信息後，她所有的理想都改變了。聽說懷雅各需要人幫忙編輯《評論》雜誌，她自告奮勇去幫助，只要他提供食宿，可以免薪。她很高興能有分於上帝的工作，這樣她可以幫助別人學習，迎接那即將來臨的國度。

她幫懷雅各工作了三年，但肺結核於1855年結束了她27年短暫的一生。

在離世的前一天，她為自己的詩寫了序言「家在這裏，家在天上」，感謝上帝賜給她在這世上的工作，當她的「歲月停止流轉」，使她的眼目轉向天上。

安妮的人生可能很短暫，但她的影響卻是久長，特別是在她寫的聖詩裏和她的兄弟烏利亞身上，1852年底，就是她的經歷帶領幫助烏利亞到主面前。

主啊，當我思想安妮・史密斯的時候，幫助我找到自己人生的價值和定位。今天我要奉獻自己來服事祢。為我的人生向祢獻上感恩。

死亡又是什麼呢？（一）　　**31** 日

論到睡了的人，我們不願意弟兄們不知道，恐怕你們憂傷，像那些沒有指望的人一樣。（帖前4：13）

前不久我們學習到早期的基督復臨安息日信徒怎樣發現聖經真理，有關第七日安息日和基督在天上聖所兩層的事奉，以及他們根據啟示錄11章19節到14章20節，使這兩個真理跟他們對基督復臨的理解結合在一起。這是基督復臨安息日信仰核心的三大「支柱真理」。

一些觀察力敏銳的讀者可能已經注意到，我們的討論中缺失復臨信徒的第四個支柱真理——什麼傳統是復臨信徒所稱的「死亡的狀態」。我們需要看一看這些早期的復臨信徒是如何詳述他們的理論，有關地獄和人死後是怎樣的狀態。

這樣的問題深深地困擾著人們。就以年輕的愛倫·哈門做例子吧！「在我的腦海裏，」她寫道，「上帝的公義遮掩了祂的憐憫和慈愛，這段時間，我經歷了極大的痛苦。我曾相信地獄裏永久的焚燒……我曾有過一個恐怖的念頭，認為我的罪孽太深重，以致不能被赦免，因此，我就會永遠滅亡。我曾聽説生靈在地獄裏萬劫不復的恐怖描述，深深地埋在我的心底。傳道人在講臺上描繪滅亡的情景……千千萬萬年的折磨，熊熊的火焰吞噬了一切，痛苦的遭難者尖叫道，『多久，哦主啊，要多久？』一個聲音如雷聲掉進深淵，『一直到永永遠遠！』……」

「我們的天父，在我的腦海裏被描繪成一個暴君，祂喜歡看罪人在掙扎；而不是一個溫柔的、富有同情心的罪人朋友。祂愛自己手所造的，以愛來超越一切的理論，渴望他們在祂的國度裏得救。當上帝喜悦看祂的受造者遭折磨，就是那照祂形像所造的人，這樣的想法佔據我心時，我立即覺得有一面黑暗的牆將我們與基督隔絕了。」（《懷氏傳略》第29－31頁）

不用説，年輕的愛倫不能調和傳統對地獄的教導和耶穌的愛。那個思想的本身使事情變得更糟，因為她恐怕自己現在拒絕上帝的話，會比從前更應該下到地獄裏。

主啊，當我們用有限的智力在難懂經文中掙扎的時候，求祢幫助我們。

死亡又是什麼呢？（二）

因為罪的工價乃是死；惟有上帝的恩賜，在我們的主基督耶穌裏，乃是永生。（羅6：23）

如果瞭解年輕時的懷愛倫因傳統的地獄觀點而掙扎，就不難明白成年的她所寫下的這一段話：「惡人要受永遠的痛苦，這種異端邪說所釀成的惡果，誠非人的智力所能估計的。聖經的宗教信仰原是充滿仁愛、良善，而富有憐憫的，但現在卻被迷信所籠罩，為恐怖所蒙蔽了……現今在各教會的講臺上所宣傳的教訓，造成了許多對上帝有極不合理的看法，這些看法已經傳遍全世界，使成千上萬的人變成懷疑論和無神論者。」她繼續指出這傳統觀點是教會中罪惡或令人困惑的教導，以致於使上帝的真理和人的理論混合在一起。（《善惡之爭》第536頁）

我必須承認同樣的問題也深深地困擾過我，因此我在1997年為《時兆月刊》寫了一篇文章，題目叫「超級希特勒」。本文主要觀點是，如果傳統教會的教導是對的話，那麼希特勒和史達林將會看起來是很好的人。畢竟，敵對他們的人最終都死了，然而上帝卻使敵對祂的人活生生地被燒烤，沒有窮盡，永永遠遠。其他人可能也認同文章的邏輯，讓此文在1998年獲得基督教出版協會的「美瑞特獎」（Award of Merit）。

當然，我知道許多人會同意這個觀點，因為我引用了一些福音派領袖的著述，如約翰·施托得（John R.W. Stott），克拉克·彼諾克（Clark Pinnock）以及其他一些與傳統聖經不同的觀點。

那麼聖經的觀點是什麼呢？復臨信徒是怎樣找到這樣的觀點？我們將會在明天回答這個問題。首要的一點是先認識到這個問題根源也涉及到：人是否天生就是不朽的。希臘的哲學認為如此，但聖經認為上帝才有這樣的特性（提前6：16），並宣告只有那些相信耶穌的人才能領受不朽的生命，而且要等到耶穌再來時才能享有（林前15：51─55）。

既然，不朽之意是不受死亡的束縛，那麼，如果惡人也擁有不朽，從理論上講，他們以某種形式活到永永遠遠。但如果他們沒有不朽的生命，那麼就必如羅馬書6章23節清楚地說，罪的工價乃是死，沒有其他選擇。

主啊，我們感謝祢，賜給凡相信耶穌的人有不朽的生命。我們也同樣為罪和罪人沒有不朽的生命而向祢獻上感恩。

死亡又是什麼呢？（三）

蛇對女人說：「你們不一定死。」（創3：4）

有兩種途徑把聖經關於死亡和地獄的真理，帶進守安息日的復臨信仰。我們之前提到的喬治‧施脫斯，曾經是七月運動的主要支持者，也是個充滿活力的人。1837年，施脫斯偶然發現一本亨利‧格魯（Henry Grew）所寫的書，內容談到惡人的終極命運，格魯主張「完全的滅絕，而不是沒有止盡的保存罪和痛苦」。

原本施脫斯相信人擁有靈魂不死的說法，但格魯的書促使他就這個論題對聖經進行徹底的研究。結果，施脫斯「確定人並非天生擁有不朽的生命，而且『上帝要毀滅所有惡人』——完全地滅絕。」於是他就相信神學界的「條件主義」（conditionalism，人想要得到永恆的生命，只有通過相信耶穌這個條件），和「靈魂消滅說」（annihilationism，惡人將遭完全的滅絕，而不是持續待在地獄的火裏直到永遠）。

這教義上的觀點把施脫斯捲入與衛理公會的衝突之中，迫使他在1840年辭去傳道工作。施脫斯在他的書中闡明自己的觀點，《一項調查：惡人的靈魂不死嗎？六篇講稿》（1842年出版）。他舉例說，魔鬼在伊甸園裏對夏娃所說的話「你不一定死」，是歷史上最大的謊言。

1842年，藉由查里斯‧費治的事工，施脫斯成了米勒耳信徒。不幸的是除了費治，其餘的米勒耳信徒領袖強烈反對施脫斯的觀點。1844年1月25日，費治寫信給他表明自己的信仰：「鑑於你長久以來，在關於死亡的情形、惡人最終的滅亡等論題上，獨自為主而戰，我寫這封信給你是要說明，經過許多的思考和禱告，我最終完全確信，向上帝負責任，預備與你站在同一立場。我向聖經真理徹底降服，相信『死了的人毫無所知』。」

不願意把他的「光藏在斗底下」，費治不久在1月底就向他的會眾在這個主題上講道兩次。「它們引起了一陣騷動，」費治寫信給施脫斯說，「許多人原先認為我被魔鬼利用，但現在他們都覺得這個道理是理所當然的了。我的弟兄啊，在上帝的真理中，我不認為講這個話題比其他的更羞恥。」

費治的特點就是，一旦確定是聖經的教導，他就願意堅定自己的立場。願我們學習他這樣的精神。

死亡又是什麼呢？（四）

3日

他們就把他帶到亞略·巴古，說：「你所講的這新道，我們也可以知道嗎？因為你有些奇怪的事傳到我們耳中，我們願意知道這些事是甚麼意思。」（徒17：19、20）

如果說保羅在雅典遭人控告時，那班人還有渴望，想瞭解更多使徒所教導的新道；但很顯然，米勒耳信徒的領袖們在反對施脫斯關於死亡狀態的觀點時，情形和上述保羅的情況大不相同。

1844年5月7日，米勒耳發表了一封信否認「跟施脫斯弟兄關於死亡的情形和惡人結局的觀點有任何聯繫、團契和贊同。」而在4月時，約西亞·利奇已先在期刊上發表文章，題目為「反對靈魂消滅說」。米勒耳信徒一般的處理方式是要將事情追究清楚，耶穌就要在幾週之內來臨，到那時我們就可以知道有關這事的真理。

這樣的聲明，當然無法使施脫斯和他的同事們保持沉默。

他們的努力有了結果，在隨後幾年，從米勒耳信仰分出的兩大教派——復臨運動基督徒（The Advent Christians）和基督復臨安息日信徒（The Seventh-day Adventists）——都接納「條件主義」和「靈魂消滅說」。

如果說，施脫斯的教導是條件主義說進入基督復臨安息日信仰的其中一種管道，那麼基督徒聯會就是另一種管道。伊來爾斯·史密斯（Elias Smith），基督徒聯會的創始人之一，已經在十九世紀初期接受了有關教義。許多基督徒聯會的信徒，希望能回歸失落的聖經教導，就強調條件主義和靈魂消滅說，也就影響了懷雅各和貝約瑟，因他們都曾是該教派的成員。

基督徒聯會在這個主題上的立場也影響愛倫·哈門，由於她的母親從基督徒聯會的緬因州波特蘭卡斯克街教會領受這個道理，她聽到母親在和朋友談話時討論到這話題，便去查考聖經並領受。這些認識給她的身心帶來極大的釋放，不僅驅散了她對上帝之愛和公義的疑慮，而且幫助她看到復活的道理。正如她所寫的：「如果人死後立時進入永遠的福樂或永久的痛苦，那麼又何必再要這個已腐朽的身體復活呢？」（《懷氏傳略》第49、50頁）

如此一來，三位基督復臨安息日教會的奠基者，在運動的開端就已經是條件主義說的支持者了。

主啊！我為這偉大的應許和這始終如一的重要信仰而感謝祢。

支柱式的信仰 4_日

務要傳道，無論得時不得時，總要專心，並用百般的忍耐、各樣的教訓責備人，警戒人，勸勉人。因為時候要到，人必厭煩純正的道理，耳朵發癢，就隨從自己的情慾增添好些師傅。（提後4：2、3）

848年初，基督復臨安息日領袖們通過大量密集的聖經研究，至少在四點基本信仰上得出一致的意見：

❶ 親自的、可見的、千禧年前的耶穌復臨。

❷ 天上聖所的潔淨，1844年10月基督進入第二層聖所的事奉——是贖罪日所預表之實體的開始。

❸ 遵守第七日安息日的義務，並遵行啟示錄12章到14章所預言末世大爭戰中所扮演的角色。

❹ 永恆生命不是人類所固有的特質，唯獨透過對基督的信仰才能獲得。

基督復臨安息日信徒就是後來的基督復臨安息日會信徒，看這些教導為「里程碑式的」或「支柱式的」信仰，並使這一支復臨信徒從米勒耳信徒中分別出來，也區別於一般的基督徒。這四個特色信仰便成為基督復臨安息日信仰發展的中心，使他們成了特殊的一群人，以這項標誌性信仰組成了不容妥協的神學運動核心。

細心的讀者可能會詫異，我怎麼沒有把有關懷愛倫屬靈恩賜的這個信仰包括在上述行列中。的確，這是復臨信徒獨特的觀點，但正如我們將要看到的，教會在1850年代和1860年代之前，確實沒有列在教義和信條的層面。再說，懷愛倫自己也沒有看這個教導是支柱式信仰之一。

安息日信徒，當然和其他基督徒有許多共有的信仰，比如，藉著耶穌的犧牲和因信得救，還有祈禱的功效等等。但是在早期的時候，他們的教義正如他們的詩歌，都是聚焦於跟其他基督徒的差別上，而非強調跟別人的相同處。

這種忽視，最終給他們帶來一些神學問題，就是他們必須在1880年代解決的，我們留待後面討論。

然而，感謝主，我們清楚得知基督復臨安息日會的奠基者們，完成了他們在神學上的任務。好消息是，他們的信仰系統是正確的。🔔

處在經濟困難的邊緣

所以，弟兄們，我以上帝的慈悲勸你們，將身體獻上，當作活祭，是聖潔的，是上帝所喜悅的；你們如此事奉乃是理所當然的。（羅12：1）

獻上死祭比活祭要容易一些。至少死了犧牲就過去了，但是活著犧牲還將不斷，對復臨教會的奠基者們來說正是如此。

正如我們先前提到的，貝約瑟本來是相當富有的，但除了自家的房子，他把其餘的一切都給了米勒耳運動，餘生就在拮据的生活中度過。

但他並非特例。1848年4月，懷雅各就寫到他和愛倫的生活「我們所有的東西，包括衣服，床上用品和傢俱，總共也不過是裝在一個三英尺大小箱子裏的東西，而且，箱子也只裝到一半滿。除了服事上帝，到上帝開路要我們去的地方之外，我們沒有其他任何事情可做。」

在那時出門旅行並非易事，特別是對那些一文不名的人。比如，貝約瑟深深地記得1849年初，他要到弗蒙特州去傳揚信息，毫無分文的他就決定從麻薩諸塞州南部步行到那裏。

幸而，還有人對這傳道事工有堅定信念。懷愛倫的姐姐撒拉，受感動覺得應該幫助他。撒拉就向雇主預支一些錢，然後作女傭每週賺取1.25美元，資助貝約瑟的旅費。

所幸那趟旅程結果纍纍。懷雅各記載貝約瑟「雖然非常艱難，但上帝與他同在，他做了許多美好的工作，引領許多人來遵守安息日。」

對於我們這些生活在富裕年代的人們來說，想要體會這些早期復臨信徒為完成使命、所經歷過的窮困生活是比較困難的。懷雅各曾經評論說：「這一小群人到各地教導真理，因為貧窮，不得不徒步旅行、或坐二等車廂、睡在甲板上。」他的妻子知道，這樣的旅程使他們置身於「菸草的濃霧裏，在水手們粗俗下流的髒話中，跟社會最底層的旅客在一起。」（《教會證言》第一卷，77頁）。他們經常整晚睡在地板上、貨船裏、麻袋上，拿手提箱當作枕頭，外衣當作被子。冬天，他們在甲板上來回走動，使身體暖和。

想像一下我們歷經艱難與犧牲奉獻的生活。再想一想，我們大多數人根本不知道，這樣的犧牲成就了我們今天的教會。

「推測日期」怎麼樣？（一）

但那日子，那時辰，沒有人知道，連天上的使者也不知道，子也不知道，惟獨父知道。（太24：36）

儘管耶穌已經在這個主題上有清楚的教導，雖然米勒耳信徒因為試圖確定基督復臨的時間而危機四伏，事實證明，無論是確定一個日期，或只是盡可能接近的日期，這個日期都不斷地試探著復臨信徒。我們必須承認，這的確是一個激動人心的猜測，但必然發生的失敗會給教會和信徒帶來極大的負面影響。

在預測1844年10月基督復臨未成後，這群失望的復臨信徒最自然的反應，就是在諸多預言的基礎上繼續推測日期，威廉・米勒耳和約西亞・利奇就又期待在猶太曆1844年底（就是1845年春天）耶穌會出現。格魯斯（H. H. Gross），約瑟・瑪敘等其他一些人則推測1846年，當這些時間過去後，格魯斯又找一些理由指望基督1847年復臨。

早期的復臨安息日信徒也不免推敲日期。1845年9月懷雅各深信耶穌會在這年的七月初十來臨。對此他公開聲稱，復臨信徒男女如果宣布結婚，就表明他們中了「魔鬼的詭計」，也意味著他們否認基督復臨的信仰，因為「這樣的行為，表明他們還留戀這世上的年日」。

然而，「就在所推測日期的前幾天，」懷雅各回憶道，「我當時在麻薩諸塞州的費爾赫文（Fairhaven）和達特茅斯（Dartmouth）傳講這個日期的信息。同一時間，愛倫和另一些人在麻薩諸塞州的卡維爾（Carver），就在那裏她見了異象，說我們將會失望，將來，聖徒必須經歷『雅各遭難的時候』，她有關『雅各遭難的時候』的異象對我們或她自己來說，都是全新的發現。」

這個經歷看起來挽救了懷雅各繼續推測基督復臨的日期。然而，我們明天將會看見，這似乎阻擋不住貝約瑟。為基督復臨推測日期！

我們大部分的人都會這樣。馬太福音24章，門徒們也要求耶穌做同樣的事情，但祂拒絕了，祂今天依舊如此拒絕。在這個地方有一個我們必須學會的重要教訓。

「推測日期」怎麼樣？（二）

所以，你們要警醒，因為不知道你們的主是哪一天來到。（太24：42）

耶穌說的是真的嗎？當然，對於我們忠心的復臨信徒來說，一定會有某些方法測定基督再來的時間。

至少1850年的時候，貝約瑟是這樣想的，那段艱難時期一定使他疲憊不堪。畢竟米勒耳信徒的大失望已經過了很長的六個年頭，他想，如果專注研究聖經的話，應該可以發現這個日期。對此他有足夠信心。

那一年他寫道：「在施恩座前的金香壇上彈血七次，我完全相信它預表著在至聖所對活著的聖徒進行審判。」

大部分人可能已經聽說過比較合理的「一年等於一日」預言解釋原則，但貝約瑟另有一個新的原則：一滴血等於一年的原則。運用他的這個「新亮光」，貝約瑟認為基督復臨前審判將會持續7年，於是得出結論說，1851年10月是仰望基督復臨的日期。

他把自己的研究結果在復臨安息日信徒圈子裏傳播，很快就贏得了一群人聽從他的新說法。但遭到了懷氏夫婦強烈的反對。

1850年11月，愛倫公開宣稱「上帝指示我，1844年以來，日期不是考驗，也將不再是考驗。」（《現代真理》1850年11月）

1851年7月21日，又出現有關這個主題的振奮人心的消息，她在《評閱宣報》上寫道：「上帝指示我，第三位天使的信息必須傳出去，宣告給上帝失散的兒女們聽，而且不能專注於日期；因為日期將不再是考驗。我看見一些人錯誤地因為日期而振奮；第三位天使的信息比日期更強有力。我看見這個信息有它自己的根基，不需要用日期來強化，它將帶著大能，做它自己的工作。」

今天的教會需要聆聽這個深刻的見解。當我看著復臨運動，它就像一幫人忘記了他們信息的能力。我依舊記得大約五十年前，當我第一次領略啟示錄自身強大的衝擊力而被深深震撼的情景。歲月沒有消減這能力。復臨教會今天有一個巨大的需要，就是重新拾回它的信息。

「推測日期」怎麼樣？（三）

過了許久，那些僕人的主人來了，和他們算帳。（太25：19）

昨天我們看見貝約瑟苦苦掙扎於馬太福音24和25章中，耶穌講道內容裏「許久」的說法，基於他的一滴血等於一年的原則，他堅決認為耶穌會在1851年10月復臨。我們也看見懷愛倫挑戰貝約瑟的思想，但這尚未結束，讓我們再聽一段她說的話。

她在《評閱宣報》1851年7月21日寫道：「我看見，有些人使每一件事情都屈從於接下來的秋天這個時期──也就是說，他們總是圍繞這個日期做精心的計算。我認為這是錯誤的，因為他們不是每天到上帝的面前尋求當前的本分，總想預先看將來，精心計算日期，好像他們知道一切將會在這個秋天結束，而非每天在上帝面前尋求自己的本分。」

一個月後，雅各直接表白對貝約瑟的看法，聲明他一年前，從一開始就反對貝約瑟關於日期的教導。他明確地談及貝約瑟的理論說：「對於持這些教導的人，我們高度敬重他們，熱愛他們也視他們為我們的弟兄，我們覺得不應該說什麼，以致傷害他們的感情；然而，我們必須說明為何我們不接受這些日期的原因。」然後，他陳列了他認為貝約瑟錯誤的六個理由。

懷氏夫婦聯合起來的對質看起來說服了貝約瑟（他相信愛倫是先知），使他認知自己在日期的問題上錯了，他和人部分追隨者們很快放棄了這個觀點。接著雅各在9月份報導說，最近探視各教會時，「七年時間說」已經不再是個問題了。但愛倫11月份注意到，仍有一些人持守對日期的期待，他們的「情緒非常低落到黑暗」、困惑和心煩。

「七滴血」危機挽救了貝約瑟，使他放棄日期推測。從那以後，雖然他明白末期臨近，但再也沒有去推測基督復臨的日期了。

令人痛心的是，他的一些追隨者們還是不明白這一點。推測日期的試探、隨之而來的激動和失望，今天，依舊存在於我們周遭。不幸的是，太多的復臨信徒仍舊更感興趣於基督復臨的激動而忽略自己「當前的本分」。除非把優先次序擺正確，不然我們不能得到上帝的祝福。

主啊，求祢今天幫助我聚焦於「當前的本分」。

「推測日期」怎麼樣？（四）

新郎遲延的時候，她們都打盹，睡著了。（太25：5）

1851年懷愛倫回應貝約瑟的思想，不是她第一次反對日期推測。早在1845年她就多次告誡弟兄姊妹，日期不再是考驗，所猜測的每一個日期過去後，都會削弱那些把希望放在日期之上人們的信心，甚至她的第一個異象也暗指聖城可能「還很遠」。有人回應她在日期推測上的立場，指控她是「那惡僕人心裏說，『我的主人必來得遲』。」（《早期著作》第14、15、22頁）

她非常清楚第三位天使的信息為他們的信心提供一個更穩固的根基，勝過日期推測。此外，對於日期推測，她不斷地指導安息日信徒離開好奇的心態，而轉向他們當前在世上的本分。正如我們看到的，這個強調最終形成復臨信徒的理念基礎，建立復臨機構，使復臨信仰傳遍世界每個角落。

懷愛倫已經抓住日期推測以及相關問題的要點，但如果你覺得那還不夠，耶穌在馬太福音24章對日期的推測也講得非常清楚。

然而，復臨信徒的日期推測家們繼續不斷為他們的好奇心鋌而走險。我記得1964年，許多人斷定耶穌會在這一年到來，因為聖經教導：「挪亞的日子怎樣，人子的日子也要怎樣」（路17：26）。挪亞傳警告不是洪水來之前的120年嗎？瞧！根據這個，復臨信徒從1844年開始，已經傳他們的信息120年了，這個「考驗」要結束了，耶穌要在1964年復臨，可能是10月22日！

隨後，到了2000年，第七個千禧年的開始，就是屬天的安息千禧年。各地的人們因此開始興奮。在這一年，有一本復臨書籍非常暢銷，特寫了一個時鐘，表明半夜「新郎到來」的時間，僅以分鐘計算。

令人惋惜的是，復臨信徒仍舊對末世高度熱忱，而對「當前的本分」非常冷淡。很不幸，他們與馬太福音24和25章的信息反向而行。

主啊，求祢幫助我們渴望真正的靈糧，而不是屬靈的糖果。

日期推測之外的選擇（一）

主人說：「好，你這又良善又忠心的僕人，你在不多的事上有忠心，我要把許多事派你管理；可以進來享受你主人的快樂。」（太25：21）

馬太福音24和25章是一段很奇怪的講道！我們發現那是門徒們向基督打聽聖殿被拆毀的事，並基督降臨和世界末了會出現的兆頭，坦白說耶穌的回答叫他們失望極了。首先，祂舉了一連串每一個時代都會出現的「兆頭」，像戰爭、地震、饑荒等，然後繼續說「只是末期還沒有到」，這些都是「生產之難的起頭」（太24：6、8）。

不僅如此，耶穌把關於耶路撒冷在西元70年被毀滅的事和第二次復臨混在一起談。如果你覺得這還不夠奇怪的話，祂還告訴他們對於這個事情，除了上帝沒有人知道那時辰（36節）。對這個本來要求祂回答兆頭的講道中，耶穌竟以一個忠告結束，「你們要警醒，因為不知道你們的主是哪一天到來。」（42節）祂可能還說：「不要擔心那個時間。」

就在祂的這個講道裏，耶穌迫切地將話題從時間的兆頭轉移到祂最想告訴門徒們的信息上。從43節開始，耶穌列舉了5個比喻，一步步推出他們「最需要」聽的東西，而不是他們「最想要」聽的東西（比如，末世還有多久）。

第一個比喻（43、44節）僅僅告訴他們要警醒，因為他們不知道基督復臨的時間；第二個比喻（45-51節）告訴他們在警醒等候時，還有責任，而且那時間比期待的要長；第三個比喻（太25：1-13）繼續講遲延的主題，但更強調需要為這個事件而預備；第四個比喻（14-30節）著重於他們將要如何預備，他們要規劃而且忠心使用他們的才幹；最後高潮的比喻——關於山羊和綿羊的比喻（31-46節）——詳述他們在警醒等候時，其作工的根本性質。

換句話說，耶穌引導整個談論，使人們不要為日期而興奮，反要關注「當前的本分」。約翰‧衛斯理（John Wesley）是衛理公會的創始人，領會了耶穌的意思。當有人問他，如果知道明天耶穌會來，他今天會做什麼，他回答自己將會按照他原來的計畫做事情。

主啊，幫助我們認識到預備妥當不是尋求新奇，而是當我們活在這世上時，負責任地遵行祢的旨意。

04
11日　日期推測之外的選擇（二）

王要回答說：「我實在告訴你們，這些事你們既做在我這弟兄中一個最小的身上，就是做在我身上了。」（太25：40）

怎樣成為一個忠心的復臨信徒？這就是關鍵問題。

耶穌的門徒們和早期的復臨信徒（許多現階段的信徒也是如此）為滿足情緒上的好奇而等候。而耶穌的心意是要引導他們的注意力，轉向基督徒更樸實的日常生活領域。

昨天，我們以馬太福音25章31至46節中綿羊和山羊的比喻作結論，懷愛倫也抓住了耶穌談話的要領，寫道：「這就是基督在橄欖山上，向門徒所敘述的審判大日的景象。祂說，審判的判決只在於一個要點，當萬民聚集在祂面前的時候只有兩等人，他們永遠的命運要取決於他們為祂在貧窮痛苦之人身上做過什麼，或忽略了什麼……在審判的日子，那些為基督所稱讚的人，可能沒有多少神學的知識，但是他們心中有基督的精神。由於聖靈的感化，他們造福所接觸的人。就是在異教徒中也有一些有仁慈心腸的人，在生命之道還沒有進入他們耳中之前，他們就已照顧了所遇到的傳教士，甚至冒著自己生命的危險去幫助他們。還有一些外邦人，從來沒有人把真光傳給他們，然而他們在蒙昧無知之中敬拜上帝，他們也不至於滅亡。他們雖然不知道上帝明文的律法，卻聽見上帝在自然界中向他們說話的聲音，而且照著律法的條例行事。他們的行為證明聖靈已經感動他們的心，他們就被承認是上帝的兒女了。」（《歷代願望》第637、638頁）

聖靈已經觸摸我的心了嗎？作為復臨信徒，我關注的焦點是什麼？是為最近的傳道者勸教會留意基督復臨迫近而興奮呢？還是在我們預備迎接這個大事件時，留意自己的「當前本分」？

我必須承認，從理論上說，好奇激動更迷人。但「**當前的本分**」更符合基督教的精神所在。

在耶穌看來，真正的復臨信徒不是那些單單想著祂來的日子有多近的人，而是那些在警醒等候更美的日子時，活出上帝愛的生命的人。

親愛的朋友，今天，耶穌盼望我們每一個人重新奉獻，在世上活出基督徒的生命，以此等候那更美的國度。🔔

成為開門論的復臨信徒（一）　日

我知道你的行為，你略有一點力量，也曾遵守我的道，沒有棄絕我的名。看哪，我在你面前給你一個敞開的門，是無人能關的。（啟3：8）

幾個星期前，我們注意到早期的安息日信徒是「關門論」的復臨信徒。米勒耳曾引用馬太福音25章10節中的「關門」，來象徵新郎或基督臨到之前考驗時期的關閉。換句話說，米勒耳相信每一個人必須在基督復臨之前，立定主意順從或悖逆祂，在基督復臨之後將不再有第二次的機會，這是聖經美好的教導。

米勒耳所理解的「關門」有一個內在的問題，更具體地說，他把基督復臨和但以理書8章14節的二千三百日綁在一起。因此他相信考驗時期已在1844年10月22日關閉，向罪人傳福音的工作已經完成，再也沒有罪人能夠悔改了。

所有的基督復臨安息日信徒，無一例外都是關門論信仰者。然而，正如我們先前看到的，聖經研究引導他們得出結論，潔淨聖殿不是指基督復臨，而是指有關基督進入天上聖所的事奉。

此刻他們發現自己所持的理論與此不相符合，他們已經改變對聖所潔淨的解釋，但是並沒有重新解釋關門的時間。一部分信仰的轉變要求另一部分做出相應的調整，但這對基督復臨安息日信徒來說，並沒有馬上就凸顯出來。

直到1850年初，他們才開始著手協調在這個主題上的立場。但這個轉變並非起源於他們在聖經中看見自己的錯誤，而是因為他們遇到另一個擺脫不了的問題。不管他們喜歡與否，一些從沒有經歷米勒耳信仰的人仍不斷改變他們所持的信息。剛開始的時候他們覺得應該拒絕為他們施洗，因為悔改已經是「不可能的了」。瓦格納（J.H. Waggoner）就是這樣的一個實例，他後來成為基督復臨安息日會一個重要的傳道人。

事實上，那些原本被認為是不可能悔改的人推動基督復臨安息日信徒回到聖經，重新學習這個主題。從1851年底到1852年初，他們終於意識到自己的錯誤，得出結論說，考驗時期的確將會在基督復臨前關閉，但這件事情尚未來臨。這項認知使他們為自己敞開門路，把他們的信息傳給每一個人。

好消息是，上帝甚至透過我們的困惑和迷失來引導我們。

13日　上帝甚至使用我們的錯誤

我要教導你，指示你當行的路；我要定睛在你身上勸戒你。（詩32：8）

我們所事奉的是一位滿有憐憫的上帝。

如果我所面對的一些人無法看見自己的錯誤，我可以不理睬他們，或者讓他們自食其果，我更不會因為他們的錯誤而祝福他們，應當感恩稱謝的是，上帝不像我這個樣子。儘管我們如此犯罪，我們所事奉的上帝仍祝福我們。祂不僅幫助我們，解決我們的問題，而且在這個過程中祝福我們。福音真理就是上帝甚至使用我們錯誤的事實。

關門論的經歷也是如此，基督復臨安息日信徒有了一個明顯又嚴重的神學錯誤。追根究柢，他們相信，在復臨信徒歷史中的關門論信仰期間，復臨運動的對外福音工作僅限於那些1830年代和1840年代初接受米勒耳信息的人，因為恩典之門已經對其他人關閉了。

但上帝使用這個錯誤使復臨運動得益。首先，上帝帶領這一小群復臨安息日信徒，利用他們歷史中的這一段時間，建造一個穩固的神學根基，使他們在福音事工上幾乎沒有耗費他們僅有的資源，直到他們得了信息。其次，當他們形成自己的神學觀後，在1848年到1851年間，他們的福音事工僅僅是針對其餘的米勒耳信徒。只有當他們有了穩固的神學基礎，又有可觀的核心信徒團體，他們才可以開始邁出福音步伐，面向更廣大的人群，直到地極。

回顧復臨信徒歷史中的關門論時代，我認為這是運動所必然要經歷的一個階段。上帝一步一步引領我們建造穩固的平臺，在這個平臺上啟動偉大的使命：「福音要傳給……各國、各族、各方、各民。」（啟14：6）

無論如何上帝總會祝福我們，這就是福音，這就是好消息。我的朋友，你認為呢？我們祝福那些領悟力慢一點的人嗎？你我有同樣的精神嗎？我們要擁有這樣的精神嗎？今天，我激勵你們每一個人，在每日生活中，把祂的恩典實踐在我們的妻子、丈夫、兒女和教會的弟兄姊妹身上。

天父啊，求祢幫助我們成為周圍人們的正面祝福，甚至在他們犯了嚴重錯誤的時候，也是如此。

譯者注：作者將「成為開門論的復臨信徒（二）」放到4月14日。

成為開門論的復臨信徒（二）　14_日

你要寫信給非拉鐵非教會的使者，說：「那聖潔、真實、拿著大衛的鑰匙、開了就沒有人能關、關了就沒有人能開的，說……」（啟3：7）

基督復臨安息日會歷史上最重大的事件之一，就是在1850年代初，從關門論復臨信徒轉化為開門論復臨信徒。

在我們檢驗新立場之前，我們需要總結一下過去所談到的多個層面的涵義。1840年代末，在他們認知裏，關門論至少包括以下三層涵義：（1）考驗期已經在1844年10月22日終結了，（2）預言在那一天已經應驗了，（3）此後福音的使命僅針對已經成為米勒耳信徒的人。

這個話題上的爭論主要集中在第一和第三點上，但第二點也同樣重要。當懷雅各談及安息日信徒是第七日關門論信徒，他是指著兩個首要的信條說的——安息日和他們所理解的預言已經在1844年二千三百日結束時應驗了。他們從來沒有改變對第二點的理解。

然而，正如我們先前注意到的，顯然預言的應驗並非基督復臨，因此考驗期還沒有結束。結果，他們最終意識到在第一點上的錯誤，便放棄關門論的解釋。

這個結論導致他們改變了第三點。從懷愛倫1848年11月的異象開始，就是說到復臨信息要像傾瀉的亮光撒遍全球，在宣教基礎上的開門論觀點終於照亮掙扎中的復臨信徒。他們開始更清楚地看見，自己有一個末後的信息要傳遍全世界，而不僅僅只是針對米勒耳信徒罷了。

正如懷愛倫1849年所寫的，「我蒙指示……上帝的誡命發出亮光，彰顯其重要性的時候……正是天上至聖所的門被打開的時候，那裏面有上帝的約櫃。」根據這個觀點，1844年耶穌站起來，關閉聖所的門，而開啟至聖所的門。「我看見耶穌關閉了聖所的門，沒有人能開；然後，祂開啟了至聖所的門並且進去，是沒有人能關閉的。」（《早期著作》第42頁）這一個開啟，帶來了一個新的信息，就是安息日以及相關的預言道理，最終促使復臨安息日信仰傳遍世界每一個角落。

就宣教而言，復臨信徒不再像從前一樣，面對開門論的使命，他們擁有這樣的信息：就是耶穌駕雲降臨之前，全世界都需要聽到的信息。🔔

使復臨信息更完善

因為寶座中的羔羊必牧養他們，領他們到生命水的泉源；上帝也必擦去他們一切的眼淚。（啟7：17）

「修訂主義」（Revisionism）是1850年代主張「安息日主義」（Sabbatarianism）信仰發展的重要部分。他們重新審視自己的一些見解，然後根據聖經進行修訂。

在關門論方面的問題上也是如此，正如我們昨天所看到的，1852年初，懷雅各便這樣宣告：「我們教導這個開門論思想，邀請凡有耳的都來聽，通過耶穌基督得救恩。這裏有一個極其榮耀的看見，就是耶穌已經開啟了門進入至聖所……如果說我們有開門論和第七日安息日的理論，我們將不會否認；因為這是我們的信仰。」

1850年代初，他和其餘的安息日信徒都歡欣快樂，不僅是因為上帝逐步的帶領，而且因為信息本身的榮美，和上帝為他們所設立的偉大使命。

他們的態度是至關重要的。他們不怕承認自己犯了錯誤，能對堅定持守認真研究聖經所得來的信仰，而且對研究聖經時所顯示出來的錯誤願意改正。

我們之中有太多人看真理是靜態的，甚至有些人以為基督復臨安息日會的信息在1840年代出現的時候就是完備的。

真理之外並不能加添什麼，復臨信仰的系統是復臨運動中動態的一面。上帝在前引導，教會願意聽從。這樣它對聖經真理和使命的認識，隨著時間的推移不斷增長擴大。在已經被確證的穩固真理上建造，包括其核心的支柱信仰、和所領受從啟示錄12章1節到14章20節一系列的預言。教會現今繼續調整它的信仰系統，以便更充分了解聖經信息，和這個罪惡世界的需要。

這種轉變還沒有結束，上帝將會繼續帶領祂的子民，直到我們看見基督駕雲降臨地上的日子。

天父，我們感謝祢，因為祢過去對我們的引領，我們仰望祢在將來日子裏的帶領。當祢逐步引導的時候，求祢幫助我們打開心門。

使第二位天使的信息更完善（一）　　**16**日

又有第二位天使接著說：「叫萬民喝邪淫、大怒之酒的巴比倫大城傾倒了！傾倒了！」（啟14：8）

基督復臨安息日會和其他基督教派的合作應該到什麼程度？復臨教會傳道人能否活躍於社區服務性的團體裏？教會及其信徒能否參與其他教派的社區服務專案？如果可以，那麼是在什麼基礎上？

這些都是重要的問題。別忘了，我們早期的信徒們不是教導說，其他的教會都是啟示錄14章8節和18章1至4節所說的，是屬於傾倒之巴比倫城的一部分嗎？

他們的確這樣教導，也正因為這個教導，早期的復臨信徒仍舊處於和其他基督教派在合作上的緊張關係。幸運的是，復臨教會的歷史中，在有關巴比倫傾倒的話題及相關問題上，拋棄了許多這樣的見解。

正如我們先前觀察到的，早期復臨信徒解釋巴比倫是遠在基督復臨安息日教會誕生之前。我們注意到，查里斯·費治，為米勒耳信徒的這個思想設下了基礎，1843年夏天，他開始宣告巴比倫傾倒了。以費治的觀點來看，巴比倫包括那些拒絕聖經有關基督復臨之教導的羅馬天主教和新教徒。

1859年，懷雅各認可這項基本見解。當他寫道；「我們毫不猶豫地把巴比倫適用於末後一切墮落的基督教。」墮落，正如他所說，包括道德上的敗壞和把基督教的信仰跟非基督教哲學思想混合，例如靈魂不死，後者使得教會對招魂術毫無防備。巴比倫，簡單地說，就是混亂的教會。

但是隨著時間推移，1850年代基督復臨安息日信徒開始注意到守星期天的教會也有一些好的地方。很顯然，他們在許多領域的教導和行為上都沒有錯，這個世界並不像他們原先所想的非黑即白。這樣的思想把他們放在一條通道裏，使他們對第二位天使信息的涵義有新的認識。

天父啊，求祢幫助，使我們能看見別人的好處，甚至是那些對自己的信仰系統有點迷惘或非常困惑的人。賜給我們眼光看見好的，也給我們恩典去領受這樣的恩賜。

17日　　　使第二位天使的信息更完善（二）

此後，我看見另有一位有大權柄的天使從天降下，地就因他的榮耀發光。他大聲喊著說：巴比倫大城傾倒了！傾倒了！成了鬼魔的住處和各樣污穢之靈的巢穴（或譯：牢獄；下同），並各樣污穢可憎之雀鳥的巢穴。（啟18：1、2）

基督復臨安息日信徒一旦放棄考驗之門已經關閉的教導，便又開啟了另一個門路，使他們關注巴比倫傾倒的涵義。

就第二位天使信息而言，其中一條重要的發展路線是認為巴比倫傾倒為兩層或漸進的墮落過程。相反的，費治看啟示錄14章8節和18章1至4節為同一件事，而懷雅各和安息日信徒則解釋這兩段經文是不同的事件。

懷雅各注意到14章8節所描繪的巴比倫傾倒是指「在過去的時候」，而18章1至4節指的是現在，特別是指將來。1859年他寫道：「第一，她傾倒了（14：8）；第二，她成了『魔鬼的住處和各樣污穢之靈的巢穴』等等；第三，上帝的子民被呼召從她裏面出來；第四，災禍將傾倒在她身上。」

雖然安息日信徒相信基督教世界在1840年代初，已經犯了嚴重的錯誤，拒絕聖經有關基督復臨的教導，並且逼迫持守這樣信仰的人，然而，1840年代的傾倒只是混亂的起頭。當這種混亂發展到末時，便導致教會進入更嚴重的道德和信仰混亂局面，直到上帝最終放棄那甘心成為巴比倫的混亂、無指望的教會。

懷愛倫同意她丈夫對巴比倫傾倒涵義的重新解釋，認為是漸進的過程，但她對這個解釋的延伸超過她丈夫原先的思想。在她看來「啟示錄14章8節的完全應驗是在將來。」結果，「大部分基督的真門徒還在」復臨信徒之外的教會裏。這樣巴比倫是被迷惑而不是完全傾倒了。再者，叫人從巴比倫出來的呼召直到基督復臨前夕才會到達高潮。於是，她說啟示錄18章1至4節裏「我的民哪，你們要從那城出來的呼召，將會是對這地上居民最後的警告。」（《善惡之爭》第389、390、604頁）

主啊，不是所有的人都跟我們有相同的異象，他們或許情有可原，但求主今天幫助我預備一顆受教的心，為真理站立，並且溫柔對待那些還沒有跟我們有相同異象的人。

合作的基礎（一）

我另外有羊，不是這圈裏的；我必須領他們來，他們也要聽我的聲音，並且要合成一群，歸一個牧人了。（約10：16）

藉著他們重新解釋關門論和巴比倫傾倒，懷雅各和懷愛倫創立了一個復臨教會與其他基督徒肢體合作的神學基礎。基督復臨安息日信徒們意識到基督復臨並不像他們一開始所期望的那麼迫近時，他們就以這樣的夥伴關係，漸漸發展成為一個議題。

但和「外面的人」結交會帶給本會內部的緊張關係，使復臨信徒意見不合，我們會想，應該如何定位「溫和路線」和「強硬路線」。持溫和路線的人會喜歡在復臨運動神學和道德原則的基礎上跟別人合作，而持強硬路線的人將很難跟那些與自己有不同看法的人在一起。

關於這點，有一個復臨信徒和基督教婦女節制聯盟（Women's Christian Temperance Union. WCTU）合作關係的實際例子。這個運動顯然有許多很好的訴求（例如真理），也主張節制——這跟復臨信徒所關心的主題相符合，因此早在1877年開始，復臨教會開始和該聯盟合作。

就基督教婦女節制聯盟而言，合作結果還算不錯，她們看起來是正派的基督徒婦女。然而，在1887年他們淌入渾水，開始跟國家改革協會（National Reform Associatin）結盟，努力促使國家為星期日神聖性立法。同年，基督教婦女節制聯盟在它自己的組織裏增加了一個守安息日（卻是星期日）部門，並且支持布雷爾參議員提出的國家星期日議案。

毫無疑問的，在一些復臨信徒看來，這些行為使基督教婦女節制聯盟，迅速蛻變成為十足的巴比倫。他們一方面擁有關於節制的「真理」，另一方面，在安息日問題上他們又支援「錯誤」的道理。一些復臨信徒下結論說，如果那不是混亂或巴比倫，那是什麼呢？這樣的事繼續進展至1890年代，在復臨信徒行列中引起了一些擔憂。

這些是當時的實際情況。今天留給我們的任務是，請思考或跟你身邊的人討論：在這種情況下，我們應該持什麼樣的態度和行動。

你為什麼做這樣的選擇？什麼樣的原則促使你做這個決定？在當今世上，作為復臨信徒意味著什麼？上面的問題對此又有什麼影響？

合作的基礎（二）

約翰對耶穌說：「夫子，我們看見一個人奉你的名趕鬼，我們就禁止他，因為他不跟從我們。」（可9：38）

「不要禁止他；」耶穌說，「因為沒有人奉我名行異能，反倒輕易毀謗我。不敵擋我們的，就是幫助我們的。」（可9：39、40）

作為復臨信徒，我們是否可以公開和一些教會合作，就是那些雖然有一些真理，但也有一些嚴重神學問題的教會？這就是我們昨天提出的問題。

1890年代，懷愛倫和其他的復臨信徒很清楚基督教婦女節制聯盟擁護星期天的觀點，仍然盡可能地尋求與該組織的合作。

有些復臨信徒無法確定這是否為正確的立場，比如阿隆周‧鐘斯（Alonzo T. Jones），作為《評閱宣報》的編輯，不顧作為編輯的職責，指責基督教婦女節制聯盟是背道者，說他們在反對宗教逼迫的立場上不夠堅持。

這樣非黑即白的態度促使懷愛倫寫了一系列的信件給他。身為一個願意在這樣緊張局勢下工作的人，她勸告鐘斯不要太激烈或帶著審判性的眼光看那些沒有用復臨信徒立場看問題的人。她寫道：「在關係重大的真理上，他們所得的亮光還很微弱。」以致「我們需要特別溫柔地對待他們，愛他們，尊重他們美好的工作。你不能用你這樣的方式來對待他們。」（信件62，1900年）

她意識到她不是因鐘斯所持的「真理」和他爭辯，而是覺得他缺乏異象、智慧和善意。她認為如果用他的方式，將會使基督教婦女節制聯盟的成員下這樣的結論：「你看，我們根本不可能和基督復臨安息日會有什麼合作，因為他們不給我們任何的機會去和他們交往，除非我們必須相信他們所相信的。」（同上）

所以，她非常反對這樣非黑即白的態度。她寫道：「我們應該盡可能贏得基督教婦女節制聯盟人員的信任。」他們能從我們學到東西，我們也向他們學習（同上）。

她反而敦促鐘斯不要用「這麼可怕」的方式表達真理，不然，人家就會失望地離開。她呼籲鐘斯要有「基督般的柔和」去對待那些不像他們那樣看待問題的人。（同上）

我有多大的「寬容商數」（tolerance quotient）？我對待那些和我有不同觀點者的方式是「基督般的柔和嗎」？

主啊，求祢幫助，在我跟所有人交往的時候，使我更像祢。

合作的基礎（三）

他們各人幫助鄰舍，各人對弟兄說：壯膽吧！（賽41：6）

重新解釋關門論和巴比倫，為安息日信徒設立了與那些持不同神學觀點的人交往的基礎。那麼要在什麼樣的原則上呢？

我們再用支持星期日為神聖的基督教婦女節制聯盟作為例子。「我得到亮光，」懷愛倫寫道，「如果在我們這方面沒有犧牲什麼原則，我們就盡可能和他們在適度改革的工作上聯合……。」

「我蒙指示，我們不要避開基督教婦女節制聯盟的工作人員，而是代表所有贊同改過自新的人跟他們聯合，我們沒有改變我們在遵守第七日上的立場，我們欣賞他們在節制道理上的觀點。」

「藉著打開大門，邀請他們在節制問題上和我們合作，我們獲取他們在節制主題上的幫助；而他們在跟我們聯合的時候，他們將會聽到新的真理，聖靈在等候進入他們的心中。」（《評論與通訊》1908年6月18日）

正是同一位帶領懷愛倫的聖靈，建議復臨教會的牧師們，讓他們服務的社區熟知本會牧師和其他同工，讓周圍的人知道，復臨信徒是「改革者，而非偏執者」。她建議要聚焦於「共同點」上，把復臨信仰分享給別人時「要在耶穌裏介紹真理」，而不是貶低別人的教會。使用這樣的方式，復臨教會的牧師們才可以「接近其他教派的傳道人」（《佈道論》第143、144、227、562頁）。

我們要防止用「巴比倫炮」去轟擊每一位與我們看法不同的人，復臨教會的歷史上常會出現這樣的問題。1850年代重新解釋巴比倫，在末日來臨之前為復臨信徒提供極為重要的信仰基礎。

這就是懷雅各在1859年，對巴比倫傾倒的兩層涵義的理解所結出的果實。我們要學會在緊張的關係中生存，藉著跟與我們不同的人交往，並且在那些給我們定位的美好聖經真理上堅定站立。否則，我們就只能作復臨隱居者。

主啊，幫助我們，當我們出去改變世界的時候，使我們能好好學習跟人合作的原則和必要性。

04

21 日　重新解釋第一位天使的信息（一）

我又看見另有一位天使飛在空中，有永遠的福音要傳給住在地上的人，就是各國、各族、各方、各民。他大聲說：「應當敬畏上帝，將榮耀歸給他！因他施行審判的時候已經到了。應當敬拜那創造天地海和眾水泉源的。」（啟14：6、7）

多麼強而有力的信息！這是基督復臨安息日會信徒常常聽到人們談論的信息，但也可能是從沒有坐下來仔細分析的信息，今天讓我們一起來做這個事情。

這個信息有四點核心的教訓。第一，永遠的福音。對米勒耳信徒來說，永遠的福音不僅僅是指耶穌的十字架和復活，它也包括好消息中最好的消息——就是耶穌要再來，使福氣完全實現，這是因祂被釘十字架和得勝死亡所成就的。這樣永遠的福音包括基督復臨時，那些在基督裏死了的人復活、活著見主的人改變身體，在空中與基督相會，天國得以實現。永遠的福音，包括所有米勒耳信徒和早期復臨安息日信徒所相信的這些內容，而且還超過當時的內容。

這個信息的第二點提到，這福音要傳給全地。結果，海姆茲把米勒耳的印刷品發給全世界所有的新教宣教機構。不同的是，最早期的基督復臨安息日信徒，很喜歡說米勒耳信徒已經在1840年代實現了這個任務，後來信徒才漸漸地掌握住宣教的責任。

第三點，宣告上帝施行審判的時候已經到了眼前，而米勒耳信徒則看它為基督復臨。對他們來說，這是決定性的審判，就是上帝要賞賜那些服事祂的人。這裏基督復臨安息日信徒有一些新的觀點，我們後面會談到。

第四點，有關敬拜創造主，米勒耳信徒在這點上沒有特別強調。然而如我們幾個星期前所讀過的，基督復臨安息日信徒正確地看見這些話，是暗指出埃及記20章和創世紀2章1至3節所提到的安息日，他們再把安息日的暗示聯繫到啟示錄12章17節和14章12節，這些章節指明在末世將有守上帝誡命的人。這樣啟示錄14章7節提到的敬拜創造主，就建構了復臨信仰教義的核心。

啟示錄14章的三天使信息是上帝給將亡世界的最後信息，我們需要花更多心力來默想它們在我們這時代的意義。

重新解釋第一位天使的信息（二）　　**22**日

我觀看，見有寶座設立，上頭坐著亙古常在者。他的衣服潔白如雪，頭髮如純淨的羊毛。寶座乃火焰，其輪乃烈火。從他面前有火，像河發出；事奉他的有千千，在他面前侍立的有萬萬；他坐著要行審判，案卷都展開了。（但7：9、10）

啟示錄14章7節中，除了那強調第七日安息日部分外，在第一位天使信息中，最影響復臨安息日信徒的話是「審判的時候已經到了」。

米勒耳信徒已經確定但以理書7章審判的場景，但以理書8章14節潔淨聖所，和啟示錄14章7節的審判，將在基督復臨時發生。因此，對他們來說，這就是決定性的審判，這時上帝要照各人所行、所選擇的報應各人（參考太16：27）。查里斯·費治聲稱，啟示錄14章7節中的審判涉及全世界的「毀滅」。

安息日信徒中的一些人，從多年的聖經研究得出結論，認為這些經文講到的審判是基督復臨前的審判，或者他們稱為「查案審判」。這個新解釋竟導致了他們陣營的分裂，直到1850年代中後期，有些安息日領袖仍未接受這個觀點。二十世紀有些批評者說，1844年後，復臨信徒急忙拿復臨前審判作為對大失望的辯解。這聽起來似乎言之有理，但卻跟歷史事實不符。

首先，復臨前審判的觀點在1844年10月大失望之前就已經出現了，約西亞·利奇在1830年代就已經提出這個觀點，他的要點在於審判必須在復活之先。

1841年他寫道：「人類的法庭也只能在對犯人審訊以後才會考慮決定性的判決，更不用說上帝了。」所以，在復活之前，上帝會先審判每一個人，在復活的時候祂將根據所得的證據執行判決。有些米勒耳信徒，在1844年10月前接受了利奇的觀點。這並非難以理解，因為聖經教導說，基督駕雲降臨的時候，要報償祂的子民，說明此前上帝已經決定誰有分於頭一次復活。

我們應該感恩，因為我們事奉一位公義的上帝，祂不武斷專行，祂凡事有根有據，而不是喜怒無常。 🔊

23日　重新解釋第一位天使的信息（三）

然而，審判者必坐著行審判；他的權柄必被奪去，毀壞，滅絕，一直到底。國度、權柄，和天下諸國的大權必賜給至高者的聖民。他的國是永遠的；一切掌權的都必事奉他，順從他。（但7：26、27）

昨天我們看見，自1830年代，約西亞・利奇開始解釋啟示錄14章7節的「因他施行審判的時候已經到了」為末日前的審判。利奇自己相信審訊或復臨前的審判，是但以理書7章25節中1260天預言的結束，從1798年就已經開始。而這個審判將會在二千三百日、基督復臨的時候終結。

這個復臨前審判的觀點並沒有隨著1844年10月的大失望而消亡。比如以諾・雅各（Enoch Jacobs）並非安息日信徒，在討論了贖罪節所穿的決斷胸牌後，他在1844年11月說：「除非有什麼像審判這樣的事情明確的發生在第十日（1844年10月22日），那麼預表的實體就還沒有賜下，」預言就還沒有應驗，我們就依舊在黑暗中。對雅各來說「審判是在基督親自顯現並在眾聖徒復活之前」。

接著1845年1月，阿普洛斯・海爾（Apollos Hale）和約瑟・圖納（Joseph Turner）聲稱對婚筵的比喻有更深的理解。他們特別指出，路加福音12章記載的婚筵比喻人們需要等候，直到基督從婚筵回來。他們又注意到馬太福音22章的婚筵比喻有審判的意味，王進來觀看賓客，檢查他們是否都穿婚筵禮服。

圖納和海爾把這些婚筵的比喻，跟但以理書7章所描寫審判場景中基督國度的歡迎會連結在一起。他們下結論說，10月22日開始，基督在「眼不能見的世界裏」有了一個新的工作。據此，他們宣告說：「審判的時候到了！」

1845年3月20日，米勒耳把啟示錄14章的審判和但以理書7章的審判等同起來。他指出從1844年開始，上帝以一個「審判者的姿態判決所有義人的案件」，所以「天使就知道在基督復臨的時候要召聚誰」。「如果這是真的，」米勒耳補充說，「誰能說上帝還沒有潔淨祂的聖所呢？」

謝謝祢！主啊，因祢話語的邏輯。感謝祢最終要除去那掌控世界的自私勢力，建造公義掌權的永恆國度。

重新解釋第一位天使的信息（四）　**24**日

王進來觀看賓客，見那裏有一個沒有穿禮服的。（太22：11）

昨天我們看見以諾·雅各，阿普洛斯·海爾，約瑟·圖納和威廉·米勒耳，在1844年底和1845年初，都把10月的日期和聖所的道理，跟但以理書7章的復臨前審判聯繫在一起。這樣，那些非復臨安息日信徒們開始看米勒耳信仰的核心章節，但以理書7章的審判和新郎到達婚筵，是基督施行復臨前審判，而不是祂駕雲從天降臨。同樣的道理適用於但以理書8章14節的聖所潔淨，和啟示錄14章7節說的審判時候。

但安息日信徒的領袖們怎麼樣呢？1840年代末，他們在基督復臨前的審判教導上有何立場？

貝約瑟對這個主題的反應是很積極的。「關於『上帝審判的時候已經到了』，」他1847年寫道，「一定有一個時間和次序，使上帝以審判者的姿態判決所有義人的案件，把他們的名字記在羔羊的生命冊上，使他們完全預備好迎接這個重大的時刻，使他們必朽壞的生命變為永恆。」1848年底，他宣告「那些死了的義人現在接受審判」。貝約瑟可能是第一位教導基督復臨前審判的安息日信徒領袖。

在1849年1月5日，懷愛倫也同意他在這個主題上的觀點。她在對那天所見的異象進行說明時，她寫道她「看見耶穌沒有離開至聖所，直到得救或滅亡的案件都決定了。」（《早期著作》第36頁）

到目前為止，貝約瑟和懷愛倫看起來在這個主題上觀點一致，但是懷雅各卻不是。直到1850年9月，他還公開激烈地反對貝約瑟在基督復臨前審判這個主題上的觀點，他寫道：「許多人的頭腦，被一些發表出來的有關審判主題、自相矛盾的觀點弄糊塗了。」「有些人（指貝約瑟）聲稱審判之日是在基督復臨之前，但是這樣的觀點在上帝的話語中根本是找不到根據的。」

這裏給了我們一個教訓，就算是基督復臨安息日會的先賢們，也會在一些重要話題上意見相左，然而他們仍舊彼此尊重，今天我們也需要這樣的精神。

25日　　重新解釋第一位天使的信息（五）

看哪，我必快來！賞罰在我，要照各人所行的報應他。（啟22：12）

昨天，我們講到懷雅各公開激烈地批評貝約瑟已經糊塗了，竟然會相信審判是在基督復臨之前。雅各宣告説，這樣的教導，「當然在上帝的話語中找不到根據」。

雅各認為「審判大日將會持續1000年」，而且是在基督復臨的時候開始。至於基督復臨前審判，懷雅各已經注意到，「在第一次復活之前，根本不需要像一些人所教導的，先宣布最後的判決；因為聖徒的名字都被記在天上，耶穌和天使們當然知道誰應該被提，聚集到新耶路撒冷。」直到1850年9月，懷雅各對他妻子和貝約瑟關於復臨前審判的觀點仍堅持反對態度，但這種情況將會逐步改變。

懷雅各改變的旁證出現在《評閱宣報》1854年2月，這本期刊裏發表了一篇拉博柔的文章，把第一位天使的信息跟基督復臨前審判聯繫在一起。儘管拉博柔不是為發表才寫這篇文章，懷雅各在一篇簡短的前言裏提到，不管怎麼説，他還是把這篇文章刊出來了，因為「這篇文章能回答人們的詢問」。

所有對懷雅各立場的質疑結束於1857年1月，當時他以個人名義發表文章，全面表達對基督復臨前審判道理的理解。他當時寫説：「公義的和邪惡的，將要在他們從死裏復活之前被審判。對上帝家或教會的查案審判，將要發生在頭一次復活之前。對惡人的審判將要發生在啟示錄20章所説的1000年裏面，並且他們要在這個時期結束的時候復活定罪。」

「查案審判」這個名詞，於那個月稍早時在伊隆・艾瓦茲（Elon Everts）所寫的文章裏首次出現。到1857年，復臨安息日信徒已經廣泛接受基督復臨前審判的道理。

基督復臨前審判之教義的發展歷程，巧妙地説明歷史中上帝如何引導祂子民。當祂的百姓尋求更深入理解祂話語的時候，祂總是在前引導。祂的工作是賜下這些話，我們的工作則是懷著禱告的心，學習祂的話，竭力追求上帝的旨意和道路。

審判是好消息！　　**26**日

我觀看，見這角與聖民爭戰，勝了他們。直到亙古常在者來給至高者的聖民伸冤，聖民得國的時候就到了。（但7：21、22）

審判是好消息！審判也是福音！

是嗎？當然這不是許多復臨信徒對這個主題的看法。我記得當我第一次在基督復臨安息日會教堂聚會的時候，當時我住在舊金山市海灣的一條商船上，對基督教和審判沒有絲毫興趣。直到我遇見了一個女孩，她帶我去教堂。

當時的整個場景使我大吃一驚。但致命的一擊來自一位「老」婦人（40多歲以上的年紀），她起身站在青年小組面前，開始向他們比劃著嶙峋的手指，奉勸他們最好晚上警醒並省察自己的內心，承認一切的罪行。畢竟，誰也不知道自己的名字什麼時候被呈到天上的審判台前。但當審判到他們時，如果他們還有一個未承認的罪，那麼他們將得不到那首選的終極目標──永生。

幾十年這樣的教導不僅把查案審判作為「壞消息」展現在復臨信徒面前，而且使信徒鄙視這種教導，令人遺憾。然而按聖經的描繪，對上帝的子民來說，審判是好消息。事實上，還是最好的消息。正如上帝在但以理書中記載的，查案審判是「為」聖民或「有利於」聖民的。聖經描繪這個神聖的審判是站在我們這一邊的。別忘了，是上帝差遣救主，祂不是努力想把聖民拒絕在天國之外，而是盡一切可能讓他們進來，主盼望祂的殿裏能聚滿了人。

但並非所有人都接受祂所提供的救恩和內心的改變。有些人背叛祂的旨意，不以公義待人，成為愛攻擊和毀壞的人。祂不能讓這樣的事情繼續到永遠，所以這些人也要來到審判台前，對那些選擇背叛上帝和祂真理的人來說，審判顯然不是好消息。

但對所有基督徒來說，這是最好的消息。上帝的審判是為他們辯護，因為上帝為他們伸冤，永恆的國度之門此時向他們開啟。讚美上帝，因祂實行愛的審判。

04

27日 回顧審判的道理

因為他已經定了日子，要藉著他所設立的人按公義審判天下，並且叫他從死裏復活，給萬人作可信的憑據。（徒17：31）

審判，在某些人看來令人膽顫，對另一些人則是充滿希望，對所有人來說又是個複雜的話題。今天我們要靜下心，來看一看這個話題的脈絡。大部分人覺得審判是單獨的一個事件，發生在接近末日的時候，或對個人來說，審判發生在死亡的時候。但是早期的復臨信徒發現審判是一種過程而非單一事件。1857年，懷雅各得出結論，把末日審判分為獨立的四個階段。

第一階段，他看審判是聖經所說的、是對上帝跟從者所進行的基督復臨前審判或查案審判。最早的復臨信徒因著贖罪日的預表涵義，得出這樣的結論，認為這個審判只是針對上帝的子民。在這一天，大祭司穿著決斷胸牌進入至聖所，上面題寫著上帝子民的名字，在這一年一度的審判大日，他就是為這些人代求。

復臨信徒看待審判的**第二階段**是執行的判決，這將要在基督復臨的時候發生，同時上帝也以執行者的身分把祝福帶給祂的子民（啟22：12；太16：27）。

第三階段是啟示錄20章4節所提到的千年審判。「我又看見幾個寶座，也有坐在上面的，並又審判的權柄賜給他們。」這時你可能會納悶到底審判誰呢，別忘了，義人都在天上與上帝同在，但惡人仍舊睡在墳墓裏面。確實兩方面都是對的，但是惡人還沒有面對永遠的毀滅。在毀滅之前的這一千年期間，上帝要給出時間重溫每一個人所有不義的記錄。顯明沒有一個人有懸而未決的問題，祂也給所有人有機會認識到：上帝為那不義的境況盡了最大的責任。所以，千年審判階段從某種意義上說是對惡者的「查案審判」，但它的意義超過審判，顯明上帝的公義和判決的充分。

審判**第四階段**是一千年結束後，所執行的最後判決，永遠除滅那些持續拒絕上帝和祂真理的人（啟20：9、12－15）。這最後的審判不是一個快樂的審判，如果上帝不強迫人的意願，如果祂希望創造一個沒有罪惡、永恆宇宙的話，祂別無選擇。

安息日什麼時候開始？（一）　　**28**日

你們要守這日為聖安息日，並要刻苦己心。從這月初九日晚上到次日晚上，要守為安息日。（利23：32）

早期復臨信徒的核心領袖們，在安息日起算和終止的問題上沒有什麼太大分歧，不像查案審判的道理那般。

安息日浸禮會教友遵守安息日是從日落到日落，貝約瑟儘管間接從該會領受安息日的道理，但他還是爭論說遵守安息日應該是從星期五晚上6點鐘到星期六晚上6點鐘。

他把這個觀點也寫進1846年出版的關於安息日道理的書中，聲稱「歷史上猶太人……都是以晚上6點鐘作為一天的開始。」我不知道他說的是哪一段歷史，或是從哪本書上讀到這個內容，但他的確是錯了。

貝約瑟也發表晚上6點到6點遵守安息日的理論依據。簡而言之，他認為如果每一個人遵守安息日都是從日出到日出、日落到日落，那麼在不同緯度上的人就要在不同的時間裏遵守安息日，而且上帝顯然不喜歡這樣。於是他下結論說，既然在赤道上日落的時間終年都是晚上6點鐘，如果所有的人持守這個時間，那麼他們就可以遵守同一個安息日，正如上帝所希望的。

對這個好船長來說，這不是一個普通的問題。因為他在1849年宣稱：「如果你蓄意拒絕聖經教導的關於安息日起止的亮光，在上帝的眼中同樣是罪惡的……如同你沒有遵守一樣。」

那是一種很強的信念。一旦貝約瑟認定一件事情後，他是一個充滿激情而又極其固執的人。

結果，教會再三重複這個信息，認為安息日是從晚上6點開始。貝約瑟便向幾乎所有的基督復臨安息日信徒兜售他的解釋，也包括懷雅各和懷愛倫。十多年過去，他們和大部分的復臨信徒就是在這樣的錯誤中守了安息日。

這裏有個問題，上帝對這個錯誤的態度是什麼？祂會因為他們的錯誤把他們送進屬靈的「監獄」裏嗎？

當然不會，上帝的憐憫是寬闊的。祂真誠地按本相接納我們，但是祂不會停留在這一點上。祂也溫和地引導我們走在真理的道路上。🔔

29日　安息日什麼時候開始？（二）

只當在耶和華——你上帝所選擇要立為他名的居所，晚上日落的時候，乃是你出埃及的時候，獻逾越節的祭。（申16：6）

上帝怎麼能讓祂的子民十多年都處在安息日起止時間的錯誤裏呢？我也不知道為什麼，但上帝確實是這樣做了。或許這可以讓我們對祂有更多一點的瞭解。

我們應該認識到，不是所有的復臨信徒都相信貝約瑟晚上6點鐘之說是對的。有些人認為是日出，有些則認為是日落，還有的認為是半夜。

到1854年，這個問題變得麻煩起來，以致懷雅各害怕「教會將會分裂，除非有好的證言使問題解決。」懷雅各聲稱自己對晚上6點鐘的解釋並非完全滿意，而且基督復臨安息日信徒也從來沒有徹底考查聖經在這方面的教導。他稍後注意到貝約瑟「固執地在這個問題上堅持，別人因為敬重他年長，和他虔誠的生活」，這就是為什麼他們「沒有像徹底考查其他觀點一樣，盡快在聖經中考查這個問題」的明顯原因。

1855年夏天，懷雅各請約翰‧安得烈（John Nevins Andrews）在聖經中就這個話題作一個研究。安得烈是適合人選，他專心研究，徹底糾正了這個錯誤。

作為一個堅定相信晚上6點鐘之說的人，安得烈對自己的發現大吃一驚：

1「晚上日落的時候……獻逾越節的祭。」（申16：6）

2「摸了這些人、物的，必不潔淨到晚上……日落的時候，他就潔淨了。」

（利22：6、7）

3「天晚日落的時候，有人帶著一切害病的和被鬼附的，來到耶穌跟前。」

（可1：32）

當安得烈開始尋求聖經根據來解釋聖經對「晚上」的定義時，這樣的經文不勝枚舉。

他的結論是：（1）晚上6點鐘的說法找不到聖經根據，（2）「聖經清楚的陳述證實一個事實，晚上始於日落」。

他在1855年11月17日的基督復臨安息日大會上，報告了自己的結論，於是他們轉向了聖經「新的」亮光。

主啊，幫助我們，使我們的頭腦開放，甚至在我們確信自己知道真理的時候。

安息日什麼時候開始？（三）　　

這地方的人賢於帖撒羅尼迦的人，甘心領受這道，天天考查聖經，要曉得這道是與不是。（徒17：11）

讀經和勤於查考是早期基督復臨安息日信徒信仰的中心。正如我們昨天所見，他們在對待安息日起止時間的態度上也是如此。

懷雅各報導說，1855年底安得烈的聖經研究，已經使幾乎所有在場者確定日落的時間是對的。毫無疑問，也包括他自己。

但並不是所有人都同意安得烈的結論。懷雅各記載，「貝約瑟和少數人」在這一點跟大部分信徒的觀點不一致。貝約瑟十多年來一直教導晚上6點鐘之說，他想進來重新捍衛自己的立場。

這裏浮現一個問題，有些復臨運動的領袖還是緊抱舊觀念不放，儘管在聖經研究後，一處又一處的經文證明聖經所說的「晚上」是從日落開始，根據聖經的定義，安息日也必須是從日落開始。因為，上帝很清楚地教導「從……晚上到次日晚上，要守為安息日。」（利23：32）

然而，儘管在聖經中查考到這個話題，「貝約瑟和一小部分人」仍舊基於對經文的東拼西湊，應用一些人為理由的「邏輯」去為他自己的舊思維辯護。

如今，懷雅各沒有指明這裏說的「一小部分人」是誰，是什麼人反對教會團體在安息日起始時間上的觀點，但是烏利亞·史密斯告訴我們，他們中至少有一個人是懷愛倫。

因這個問題所引發的緊張關係，對所有人而言一定很嚴重而且明顯，因為復臨運動三位開創者中的兩個人，跟教會大部分人的觀點不一致。

懷雅各後來回憶到，在安得烈報告他的研究結果兩天後，他們「舉辦了一次特別時期的禱告會」，在這個會中，「懷夫人得了一個異象，其中有一點說到，日落時間的說法是對的。這便解決了貝氏弟兄和其他少數人的問題，在關於這一點的看法上，一個全面的和諧就臨到我們中間。」

不管你喜歡與否，我們在教會中仍舊會有不一致的觀點，但感謝上帝，祂始終願意引導祂的子民走向合一。

向屬靈恩賜的教義邁進（一）

1 日

上帝在教會所設立的：第一是使徒，第二是先知，第三是教師，其次是行異能的，再次是得恩賜醫病的，幫助人的，治理事的，說方言的。（林前12：28）

關於1855年對安息日起始時間的新領受，我們注意到一個明顯的事件發展流程：（1）對某一議題意見不一；（2）全面的聖經研究；（3）人們普遍接受聖經研究結果，少部分例外的人仍然捍衛舊立場；（4）懷愛倫的異象證實了聖經研究的結果，把合一帶到信徒中間。

這一系列的事件為我們帶來一些經驗教訓，懷雅各提到了其中一點，「問題很自然地出現了，」他指出，「如果異象被賜下來糾正錯誤，為什麼她不是很快就看見這個6點鐘的錯誤呢？有一點，我特別感恩，就是上帝有祂自己最佳的時機來糾正錯誤，而使我們沒有因為這個論題上的分歧而遭受分裂的苦楚……。」

「看得出來，上帝並不願意藉著聖靈的恩賜來教導祂子民聖經的問題，直到祂的僕人勤勉地尋求祂的話語。當他們針對安息日起始時間的論題完成了聖經研究後，大部分人在真道上被建立起來，而另有一些人因這議題，還是徘徊在團體之外的危險中，然後，是的，接著就是上帝彰顯其美善的時候，顯明聖靈的恩賜，來完成祂合宜的工作。聖經給了我們信心的準則和義務，主命令我們去查考聖經……。」

「願他們的恩賜在教會中找到合宜的位置。上帝從來沒有把恩賜放在最前面，命令我們去注目恩賜，讓恩賜來引導我們走真理之道、天國之路。祂將祂的話語顯為大。新舊約聖經是人的燈，照亮人去天國的路。聽從聖經，但是如果你對聖經真理領受錯誤，在迷失的危險中，上帝將會在祂所選擇的時機來糾正你，帶領你重新回到聖經中來。」

我們為上帝的恩賜感謝祂，包括藉著聖靈給我們預言的恩賜。早期的信徒賞識這個恩賜，尋求將它放在「合宜」的位置上。在他們的眼中，聖經是中心，而恩賜指引他們回歸到上帝所默示的話語中。

向屬靈恩賜的教義邁進（二）

你的言語一解開就發出亮光，使愚人通達。（詩119：130）

昨天我們注意到懷雅各強調，聖經在教導基督徒當盡的本分上有著至高無上的權威。他認為預言恩賜的功用，不僅是證實已經從聖經得來的真理，幫助上帝的子民在聖經的教導中合而為一，而且能夠「帶你回到聖經的本身」。

這裏有個重點，預言恩賜其中一項真正的功能是，帶領人們回歸到聖經。認識到這點，懷雅各已經掌握了關鍵，大多時候復臨信徒曲解了屬靈恩賜的正確功用。還有一些人甚至走到這樣的地步，他們學習懷愛倫著作所花的時間和精力遠超過用來學習聖經。

這樣的行為實際上是公然違抗懷雅各、懷愛倫，以及所有其他基督復臨安息日會先賢們對她工作性質的理解。從懷愛倫自己的觀點看，這樣的人使「小光」代替了「大光」，把聖經降級到次要的位置。

「上帝的話語（聖經），」她寫道，「上帝已看出運用證言來引其子民的心思歸向聖經，使他們對聖經有更清楚的領悟，這種方法是合適的。聖經足能光照最昏昧的腦筋，凡願意明白的人都可以明白。可是有些自稱為研究聖經的人，卻不顧這一切，而在生活上顯出與聖經最明顯的教訓直接相反的情形來。後來上帝賜人明顯而直接的證言，引人歸回其疏於順從的道理，使男男女女無可推諉。」（《證言》第五卷663頁）

再者，「某弟兄將『證言』中上帝所賜的小光放在聖經上面，以致使人混亂不清，他這樣行乃是不對的。上帝已看出運用證言來引其子民的心思歸向聖經。」懷愛倫在另外一封信上寫道：「很少有人注意聖經，主已經賜下一個小光，引導世人就近大光。」（《文字佈道指南》第125頁）

復臨信徒的先賢們一貫堅信懷愛倫的角色是一個指向聖經的指標，而不是信仰的根源。事實上，我相信她是上帝的真先知，其中一個理由是因為她總是不斷地引導讀者去認識耶穌是救主，聖經是那光。願我們今天都聽從她的教導。

向屬靈恩賜的教義邁進（三）

3 日

他所賜的，有使徒，有先知，有傳福音的，有牧師和教師，為要成全聖徒，各盡其職，建立基督的身體，直等到我們眾人在真道上同歸於一，認識上帝的兒子，得以長大成人，滿有基督長成的身量。（弗4：11—13）

到 1856年，懷愛倫受到越來越多來自詆毀者的攻擊。這使基督復臨安息日信徒感覺到，更迫切需要為預言的恩賜構建一個神學理論，而且把這個觀念結合到整個神學的理論系統中。

在那年的2月，懷雅各寫了一篇文章表達他對這個論題的看法。他先是提供幾處經文說明聖靈的恩賜（包括預言）將繼續存在於教會中，直到基督第二次復臨。

然後他聚焦於約珥書2章28至32節所應許澆灌下來的預言恩賜，他注意到五旬節的聖靈沛降，僅僅是預言應驗的一部分，約珥書真正強調的內容，是32節所提到沛降在「餘民」身上的特殊預言恩賜。

懷雅各接著把約珥書2章32節中，末後的餘民和啟示錄12章7節所提到的那些「守上帝誡命，為耶穌作見證」的人等同起來。到底何謂「耶穌基督的見證呢？」雅各自問。「我們將要用天使對約翰所說的話來回答這個問題。他說：『預言中的靈意乃是為耶穌作見證』（啟19：10）」。綜上所述，懷雅各指出上帝末後的教會有一個特殊的記號，就是預言恩賜的大復興，這項預言恩賜，他堅定相信就是他妻子所擁有的。

因此到1856年，安息日信徒不但為預言的恩賜在聖經中找到根據，使之合理化，而且使它跟那些符合他們理解和認同的末世經文結合起來。所以，預言恩賜的信條在1850年代中期，成為聖經教導中的一條（和安息日、聖所、基督第二次復臨、死後的狀態等信仰一起），使他們從世界宗派中分離出來，成了一個獨特的教會團體。

1856年2月的文章中，懷雅各再一次點明真理，就是一個人「不能隨意……通過恩賜明白他的本分。我們說他如果這樣做了，就是把恩賜放在一個錯誤的位置上，而持定一個極其危險的立場。」

主啊，謝謝祢，使復臨教會的先賢們清楚地以聖經為中心，並且擺正預言恩賜的位置。請幫助我也有同樣的清楚看見。

會見烏利亞·史密斯

然而，福音必須先傳給萬民。（可13：10）

烏利亞·史密斯（1832－1903）是用書面出版的形式，把基督復臨安息日會的信仰呈現在世人面前的先驅。

他受命於艱難時刻，年輕時他不得不接受手術，切除大腿到膝蓋的一部分肢體。這已經夠痛苦的了，況且這29分鐘的手術是在家裏廚房的桌子上進行，沒有任何麻醉措施，唯一能安慰他的是母親的手。我們之中的多數人，實在很難體會生活在「美好的往昔」的深刻含意。

烏利亞的母親成了米勒耳信徒，於是這個男孩也在1844年夏天由一位復臨信徒長老受洗。1844年10月的希望深深地印在他的心裏，但是耶穌沒有復臨，此後，他放棄了復臨信仰，打算接受教育使自己在這世上謀個好職位。復臨信徒強調的屬天關懷在他心裏漸行漸遠。

16歲時，他進入新罕布什爾（New Hampshire）埃克塞特（Exeter）的菲力浦中學，這是當時最有名望的私立中學。國家中許多「偉大人物」都曾入這校門成為該校的學生。年輕烏利亞雄心壯志，希望在中學畢業後進入哈佛大學。他還希望將來能在國家最高學府任教，而他的確擁有擔任這角色所應有的才智。

然而上帝對這個年輕的知識分子另有計劃，他的母親也是如此。我們在幾星期前讀到烏利亞的姐姐，安妮，因著母親的禱告被帶領成為復臨信徒，安妮和貝約瑟同時夢見一個相同的夢，並因貝約瑟強勢的佈道事工，安妮在1852年加入復臨安息日教會，從那以後，這個才華橫溢的烏利亞也受到她的影響加入教會。

最終，在1852年9月，這個20歲的小夥子同意參加復臨教會的聚會，在那裏他聽到懷雅各和懷愛倫解釋1844年大失望的原因並採納第七日安息日的觀點，這促使他對這個話題進行了兩個多月的仔細研究。1852年12月他父親去世，成了他人生的轉捩點，使他直接面對現實，烏利亞把自己完全交給了主，上帝要大大使用他。

主啊，我們多掙扎多不願意完全降服於祢，求祢幫助我把自己整個人生交給祢。使用我，主啊，使我成為現今時代的一個祝福。

上帝祝福烏利亞

那領五千銀子的又帶著那另外的五千來，說：「主啊，你交給我五千銀子。請看，我又賺了五千。」主人說：「好，你這又良善又忠心的僕人，你在不多的事上有忠心，我要把許多事派你管理；可以進來享受你主人的快樂。」

（太25：20、21）

烏利亞‧史密斯毫無疑問的就是那領五千銀子的人，在我們談論復臨信徒才能的時候，他可以算是接近最高點的人。在1852年重返教會後，他將自己的餘生完全奉獻在復臨信仰的事工中，但這並不意味著就沒有專業的職位來誘惑他去選擇有更高報酬的工作，其薪水是遠遠超越教會所能支付的，其中一個機會出現在他回轉後的一個月。然而，在烏利亞的心中，他已經堅定嚮往更美之地──「一座有根基的城，就是上帝所經營、所建造的。」（來11：10）

1853年初，這個年輕的夢想家，給懷雅各寄來了3500行的長詩，題目叫《對時代和預言的警告聲音》（The Warning Voice of Time and Prophecy），給雅各留下了深刻印象，他用每週連載的方式一連五個月在《評閱宣報》上刊載。1853年5月，烏利亞‧史密斯成了《評閱宣報》出版社的職員，他後來便在這個職業上工作了50年，直到他離世。

當時的工作條件是非常簡陋的。在紐約州羅徹斯特（Rochester），全社的職員都住在一幢房子裏，是懷雅各每年花175美金租的。不單是懷雅各家裏缺少傢俱，連僅有的傢俱不是借的，就是破的，而且整個出版社的情況也是如此。

沒有工資，他們唯一得到的應許是不會挨餓。但在一些人的眼中，他們也接近挨餓狀態，看見豆莢或粥就興奮得不得了。然而烏利亞年輕時的樂觀主義使他的整個經歷變得輕省，我們注意到他在那裏住了幾個星期後，「便想他若沒有拒絕365天連續吃豆，就認為這是他喜歡的日常飲食，這樣的話，他必抗議我們對他所下的這個結論！」

你可以想像常常挨餓的這群人，再加上只有一條腿的年輕人，他們還是願意為本身所熱愛的工作犧牲自己。

主啊，謝謝祢，現今賜給我們每一個人擁有才能。在祢為我們開路的時候， 甚至需要我們付上屬世一切東西的時候，幫助我們好好地為祢使用這些才能。

烏利亞・史密斯：復臨教會的領袖 6日

人在最小的事上忠心，在大事上也忠心；在最小的事上不義，在大事上也不義。（路16：10）

當烏利亞・史密斯被委任幫助懷雅各工作的時候，復臨出版社是非常簡陋的。因為當時沒有切紙機，他的其中一項職責是用小刀修剪新書的邊緣。

但這情況會改變。隨著時間推移，復臨教會不僅建立了最頂級的出版印刷技術，而且烏利亞・史密斯也成了本會最重要的出版機構主編，他在這個崗位上工作的時間為1855－1861，1864－1869，1870－1871，1872－1873，1877－1880，1881－1897，和1901－1903年——總共算起來超過35年。憑著這個職位，他幾乎在每一個論題上、在本會發展歷程中，影響復臨信徒的思想。

再者，除了在關鍵時期，身居復臨教會最有影響力的編輯職務，烏利亞還是本會幾本最重要書籍的作者，特別影響到復臨信徒在預言思想的形成，這些書是：《啟示錄默想》（1867），《但以理書默想》（1873），後來合併成為《但以理書和啟示錄》，史密斯這部產生重大影響的著作，作為本會在這論題上的最高權威，長達四分之三世紀之久。

除了作為主編和作者，史密斯還服務教會，擔任第二重要的領導職務達四分之一世紀之久。他擔任全球總會行政秘書的年分是：1863－1873，1874－1876，1877－1881，和1883－1888年。

還不止這些！由於他僵直的軟木大腿，不能跪下禱告，他便發明了一種義肢，可以使膝蓋部位向後彎曲。其他專利權的發明還有：學校裏可以折疊的課桌，以及行路拐杖和露營凳子的組合等等。書籍和發明的版費、專利權費使他在晚年的時候相當富裕。史密斯把自己所有的都獻給了主，上帝也回報他，祝福這位一條腿的人，因他為主奉獻他所有的才能和金錢。

當然，就像我們每一位，烏利亞也有他自己屬靈上的挑戰，在後續閱讀中我們將會看見他的奮鬥。好消息是，上帝使用不完美的人，而且這是真正的好消息，因為我們所有人都有才能也有需克服之處。🔔

會見約翰・安得烈

你當竭力在上帝面前得蒙喜悅，作無愧的工人，按著正意分解真理的道。（提後2：15）

約翰・安得烈是初期基督復臨安息日會最重要的學者。他比其他人更懷有責任心去研究，使他自己「在上帝面前得蒙喜悅，作無愧的工人，按著正意分解真理的道。」（提後2：15）

他1829年生於緬因州波特蘭，成年後安得烈可以用七種語言讀聖經，據說有能力憑記憶默寫新約聖經，他一生學習研究直到1883年英年早逝。

大約15歲時，約翰・安得烈收到一本普列伯1845年剛出版有關安息日的小冊子，接觸了安息日信息，於是他就跟幾位夥伴立約共同遵守上帝特殊的日子，甚至在他們的父母瞭解安息日道理之前。他們在星期五劈好柴，做好烘焙之類的家務，決心「再不做干犯安息日的人」。後來他們的父母也加入行列接受這個新信仰。

安得烈第一次遇見懷氏夫婦是1849年9月，當時這對夫婦剛剛把他家裏和鄰里的幾個人從狂熱派挽救回來。這使他感受到他們教導的巨大能力，他說：「我要引導千萬人回到這項真理來。」

1850年，約翰開始在新英格蘭作一位復臨安息日的巡迴傳道人，但是僅僅做了5年，因為過度的學習和繁重的工作、寫作和講道，他變得「十分衰弱」，甚至失聲、視覺受傷，只好去愛荷華州華康（Waukon）的父母農場休養。即使在這樣的狀況下他還是手不釋卷。1861年，他出版了具有不朽價值的書《論安息日和一週第一日的歷史》（History of the Sabbath and First Day of the Week）。

他1867年成了第三屆全球總會的會長，1869年作了短時間《評閱宣報》的主編。接著1874年，安得烈去了歐洲，成為本會第一位官方派遣的國外傳教士。當時懷愛倫也寫到，他們已經派遣了「一個在我們團隊中最有才能的人」（懷氏書信 2a，1878年）。

上帝會大大使用一個奉獻自己人生給祂，並且學習祂話語的人。

主啊，求祢幫助，當我來到祢神聖的話語前，求祢使我作「無愧的工人」。

與約翰‧拉博柔少年佈道士相見

人在幼年負軛，這原是好的。（哀3：27）

約翰‧拉博柔（1832－1924）在16歲時感覺到上帝呼召他去講道。他染上瘧疾9個星期，在絕望之中他最後呼喊：「主啊，除去這些寒顫和高燒，如果祢使我痊癒並賜我足夠力量，我願意立刻出去為祢傳道。」

寒顫立即在當天就停了，他準備出去傳道但沒有錢。他從事幾個星期的伐木工作，自忖能攢1塊多美金。「現在，」他寫說，「這些錢可以帶我到想要去的地方，但是沒有衣服怎麼辦？我為鄰居工作，他給了我一件背心和一條褲子，都是一些舊衣服；但他的身材比我高出一截，那些外衣和裁掉7英寸的褲子，都不太合身，那些只能勉強當作外套。我的哥哥給了我一件雙排扣的大衣，一件已經裁短一點的衣服。」

「穿著這一身古怪不合身的衣服，帶著1美金，我決定去一些我尚未到過的地方，向他們講道。如果我失敗了，我的朋友也不知道；如果我成功了，我將以此為證據，表明我的責任是傳道。」

第一晚他出去，在某個小山村裏，找到一間浸信會小教堂，裏面坐滿了人。「我開始唱詩，」他彙報說，「禱告，再唱詩。我講人類犯罪，原來擔心自己會講不好很尷尬，但上帝的祝福臨到我，使我講道非常釋放。第二天早上才知道昨晚有七個傳道人坐在下面聽我證道。」

第二天晚上，教堂裏又坐滿了人。我估計他們來的動機是因為聽一個沒有麵包的少年講道，覺得好奇……在我結束講道的時候……一個傳道人站起來，宣布說下一個晚上開始將會有一個教唱詩歌的培訓，所以我的佈道會必須停止。然後，湯普森（Thompson）先生站起來說：『拉博柔先生，他們計畫這個唱歌培訓，目的是要阻止你的佈道會。』」於是，湯普森便邀請這位年輕傳道人把他的佈道會轉移到一間大校舍裏，湯普森在那裏做管理員。這位剛嶄露頭角的第一日復臨傳道人在這裏初試啼聲，那是一處稍有膽怯就會失敗的地方。

我的驚奇從來沒有停止過，上帝的恩典竟可以祝福那些看起來最微不足道的奉獻，只要他們願意向主擺上。我們中有許多人總是藉口說等我們「預備妥當」，但這個妥當永遠不會臨到。

少年傳道士再次上陣

你從嬰孩和吃奶的口中完全了讚美。（太21：16）

這位少年傳道士害怕遇見其他傳道人，這件可怕的事情竟然很快就發生了，那位取消拉博柔佈道會的傳道人決定探訪他，於是他們在一個非正式的聚會中碰面，旁邊也聚集了一些參加過他佈道會的人。

「『喲，』那個老牧師說，『昨晚有很多人聽你講道。』」

「『是的，他們看起來很感興趣。』」我說。」

「『他們大概是覺得聽一個孩子講道很新鮮吧！據我瞭解你昨晚說靈魂並非不死的？』」

「我回答：『我是這麼說……。』」

「他就問我：『那你怎麼理解懲罰，以及永遠不死的說法？』」

「我大吃一驚說：『我不知道聖經有什麼地方這樣說，你所引用的話一半來自聖經，另一半來自衛理公會的詩歌本。』」

「他非常嚴肅，並且堅持說：『我告訴你，我的話是引自聖經的！那是在啟示錄25章。』」

「我回答：『我猜想你是說馬太福音25章吧！你一半的話來自這裏。聖經說惡人要往永刑裏去。』」

「『哦，是的，』他同意說，『那是對的 ，但我所引用的是啟示錄25章。』」

「『那就是聖經啟示錄以外的第三章了，』我說，『啟示錄書只有22章。』」

「『讓我看看你的聖經，我要指給你看，』他說。」令人吃驚的是，他真的努力搜索，當然最後陷入混亂中。於是，他交還聖經，找了個藉口告辭，說是另有安排。

我們可能覺得這是博君一笑的小故事，卻反應出一項事實，十九世紀美國鄉村偏遠地方，人們的信仰是很簡單的。鄉下的傳道人常常靠自學，無論是復臨信徒還是它的詆毀者都是如此。在這樣的環境下，聖經知識常常是決勝因素。

許多事情已經得到改觀，但在明白聖經的重要性這方面卻沒有什麼進步。上帝的話語是從天國來的特別禮物，可惜在當今這個文明盛世，還有許多人幾乎如拉博柔故事裏的這位牧師一樣，對聖經一無所知。再沒有機會比現今更好，讓規律的聖經學習成為我們日常生活的一部分。

拉博柔遇見安得烈

耶和華的律法全備，能甦醒人心。（詩19：7）

拉博柔成為守星期日的復臨傳道人，大約三年半後，他首次會見一位基督復臨安息日的傳道人。眾所周知，在前米勒耳信徒的圈子裏，許多關門論類型的人有狂熱主義傾向，有人告訴拉博柔，他將要會面的這些人不僅遵守星期六代替星期天，而且當「他們聚在一起」，就會「大聲尖叫，吵吵鬧鬧，還有很多狂熱行為。」

他並不擔心跟這些人見面，然而一位名叫奧頓（Orton）的紐約州羅徹斯特人，來跟他說：「守第七日的人正在希望山大道124號聚會」，他們應該去參加。

拉博柔起先拒絕這邀請，但是奧頓回說：「你有責任去那裏，你的一些教友都去參加基督復臨安息日教會，你應該趕快去把他們叫出來。他們會給你一個起身發言的機會。所以準備好聖經章節，然後給他們看，花兩分鐘的時間告訴他們，安息日已經廢除了。」

這句富有挑戰性的話在他的耳畔迴響，拉博柔「準備經文」，連同他的幾位第一日復臨信徒朋友，參加了安息日信徒的聚會。

這位年輕傳道人自此徹底改觀，這個聚會非但沒有狂熱主義和嘈雜的表演，反而有位名叫約翰‧安得烈的傳道人，拿出關於律法和安息日的經文來逐節解釋，這也正是拉博柔所列出來的經文。安得烈所列舉的經文不僅相同，據拉博柔稱，連順序也一模一樣，對他來說這太神奇了。於是，1852年9月約翰‧拉博柔接受了安息日真理，很快他就開始傳講安息日的信仰。

隨後，他開闢了基督復臨安息日會在加州和英格蘭的教會，在美國許多地方作為牧師和教會行政領袖服事主。1892年，他出版了第一本基督復臨安息日會歷史著作《第七日復臨信徒的興起和發展》（The Rise and Progress of Seventh-Day Adventists），這本書在1905年修訂為《偉大的基督復臨運動》（The Great Second Advent Movement）。

懷愛倫曾在某處提到說，那些把生命奉獻給上帝的人，他們會被上帝無盡的使用。拉博柔的故事就是一例，我們每一個人的生命也是如此。

以巴特溪為中心

在安提阿的教會中，有幾位先知和教師，就是巴拿巴和稱呼尼結的西面、古利奈人路求，與分封之王希律同養的馬念，並掃羅。他們事奉主、禁食的時候，聖靈說：「要為我分派巴拿巴和掃羅，去做我召他們所做的工。」於是禁食禱告，按手在他們頭上，就打發他們去了。（徒13：1-3）

每一個運動都有一個中心。早期的基督教會從敘利亞的安提阿，開始他們向外邦人宣教的使命。

巴特溪（Battle Creek，又譯戰溪）是密西根州的小鎮，成了十九世紀基督復臨安息日會的總部所在地。當復臨教會全然理解自己要把三天使信息傳遍天下的責任時，本會的出版物、宣教士從這裏出發直到全世界各個角落。

基督復臨安息日信仰第一次在巴特溪紮根是1852年，那時，閒不住的貝約瑟訪問這個只有2000人的村莊，卻使他有點進退兩難。通常他要開始在新地方工作時，會先聯繫當地第一日復臨信徒，但是在巴特溪沒有一位這樣的人。所以貝約瑟——拉博柔告訴我們——就去郵局詢問誰是鎮上最誠實的人。郵局工作人員就推薦住在凡布倫街的大衛‧何維特（David Hewitt）。

在早餐時貝約瑟找到了何維特的家，這位勇敢的佈道士告訴這家的家長，既然人們認為他是全鎮最誠實的人，他想跟他們分享一些真理。從早餐直到晚上，貝約瑟「把三天使和安息日信息擺在他們面前」，他們竟然在太陽下山之前就領受了。

何維特的受洗是安息日信徒在巴特溪的開始。1855年，貝約瑟轉化的四個人——丹‧帕爾瑪（Dan Palmer），克羅格（J.P. Kellogg），亨利‧萊恩（Henry Lyon），和西瑞紐斯‧史密斯（Cyrenius Smith）為基督復臨安息日教會出資在城裏建造出版社。他們其中有人甚至賣了農場為此提供資金。

在十九世紀餘下的年月裏，密西根州巴特溪成了復臨教會的中心。正如我們所見，一個完整系列的復臨教會機構將在這裏建成。復臨信徒生活的中心，是「一分錢會幕」（Dime Tabernacle），因為這建築物建成於1879年，由各地復臨信徒一角一分的捐獻建造而成。有四千多個座位，對當時全球15,000位復臨信徒來說，這是一座非常有紀念意義的建築，這個建築同時也是召開總會大會的地方。

如同獻上祭物，上帝的子民奉獻錢財使教會遷移到巴特溪，上帝在各地的教會才會蓬勃發展。沒有奉獻就沒有進步。

誰希望成立教會機構？　　**12**日

第五十年，你們要當作聖年，在遍地給一切的居民宣告自由。（利25：10）

誰希望成立教會機構？
在1840年代末，當然不會是懷雅各和貝約瑟。他們都還屬於基督徒聯會，這是一個宗教團體，認為自由就是在當地教會之上，沒有教會機構和任何形式的組織。

他們之中一位有威望的傳道人在1830年早期寫道，聯會在1800年代同時在美國多處興起，「不強調建立具體獨特的信條，主張個人或教會在涉及信心和行為的事情上有更多的自由和獨立，一起擺脫人為信條的權威，和規定模式的禁錮，使聖經成為他們唯一的導引，聲稱每一位可以有他自己對聖經的注釋，自己的判斷，至於他們的信條、要求、傳統等都嚴格遵循使徒和初期基督徒時代的單純信仰。」

1873年，有位歷史學家總結基督徒聯會信徒強烈的獨立意識，從下面的對話中可以看出：「當有人問：『你們屬於什麼教派？』回答說：『沒有教派，』『你將要加入什麼教派？』『不參加任何教派，』『你們將為你們的團體取什麼名字？』『沒有名字，』『那你們要做什麼？』『我們會繼續做當初所做的事情——繼續作基督徒。基督是我們的領袖，聖經是我們的信條，而且我們要擺脫任何教派的束縛，自由服事上帝。』」

簡言之，早期的基督徒聯會是反對有教會組織的。他們組織教會的架構只限於地方教會級別，他們看每一個教會或聚會點是「獨立團體」。把各方聯會信徒連合在一起的主要是他們的雜誌，所以，他們就給自己第一本雜誌取名叫《福音自由宣報》（Herald of Gospel Liberty）。還有，為維持鬆散聯合的策略，就是教會領袖定期開會。

貝約瑟和懷雅各把這種組織理念帶到早期安息日信徒中——雜誌和基督復臨安息日大會。此外，他們覺得不需要再增加什麼組織架構。

如今我們強調自由是美好的，但是，正如我們所見，這並非聖經在這個話題上的全貌。早期復臨信徒發現，當他們有需要出現的時候，上帝總是在他們所盡力的工作中引領他們。

組織就是巴比倫

在她額上有名寫著說：「奧祕哉！大巴比倫，作世上的淫婦和一切可憎之物的母。」（啟17：5）

在復臨運動的早期，大部分米勒耳復臨信徒，都不像基督徒聯會的信徒那樣反對教會機構。另一方面，他們也沒有意識到要組織他們自己的教會機構，畢竟，主快來了，也沒有這個必要。於是米勒耳信徒們仍舊維持各自不同的教派，這樣一邊等候基督再來，一邊還可以見證他們的復臨信仰。

一切都相安無事，直到1843年夏天，因為許多復臨信徒日益加強在教會裏鼓吹基督復臨的迫近，於是許多人開始在各自的教會裏被開除。這項有點攻擊性的行動，正如同我們之前看見的，導致查里斯・費治起來宣告巴比倫傾倒了，信徒們需要從各自教派裏面出來。由於拒絕復臨信息而產生的衝突和逼迫，使得許多人下結論說，教會現在的作為確實像巴比倫——舊約時代上帝子民的壓迫者。

在米勒耳信徒的傳道人中，特別強烈宣告要人們從各教派中出來的人是喬治・斯脫斯。他寫巴比倫「就是那老婦人和她所有的兒女（新教的各教派）……按他們家族的特徵就可以認出來，他們作威作福，趾高氣揚，壓制研究真理的自由，壓制我們表達確信之真理的自由。」每個人都必須拋棄這些教派，因為「我們沒有理由讓任何人或者團體，在我們頭上稱王稱霸。如果仍舊在這樣的機構中……就是仍舊在巴比倫裏面。」

對斯脫斯來說，宗教機構的歷史（包括天主教和新教）就是偏執和逼迫。他最終下結論說「教會不能按人發明的方式被組織起來，教會成為巴比倫就是因為成立了機構。」

這個信息連同信徒在各個教會手中痛苦的經歷，給米勒耳信徒留下一種強烈的印象，以致在1840年代末和1850年代初，多數的米勒耳信徒團體都認為他們不可能組織機構。

復臨安息日信徒也是處於這樣的狀況下，但他們很快就發現「巴比倫」在聖經中的含意不只一個。

主啊，幫助我們，就算在混亂的時候也使我們看得清楚。

從機構中得釋放，並不等於從問題中得釋放　**14**日

我往馬其頓去的時候，曾勸你仍住在以弗所，好囑咐那幾個人不可傳異教。

（提前1：3）

最早期的基督徒可能沒有什麼正規的組織，他們可能也覺得不需要組織，畢竟耶穌即將復臨。

但是耶穌沒有像他們所期望的那麼快復臨，這導致教會需要照顧。所以在那個時代保羅寫了教牧書信（提摩太前後書和提多書），他必須建立機制來維持信徒的秩序。

復臨信徒也有過類似經歷。最早在1849年9月，我們看見懷雅各因為經濟支援復臨教會的旅行佈道士和需要「暫緩」接受一位婦女「成為教會成員」，而和別人有爭論。1850年3月，在當時的背景下，雅各並不認同上帝呼召某個人去做巡迴佈道士，所以懷雅各寫下這需要根據「福音的次序」。

他妻子的想法跟他相近。1850年12月，她寫道：「我看見在天上任何東西都有著完美的秩序。天使說：『看啊，基督是頭，按秩序行，按秩序行。所有的東西都是有意義的，』天使說，『看哪，這是多麼完美啊，天上是多麼美麗啊，學習它的樣式』。」她繼續說那些狂熱主義者和那些被開除出去的人，是因為他們錯誤的行為。她下結論：「如果以色列（指教會）穩步前進，按聖經的命令行，他們將會像高舉旗幟的威武軍隊。」

懷雅各和懷愛倫最早關於教會組織的想法基本上是一致的。他們都擔心在初露頭角的基督復臨安息日信徒中會出現混亂的、狂熱的、未經授權的代表。再說，1850年代被安息日富有邏輯性的講道所吸引的人數急速上升，在短短三年中，復臨運動的擁護者從100人急遽上升到1852年的2,000多人。

當然，這個增長是好的，但它也帶來了新的問題和挑戰。會眾沒有組織，分散的各安息日信徒小組很容易被狂熱主義者和未經許可的講道者所擄掠。

天父啊，求祢幫助我們欣賞在祢的事工中組織架構的價值，正如我們在自己個人生活中所做的那樣。

15日 膏立領袖

我從前留你在克里特，是要你將那沒有辦完的事都辦整齊了，又照我所吩咐你的，在各城設立長老。（多1：5）

到1851年，在增長的安息日信徒中出現的問題，使懷氏夫婦感到復臨運動需要他們時常親自去糾正弊端。往後幾年裏，人們會常常在《評閱宣報》裏讀到他們的報告，題目像「前往東部的旅程」等。在他們的旅途中，懷氏夫婦要不斷重複處理狂熱主義和地方教會層面的秩序問題。比如1851年底，在麻薩諸塞州麥德福（Medford）召開的大會上。雅各陳述，「這個會的主題是教會秩序，指出史密斯（S. Smith）和艾倫（H.W. Allen）的錯誤，和教會因一些弟兄行事為人做出決議（撤銷會員資格）的重要性。」

在同一趟旅程中，懷雅各需要去到許多地方宣布開除某些人，這人「墮落屈從於屬靈派的魔法能力」，還要斥責狂熱主義和「抵抗的邪靈」，宣揚「福音次序和弟兄間完全的合一，特別是那些傳揚主話語的人」。

1851年的東部之行意義重大，因為這趟旅行報告為我們提供了選立地方教會工作人員的第一手材料。我們讀到在某次會議中「選出了一個七人委員會去照顧窮人的需要」（徒6章）。

那年年初，《評閱宣報》報導復臨安息日信徒行列中的首次按立工作。7月「（華盛頓）摩斯弟兄被按立來管理上帝的家。當時，方言的恩賜被賜下見證聖靈的同在，和上帝的能力在神聖中臨格。那裏充滿了上帝的威嚴和榮耀。」

到1852年，安息日信徒慢慢地淡化自己是「分散的羊群」的看法，而逐漸將本身視為一個教會。隨著重新解釋關門論，他們開始意識到在米勒耳信徒範疇以外，自己有更廣闊的宣教園地。這樣的體認，更有利於推動基督復臨安息日信徒建立實質意義的機構。

主啊，當我們每一天閱讀和默想的時候，我們看見祢的教會漸漸肩負起日漸重大的責任。求祢幫助我們，認識到這樣的成長不僅僅是發生在過去150年間的事情，當我們接受祢對我們人生逐步的引導時，也發生在我們個人的生命中。

羊群中的狼　　16日

我知道，我去之後必有兇暴的豺狼進入你們中間，不愛惜羊群。就是你們中間，也必有人起來說悖謬的話，要引誘門徒跟從他們。（徒20：29、30）

1850年代初，安息日信徒所面臨最大問題是，他們沒有防禦假傳道人的系統，幾乎所有想在安息日信徒面前講道的人都可以講道。大部分的復臨教會沒有考查他們信仰的純正性以及道德水準，使他們因這些自封的傳道人而面臨巨大危機。

1850到1860年初，這顯然是後米勒耳信徒各教派在形成組織之前共同面臨的問題。例如1850年，有間第一日復臨信徒的報社收到一封信，抱怨自己的教會「又受到他們錯誤教導的干擾……三星期前，有位名叫貝約瑟的人旅行到這裏，聲稱自己是傳揚基督復臨的人……我們去和他交談，發現他的『信息』是安息日，又稱第七日和關門論。」

報社的編輯海姆茲回覆：「貝船長是我本人的一位老朋友，就目前所知，他是那一群人裏比較好的一個；但是我們對他的教導沒有信心，你片刻也忍受不了。」

所有後米勒耳信仰團體所面臨的真正問題是界限範圍。如果貝約瑟能自由地在第一日信徒中間佈道，他們通常都會積極回應表示肯定。但可怕的是，那些虛偽騙子的主要目標是騙取信徒的錢財。

1853年，我們可以看見安息日信徒，採取了兩個方案來保護他們的信徒拒絕「假」弟兄。首先，主要的安息日領袖們通過一項計畫，批准講道者收到一份卡片，「把他們推薦給上帝各地的子民團體」。兩位被大眾認可的領袖在卡片簽上姓名和日期，約翰・拉博柔得到的傳道卡上簽著1853年1月，上面有懷雅各和貝約瑟的名字。

安息日信徒用來認證他們領袖的第二項方案是按立聖職。1853年末，他們開始了常規的按立工作，按立巡迴佈道士（對特殊群體的佈道士還沒有出現）和執事，在早期他們通常是地方教會唯一的職員。

天父，謝謝祢，為我們安全的緣故，在祢地上的教會設立防護機制。

福音次序的訴求（一）

因為上帝不是叫人混亂，乃是叫人安靜，像在聖徒的眾教會一樣。

（林前14：33）

上帝不是叫人混亂。

你可能無從得知1853年時基督復臨安息日會眾的狀況。復臨運動快速增長，但它卻缺乏一個給這個團體帶來次序的組織。

儘管他們已經朝著組織次序的方向前進，但他們還是十分脆弱，從懷愛倫報導她和懷雅各1853年秋的東部之旅中，有個顯而易見的事實。她說：「那是一趟艱辛而令人沮喪的旅程。許多已經接受真理的人還是帶著邪惡的心，過不敬虔的生活，看來必須要來一場潔淨教會的運動。」（《懷氏略傳》第150、151頁）

稍有概念，我們就不難理解在1853年12月，為何她和她的丈夫雙雙大力提倡「福音次序」的訴求。

懷雅各在《評閱宣報》上首先發起，要求建立一個更好的教會組織，題目叫「福音次序」。他12月6日的文章指出，這是「初期基督教會一項重要的課題」，而且「在末後日子的大危險中更加重要……如果福音次序有著如此巨大的重要性，使得保羅在教牧書信中投入許多關注，那它就不能被現在上帝的子民所忽視。但我們覺得，它的確被大大地忽視了。教會的注意力應該被轉回到這個論題上來，要盡最大的努力去實現福音次序……」

「可悲的是，我們中許多的弟兄們，雖然及時從那些集體拒絕復臨信仰的教會束縛中逃離出來，現在卻進入一個更混亂、徹頭徹尾的巴比倫裏面，福音次序的確被他們忽視了……。」

「許多人急切地從巴比倫出來，帶著輕率、混亂的精神，很快就又發現一個完全混亂的巴別塔……上帝不會呼召祂的子民從一個混亂的教會出來，卻又故意不訓練他們。」

在這個罪惡世界裏很難維持恰到好處，想在暴虐控制和無條件的自由之間取得平衡，是教會歷史中的最大難題。但上帝不僅用信仰，而且用有效的管理帶領祂的子民。

福音次序的訴求（二）

凡事都要規規矩矩地按著次序行。（林前14：40）

如何把秩序與合一的功能帶進一個增長的、高度自治的、帶點固執己見和個人主義的信徒群體，這是懷雅各在1850年代初所面臨的任務。許多基督復臨安息日信徒相信，從教會團體而來的任何形式約束，就是巴比倫式的壓迫。1853年12月，正是這種情況讓懷雅各呼籲要實行福音次序。關於這話題，他寫的第一篇文章宣稱「那些唆使基督教會要遠離約束和訓練的思想，是最強烈的狂熱主義。」

在他的第二篇文章中，他催促信徒去看看新約聖經所提出的方式，強調在感情和行動上的合一。「使教會裏面有合一和次序，」他寫道，「那些出去教導信仰的教師們彼此完全的合一是最重要的……反之，就會在這寶貴的羊群中產生分裂和混亂。一個人要進入福音事工的事奉，他必須是蒙上帝呼召，富有經驗，是屬上帝的聖者。」

這樣的宣告為他的第三篇文章打下了基礎，這篇文章主要講明傳道人的選拔、資格和按立，因為「沒有什麼比錯誤的教導使福音遭受更大的損失了。」

「我們可以說，」懷雅各寫道，「從多年的經驗看，現代真理遭受損失是因為有些沒有得上帝差遣之人自己在做教導的工作，沒有什麼比這個更糟糕的了……弟兄們，」為那從自封的傳道人而來的災難性影響，使「我們仍舊停留在哀哭之中，而不努力去防止它們嗎？上帝也不允許這樣的事發生。」根據新約聖經，教會應該注意揀選和按立傳道人。

在他一系列文章的第四篇、也是最後一篇文章中，懷雅各強調在福音次序中教會扮演的角色。「偉大工作的開展、照顧和責任，」他說，「不是單單放在幾位傳道人的身上……應該教導整個教會感覺到福音次序和拯救生靈的責任，是放在每一位成員身上。」他特別強調信徒要藉著禱告和經濟來支援上帝的工作。

有時我們沒有抓住懷雅各最後一篇文章的深意。我認為，如果我們總是等神職人員來完成這些工作，那將永遠也做不完。我們每一位都有責任。

福音次序的訴求（三）

「人若想要得監督的職分，就是羨慕善工。」這話是可信的。作監督的，必須無可指責，只作一個婦人的丈夫，有節制、自守、端正，樂意接待遠人，善於教導。（提前3：1、2）

後來，在1853年12月，懷愛倫公開支持她丈夫在福音次序上的訴求。基於她在1852年秋天跟懷雅各往東部旅程中所見的異象內容，她寫道：「上帝顯現給我，人們過分害怕和忽視福音次序，形式上的措施可以避免；但在實質工作上，次序不容忽視。」

「天國是有秩序的，當基督在世的時候，教會中也是有秩序的，而且在祂離開之後，使徒們當中也有嚴格秩序，臨近末日，當上帝正將祂的兒女團結在一致的信仰之下時，那就比以前更需要保持秩序了；因為當上帝團結祂的兒女時，撒但和他的惡使者也正好積極阻止並破壞這種團結。」（《早期著作》第97頁）

她特別關注傳道人的委任。「許多生活不聖潔，沒有資格教導現代真理的人，常在他們沒有得到教會或一般弟兄承認之前就擅自出外傳道，其結果就是混亂和不團結。然而，有些人明白真理的理論，並能為真理辯論，但他們缺少靈性、判斷力和經驗。」（同上97、98頁）。

她告誡道：「這些由自己所派出去的傳道人是聖工的咒詛，誠實的人信任他們，以為他們是在遵行上帝的旨意，並且是與教會聯合一致的。」

因為這種有問題的「自封傳道者」的作為，當上帝所差遣的真正傳道人進入這些有過錯誤影響的地區時，遠比進入新地區艱難。（同上第99頁）

正因為這些問題，她強調「教會應該認識到自己的責任，並認真仔細地注意每一位自稱教導真理之人的生活、資格和舉止行為。」她又說，解決之道是回到上帝的聖言裏，把福音秩序建立起來，並且「按手在那些已經充分證明他們從上帝領受了任命的人頭上。」（同上第101、101頁）。

作教會的領袖負有項一項神聖職責，我們應該十分用心地關注其資格和作為。

願上帝幫助祂的教會，在這個破敗的世界裏尋到一條正確的道路。

帳棚大會中的分裂 **20**日

凡在亞細亞的人都離棄我，這是你知道的，其中有腓吉路和黑摩其尼。

（提後1：15）

1854年初，懷雅各和懷愛倫堅信，復臨安息日教會中更需要有次序和組織。雅各不僅認為這相當重要，而且也相信復臨運動如果沒有這個次序就很難進步。他在3月份寫道：「上帝正等候祂的子民回到正路上，在福音次序中，把持敬虔的標準，然後祂會把人數加添給我們。」

基督復臨安息日教會當時面臨第一次分裂的事實，無疑更堅定了懷雅各對上述論題的觀點。1854年初，兩位傳道人，凱斯（H.S. Case）和拉塞爾（C.P. Russell），轉而反對懷氏夫婦。那年秋天，他們開始自己的出版工作，命名為《真理的使者》，他們不僅希望以此對抗《評閱宣報》，而且還要拉走許多復臨安息日信徒到他們旗下。

「使者派」發難的同時，在威斯康辛州（Wisconsin）的四位傳道人中有兩位也變節了。斯蒂芬遜（J.M. Stephenson）和豪爾（D.P. Hall）開始傳播「現世千禧年説」（Temporal Millennium）和「來世觀」（age-to-come view），認為在千禧年中，人有第二次悔改的機會。不久，這兩位威斯康辛的傳道人加入「使者派」對抗懷氏夫婦的領導。

在他們中間出現這麼多不安分守己的人，難怪1850年末，基督復臨安息日信徒中湧現出更多的文章，使他們對聖經中關於教會次序和領袖按立的教導更加清楚認識。上帝是美善的！

祂甚至讓自己的子民從他們中間的問題和分裂裏學習長進，早期的基督教會也是如此。結果，我們擁有保羅寫給提摩太和提多的偉大教牧書信，概述了聖經原則下的組織。另外、保羅、雅各、彼得、猶大和約翰的書信都駁斥了錯誤的教導和分裂行徑。如果沒有上帝引領他們走過問題，而讓假教師繼續出來，每一個時代的教會將會更加可憐。

求祢幫助我們，天父啊，使我們更清楚明白，藉著教會有問題的情形使祢的教會增長成熟。

要走會眾制道路嗎？

亞細亞的眾教會問你們安。亞居拉和百基拉並在他們家裏的教會，因主多多地問你們安。（林前16：19）

貝約瑟擔心福音次序而加入懷氏夫婦的行列。這跟他的恢復主義思想相吻合，也是根植於他基督徒聯會的背景。他宣稱聖經教導的教會次序，必須要在基督復臨之前就被恢復。

他指出中世紀那些「毀壞律法者」「攪亂」了基督教的基本要素——安息日，和聖經所教導的教會次序。上帝已經使用安息日信徒來恢復第七日安息日，而且他心裏「完全明白上帝要使用這些遵守律法的人作為工具來恢復……一個『榮耀的教會，毫無瑕疵』……這個信仰的和諧與教會秩序的完美，從使徒時代以後就不存在了。顯然它必須在耶穌復臨前出現……來恢復所有的事物。」

貝約瑟指出他相信教會要恢復到使徒時代的次序，不接受任何在新約聖經中找不到根據的組織因素。

懷雅各也在早些時候分享了類似的觀點。於是他在1854年寫道：「福音或教會的次序，我們是指在教會團體和訓練中的次序，那乃是藉著新約作者寫下耶穌基督的福音所教導的。」

幾個月後，他說：「完美系統的次序，在新約聖經中被提出，是上帝所默示的……聖經顯示了一個完美的系統。」

懷雅各、貝約瑟和其他人都非常明確，教會次序的各個方面都需要從聖經中清楚地找到依據。弗萊斯貝（J. B. Frisbie）甚至反對其他任何教會名稱，除了一個聖經中上帝所給的名稱，也就是：「上帝的教會……這是上帝看為適合祂教會的唯一名稱。」

早期復臨信徒領袖們，帶著非常拘泥文義的觀點來討論保羅所提的執事和長老的職責並不足為奇，但是他們根據使徒行傳15章、和保羅與同工的監督職責，將「教會」定義為「一個特殊的信徒群體」則令人難以理解。無論如何，會眾制的組織模式是基督復臨安息日信徒在1850年代中期所支持的模式。

主啊，我們為地方教會的會眾向祢感恩。幫助我們永遠不要忘記他們在祢的聖工中所處的位置。

會眾制還不夠！

他們經過各城，把耶路撒冷使徒和長老所定的條規交給門徒遵守。（徒16：4）

早期基督教會發現，有些問題遠超過一個地方教會所能解決的範圍，因此需要一個更大的統籌委員會來裁決。使徒行傳15章的會議中，眾長老和使徒們集會，在某種程度上決定如何處理猶太信徒和外邦信徒的關係。這個會議為全會眾做了決定。

早期復臨信徒也發現，他們無法在地方教會的層面上解決所有問題。如果說1850年的上半年，基督復臨安息日信徒在地方教會的層面上建立了架構和選立職員，那麼，下半年則聚焦於教會「聯合在一起」的涵義。

至少有四個問題，促使像懷雅各這樣的領袖用更全面的眼光來看教會組織。首先要處理的問題是教會財產的歸屬——特別是出版社和教會建築。他不願以自己的名義登記印刷廠產權。

第二個促使他思考的是，如何給傳道人薪水的問題。這是一個特別困難的情況，因為當時的傳道人並沒有特別服務哪一所教會，而是從一所教會巡迴到另一所，有點像旅行佈道士。對傳道人的資助相當複雜，事實上當時的復臨信徒沒有交付十分之一或其他資金收入來付傳道人工資。

第三個問題，促使懷雅各考慮一個更廣的教會組織形式，就是傳道人的職責是什麼。1859年，雅各寫到，像巴特溪這樣的社區通常有好幾位講道人，而其他一些地方仍舊「缺乏，甚至三個月聽不到講道」。不管人們喜歡與否，到1859年，懷雅各執行總監督的職責，分派傳道人，支付他們工資，卻沒有任何行政架構來鞏固他所作的努力。於是，這樣的一個系統便把他暴露在別人的批評之中，指責他管理不善和濫用錢財。

第四個問題是考慮到各教會間的信徒轉移，特別是有人在一所教會被開除，希望加入另一所教會時。

如果教會要合一地向前邁進的話，就需要一種制度和次序，因為教會仍舊生存在一個不完美的世界，伴隨著一群不完美的人。🔊

事奉中的危機

主也是這樣命定，叫傳福音的靠著福音養生。（林前9：14）

傳道人處理屬天的事情，然而他們也需要地上的食物。而食物需要錢來買。

如何給傳道人工資，在1850年代中期，著實使這個嶄露頭角的教派面臨了一次危機。有個例子是年輕的約翰・安得烈，他後來成為權威學者而服事教會，也是第一位國外宣教士和全球總會會長。但是在1850年中，貧困迫使他不得不在二十幾歲時從傳道崗位上引退回家。1856年秋天，人們發現他在愛荷華州華康城的叔叔店鋪裏做職員。

事實上，華康幾乎成為灰心的基督復臨安息日信徒聚集之處。另一位主要傳道人約翰・拉博柔也在1856年逃避到華康，如他自己所說，是因為「經濟上的困難」。

懷氏夫婦為了暫時轉移復臨教會傳道的危機，進行了一次充滿危險的深冬之旅，到華康去喚醒沉睡的基督復臨安息日信徒們，並召回中途退出的傳道人。安得烈和拉博柔藉著這次的探訪都看見了上帝之手，他們再一次將生命獻身於傳道。

但這並沒有改變經濟的困難。比方說，離開華康工作的頭三個月裏，拉博柔有處食宿，一件值10美金的水牛皮大衣，以及現金10美元。問題並沒有解決，至少拉博柔太太一定覺得如此。

「我累了，」懷雅各這樣寫道，「看見我們缺乏傳道人的報告，還要在《評閱宣報》登文籌款。我厭倦了寫這樣的文字。那些給一般大眾和普通人的泛泛呼籲，只能湊湊頁數，叫讀者的心痛苦。這些事情損害了《評閱宣報》，破壞了它的聲譽。」

同工或許活著不是單靠麵包，但他們還是需要麵包，至少他們的妻子兒女需要。保羅很清楚「要叫傳福音的靠著福音養生」。

但是從哪裏？

答案很顯然，是從我們每一個人而來。

當我們奉獻金錢支持他們，我們也一同得了他們服事的福氣。

如何籌款？

24日

每逢七日的第一日，各人要照自己的進項抽出來留著，免得我來的時候現湊。（林前16：2）

復臨教會的工作需要籌款，這是1850年代中期的核心議題。紐約州博勒菲（Brookfield）的撒母耳·羅德（Samuel H. Rhodes）在1856年12月，無意間成為促成奉獻計畫的催化劑，他給《評閱宣報》匯了2美金，告訴懷雅各他相信哥林多前書16章2節所定義的基督徒本分，就是在每個星期天為主把收入抽出來。

懷雅各對這個可行的計畫很感興趣。「我要把它推薦給所有基督徒，」他興奮地說，「這是對這一節經文很仔細的思考。這很明顯是個人的工作，因著對上帝的敬畏，『每一個人』都應該參與的。」如果每一位復臨信徒都像羅德那樣做，「上帝的倉庫將存滿了錢，用來推廣寶貴的真理。」

三星期過後，另一個人把錢匯到《評閱宣報》辦公室，也引用了同樣的經文。懷雅各記下「沒有一個計畫的設定比使徒所提倡的更好了」，「好好把握它，」他向讀者發出挑戰。但是正如我的朋友布萊恩·斯崔業（Brian Strayer）所指出的「人們並沒有把握住這個教導」。結果1858年4月，懷雅各寫道，「再度重演的挫折使傳道人憂愁和氣餒」。有些人「出來希望能得到他們弟兄的支持……但是他們的弟兄卻常常沒有盡自己的本分。」因此，有些傳道人「就被貧窮、疾病和灰心淹沒了」。

在這樣狀況下，有點氣餒的懷雅各想出了第二個緩解問題的計畫，催促信徒匯來相當於他們年度稅收數量的錢。「但是，」斯崔業記載，「如果復臨信徒被證實不願意接受哥林多前書16章的計畫，那麼他們對教會稅收計畫就更猶豫了。」三星期後，懷雅各書明，因為他們缺乏成功的方法為教會籌集資金，使撒但「歡呼雀躍」。

在問題解決的前夕，撒但不會停止工作，1858年春，密西根州巴特溪的會眾組織了一個聖經學習小組，在聖經中尋求一個計畫來支持聖工。在安得烈的帶領下，這個小組得出了一個將來在1859年初被大家所接受的觀點。

有時我們會忘記，先輩們如何跟那些我們從沒有接觸過的問題角力。事實上，我們站在他們的肩膀上，每一天從他們受的試煉和解決中得福氣。而且我們還可以從他們的奮鬥中學習功課。

149

25日 貝特西姊妹

各人要隨本心所酌定的，不要作難，不要勉強，因為捐得樂意的人是上帝所喜愛的。（林後9：7）

1859年2月，懷雅各高興地宣布委員會討論的結果，是關於他們已經研究得出如何在經濟上維持教會的工作。他闡述了一個構想稱之為「愛心系統」，使每一位信徒能有計劃地參與到支持教會的聖工中來。

懷雅各非常確定這個計畫是從上帝來的，他根據哥林多前書16章2節強調每一週的奉獻；再根據哥林多後書9章5到7節的經文，提出撒種和收割的原則，以及上帝喜悅捐得樂意的人。

懷雅各不僅宣布這個「愛心系統」的新計畫，他還提出指導方針。18－60歲之間的男人每週需要捐5－25美分，同一年齡階段的婦女每週需捐2－10美分，兩組人還需要為他們擁有的每一件價值100美元的財產另捐1－5美分。

他們學哥林多前書16章2節的模式，「愛心系統」的款項在每一個星期天上午，由司庫帶著奉獻箱到每一位信徒的家中收取，「愛心系統」也隨即做了記錄。

這樣的一個過程，你可能也猜想得到，並不是所有的人都熱情參與。於是，兩年以後，懷雅各針對這樣的情況作出勉勵，他寫道，「人們都期待」司庫到來，「都預備好迎接他，憑著善心慷慨樂施」，他繼續寫道，「沒有人覺得缺乏，都歡歡喜喜地把他們的一點放入上帝的庫中。」

然而，如何使用這些錢又成了一個問題。懷雅各一開始建議信徒們，可以說明自己捐款的使用意向。後來，他又提議每一間教會可以至少保留5美金，用於接待來訪的傳道人，並把剩下的資金匯到密西根帳棚大會。

「愛心系統」也被後來許多人稱之為貝特西姊妹（Sister Betsy），雖然邁出了一小步，但它還是遠不能滿足教會的需要。不僅如此，1859年安息日信徒還是缺乏一個系統方法來使用款項和給傳道人發工資。

今天，我們大多數人都很感恩，因為教會的司庫沒有每星期天手裏拿著記錄本出現在我們家門口。上帝帶領我們使用一個更好的辦法，既不會太干預我們的生活，又使祂的教會有更充足的資金。

十分之一，一個更好的方法　**26**日

萬軍之耶和華說：你們要將當納的十分之一全然送入倉庫，使我家有糧，以此試試我，是否為你們敞開天上的窗戶，傾福與你們，甚至無處可容。（瑪3：10）

有趣的是，前面關於「愛心系統」的討論既沒有使用瑪拉基書3章8至10節，《評閱宣報》的作者們也沒有強調忠心奉獻的祝福。

他們所強調的事實，就是「愛心系統」的無痛苦和非犧牲的性質。事實上，正是這個無痛苦和非犧牲使這個增長的教會的需要得不到充分供應。

只有安息日信徒逐漸接受聖經中的十分之一制度，這個問題才得以解決。有一部分人似乎在1859年的時候就已經看到這點，但是懷雅各非常肯定，認為復臨教會所使用的「愛心系統」比「猶太人的十分之一系統」更優越。

情況在1876年2月才開始有轉機，都德里·坎賴特（Dudley M. Canright）在《評閱宣報》上發表了一系列文章強調瑪拉基書3章8到11節。提出十分之一是聖經所教導的支持傳道人的計畫，他強調「上帝要求祂的子民納所有收入的十分之一，或者什一，以此來供給為上帝勞力的僕人們。」他繼續提到上帝並沒有說把你的十分之一給我，而是說這是主的十分之一。」既然這十分之一已經是主的，信徒理當把它還給主。坎賴特也強調十分之一的祝福和賞賜。「我完全確信，」他寫道，「上帝特別的福氣實實在在要臨到那些及時慷慨地繳納十分之一的人。」

不僅是個人的祝福，十分之一的制度可以成功地支援教會工作，反觀「愛心系統」卻是失敗的。1876年全球總會代表大會上，坎賴特估計如果所有的信徒都忠心繳納十分之一的話，那麼全球總會金庫每年將會收到150,000美金，而不是只有40,000美金。

坎賴特繼續呼籲全球總會批准十分之一制度，終於在1876年10月實現了。從那時起，聖經教導的十分之一逐步成為復臨教會支援其工人的方式。當然，那時已經有組織機構可以作為瑪拉基書3章所說的「倉庫」，來收集和分配這些資金。

主啊，我們感謝祢，因為祢在教會的財務上所給我們的引領。我們也向祢感恩，因為祢以信實祝福那些忠心順從聖經關於十分之一和樂意捐教導的人。

27 _日 重新定義巴比倫

因為耶和華在那裏變亂天下人的言語，使眾人分散在全地上，所以那城名叫巴別【就是變亂的意思】。（創11：9）

1859年間，懷雅各已經做好啟動教會組織的最後準備。「我們缺乏組織系統，」他在7月21日大聲疾呼。「我們許多的弟兄們分散各州，他們遵守安息日，饒有興味地閱讀《評閱宣報》，但是除此之外，他們很少或者沒做一些可以幫助他們聯合在一起的事情。」為了解決這個情況，他在各州召集常規會議，給那些地區的復臨信徒在一些事工上進行指導。

「我們意識到，」他寫道，「這樣的建議並不能滿足所有人的想法。過分小心的弟兄可能會害怕，已經準備好警告他的弟兄們要小心，不要過度冒險；困惑的弟兄可能會呼喊，『哦，這個看起來就像是巴比倫！步上墮落教會的後塵！』懶惰弟兄可能會說：『一切出於上帝，我們最好把這些都交在祂的手裏吧，祂會照顧這一切的。』『阿們，』那些愛世界、懶惰、自私和小氣的人會說，『如果上帝呼召人去講道，就讓他們去，祂會照顧他們的……』；當可拉、大坍、亞比蘭，預備要反對擔負重任的人（例如懷雅各），和那些為群羊守望、奉獻犧牲的人時，他們大聲說：『你們花太多精力。』」

懷雅各用最簡單明瞭的話，來說明他不願再聽到人們提及教會組織是巴比倫的說法。「困惑的弟兄，」他寫道，「稱組織為巴比倫，這是犯了最嚴重的錯誤，組織是符合聖經的很好的理念。但巴比倫意味著混亂，我們這些犯錯的弟兄，恰恰把這個詞印在自己的額頭上。我們可以大膽地說，天底下再沒有人比這些聲稱有復臨信仰、卻拒絕聖經次序的人更配稱為巴比倫幫的了。」

此時，懷雅各對安息日運動之健全的關注達到了高峰。在他為教會組織的強烈呼籲中，我們注意到，他把巴比倫的定義從「逼迫」轉移到「混亂」，這適時地描述了1859那個年代狀況。

我們有時需要站出來強調對聖經的信念。上帝仍舊使用平衡且篤信不移的男女，正如祂使用懷雅各，幫助祂的教會回到正道上來。願上帝賜給我們勇氣，在合適的時候為真理吶喊。

沒有異象，民就放肆。（箴29：18）

微小的想法產生微小的結果，大部分復臨安息日信徒在1850年代只有微小的想法。懷雅各在復臨教會中關鍵性的位置給了他一種遠見，不僅使他在尋求的過程中有別於許多同伴，而且也改變了他自己的想法。

懷雅各指出，基督復臨安息日教會的混亂如同巴比倫般，因此急需建立組織架構。他對復臨教會使命的認識也不斷加深。此外，在1859年，懷雅各放棄了他早些時候拘泥於聖經文字的做法，以為聖經必須清楚明白地提到教會組織的各方面。他這時提出「我們不應該害怕組織系統，它並沒有違背聖經，可靠的理智可以證明。」

這樣懷雅各便有了一項新的釋經原則，從原本認為只能做聖經明確提及的事情，轉化為與聖經原則沒有牴觸的事情都可以做。

這個思想上的轉變，對他在1860年代，創造性地主張建立教會組織所邁出的步伐，有著關鍵性的意義。

但這個釋經學上的修正，也使他遭到那些執著於聖經字句解經方式之人的反對，他們認為，只有聖經清楚講到的事情教會才能接受。

為了回答有這樣思維的人，懷雅各指明，在聖經裏找不到任何字句說基督徒應該要有週刊雜誌、蒸汽熨斗、建立敬拜場所，或出版圖書。他繼續說「活潑的上帝的教會」需要在禱告和常理中向前發展。

懷雅各是一位偉大的思想家，但他卻沒有從這裏起步，當他在教會中領頭擔起責任，他的異象迫使他有更廣闊更創新的思維。

我們可以因此感謝上帝，如果缺少一位像懷雅各這樣的偉大思想家，基督復臨安息日教會可能永遠跳不出美國的東北角。

上帝仍舊呼召大思想家使祂的工作繼續向前飛馳。祂也要求我們每一個人，在做好祂地上工作的事情上，有更寬廣的想法。

29日

選一個名稱

名譽強如美好的膏油。（傳7：1）

我們真的無法想像，有個持續近二十年的運動竟然沒有一個名稱，但復臨安息日教會的確如此。他們也確實想過一些，但都像其他教派的名稱。再說聖經中，哪裏告訴我們教會需要一個名稱的？

後面這一點倒也是真的，但是聖經沒有要求的，政府卻要求，特別是當教會持有財產時就必須有團體組織，名稱的危機是來自位於密西根州巴特溪復臨出版社，必須成立財團法人時產生的。1860年代初，當懷雅各不願意繼續個人擔負這個機構經濟方面責任的時候，基督復臨安息日信徒需要安排，用一種「合宜的方式」來接管教會的財產。

這項建議帶來了激烈的反應。儘管他知道教會需要有一個名稱來成立財團法人，卡切爾（R.F. Cottrell）還寫說，他相信「『為我們取一個名稱』是錯誤的，因為這是建立在巴比倫的根基上」。

懷雅各順著卡切爾的思路說，上帝會看顧教會的財產，雅各宣稱：「把上帝給我們的責任還給祂也是危險的。」而且他再一次提出那極重要的觀點，「不是所有的基督徒本分都寫在聖經上。」

1860年，基督復臨安息日信徒大會對於出版社成立財團法人一事投票，將各地方教會「組織起來以便持有教會的財產」，並且選擇一個教派名稱。

許多人喜歡「上帝的教會」，然而領袖們覺得已經有太多教派使用這個名稱了。最後，大衛・海維特（David Hewitt）建議用「基督復臨安息日會」這個名稱。他的提議通過了，許多代表認為這個名稱「表達了我們的信仰和教義立場」。

懷愛倫在他們爭論時一直保持沉默，但後來她表達了鮮明的觀點。「基督復臨安息日會這個名稱，」她在會後宣稱，「真正在前面突出我們信仰的特點……就像上帝箭囊裏的箭，射向毀壞上帝律法的人，也帶領人們悔改歸向上帝，相信我們主耶穌」（《教會證言》第一卷224頁）。

這就是「好名字的價值」。

終於組織起來了

二人在各教會中選立了長老，又禁食禱告，就把他們交託所信的主。

（徒14：23）

雖然教會組織架構的觀點為教會帶來了次序，但它在新約聖經中找不到根據，很多復臨信徒也不喜歡這個話題。

然而該來的終究會來。1861年4月，安息日信徒成立一個委員會，籌畫建立各地區或州的區會，來管理相應區域內的教會活動。

對此，有些地方反應很強烈，特別是東部的幾個州。懷雅各在8月報導說：「賓西法尼亞州的弟兄姊妹們表決不要教會組織，俄亥俄州的教會也很動盪。」他概括那裏的狀況，寫下：「從我們的東部之旅至今，關於組織問題，教會看來是在愚昧的不確定中艱難跋涉……在許多地方，我們的教會支離破碎、仍舊分散，而且越來越軟弱。」

懷愛倫發表她的觀點，在同一個月她蒙啟示「有些人害怕我們的教會如果被組織起來的話，將會變成巴比倫；但是，那些在紐約州中部的教會才徹頭徹尾有著巴比倫般的混亂。現在，除非教會用這樣的方式被組織起來，實現和推行次序，否則他們就沒有一點希望；將會支離破碎。」她痛心於這些傳道人雖然相信需要組織，但缺乏「道義的勇氣」，過分「怯懦緘默」。她的話無疑是要呼籲大家，現在正是在這個問題上『同心站立』的時候（《教會證言》第一卷270－272頁）。

該行動的時候已經到了。

1861年10月的信徒大會上，第一項議題是「組織教會的合適方式」。本次大會的其中一個核心成果是「建議」密西根州的教會可以在基督復臨安息日會密西根區會的名下合而為一。

懷雅各興高采烈，對他來說這是「美好日子的記號」。

第二年又成立了七個區會。

魔鬼最喜歡做的事情是散播混亂，它的詭計在沒有組織起來的團體中更容易得逞。可惜的是，機構的價值還不能完全被賞識，直到它消失了才珍惜它。

主啊，謝謝祢所賜給我們的這一切。

31日 全球總會

身體只有一個，聖靈只有一個，正如你們蒙召同有一個指望。（弗4：4）

雖然各州區會的形成是相當有益的，但是它們還不能解決所有的管理問題。比如説，誰來協調它們的工作或派遣傳道人前往各地呢？1862年6月，瓦格納清楚意識到必須提出這個議題。他寫道，「我不認為我們能完全體會到組織的益處，直到建立」一個覆蓋全體的總會。1862年夏天，《評閱宣報》的許多讀者熱情肯定地回應瓦格納的提議。

安得烈提出，如果沒有這種覆蓋全體的傘形架構來代表全體信徒，「我們還是會跌入混亂之中，這個總會的架構是特別需要的。無論在什麼地方，只要機構得到合理的運作，都結出了好果子。因此，為真理的緣故，我渴望看見完整的組織架構，使它充分發揮益處，不僅為個別的教會，而且是為整個的信徒團體以及為了真理。」

史努克（B.F. Snook）注意到，區域性的想法已經在這個年輕教派中滋長，唯一能給這個運動帶來合一的辦法，就是通過建立「總會」。

你或許可以猜到，懷雅各非常熱心於這項工作。正如他所見的，「如果整個信徒團體是穩固地聯結在這個系統機能中的話」，所提出的總會必須是各州區會的「大調度器」。總會的職責是「制定出各州區會應當貫徹的大方針」，因為「如果總會在權威上沒有比各州區會更高，那它的作用就很微小」。總會的功能是協調全球教會的工作。

1863年5月20日到23日，在巴特溪特別為此召開大會，成立了基督復臨安息日會全球總會。這歷史性的一步，開啟了教會合一的道路，最終將啟示錄14章三天使的信息傳遍世界每一個角落。如果是藉著一堆毫無條理的教會或者各憑己意的區會，復臨信徒偉大的使命可能永遠無法完成。

主啊，謝謝祢，藉著組織機構賜我們力量和合一的團體。

機構回顧（一）

惟用愛心說誠實話，凡事長進，連於元首基督，全身都靠他聯絡得合式，百節各按各職，照著各體的功用彼此相助，便叫身體漸漸增長，在愛中建立自己。（弗4：15、16）

全球總會的成立，標誌著復臨教會歷史中一個時代的結束。基督復臨安息日教會從一個沒有實際組織的狀況，轉變成一個略具等級制度的組織架構。

作為教會非正式的領袖，懷氏夫婦對新的教會組織非常滿意。他們受夠了從1840年代到1850年代教會混亂的局面，這促使他們不斷主張合理運用教會的權威。

1892年，懷愛倫對組織價值寫下一段最為強烈的話。回首往事，她追憶道：「我們在成立組織的過程中，曾經歷一段艱苦的奮鬥。主雖然針對這個問題賜下多次的證言，但反對的勢力依然很強大，所以必須一再地應付，所幸我們知道有以色列的耶和華上帝在引領我們，並本著祂的美意指導我們。我們在組織教會的工作上努力，在這個事工上逐步興盛……。」

「事實證明，我們在組織系統上取得了巨大的成功……不要抱這樣的想法……認為我們不需要組織。我們為建造這樣的架構，已經花了很大的精力去研究、禱告祈求智慧，並且我們也知道上帝已經垂聽。這是在祂的引領下被建立起來的……盼望我們中的弟兄不要受蒙蔽、企圖拆毀組織，因為這樣你們會將事情帶到一個你們從沒想過的境況。奉主的名，我向你們宣告，必須站立、剛強、建造、穩固……願我們每一位都特別小心，不要在這些事上心生動搖，因為上帝已經定意在推進祂的工作中賜我們成功和興盛。」（《懷氏信件》32a，1892年）

上帝贊成組織，我們也是。把啟示錄14章中永遠的福音和其他的教導，帶到全世界絕非偶然能成的事情，復臨信徒建立了組織使教會在使命上向前邁進，而且這是切實有效的。1863年5月成立了全球總會，作為教會統籌機構，這項決策的成功，絕對會使當年投票成就此事的人大吃一驚。

2日　　　　　　　　　**機構回顧（二）**

聖靈立你們作全群的監督，你們就當為自己謹慎，也為全群謹慎。（徒20：28）

成立組織背後強大的推動力量，是一個互相聯繫的構想綜合體。其中一項最重要的因素，是對「教會使命」逐漸增加的認識，而這認識是有聖經基礎的。到1861年，一些教會領袖確信他們需要贏得世界。1863年，這個新成立的總會執行委員會，開始討論向海外派遣佈道士。一個更大使命的異象讓他們更深刻體會到，成立一個完備組織來支援教會事工的必要性。簡單地說，懷雅各和其他人漸漸發現，如果沒有一種合理有效的組織系統支援，就不會有切實的對外佈道事工的存在。

另一項幫助懷雅各和他的同伴們放眼關注教會組織架構的因素，是維護信仰合一的需要。1864年，他把基督復臨安息日會組織的美好果效，和「那些拒絕組織團體的極度混亂情形」作了比較。

1873年，巴特勒（G.I. Butler）把這種思維再向前推進一步，他寫道：「我們是完全被組織起來的一群人，我們的組織不是基於外在的表現，而是建立在一個穩固的根基之上。我們抗拒受到內外各種影響，現在終成為一個團體，從大洋的這端到彼岸，傳揚同一項信息，想要把我們拆散不是一件易事。」

當然，教義跟教會的使命是緊緊聯繫在一起的。因為他們在信仰上合一，所以他們也願意在使命上合一，將福音傳遍美國每一個角落，最終傳遍全世界。

總而言之，是教會的使命要求教會有充分的組織架構。正如懷雅各時常提到的，「我們不是為了突出教派才提議成立機構，而是為了實際形勢的需要。」

在1871年，對懷雅各來說，完備組織架構的優點是「組織能把工作做好」，早期的復臨信徒也為他們的組織尋求一個基礎，就是在原則上符合聖經的教導，並且鞏固教會的性質和使命。從長遠來看，機構是從聖經角度理解教會的附帶結果，同時也是在基督復臨之前警告世界的末世角色。

十九世紀的健康：美好往昔糟透了（一）　　**3**日

在基列豈沒有乳香呢？在那裏豈沒有醫生呢？（耶8：22）

斯諾（C.P. Snow）曾寫道：「沒有人願意選擇出生在前一個時代，除非確定他可以生在一個富裕家庭，享有極好的健康狀況，並且能夠經受得起在他同時代的大部分孩子夭折的痛苦，且仍舊泰然自若。」

實際上，所謂的「美好往昔」並不像我們所懷念的那樣美好。人類平均年齡在1800年是32歲，1850年是41歲，1900年是50歲，1950年是67歲。現今，美國婦女平均年齡是80歲，男人的平均年齡相對低一點。

你可能會思考為什麼會有這樣的變化呢？答案很簡單——較佳的健康習慣、公共衛生和醫療服務。

十九世紀初的時候，幾乎每一個人的健康習慣都不是很好。不僅指那些有錢人飲食時大吃大喝、狼吞虎嚥，而且他們吃的東西也很不健康。很多人盡力避免吃水果和蔬菜，因為他們認為，1832年流行的可怕霍亂就是從水果來的，很多人懷疑水果和蔬菜對兒童的危害更大。人們不瞭解營養的基本成分，再說，即使是好的食物，因為不衛生的處理和無法冷藏，狀況通常也很差。

飲食，當然僅僅是個人健康問題的一部分。再比如，洗澡的習慣也很差，大部分人很少洗澡，據官方統計，1830年代，一般的美國人終生不洗澡。甚至在1855年，人口629,904的紐約城只有1,361個浴缸。1882年，只有2%的紐約居民家中有供水系統。

主張在星期六晚上洗澡可不是開玩笑。1872年當懷愛倫建議說，「健康的人」應該「至少每週洗兩次澡」時（《教會證言》第一卷70頁），她是站在當時個人健康保健理念的前鋒。

今天，大部分的人很難想像在二十一世紀中葉，人們的生活習慣是多麼不健康。在閱讀懷愛倫和當時一些健康改良者的文章時，我們需要參照他們生活那個年代人們的無知、疾病和死亡來評估。

當談到健康的時候，我們感謝主，因為我們活在一個更好的時代中。

十九世紀的健康：美好往昔糟透了（二）

你在營外也該定出一個地方作為便所。在你器械之中當預備一把鍬，你出營外便溺以後，用以鏟土，轉身掩蓋。（申23：12、13）

你可能會覺得這節經文很奇怪，然而上帝關心我們生活的各個層面。如果人們遵從聖經關於公共健康的禁令，以歷史為借鏡，便可以挽救無數人脫離各類流行疾病。如果在這些病人裏面，有你的配偶或孩子，你可能會因為申命記23章12、13節而跳起來讚美上帝。

公共衛生是二十一世紀美國的健康問題之一。二十一世紀中葉，中下階層的家庭竟然仍使用戶外無沖水設備的廁所。比如說紐約城，在1855年，只有10,388間室內廁所。許多戶外廁所的滲水導致井水被細菌污染。

還有，城市沒有垃圾處理系統。垃圾都被棄置在街上，任憑豬在其中覓食，1840年，紐約城裏有成千上萬隻豬在負責處理垃圾。

可想而知，雨天時，無處不在的馬糞便在泥濘街道上變成泥漿；晴天時，則變成粉末漫天飛揚。1900年，紐約城裏的馬每天產出大約250萬磅的糞便和60,000加侖的小便。曼肯（H.L. Menken）形容美國城市是「十足的臭城」。然而，農村的生活也沒有好多少，大多數的房子被「比比皆是的垃圾和糞便」包圍。還有隨處吐痰的問題。在香菸尚未普及之前，美國人咀嚼菸草後，就習慣隨處吐渣，稍微文明一點的也不過是沒有吐在桌子上罷了。

「美好往昔」其實也就是無知年代——就是那使人類付上昂貴代價的無知。比如，在田納西州的孟菲斯（Memphis Tennessee），1878年流行的黃熱病奪去了38,500人中的5,150條人命。同年，在新奧爾良大約有3,977人喪命，但這不過是這座城市1853年流行病死亡人數的一半，這年死了7,848人。人們把黃熱病和其他不流行病歸咎於空氣品質——權威人士稱之為「瘴氣」。所以，人們經常睡在空氣不流通、或完全不通風的房子裏，以此來維護他們的健康。

上帝啊，謝謝祢，賜我們純淨的水、清新的空氣，這些是生命的基本要素。

十九世紀的健康：美好往昔糟透了（三）　　**5**日

有一個女人，患了十二年的血漏，在醫生手裏花盡了他一切養生的，並沒有一人能醫好他。（路8：43）

在十九世紀多數時候，如果你病了，你絕不會想去醫院。在人們認識病菌之前，這段路程簡直就是死亡之旅。流行病通常光顧那些因為貧窮而不衛生的場所，在1840年代，醫院是人們要走的最後一站——就是人們打算赴死的地方。有錢人通常把醫生請到家裏來治病。

不幸的是，家庭醫療並非良策。人們對疾病普遍的觀點是身體的某種「體液」失衡，治療的辦法是：恢復平衡。第一步的處理，往往要放掉多餘的血液，通常是一到兩品脫（一品脫等於550.6cc）。放血後接著是通便，醫生會給病人很強的藥物，一般是水銀和馬錢子鹼（Stychynine，又稱番木鱉鹼）的混合物，我們現在知道那是劇毒物質。然而，在那個時候人們認為發燒、腹瀉和嘔吐是康復的徵兆，這些藥物理想的效果就是迅速、激烈地排空體內多餘的體液，怪不得人們稱那是「英勇藥物」的年代。

同時，外科手術方面也很「英勇」，尤其是沒有使用麻醉劑。有個例子是年輕的烏利亞·史密斯在餐桌上接受截肢手術，沒有任何麻醉措施，他只能緊握母親的手。即使在手術後，因為缺乏對病菌的知識，而造成不衛生的生活環境，患者的康復也令人憂心。

人們是如何獲得醫生資格的呢？這並不難。在一個「文憑工廠」（野雞大學）培訓4到8個月，就可以獲取醫療證書，即使他連高中都沒有上過。

難怪奧利弗·厚密斯（Oliver Wendell Homes）說：「如果現在把所有的藥物沉入海底，對人類來說是萬幸，對魚兒來說則是不幸。」

懷愛倫的兒子愛德生曾獲其中某個培訓班醫學博士的學位。他嘲弄自己的經歷說，醫生簡直「就是壞蛋——衛生醫療診所根本就是騙局，那些老掉牙的醫生工廠全都應該倒進德拉威大河。」

錯誤就是個殺手。

但真理使人自由——即使在醫療範疇也是如此。

進入健康改良

你們必曉得真理，真理必叫你們得以自由。（約8：32）

就是在對健康如此無知的背景下，我們看見美國健康改良運動在1830年代開始興起。其中一個最有影響力且最具代表性的改良者是西爾威斯特·格拉罕（Sylvester Grabam），我們可以從1837年《格拉罕雜誌》的一篇文章一瞥他的觀點。據他所言，(1)主要食物應該是蔬菜和水果；(2)麵包必須是用非精製的麵粉作成；(3)用好的奶油來代替黃油；(4)食物必需充分咀嚼；(5)最好避免吃生魚生肉。(6)應該避免脂肪、肉湯調製的濃汁和辛辣調味品；(7)禁止食用一切類型的興奮劑，如茶、咖啡、酒、菸草（各種類型）、蘋果酒、啤酒等等；(8)純淨的軟水是最好的飲料；(9)一天中最後一餐飲食應該少量，並且在3到4小時後才上床睡覺；(10)不要在正餐時間以外吃零食；(11)應當避免吃得過多；(12)儘量少服用藥物；(13)應在適當通風的房間裏每天有7小時的睡眠時間；(14)總要避免穿緊身的衣服；(15)非常建議用熱水或冷水洗澡（每天更好）；(16)必須在通風良好的場所運動；(17)麵包做好12到24小時後才可以吃。

對宗教健康改良者來說，健康的條例是神聖的。就像希歐多爾·維爾（Theodore Dwight Weld）說：「上帝的律法是實實在在的，正如『盡心愛主』和『愛鄰如己』。」順從它就會有健康的身體，不順從就會有疾病。維爾指出，選擇只在於「順從上帝還是拒絕祂，愛護生命還是毀壞它，持守第六誡還是自殺之間」。

為了對抗當時標準的藥物及放血技術，人們興起新的治療方法，與健康改良運動息息相關。其中一種是水療法，建議將水用來口服或外用作為治療的手段，水療師普遍接受格拉罕的健康系統原則。

有時，我們復臨信徒會認為健康改良事工是從我們教會開始的。

事實上並非如此。上帝愛所有的人，祂感動許多人的心來減輕這個病態地球上人類的痛苦。讚美上帝，因祂信實廣大。

懷愛倫和健康改良者們

願上帝憐憫我們，賜福與我們，用臉光照我們，好叫世界得知你的道路，萬國得知你的救恩。（詩67：1、2）

那些熟悉懷愛倫健康勉言的人，都能看出她的觀點跟大部分健康改良者的觀點相符。因此她站在正確的立場上，拒絕「使用那有毒的藥物」，「就是那些被用來代替自然療法，使人失去效能的藥物。」（《健康之源》第126頁；《醫藥佈道論》第224頁）

從更積極的角度看，懷愛倫支持改良者們所建議的自然療法：「純淨的空氣、陽光、節制、休息、鍛鍊、合理飲食、水、和相信神聖的能力。」（《健康之源》第127頁）

早期的復臨信徒，不僅知道懷愛倫與當時健康改良者們相同的觀點，也知道她為復臨信徒所作出的獨特貢獻。於是瓦格納1866年寫道：「我們並沒有聲稱自己是健康改良基本原則的先鋒。為這項運動提供根基的這些原則，已經被人詳述出來，這些在生理學和保健學方面的改良者、醫生和作家，遍布各地。然而我們確實宣告根據上帝所選擇的方案（藉著懷愛倫的各種勉言），這些原則已經更清楚、更強有力地顯明出來，因此就產生了一個結果，我們可以不必到其他的資源裏尋找答案。」

「如果這僅僅是生理學和保健學的道理，有些人可能只在空閒時來學習它，另一些人乾脆棄置一旁不把它當一回事；但如果把它放置在聖靈授權和大家認可的第三位天使信息的偉大真理高度上，宣告上帝藉此方法使一個軟弱的人成為剛強得勝，使我們生病的身體得蒙潔淨與更新，這樣它就成了現代真理不可或缺的一部分。」

懷愛倫對自己那個時代健康改良者的觀點大加讚賞，她在健康方面的一大貢獻，就是把健康改良的信息和復臨信仰的理論結合起來。

自從1863年她第一次寫有關健康改良的文章直到如今，基督復臨安息日會信徒已經形成了一種獨特的生活方式，擁有更健康的身體和更長的壽命。這樣的健康長壽成了世界的一項生活典範，近年來還發表在《國家地理雜誌》和其他刊物上。教會的見證應該表現在生命各方面的健康上。

復臨信徒並非全是健康改良者

我還有好些事要告訴你們，但你們現在擔當不了。（約16：12）

復臨信徒並非全是健康改良者。

比如說，吃不潔淨的食物。1850年11月，懷雅各注意到一些安息日信徒「覺得很難不吃豬肉」，而另一些人認為應該放棄吃豬肉。他並不反對這樣的規條，但聲明說他不認為聖經有教導，傳福音時要說吃豬肉有罪；他真正反對的是有人干擾別人，使之不能聚焦他們信息的核心——關於末時安息日的觀點。

幾年過後，他的妻子寫信給一位名叫科蒂斯的婦女，說吃豬肉不是一種信仰考驗，懷雅各在信的背面也寫道：「你可以知道我們在這個問題上的立場，我要告訴你，我們剛殺了一隻200磅重的乳豬。」

再者，1859年懷愛倫忠告哈斯科爾（S.N. Haskell）和其他人，說他們「關於豬肉的看法其實無傷大雅，如果你們僅僅是保留自己的觀點；但如果在你的判斷和觀點中，你把這個問題當作一項考驗，你的行為就清楚地顯明你在這件事上的信仰。」（《教會證言》第一卷206、207頁）

她繼續補充說：「如果上帝要求自己的子民放棄食用豬肉，祂將在這個事情上說服他們……如果放棄食用豬肉是教會的職責，上帝會指示兩位或三位以上的人看見，祂將教導祂的教會盡他們的本分。」

「上帝引導的是一群百姓，而不是一些分散各地的個體，各持己見……第三位天使正引導並潔淨這群子民，他們應該在行動中與上帝聯合一致。然而，有些人竟跑到那些引導他們的天使前面去了……。」

「我看見上帝的天使帶領祂的子民，乃是按著人們如何領受和遵行所傳給他們的重要真理。但是，有些人心神不寧……急於追求新奇、草率行事，這樣就把混亂與紛爭帶到我們中間，這些人說話或行事都與大家不和諧。」（同上207頁）。

懷愛倫在她一生的服事中，堅信上帝在造就一群子民，當他們在一個問題上同心協力後（不會在這個之前），祂會帶領他們進入下一步。這個進程到1863年顯得很清楚，首先，他們在教義上統一，然後在組織中團結。只有在這以後，他們才準備好接受上帝在健康改良和其他生活方式問題上的帶領。

上帝的帶領總是有次序的。 🔖

一位健康改良者

耶和華必使一切的病症離開你。（申7：15）

貝約瑟，正如在基督復臨安息日運動其他的多元領域裏一樣，他在健康改良上也是位先驅。1821年，作為船長的他發現自己每天對酒的嚮往勝過食物，便放棄飲用烈酒。不久，1822年他停止喝葡萄酒；1823年戒菸；1824年，他遠離所有類型的酒精飲料。然後，在1831年，他決心停止喝茶、咖啡，因為「這些是毒品」、「它們強烈影響我的整個身體系統」，他寫道，「使我到午夜後都無法入眠。」

下一步是解決肉食問題。「1843年2月，」他回憶道，「我決心不再吃肉。幾個月後，我停止食用黃油、油脂、乳酪、餡餅和高油脂蛋糕等。」

1820年，他開始意識到素食的益處，發現兩位吃馬鈴薯的愛爾蘭人在工作上竟然勝過他的七、八個食肉的工人。後來，像西爾威斯特‧格拉罕這樣的作家進一步幫助他成為一位完全素食者。

貝約瑟的一生是健康改良益處的最佳例證。不同於其他多數的安息日領袖，他的身體特別健康。從1820年離開航海生涯開始，據我們所知，他僅僅生了兩次小病，而這兩次的疾病好像都是瘧疾。

79歲的時候，他在一次健康會議上做見證，談及他早年健康改良的生活方式使他有如此健壯的身體。「跟我從前的觀念相反，從前認為如果能活到今天這個歲數，我應該會因為早年在海上的生活方式而成為一個痛苦的殘廢人，感謝上帝……祂豐富的祝福臨到每一位努力改良的人，使我現在完全免除疼痛和苦楚，帶著歡喜和希望；如果我繼續改良，離棄每一個錯誤，我將和得救且追隨羔羊的人，一起『毫無瑕疵地站在上帝的寶座面前』。」

然而，在1860年代初之前，貝約瑟是一位沉默的健康改良者。當被問及為什麼他不吃某些食物的時候，他通常回答說「我已經吃過了」。懷雅各指出，貝約瑟「在當時，不管是公開或是私下場合，他都沒有表達自己對合理飲食的觀點，除非這個論題遭到質疑。」這種狀況在1863年改觀。

在繼續討論之前，我們必需思考健康生活和強健身體之間的關係。它們之間的聯繫在貝約瑟身上不是偶然的，在我們身上也是如此。

10日   健康改良異象

豈不知你們的身子就是聖靈的殿嗎？這聖靈是從上帝而來，住在你們裏頭的。（林前6：19）

幾天前我們談到對真理的認識是漸進的，上帝對祂子民的引領也是逐步的，健康改良也是如此。當教義和組織機構的步驟完成後，生活方式的問題（包括健康改良）在復臨信仰和現代真理的發展中，就成為下一個議題。

1863年6月6日，是基督復臨安息日會總會成立僅僅15天後，懷愛倫見了一個異象，這是在她一生的事奉生涯中最有影響力的異象之一。過後，她寫道，「我看見，現在我們（她和雅各）應該特別當心上帝所賜給我們的健康，因為我們的工作還沒有完成……我看見，我們應該懷著一個愉快、盼望、和平的心境，因為我們的健康有賴於這樣行……我們越是健康，工作就越理想。」（《懷愛倫文稿》第一卷，1863年）

「我們千萬不要把對自己的照顧，就是上帝留給我們去注意、去看顧的，交給上帝去注意、去看顧。當我們所過的生活直接與我們的禱告相反時，一邊違反健康的法則，一邊又祈求上帝照顧我們的健康，保守我們不生病，這既不可靠，也不討上帝的喜悅。」

「我看見，留心我們的健康並喚醒別人盡他自己的本分乃是一項神聖的義務。我們有義務去講述，去反對每一種類型的放縱——過度的工作，過度的飲食，及過度的服藥——要向他們指出上帝為我們的疾病、健康、清潔和享受所預備的偉大天然藥物、水、純淨的軟水。」

雖然這是給懷雅各和愛倫的個人勉言，但也適用於整個教會。「我看見，」她寫道，「我們不能在關於健康的話題上沉默不言，我們必須喚醒人們來關注這個話題。」（同上）她的確努力去喚醒人們。從那以後，她的寫作事工在相當大的程度上，聚焦於維持健康的必要與責任，以及如何去做。

就在此時，她的丈夫處於中風的邊緣，中風影響了他晚年的事奉工作。不久前因為疾病，他們又失去四個孩子中的兩個，很多教會領袖也因為慢性疾病而掙扎在痛苦之中。

在那時候，健康是最有福氣的，沒有什麼能比得上這項需求，如今也是，這道理依然適用。

第二個健康異象

並且你們不是自己的人，因為你們是重價買來的。所以，要在你們的身子上榮耀上帝。（林前6：19、20）

「1865年12月25日，上帝在羅徹斯特賜給我的異象中，我看見我們守安息日的人們，我蒙指示，我們遵守安息日的人忽略了遵行上帝已經賜下的關於健康改良的亮光，在我們面前有一項偉大的工作，作為一群人，我們曾經太過畏縮，以致不能遵循上帝所選擇來引導我們的聖意。」（《教會證言》第一卷485頁）

她的1865年異象表明，基督復臨安息日會信徒的健康改良不是關乎個人的事，而是關乎團體和傳道事工的事。這個異象呼召復臨信徒建立起他們自己的衛生保健機制。

據懷愛倫的理解，這樣的機制應該具有兩層的福音影響力。首先，它將影響到復臨信徒的生活，預備他們迎接「第三位天使大響的聲音」，以便活著見主（同上486頁）。其次，改良的健康還可以使信徒在跟別人分享他們信息的時候，做更好的交流者。

他們新健康機制的第二層福音影響力是直接影響到非復臨信徒。「作為一個不信者，」懷愛倫寫道，「當不信的人們要來求助於一個由守安息日的醫生所管理的、致力於成功治療疾病的機構時，他們就被直接帶到了真理的影響之下。隨著對我們的人和我們真實信仰的熟悉，他們的偏見就會被消除，且被深深打動。透過這種被置於真理影響之下的方式，這些人不但得到身體疾病方面的救治，還找到了那醫治他們犯罪生病之心靈慰藉……這樣一個寶貴生靈的得救，會比建立一座機構所需的全部金錢更有價值。」（同上493頁）

簡而言之，這就是懷愛倫建立健康機制的宗旨，它們的福音功能是她思考的中心。教會建立醫療機構不僅僅是幫助它自己的信徒，而且更應該是一所教會之外的人們傳揚第三位天使信息的機構。這樣的機構不僅僅是供應人們身體上的需要，更應該供應他們靈性和品格上的需要。

我們所處的是一個破碎的世界，上帝要我們在每一件事上都有全方位的眼光。作為復臨信徒，我們不僅有特權活出一個健康的人生，更要把健康的生活方式分享給別人。

失衡的權衡者

耶和華是我的亮光。（詩27：1）

懷愛倫1865年12月25日的異象，不僅為復臨信徒醫療保健機制的福音目標定下了基調，而且它還把健康改良和復臨信仰結合起來，指出「健康改良……跟第三位天使信息緊緊相連，它是此信息的一部分，正如身體和手臂的關係一樣。」（《教會證言》第一卷486頁）

這個觀念不僅對復臨信徒個人有極大的幫助，而且在生活方式與復臨教會末世信仰的結合中起了關鍵的作用，指出正如我們的身體是由靈、魂、體三方面組成，復臨信仰系統也是一個統一的結合體，而不是由一堆互不相關的思想拼湊而成。

復臨信徒很快就得出結論，將健康的信息視為「福音的右臂」，本意是好的。但是有些傳道人和部分復臨信徒卻對它熱衷推崇、過分著迷。

於是幾個月後，懷師母很小心地糾正一些她可能給人的錯誤印象，寫道：「健康改良是跟第三位天使信息的工作緊密聯繫，但它不是那信息。我們的傳道人應該教導健康改良，然而他們不能把它當作關鍵主題來代替那信息，它的位置乃是為信息所指向的事件做準備；在這些工作中它比較突出。我們應該熱心於每一項改革，但需要避免給人以一種印象，認為我們搖擺不定或有狂熱主義的傾向。」（同上559頁）

不幸的是，健康改良的平衡對許多人來講很難達到。懷雅各指出，有些人在這個論題上走得太快，以致落入了盲信之中，招來人們對教會和這個話題本身的指責。另一些人則根本沒有什麼進展。

從她的角度，懷愛倫多年來一直與這些人對抗，這些人「總是選一些詞句湊成幾篇有關飲食的文章，其表述令人反感——用警告和教訓的語氣寫給某些正在走上或已經走上罪惡道路之人。他們詳述這些事，盡可能的強調，在這些語句中把自身奇怪的、令人反感的品格特性交織其間……從而使他們成了一種試驗，所到之處，給人帶來的只有傷害。」（《信息選粹》第三卷285頁）

主啊，使我們在生活的每一個方面都能找到平衡，阿們！

傳揚上帝在健康上的教導（一）　　**13**日

耶穌基督醫好你了。（徒9：34）

在她見第二個主要的健康改良異象四個月後，1866年5月，懷愛倫有機會在第四次總會代表大會上向這個年輕教派陳述她的觀點。她熱情洋溢地向那些主要領袖陳述健康改良的原則，和接受、教導這些原則的重要性。

她堅信這樣的改革「正好是一個開頭」，所以教會在健康事工上有「一個更大的任務」要完成，是勝過當時任何人所能理解的，她將訴求推向高潮，呼籲基督復臨安息日會在健康和醫療上「應該有自己的機構」（《教會證言》第一卷486、487、492頁）。

總會代表大會通過了幾項決議作為回應。其中一項是承認健康改良的重要性，「它是我們在這個世代中義不容辭為上帝工作的一部分；所以我們決心要按照這些原則生活，盡我們最大的努力去把它的重要性告訴別人。」

第二項決議是要求何拉提歐‧萊醫生（Horatio S. Lay可能是當時基督復臨安息日會唯一的醫生）「在《評閱宣報》上為健康改良撰寫系列文章」。

新的時代來臨，這些決議反映了當時信徒們一個堅定的信念，就是健康改良的亮光是非常重要的。

一般而言，人們的決心會勝過接下來的行動，但在這裏的情形正好相反。雖然人們覺得萊醫生寫健康改良系列文章只是徒勞，但他們找到更好的方法——宣布萊醫生將出任有16頁篇幅的《健康改良月刊》編輯。

在《健康改良月刊》的內容簡介裏，萊醫生介紹雜誌的目標是「盡最大的努力幫助偉大的健康改良事工，因為錯誤的生活習慣在當今的世代是如今盛流行」，主張「用自然界自己的療法——空氣、陽光、熱、運動、食物、睡眠和娛樂」來治療疾病等等。

這些早期的復臨信徒們很認真地分享著他們的新異象，因為那時太多的人遭受疾病的苦楚，他們便越發看這個新的領受為寶貴。他們為上帝引領他們走在一條更美好的道路上而歡呼。

14日 傳揚上帝在健康上的教導（二）

應當仰望上帝，因我還要稱讚他。他是我臉上的光榮，是我的上帝。

（詩42：11）

教會馬不停蹄的創辦發行《健康改良月刊》。第一期出版於1866年8月，就在總會代表大會結束3個月後。

最初一期的文章是來自一群傳道人、萊醫生，還有一篇是來自懷愛倫。她催促「男男女女們需要提醒自己關於健康的原則」，並且總結說「忽視這個主題的重要性就是罪；亮光已經照在我們身上，我們沒有理由不珍惜它。我們要在這些事上有聰明，這應該是我們在世上最感興趣去理解的。」（《健康改良月刊》8月 1866年）

有這麼多傳道人為雜誌撰稿，萊醫生在第二期寫了一段話幫助那些認為「除了醫學博士沒有人可以談論健康，或除了神學博士沒有人可以談論神學」的人。他指出許多非醫學專業的作者在實踐的領域經歷過健康改良，並且所有的文章「在呈獻給讀者之前，已先通過專業的審核和認可。」

有關健康獲得改良的見證有很多。比如阿瑪丹（G.W. Amadon）報告說：「每一天我的心歡欣鼓舞，因我認識到上帝在健康問題上所賜下的福氣，正如真誠的蒙恩者們活出的樣式……作為個人，我可以說，我現在的狀況比過去好過一百倍，過去我活在明顯違背我們生命律例的狀況之中。今天，我不再有疼痛和疾病，不再頭昏腦脹，不再有數不清的精神和身體上的毛病。我覺得完全得到自由了。願上帝在這一切事上祝福我們！」

以撒·桑伯恩（Isaac Sanborn）說，就是因為健康改良「我的風濕病全好了，以前我的狀況糟糕到有時好幾天不能挪一步」，兩年多來，即使他常處在不好的天氣裏或在通風不佳的聚會場所，在這些原本促使他生病的環境中，他都沒有得過重感冒。

這裏還有個趣聞，有人曾說「如果有人要向魔鬼獻燔祭，他就應該選擇一隻塞滿菸草的豬」。

當我們看見可以選擇健康生活的時候，我們的心應當歡欣鼓舞。我們太容易忘記無知的年日和健康至上的福氣。

健康改良回顧

但願使人有盼望的上帝，因信將諸般的喜樂、平安充滿你們的心。（羅15：13）

我們昨天讀到早期的復臨信徒宣告說，他的心歡欣鼓舞，源自於他明白在健康改良上所得到的福氣，這段話使我的心備感溫暖。

這個想法將我帶回到我第一次主講系列佈道會的時候。地點是在德克薩斯州的科西卡納（Corsicanna），1968年時，在這個大約26,000人的小鎮，我同一所只有12位教友的復臨教會一起工作。這12個人中，幾乎所有人都是70多歲，而且只有一位男性。

先聲明我並非歧視老年人，事實上，我正成為其中的一員。我也不會輕視婦女，因為我母親也在其中。但有位年輕的傳道人希望教堂裏坐滿各個年齡層的男女老幼，好消息是，每天晚上我有很好的聽眾，其中有位非復臨信徒婦女，她每天晚上帶5位專業人士來參加。但有一天，她一邊往外走一邊說：「賴特弟兄，我明晚不再帶我的朋友來參加了。」

「為什麼？」我問。

「我不喜歡你講道的題目，你所講的是我做不到的事。」

我覺得我的題目如果不夠燦爛醒目至少也很有趣──「為什麼我不能吃老鼠、蛇和蝸牛」，她問道。

我一時說不出話來，只是請她和她的朋友第二天晚上再來，並且許諾當他們明天離開的時候，將會說這是最棒的講道。現在，唯一的問題是，我還沒有預備好講稿，而且不知道該怎樣實踐我的諾言。

真是個難眠之夜，大約到了凌晨四、五點的時候，我終於有頭緒了。

上帝愛你！因為祂愛你，所以祂希望你快樂。

祂知道如果你生病的話就不會快樂。因此，祂就給我們一些如何過得更快樂的想法。

那晚，當她和朋友們離開的時候，她停下來說：「賴特弟兄，這真是最好的講道。」

對她來說很好，對我而言就更好。它使我的講道從消極面轉向積極。

有什麼比健康更積極、更令人快樂的呢！

天父啊，感謝祢，因祢給我們這特殊的福氣，讓我們的心也歡欣鼓舞。

16日 擁有他們自己的健康改良機構

「又甚麼時候見你病了，或是在監裏，來看你呢？」王要回答說：「我實在告訴你們，這些事你們既做在我這弟兄中一個最小的身上，就是做在我身上了。」（太25：39、40）

醫治是基督在世服事時，一個很重要的部分，對復臨教會來說也同樣如此。如今，它在全球擁有近800家有關健康的機構。

這個巨大的醫療系統，開始於懷愛倫1865年12月的健康改良異象，和1866年5月她呼籲建立復臨健康改良機構，教會隨即作出了有力回應。隨著《健康改良月刊》出版發行，同年9月5日，僅僅是總會代表大會結束四個月後，復臨教會在密西根州的巴特溪也開辦了他們的健康改良機構。

當然，它的開幕典禮並沒有給人留下深刻印象，「兩位醫生，兩位浴療服務者，一位護士（未經訓練的），三、四位雜務工，一位病人，還有一大堆的困難，加上對這個機構未來的巨大信心，以及我們前面看見的那些原則。」

懷雅各有段話發表在9月11日《評閱宣報》的封底，為教會和信徒對此做出的迅速回應而歡呼。「我們回顧5月份的會議，只有短短不到4個月之前，也就是這件事情第一次以切實可行的方案呈現在我們眼前的時候。」

「現在，我們看到已經有一處優美安全的地點和房子供醫療機構開始運作，一群合適的職員已經到位，兩種健康雜誌已經發行，捐款單在過去幾週內倍增，這個事業已經有總數接近1萬1千美金的捐款作為儲備資金，機構的啟動和運作確確實實已經開始了。這些人從來沒有經營過任何企業，但是很明顯地，上帝的手在照看著這一切的事情。」

這個小小的機構只有一個看似簡陋的開端，但在接下來的三十五年裏，克洛格（J.H. Kellogg）將它改造為巴特溪療養院，最終發展成世界上最重要的醫療機構之一。

同時，它的存在見證了復臨信徒漸漸擴展的佈道意識，理當如此，馬太福音25章31至46節這個比喻所帶出的信息是，上帝希望袍子民在人際交往中關心他人的需要。

約翰‧克洛格出場

耶和華說：「我必使你痊癒，醫好你的傷痕。」（耶30：17）

充滿活力、堅強又有遠見，這些都是描述這位年僅23歲的青年約翰‧克洛格（John Harvey Kellogg）最貼切的詞語，他於1876年擔負起巴特溪療養院的領導職務。他身高只有5英尺3英寸，然而外表的不足，卻能使他全心全力去做他所承擔的每一件工作，以作為補償。

早年的他並不想成為醫生，倒是很想成為教師。但是1872年，當懷雅各資助他跟愛德生和維利‧懷特（Edson avd Willie White）到特羅醫生的衛生醫療學院（Dr. Trall's Hygieo-Therapeutic College）進修了6個月後，他不僅獲得了醫學博士學位，而且希望能繼續深造。

他第二次從懷氏夫婦那裏得到經濟上的幫助，花了一年的時間在密西根大學研讀醫學，然後最後一年在紐約的貝爾維醫院醫學院（Bellevue Hospital Medical School）學習，這可能是當時國家最高等的醫學院。1875年，當他完成學業時，他告訴維利‧懷特，「我覺得自己在得了這張兩平方英尺的羊皮後著實重了50磅。這實實在在是一張羊皮，順便說一下，你的假健康醫療文憑是無法跟這相媲美的。」

1875年夏天，他回到巴特溪很快就在健康改良機構工作，第二年他就成了該機構的負責人，但他給出的條件是只做一年。他並未意識到自己將會負責這個機構67年。

當他在1876年接手時，這個機構只有20個病人，6個人隨前一任的負責人離開了，另外兩個人因為看見這個有點孩子氣的醫生也離開了。但是克洛格並不擔心。

幾個月後，他便使病人數量增加到平時的兩倍，到1877年，他不得不增建一間新的房子。這僅是擴建項目的開始，在世紀末之前，巴特溪療養院已成為美國最大也最著名的醫院之一。

同時，克洛格利用他的空餘時間寫作大約50本書，發明了玉米片和冷凍麥片的工業，開發了最尖端的醫療技術，成為一位舉世聞名的外科醫生。

上帝祝福這個小巨人，超過任何人所能想像。祂也總是祝福那些樂意長進的人。

18日 戰爭時期的復臨教會（一）

不可殺人。（出20：13）

當1861年至1865年的內戰席捲全美國之時，基督復臨安息日會的教派組織剛好在其間誕生。這場戰爭，使這個人口原本不多的國家喪失了許多的生命，其數量超過歷次戰爭死亡人數的總和：獨立戰爭、1812年戰爭、美墨戰爭、美西戰爭、兩次世界大戰、韓戰和越戰。然而，復臨教會沒有派遣士兵去參加這場在所有衝突中最重要的一次戰爭，這場戰爭將要決定美國是否要繼續成為一個統一的國家，而且決定國家是否要廢除奴隸制度。

為什麼？復臨信徒到底怎麼了？為什麼他們退縮了？

這就是懷雅各在1861年8月12日的《評閱宣報》上開始回答的問題。他首先提到復臨信徒是忠誠的美國公民，認識到「奴隸制度是先知話語中所指的：這個國家中最黑暗、邪惡的罪惡，」許多復臨教會的出版物因為反對奴隸制度「在一些蓄奴的州裏已經被明令禁止」，因此，「我們的信徒在上一次的總統選舉中，都把票投給了亞伯拉罕·林肯（Abraham Lincoln）」。懷雅各總結說，「我們知道，在基督復臨安息日會中，沒有任何一個人會對那些脫離聯邦的南部各州有任何同情。」

在說明了復臨信徒是忠誠的公民後，他繼續解釋，為什麼教會不派遣士兵。他堅定地站在十誡的立場寫道：「我們信徒所持的立場關係到永恆、神聖上帝的律法，是跟所有戰爭的要求無法相容的。第四條誡命說：『當紀念安息日守為聖日』；第六條誡命說，『不可殺人』。」上帝的立場十分清楚，復臨信徒不能志願服兵役，因為這將他們放在一個至少違背兩條上帝誡命的處境裏。

懷雅各開始解決這個問題，儘管他還沒有完成，但是他已經提出一個影響千萬復臨信徒生命的問題。並非所有的道德問題和世界的罪惡都有明顯的界線，在這樣的時候，教會需要神聖的引導。

主啊，當我們以教會的身分為我們的職責，跟祢和地上的政府角力時，請賜給我們智慧。

他們說：「是凱撒的。」耶穌說：「這樣，凱撒的物當歸給凱撒；上帝的物當歸給上帝。」（太22：21）

基督徒如何處理與軍隊之間的關係？這是懷雅各在1861年8月12日提出的問題。他的第一項回覆非常簡單明瞭：復臨信徒不能志願服兵役，因為這樣的行動將他們放在一個至少違背兩條上帝誡命的處境裏。

那麼如果政府強徵呢？個人無法做選擇，只能服從國家的法令呢？對這樣的問題，懷雅各提出了一個出人意表而又頗具爭議的建議。「如果是徵兵，」他寫道，「政府應當承擔違背上帝律法的責任，如果抗拒政府那就是瘋了。那抗拒者最終根據軍令就是要被槍斃，說得過分一點，我想，你就要對自殺負責……如果我們試圖反對天底下最佳政府的法令，我再說一遍，那一定是瘋了；因為我們的政府正在跟撒但，及惡天使以外最邪惡的反叛作鬥爭。」

這就是我們所見，懷雅各對這個複雜問題的解答，就是復臨信徒如何同時服從上帝和政府的律法。簡言之：

❶ 復臨信徒是忠誠的公民。

❷ 復臨信徒不能志願參軍，因為這會使他們違背上帝的誡命。

❸ 但如果他們是被強徵的，違背上帝誡命的責任在於政府，復臨信徒就應該服從，拿起武器去殺敵，即使是在安息日。

你覺得他的觀點怎樣？你可以整理出什麼聖經根據支持或反對他的邏輯？在政府命令和上帝誡命相衝突的時候，我們應當怎樣做？

現在，你要記住在那個時候，美國還沒有通過徵兵法案，這只是一個可能性。但有一點，年輕的復臨教會，在1862年的時候還沒有總會機構作為跟政府談判的代表，只好眼睜睜地看著邪惡衝突的「絞肉機」不斷地吞噬著生命。作為基督徒的我們，是地上和天上兩個王國的公民，我們都面臨著如何同時忠誠於兩者的挑戰。

20日　戰爭時期的復臨教會（三）

在上有權柄的，人人當順服他，因為沒有權柄不是出於上帝的。凡掌權的都是上帝所命的。所以，抗拒掌權的就是抗拒上帝的命；抗拒的必自取刑罰。

（羅13：1、2）

這是阿道夫・希特勒（Adolf Hitler）最喜歡的一節經文！他規定第三帝國的每一座教堂，每年至少讀一次這節經文或它的姊妹經文——彼得前書2章13節。

羅馬書13章教導基督徒要順服政府。但是，我們要問，如果上帝所命的代理機構（政府）要我們做一些事情，使我們無法順從上帝在其他方面的教導，我們應當怎麼做？這是在美國內戰期間使復臨信徒為難的問題——也是他們作為教會組織所面對的第一場戰爭。

懷雅各1862年8月12日發表在《評閱宣報》上的文章，激起了對這個問題的爭議。正如他8月26日所寫的，「好多弟兄談到我們的意見……兩星期以來，以熱烈的方式……這些基督徒紳士們還來不及放下他們的偏見，就控告我們教導人違背安息日和殺人……如果你們裏面有人被強徵，選擇對抗『山姆大叔』而不是順服，你可以試試，我們不會跟你爭論，唯恐你們會有一些不抵抗主義者，在被呼召為你的祖國而戰之前，已經捲入一場小戰爭了。」

然後，懷雅各清楚地加上一點說：「任何就當前的戰爭來闡明我們做人本分的好文章，都會立刻得到我們的關注。」

這個邀請立刻引起了潮水般的迴響，接下來的3個月，復臨信徒透過《評閱宣報》公開爭論基督徒的矛盾角色，一方面作為天國公民，另一方面又是地上某個國家的公民，它們各自有律法——有時會有衝突。

我們在爭論中得出一個教訓，就是我們必須在和平時期、情緒平靜的時候，事先研究一些有爭議的重要問題，這樣才能把事情做好。

但這裏的情況不同，他們竭力在情緒激烈的危機當口尋求答案。可見，在危機到來之前，先徹底全面地考慮重大問題是很重要的。

天父啊，求祢幫助我們，利用我們個人和教會團體，在和平時期用禱告和學習的態度來到祢面前，這樣我們可以更全面地瞭解祢的旨意。

戰爭時期的復臨教會（四）

彼得和眾使徒回答說：「順從上帝，不順從人，是應當的。」（徒5：29）

這就是使徒們面臨上帝命令和地上掌權者命令互相抵觸之時，所做出的結論性聲明。然而這個有關復臨教會面臨服兵役的真理立場，在1862年，對許多信徒來説，還不是十分明朗。

懷雅各向人們發出的索稿邀請，請他們談談教會在服兵役的事上應該抱持的立場，不僅得到了眾多回應，而且論及各種可能的觀點。

一端是完全的反戰主義者，他們相信，基督徒應該完全避開兵役。也許是愛荷華州的教友們過分的反戰情緒，激發了人們指責復臨信徒不是愛國主義者，而迫使懷雅各發表他最初的觀點。

另一端是聖戰主義者，認為要全力投入戰鬥，比如約瑟・克拉克（Joseph Clarke）。他寫道：「我非常焦急想知道我們對戰爭所當盡的本分，我不怕徵兵，因為我希望看見叛國者得到應有的審判。」

「所以，我寫信給懷弟兄，希望知道是否允許我們參軍。我的頭腦裏充滿了基甸、耶弗他和大衛等勇士們的形像……。」

「我希望屆時我能遭遇敵人，像約押遭遇押沙龍一樣。並且更渴望有朝一日，守安息日信徒的大軍靠著那常幫助英勇又守律法百姓的上帝，以迅雷不及掩耳之勢，摧毀那些反叛者。」

「去年冬天，我對戰爭的熱心度是那麼的高，幾乎將我灼傷。」

克拉克在另一篇文章裏寫道：「在天上不是也有戰爭嗎？」「他們應該是被絞死的謀殺犯嗎？應該被槍斃的叛徒嗎？不是的！不是！……難道約書亞和大衛是殺人犯嗎？讓我們把盲信放在一邊，像智者一樣的行動。」

就這樣爭執不休，直到懷雅各最終呼籲停止，就《評閱》的文章看來，每一種觀點都已經有足夠的代表文章發表了。

整場爭論，表明在早期復臨教會中有令人耳目一新的開放精神，這種開放隨著時間的推移，可以幫助他們轉向徵求群情意見來解決爭議性問題。

戰爭時期的復臨教會（五）

在安息日做善事是可以的。（太12：12）

在談到安息日做善事的時候，耶穌確實這樣說。有了這個原則，終於可以為復臨信徒關於在戰爭時，如何能同時服務上帝和地上政府的兩難處境，開啟了答案。

同時，我們應當記得在美國還沒有徵兵的法令存在，直到1863年3月。我們也要注意，當時還沒有任何國家兵役中有非戰鬥人員的概念。一位軍人很自然的就是戰士，當命令下達的時候就必須拿起武器去殺敵。

1863年3月3日，美國通過了兵役法，允許被徵召入伍的人可以支付一筆錢去尋找替代者。復臨教會幫助他們的教友籌集這筆費用，但是到1864年7月4日，修訂後的兵役法規定，只有那些「從良心上反對拿武器的人」可以免交這筆費用。

基於這點，這個新近成立的基督復臨安息日會全球總會，便爭取登記為非戰鬥人員教派，8月3日密西根州授予這個新教派非戰組織身分，其他州也很快就跟著仿效。然後教會差派安得烈（J.N. Andrews）帶著各州州長的信，去向位於華盛頓特區的聯邦政府申請。於是在1864年9月，美國政府認可復臨教會是非戰鬥人員身分的教會。

理論上，這意味著它的信徒即使是被徵召，他們也可以不必拿起武器或去殺敵。但在實際中，非戰鬥的被徵召者經常遭到反對和威脅。從好的方面來說，在戰爭中非戰鬥人員可以從事醫療服務，可以在前線，也可以在後方醫院。

復臨信徒對這個協調感到快樂，因為這可以免除他們去取別人的性命，並且在安息日向別人做善事也是符合誡命的。

從那時起，非戰鬥的醫務人員角色，成了基督復臨安息日會被徵召者的標準角色，但教會還是不贊成志願參軍。事實上，好幾位信徒在內戰末期志願參軍，結果被開除教籍，儘管許多人（可能也包括懷愛倫）都不太確定這是否正確。上帝不僅在純粹屬靈的事上帶領祂的子民，也幫助他們解決屬世相關的問題。有祂在我們一切事上的帶領，我們應當歡呼。

回顧戰爭時期的復臨教會　　**23**日

要愛你們的仇敵。（太5：44）

我個人覺得，你無法一面說愛你的敵人，另一方面又取了他們的性命。在1961年夏天，卻有這樣的事發生，在柏林牆危機之時，我面臨一次軍事法庭審判的威脅。

當時，我是一名訓練有素的步兵，在此之前一直是一個堅定的不可知論者，但這一年的上半年我開始對復臨信仰感興趣，並且堅信我應該不再於安息日拿武器或出操。我開始賞識復臨教會在各種立場中尋求聖經支持，儘管我還不是這個教會的信徒。

你們可能要問，一個跟復臨教會只有短暫且關係薄弱的年輕人，如何知道教會在服兵役事情上的立場？回答很簡單──教會一直積極、不停地宣傳自己的立場，而且在這個論點上忠告牧師們和年輕人。

全球總會不僅派遣牧師到地方區會，來幫助被徵召者爭取非戰鬥人員權利，也出版許多刊物就這個論題指導年輕人。而且，復臨教會的大學和學院支持建立軍警醫務訓練團，特別訓練復臨信徒，使他們被徵召時能勝任非戰鬥人員的角色。

另外，外面流傳一些故事，在世界某些地方的復臨信徒，因為拒絕在安息日工作或拿武器，有被關進監獄甚至殉道的。還有一個家喻戶曉的實習醫生戴斯莫·道斯（Desmond T. Doss）的故事，他因為在沖繩戰役中拯救了75名傷患而獲得了一枚勳章。

後來不再有徵兵，於是宣傳也停止了，復臨教會也就忽略了這個話題，最終還忘記了這段歷史。到2007年，美軍中有7,500位復臨信徒的志願兵，事實上，所有這些人（除了隨軍牧師外）都被編為戰鬥人員。

有時，教會需要重拾被遺忘的歷史，提醒自己應該持有的立場。這樣的事也會在我們個人的生活中發生，求主賜我們毅力，如實貫徹執行。

24日

美好往昔中的教育事工

你懂得希臘話嗎？（徒21：37）

從靈修的角度看，這可能不是很合適的一節經文，但它確實引發了一個重要話題。美好往昔在教育事工上不夠理想。要社會認可一個人是受過教育的，除非他們精通古希臘文和拉丁文，還有這些語言的經典。因為傳統教育僅聚焦於古典文獻。

這樣的教育對大部分的群眾來說，當然毫無意義，因為他們需要養家餬口。不過這也沒有什麼影響，因為那時連小學和中學都沒有。說得再清楚一點，歷史上正規的學校教育，甚至連最初級的課程，都不是向社會大眾開放的，學校是專門為上流社會提供的，而那些相對少數的貴族階層，他們從來不必為生計擔憂。

正如醫療保健一樣，美好往昔在教育上也很糟糕。二千多年的西方教育，都側重於古代語言、修辭、思想以及承載這些遺產的「偉大典籍」。這些傳統威望和悠久歷史，使教育者很難想像得到其他的教學模式。但改革終會來臨，十九世紀的高潮就出現在復臨教會興起之時。

1830年代教育改革最前線的代表是像霍瑞斯・曼恩（Horace Mann）這樣的人物，他領導人們為每一個孩子能得到優質的公共初等教育而奮鬥。曼恩和他的朋友們不僅使人獲得教育機會，同時也講究實用性和健康性。他們明白，如果孩子的身體不健康，那麼思想教育也就沒有實質意義。

他們在高等教育上的代表是奧伯林學院（Oberlin College），這個學院在1830年代的課程中包含拉丁文和希臘文的經典著作，集中教導聖經的世界觀，也加入手工勞動的課程，幫助學生獲取有用的技術，作為書本學習的補充，來確保智育和體育的平衡。

「本學院的教育系統，」奧伯林學院的章程上寫著，「提供學生的不僅是在智力上的教導，同時也包含在身體和心靈上的教導，我們的目標是做最好的全人教育。」復臨教會的教育理念不是憑空而來，時至今日，當我們從聖經的世界觀來評估傳統和實用價值之時，我們依然可以從更大的文化內涵中汲取經驗。

探索真正的教育（一）　　**25**日

是了，我必快來！阿們！主耶穌啊，我願你來！（啟22：20）

對生活在二十一世紀的復臨信徒來説，似乎基督教教育從一開始就是他們教會事工的中心。然而，事實並非如此，正規的教育機制實際上是復臨教會最後發展起來的一項事工。1849年開始建立嚴謹的出版事工，1863年成立統一的領導機構，醫療服務機構在1866年前也已經著手運作；然而，復臨教會到1872年（就是米勒耳信徒大失望後28年）才建立第一所學校。而且直到接近1900年，初具規模的復臨教育系統才廣泛分布各地。

復臨學校緩慢的發展進程，可能令當今的復臨信徒感到詫異，但這可以在他們屬靈祖先的邏輯思維中找到根源。這些人相信耶穌即將來臨，其重要性勝過一切。這個信仰團體注目於將近的世界末日，普遍覺得不需要在這短暫過渡期，擁有宗教信念和有賴以維生的技術之外，還需要教導他們的兒女其他東西。

這是初期教會的情形，早期的基督復臨安息日會歷史中也是如此。為什麼要送孩子去學校呢？依循這樣的邏輯，如果世界將要結束，他們也就不會再繼續成長到使用他們寒窗苦讀數十年得來的知識。有人可能還會解釋，為孩子們提供正規的教育是缺乏對基督即刻復臨信心的表現。這樣的態度普遍存在於復臨信徒之中。

直到1862年，一位教友寫信問懷雅各，「對於相信耶穌即刻復臨的我們來説，是否可以讓我們的孩子接受教育？如果可以的話，我們是否可以送他們到當地學校？但是他們可能學到壞的知識。」

懷雅各回覆：「耶穌快來的事實不能作為阻止智力長進的理由。一個受過良好訓練的頭腦，可以更好地接受和珍惜這美妙絕倫的基督復臨真理。」

藉著這項聲明，他為復臨教育系統的發展設置了平臺。

上帝希望我們在等候耶穌復臨之時，也發揮我們所有的才能。

26日

顧德羅‧貝爾登場

教養孩童，使他走當行的道，就是到老他也不偏離。（箴22：6）

關注復臨教育的一道閃光出現在1850年代。懷雅各寫說，你不能使你的孩子輟學，「卻讓他們跟街上的孩子到處遊蕩。『空洞無知的頭腦是撒但的工廠。』」

於是復臨教育如雨後春筍般，出現在紐約的鹿橋（Buck's Bridge）和密西根的巴特溪，但是都失敗了。在教育事工上完全灰心的懷雅各，在1861年這樣寫道：「我們在巴特溪萌芽，在這個最有利的地方，認真地嘗試辦學，但還是放棄了。」

又過了7年，辦學看來已經是復臨教會不再考慮的問題時，這時出現了顧德羅‧貝爾（Goodloe Harper Bell）這個人。

貝爾第一次到巴特溪是在1866－1867年的冬天，他那時34歲，陪同一位朋友到剛建立不久的健康改良中心。那裏必定給他留下了很好的印象，因為第二年當他自己需要療養的時候他就回到這裏。

更好的是，貝爾跟一位名叫奧斯伯尼（Osborne）的復臨信徒同住一屋。夜復一夜，貝爾聽到奧斯伯尼大聲為他禱告，因為奧斯伯尼以為他已經睡著了。他的真誠大大感動了貝爾，於是這個教師加入了教會。

根據維利‧懷特對我們的敘述，貝爾療養的其中一項步驟是在清新空氣中體力勞動，有人給了貝爾一把鋸子，給他一件任務──為附近的復臨出版社鋸木頭。

懷雅各倖存的大兒子愛德生‧懷特在那裏遇到了他。在知道他是一名教師後，愛德生便提起自己恨透了語法。貝爾回答他，如果教學得當，語法應該是所有學習中最有趣的部分之一。

這次的接觸，使貝爾在後來的幾個月中被巴特溪教會所聘用。1872年總會接管了這個學校，使這所學校成為復臨教育全球系統中的第一所學校，到了2006年，復臨教會在全世界擁有5,362所小學，1,462所中學，和106所大學。

上帝使用像奧斯伯尼這樣獨特的復臨信徒，來為祂的工作成就大事。如果祂可以使用奧斯伯尼，祂也可以使用你我，只要我們願意由祂來引導我們的心靈和頭腦。

編者注：作者將「探索真正的教育（二）」放到6月27日。

探索真正的教育（二）

我今日所吩咐你的話都要記在心上，也要殷勤教訓你的兒女。（申6：6、7）

懷愛倫之前28年先知職分的事奉中，沒有寫過任何文章談到辦學或正規教育，雖然最早在1854年，她曾寫到家庭教育和父母的責任。

但在1872年，也就是貝爾的私立學校成為第一所教會承辦的教育機構時，情況徹底改觀。為此，她寫了「真正的教育」，這是她最重要也最全面的教育宣言。

「真正的教育」在復臨教育工作者當中有著很大影響，因為他們已經切實認識到它要求人們關注完美的基督教教育本質，復臨信徒必須作教育的「改革者」（《基督徒教育原理》第44頁）。真正的教育改革，還包括從過分強調書本知識轉移到平衡的教育理念上，注重「孩子們的體育、智育、德育和靈育」（同上15頁）。這項注重全人教育的平衡教育理念，成為懷愛倫此後40年中在教育方面著述的指標性觀點。

「真正的教育」基本上有三方面的含意。第一個方面提出了真教育是培養孩子的自制能力，與馴養動物不同，每個受教育的人要為自己行為上的決策負責任，這樣我們就該幫助他們有正確的立場。

第二個方面，在31頁文件中，有25頁是在探討家庭和學校教育裏的身體健康、有益的體力勞動。她一次又一次強調教育的實用性、有益性和體能方面。基於這個角度，她強調復臨信徒是教育改革者的這項事實。

第三個方面，簡要地談論到要對那些預備做傳道人的學生，進行聖經和通識的教學。

她對教育的重要性毫不含糊。要知道，「無知不會增長基督徒的謙遜或屬靈，況且基督的名會因為服事祂的人有聰明才智而更得榮耀。教育的偉大目標，是使我們學會使用上帝所賜的能力，並用最好的方法呈現聖經的信仰和彰顯上帝的榮耀。」（同上，45頁）

28日 探索真正的教育（三）

我要教導你，指示你當行的路。（詩32：8）

基督復臨安息日會在1872年接管了貝爾的學校作為教會的第一所學校，這是向前邁進了很重要的一步，但領袖們知道，還有更多的事情要做。即使沒有其他目的，他們也要為培養傳道人而做。在1870年代初，一名年輕人如果渴望成為傳道人，只能看老傳道人怎麼做，然後照樣學習。

到1873年，懷雅各這位復臨事工進程的領導人物，意識到教會需要著手培養領袖。他主持1873年的總會代表大會時說：「在當前或許沒有其他事工像教育事工這樣遭受忽視，需要教導人們去宣揚第三位天使的信息。」這個狀況要求「加強對傳道人的教育！我心歡欣雀躍，因我知道上帝的靈感動教育工作者來到我們中間擔負起教育的事工。」

然而，上帝呼召教會在教育上要有更大的異象，不單單侷限於預備傳道人的事工上。教會也逐漸進入海外佈道事工的領域。所以，安得烈在1873年寫道：「每一季，都會有其他語言的人們傳來的請求，我們必須回應。我們不能在現有的境況下做這項事工。但如果上帝祝福我們在提升巴特溪學校工作中所做出的努力，我們就一定能成功。」「在這項事工上我們已經耽擱太久了。我們無法改變過去，但我們可以改善未來……其他國家的人們渴望在有關基督復臨的真道上受教。」

領袖們終於領會到他們需要建立一所大學，這項工作開始於1874年。就在開辦這所大學之前，總會會長喬治・巴特勒（George Butler）寫道：「我們看見有一項偉大的工作擺在眼前……我們也看見時機已經來臨，就是成百上千的佈道士要從這裏被派往其他地區傳揚這警告的信息。」這些因素終於促成了教會建立一所大學，不僅培養佈道士，而且培養譯者、編輯以及其他人員，他們可以傳遞第三位天使的信息。

願景從來都不是一成不變的。上帝引導祂的子民一步一腳印，當我們到達一個水準，祂便推動我們追求下一個高度。所以要在生活的每個方面為祂而活。

探索真正的教育（四）

耶和華說：「你們來，我們彼此辯論。」（賽1：18）

1874年，巴特溪學院的創辦者很清楚他們對這所新學校的期望，他們希望有一所學院教導聖經，裝備傳道人和佈道士，提升學生的能力「跟上帝辯論」。他們知道為何要建這所學院。

然而學院需要教職員，而基本的問題是，這個初露頭角的教派到哪裏去找教職員呢？

所幸，在他們中間至少有一位大學畢業生。西德尼‧布朗斯伯格（Sidney Brownsberger）已經在1869年完成密西根大學古典研究的學業，並且即將於1875年從同一所大學取得文學碩士學位。教會的需要加上布朗斯伯格的教育，加上他有一顆為復臨教會奉獻的心，顯然是領導新學院的最好人選。

但是對他的委任只有一項欠缺，便是他在學業上非常優秀，卻不太明白如何去實現創辦者的目標。

在學院初期的一次董事會中，維利‧懷特告訴我們，他的母親「為他們宣讀了真正的教育證言，所有人都津津有味地聽著。他們認識到這信息來得正是時候，也明白這項呼召遠超過他們所計畫的，包括他們美麗的校址坐落在巴特溪的邊緣，是那麼方便，那麼近，但是它無法滿足他們蒙呼召所做的一切要求。」

「有個人問：『那麼，布朗斯伯格弟兄，我們能做什麼呢？』」

「他回答：『我一點也不知道要如何管理這樣的一所學校……。』」

「接著會議同意按照普通學校的組織樣式操作，至於課程的問題，應該根據他們所宣導的觀點來研究設定。然而，經過多年後，有關課程安排學校卻仍沒有提出什麼明確的步驟。」

這位年輕的教育領導者已盡他所能做到最好。他所領導的學院在1870年代的核心課程仍舊是傳統文科，聚焦於拉丁文、古希臘文、以及這些語言的典籍，它很難稱得上是一所「改革的」學院。

但上帝還是使用它，所以好消息是上帝使用我們，無論我們是怎樣的人，無論我們有何缺點。**感謝祢，主啊！**

06

30日　　　　　　　**探索真正的教育（五）**

得智慧勝似得金子。（箴16：16）

正如我們昨天讀到，巴特溪學院沒有達到創辦者的期望，不僅因為它把古典語言文學作為其課程中心，而且學院開設的課程中也缺乏聖經學習和宗教課程。事實上它既沒有常規的宗教課，也沒有必修的宗教學。就算烏利亞·史密斯用僅有的一條腿跛行而來，開設了枯燥的聖經預言選課，看樣子仍沒有太多人選他的課程。

學院的簡介這樣打廣告：「在學習的課程、或訓練規則和實務中，絲毫沒有關於教派的內容。安排在課前的聖經課也只要求那些選修的人出席。」再者，「院方沒有意願要催促學生接受教派的觀點，或者在學院的工作中突出這些宗教觀點。」這就是基督復臨安息日會高等教育誕生時的狀況。

可是情況越來越糟糕。布朗斯伯格於1881年辭職，學院聘請了亞歷山大·馬科林（Alexander Mclearn）代替他的職務。馬科林能來巴特溪的有利因素是，他擁有神學博士的高學歷，但不利因素是，他還不是復臨信徒也非剛剛入會者。

布朗斯伯格可能並不理解復臨教育的真正需要，但馬科林甚至還不瞭解復臨信仰。他可能在學術方面很優秀，但在他的領導下，事情變得更糟。

學院在1882－1883年關閉，並且不確定什麼時候重新開放。費了這麼多精力的首次復臨高等教育就到此為止。巴特溪的一家報紙形容復臨教會這個意想不到的失敗是「一場鬧劇」。

正是因為馬科林混亂的管理，懷愛倫發表了一段證言，題目是「我們的學院」，1881年12月，就在教會的傳道和教育的領導層合併之前，這篇文章在學院的大禮堂裏被宣讀，她直言說，「這是很危險的，我們的學院將會偏離最初的理念」（《教會證言》第五卷21頁）。

這段令人惋惜的歷史給了我們一些重要教訓。我們常以為教會從創辦開始就會走下坡路，但事實並非如此。教會總會有許多問題，將來仍會有。但是上帝並未放棄我們，這是祂的方式。不完美的人在未盡理想的機構中，祂還是跟他們同工。即使我們放棄了，上帝依然繼續做工。

探索真正的教育（六）

1 日

我也要賜給你們一個新心，將新靈放在你們裏面。（結36：26）

不僅個人需要新心，有時，機構也需要。所以，在1870年代至1880年代，復臨教育同樣也在探索它於教會中應擔任的合適角色。

昨天，我們講到懷愛倫在1881年，強烈呼籲對搖搖欲墜的巴特溪學院進行整頓。她擔憂學院正「轉離辦學的初衷……一年、兩年過去了，有一個力量正在推動我們的學院隨從其他的學院……道德和宗教的影響不能只放著當背景。」（《證言》第五卷21頁）

「如果讓一種屬世的影響來支配我們的學校，那麼，就把學校賣給世人，讓他們去全然掌控；那些把金錢投資在那個學校裏的人要另外建立學校；其經營策略既不是照著普通學校的計畫，也不是按照校長和教師們的意願，而是照著上帝已經載明的計畫……。」

「上帝已經宣告了祂對地上大學的旨意，就是讓聖經在青年教育上擁有其合適的位置。」（同上25、26頁）。

在她情詞迫切的演講中，懷愛倫特別強調聖經的角色和回歸到學校創辦者的目標上。

她宣告說：「我們太少關注為了事工而教育年輕人的理念，應當確保這是開辦大學的首要目標。」（同上22頁）

她不是反對文學和科學。相反的，她支持到更廣闊的知識領域去學習，但是「同時必須學習祂的話語」（同上21頁）。她反對的是「單單」從書本上學習，那樣的「教育可以從世上的任何一所大學裏獲得」（同上22頁）。懷愛倫提倡一個更綜合性的學習，就是以聖經的觀點看待一切事物。「就教育的力量來說，沒有什麼東西可以跟聖經相抗衡」，她向學生發出挑戰，「努力解決困難問題」，並且拓展他們的思維（同上24頁），她呼籲將復臨教育帶回到正路上。

天父，我們為歷史上先知的聲音向祢感恩。當我們現在向前邁步的時候，求祢幫助我們得以聽到同樣的聲音。

07

2日

探索真正的教育（七）

樹若被砍下，還可指望發芽，嫩枝生長不息。（伯14：7）

1882年春天，復臨教育這棵小樹不僅僅是被修剪，而是被砍倒了。

但這猛烈的一刀並不會徒勞無功。樹樁周圍將會向四方長出嫩枝，重新給教育系統活力，大大地幫助他們探索真正的教育。巴特溪學院後來於1883年秋天重新開放，他們決心更加忠誠於它的使命。這使得1880年代復臨教育向著這個方向取得了重大的進展。

但或許更重要的是，巴特溪學院的前幾任領導人分散到全國各地。後來在他們繼續壯大復臨教育的時候，這些經歷給了他們很大的幫助。

顧德羅·貝爾在麻薩諸塞州設立了一個營會，1882年春天，就是在這裏他建立了南蘭卡斯特學校（South Lancaster Academy），最終發展成為「大西洋聯合大學」（Atlantic Union College）。

同時，西德尼·布朗斯伯格往西部去，1882年4月，他建立了赫德斯伯學院（Healdsburg Academy），後來發展為赫德斯伯大學，最終成為太平洋聯合大學（Pacific Union College）。布朗斯伯格發誓不再犯同樣的錯誤。他在赫德斯伯以一個完全不同於先前在巴特溪工作的方式開始他新的職業生涯。有了密西根的經歷後，他下定決心：「不再受聘於教會，除非以《證言》為基礎。」

布朗斯伯格在任期間，赫德斯伯大學在其公告和簡介上所體現出來的顯著特點是，學校奉行在書本和實踐之間，智育和體育之間平衡的教學理念。簡單地説，在學業之外還要訓練學生們為將來的工作做預備。不僅如此，學校特別設置課程，「根據青年男女學生所渴望服事的工作實施教學。」赫德斯伯大學是一所自己實行改革創新的學校，同時也繼承巴特溪學院的優良傳統。

「活到老學到老」。在上帝的幫助下，學校和個人能夠不斷革新因而更貼近祂的心意。工作已經啟動，但復臨教育真正的革新將出現在1890年代。

在生活方式和教義上的觀念（一）　　**3**日

耶和華啊，求你將你的道指示我，將你的路教訓我！（詩25：4）

在過去幾個月的閱讀中，你可能已經注意到，懷愛倫在復臨信徒的生活實踐方面上，比在建構教義方面扮演更大的角色。教義形成的過程要研究聖經，直到得出被多數人所接納的結論。在這個基礎上，她有時會得到異象，再次證實多數人的觀點，以此來幫助那些對團隊從聖經得出的結論仍心存疑問的人們。這樣我們可以看待懷師母在教義建構的過程中是一個證實者，而不是一個發起者。

她在復臨信徒生活方式領域中的角色卻不是這樣。在我們進入到這個話題之前，我們需要認識到生活方式領域和教義領域之間的不同。

儘管二十一世紀的復臨信徒趨向於看教義和生活方式問題一樣重要，但這不是教會奠基者們的觀點。相反的，他們從專題的聖經研究中錘煉出最基本的教義，並在大會中得出多數人的意見，但生活方式觀點卻發展出不同的模式。

它們的差異可能是因為教義決定了派別的性質。在早期守安息日的復臨信徒中，教義是至關重要的問題，它獲得極大的關注。而生活方式上的觀點，是第二個關注的焦點。許多生活方式之問題不是決定派別性質的基本因素，這些生活方式是用來協助教會完成她的使命，傳揚教義上的信息。

從這個角度來看，健康改良使人們成為更好的見證者和佈道士，幫助痊癒的人更容易理解福音。同樣的，基督教教育有利於培養平信徒和福音佈道士。還有，什一捐和樂意捐不僅幫助人們反映出那愛世人甚至賜下祂獨生子的上帝的品格，也推動上帝所吩咐在世上的使命。

主啊，我們感謝祢賜下這些教義和生活方式的理念，使得基督復臨安息日會信徒成為一群特殊的子民。求祢幫助我們，更加理解這兩者在我們個人和教會團體生活中所扮演的角色。

在生活方式和教義上的觀念（二）

行事為人就當像光明的子女。（弗5：8）

歸納而言，只有兩條路擺在面前——走在光明中，還是走在黑暗中。對此聖經的觀點是很明確的。

但什麼是光？

我們當中有許多人覺得教義，或者甚至聖經所說的生活方式就是光。錯了！基督才是光。信仰的中心在於我們與祂的關係。圍繞這個中心的是罪的問題，以及上帝藉著基督的十字架解決罪的問題。

教義和生活方式都是其次的事情。儘管你相信所有正確的教義和有正確的生活方式，但你可能仍舊是失喪的人。救恩是關乎你藉著耶穌與上帝之間關係的事情。教義本身不是終點，而是使我們更加認識上帝的一種途徑，使我們可以更加愛祂。生活方式問題離信仰中心則更遠了。比方說，健康改良，是使我們能夠有更清醒的頭腦，更能理解上帝和教義，使我們有更溫柔的個性，以致能夠更愛我們的鄰舍和上帝。

不管怎樣，在這些奠基者們的想法中，生活方式和教義是不相同的。他們在精確表述教義上盡了很大的努力，卻幾乎忽略了大部分生活方式的問題，直到有迫切的需要或危機迫使他們聲明立場。

復臨信徒獲得生活方式的結論有幾種途徑。有時在危機出現的時候，他們通過聖經研究和會議討論形成一個決議；或者有時，懷愛倫率先提出一個議題，再指出它的解決辦法，並且闡明這個解決辦法如何立足於三天使信息的全景之中。後者在健康改良方面比較明顯，而前者，正如同我們曾看見的，主要表現在服兵役和什一捐的例子中。

因為懷愛倫經常把聖經的原則應用到教會及信徒個人的日常生活中，多年來她的勉言逐步成為復臨信徒在討論生活方式時所津津樂道的焦點。

當我們看早期復臨教會發展時，我們需要認識到懷愛倫有雙重的身分，在教義建構的領域中她的參與比較少一點，在生活方式教導的發展上就比較多一些。

天父啊，求祢引導、幫助我們理解我們信仰各部分之間的互相聯繫和生活。

興起帳棚大會（一）

5日

在耶和華所選擇的地方，你當向耶和華——你的上帝守節七日。（申16：15）

古以色列人每年在宗教生活方面都有一連串的節日，這些節日期間，人們離開家聚集一起好幾天，接受宗教上的陶冶。

在基督徒的時代裏，我們的帳棚大會並非完全和猶太人的節期是一一對應的，但保留許多節期的性質。帳棚大會在十九世紀初的北美、衛理公會和米勒耳運動中發揮了極大的奮興作用。但由基督復臨安息日會信徒所召開的第一次帳棚大會是1868年9月，在密西根州萊特市（Wright）。

《評閱》在8月18日宣布：「這個大會舉辦的目的，不是為了花幾天時間大家一起消遣或滿足虛榮心；也不是追求新穎，招呼人們出來消磨時間，或滿足在平時找不到的好奇心；更不是藉著這個方式召聚很多人，可以炫耀一下我們的勢力。我們擁有一個與眾不同的目標。」

「我們渴望盡可能多招呼我們的弟兄姊妹、傳道人和平信徒，我們盡可能多找未信主的朋友們。當我們對這個大會充滿興趣，就可以為他們做美好的事情。」

「我們希望所有到大會的人，是帶著一個尋求上帝的目標來的；希望我們的弟兄姊妹們是帶著一個生命更新的目標來的；希望我們的傳道人在這裏，做一個值得人們效法的榜樣。」

「我們也渴望看見許多我們的朋友們，雖然未曾對基督有過興趣或不懂什麼是現代真理，都能在這裏回轉歸向主，並且在祂真理的光中歡呼快樂。」

就在那裏我們召開了大會。

帳棚大會的目標是培靈和教導聖徒們，更新信徒的生命，和傳揚第三位天使的信息給那些未曾接受或從未聽説的人。

簡單地説，帳棚大會是為全體復臨信徒所舉辦最重要的屬靈饗宴。

興起帳棚大會（二）

6日

每年到逾越節，他父母就上耶路撒冷去。（路2：41）

帳棚大會在早期的復臨教會中是激動人心的時刻。人們在這裏聽到很好的講道，遇見了老朋友，他們打破日常的生活模式，買復臨刊物，領受屬靈的福氣。一年一度的帳棚大會對與會者來說有如「山頂的經歷」。

1868年9月1日至7日，教會在密西根州的萊特市正式舉辦的第一次帳棚大會，設定聚會模式供以後仿照。兩個大約60英尺大的帳棚作為大會的主會場，人們就住在小帳棚裏。那些在當地沒有辦法在「凱瑪特」（K-Mart）和「沃爾瑪」（Wal-Mart）商場買便宜帳棚的，《評閱》就為他們提供自製簡易帳棚的方法。

那時總共有22個教會的帳棚，在睡覺的地方他們用毯子或被褥懸掛隔開，使每個家庭有一點各自的空間。有些帳棚中間拉一條繩子，可以掛上毯子等把男女隔開。

家庭和朋友們自己生火做飯，用木塊圍成圈，大家坐著一起吃飯，這是增進友誼非常好的機會。那時一定是孩子們最快樂的時候，也是大人們一年中最美好的時光。

是的，這一切根本不像家裏那麼舒適，人們也可能希望有更多一點的私人空間，而且，他們還得自付一些錢財，支付路費和請假。但是早期的復臨信徒覺得這樣的集會值得他們付出並忍受不便。

在那次萊特大會後，一年一度的帳棚大會便成了慣例。第二年，七個州舉辦一個大會。後來世界各處紛紛舉辦帳棚大會。

這樣的帳棚大會到今天還在舉辦。有些地方很興旺，有些地方則日趨衰弱，但總是蒙受福氣。如果你近年來都沒有參加過，爭取一下，特別是過幾天睡在地上的生活，你將會蒙福。如果能每年得一次這樣奮興的祝福，復臨教會今天應該會更好。

主啊，求祢幫助使我們每一個人在每天、每週、每年，每一個祢所賜福的機會上，全心向祢獻上感恩。

興起帳棚大會（三）

在這山上，萬軍之耶和華必為萬民用肥甘設擺筵席。（賽25：6）

「肥甘」在聖經裏是指上好的東西，屬靈的福氣，上帝應許的應驗。上帝不僅在舊約時代用肥甘設擺筵席，而且在末後要在天上設擺救恩的筵席。在這被早期復臨信徒認定為過渡時期的今天，帳棚大會就是他們肥甘設擺的筵席。

回到1868年那次的大會，懷愛倫做了類似於我們所說的主題演講。她談到復臨信徒的需要，使每一個與會者的心靈做好準備，等候這次屬靈盛宴的到來。烏利亞·史密斯簡要描述她的演講，她「在大會開始的時候將弟兄姊妹的心引到了正道上。當主題是這麼清楚地被闡述出來的時候，那些以前沒有看見有需要這樣聚會的人，如果在場的話，就一定會改變看法。」

約瑟·克拉克報導說，「懷姊妹的見證這麼有力，使我們覺得自己有點像當年的門徒一樣，問主說：『主啊，是我嗎？』她的見證充滿了警告，」他催促在場的人們，要「思念天上的事情」，而不是地上的事。

講道是萊特大會的主要內容，懷雅各講了六堂，懷愛倫五堂，安得烈四堂，拿單·富勒（Nathan Fuller）一堂。史密斯報導這些信息時說，他們被「現代真理之火點燃了。」

此後，所有的州每年都要求懷氏夫婦去講道。他們盡最大的努力滿足各地的邀請，許多年以來他們奉獻8月到10月的所有時間去講道。

那次萊特帳棚大會有300人搭帳棚住，另外幾百人住在附近的房子裏，在週間，大概有1000多人到會。那個週末，當然，人頭鑽動，人數驟升至2000多人，如果不是那場傾盆大雨，可能會達到3000人。

後來帳棚大會常常在交通便利的城市附近地區舉行，為的是照顧到很多希望聽到第三位天使信息及相關真理的非復臨信徒，讓他們也能參加大會。最成功的一次是在麻薩諸塞州的格羅夫蘭（Gloveland）召開的帳棚大會，大約有2000人在星期天聚集聆聽懷愛倫講節制的道理。

這是何等的機會！何等的祝福！

07

8日

想一想佈道工作

所以你們當知道，上帝這救恩，如今傳給外邦人，他們也必聽受。

（徒28：28）

早期的基督復臨安息日會信徒對佈道工作並沒有太關心，這是個不爭的事實。他們相信記載在馬太福音24章14節、啟示錄10章11節和14章6節，將福音傳遍天下的末世大使命，已經由新教在十九世紀初和米勒耳信徒在1840年代應驗完成了。他們在本土和海外的事工上有一個「福音關門論」的思想。他們的佈道使命只針對那群剩下來失望的米勒耳信徒上，認為這些人需要安慰和引導他們，從第一、第二位天使的信息走向第三位天使的信息。

雖然，懷愛倫確實在1848年有了一個異象，關於復臨信徒有一部分工作將像傾瀉的亮光，分明地環繞全球，以及其他一些異象指向廣闊的使命，但持關門論的守安息日復臨信徒並不領會，對異象的含意也不感興趣。

關門論階段到1852年結束，他們意識到自己在考驗期已經結束的觀點上錯了。從那以後，懷雅各宣告他們要以「福音大門已開」的觀念，來向所有的人傳揚安息日和第三位天使的信息，無論他們是否曾經為米勒耳信徒。

佈道的門開了一點點，但不是很大。離基督復臨安息日會向海外派遣第一個佈道士，還需要將近四分之一個世紀的時間（1874年）。此時，基督復臨安息日信徒走向佈道的速度如同「進化」（evolution），而非「革命」（revolution）。

雖然有些要求佈道的呼聲在1850年代就已經出現，也有許多人提出教會為什麼不能向海外派遣佈道士的理由。

1859年關於佈道問題，其中有個迷人的結論，是來自烏利亞·史密斯。基督復臨的耽延使得一些人提出佈道的問題。一位《評閱》的讀者詢問第三位天使的信息是否需要傳到美國之外的地方。

史密斯主編回覆說它並不需要，因為美國是由來自世界各國的人組成。如果信息傳到一個人那裏，就意味著傳到了他所代表的語言族群，也等於說，福音已經傳給各國各方的意思了。

主啊，祢是多麼耐心一步一步引導我們走過目光短淺的歲月。

會見邁克・切喬斯基

耶穌說：「……你只管去傳揚上帝國的道。」（路9：60）

儘管一般的復臨信徒的態度是這樣，但基督復臨安息日會信徒（守安息日的復臨信徒）的海外佈道事工其實很早就已經進行了。復臨刊物的發行為此提供了一個管道，移民們把這些刊物帶回家鄉，或者有人藉由郵寄和託運把這些刊物傳給住在其他國家的朋友們。

結果，1860年代初，在美國的復臨信徒知道在愛爾蘭有接受復臨信仰的人。到1864年，在非洲至少有兩個人相信第三位天使的信息，而且其中的一個人不久便把這個信息帶到澳大利亞。

不管喜歡與否，這個新成立的基督復臨安息日會正在面臨全球佈道的挑戰。那裏不僅有接納者，而且這些接納者們還不停地要求差派佈道士到他們的地方去。

正如許多其他的情況，懷雅各總是站在為教會展望一個更大使命者的前哨。1863年5月總會成立前一個月，他在《評閱》中寫道：「我們的信息是世界性的信息。」並且幾個月之前，他已經指出向歐洲派遣一個佈道士的必要性。然後在6月《評閱》報導說：「總會執行委員會將會在1863年結束前，派遣佈道士史努克（B.F. Snook）前往歐洲。」

當時教會機構裏缺乏人手，還不能讓史努克離開日前的崗位，但另有一位傳道人急切希望前往。

1858年，邁克・切喬斯基（Michael Czechowski，前天主教波蘭神父，在1857年改信基督復臨安息日信仰）寫道：「我多麼希望能跨越海洋回到我的祖國去，告訴人們耶穌的再來和榮耀的恢復，他們是多麼需要領受上帝的誡命和耶穌真道啊！」

但是切喬斯基剛接受這個信仰不久，並且有人覺得他的個性不太穩定。結果，基督復臨安息日會的人不願派遣他。在受挫的情況下，這個富於創新的波蘭人向守第一日的復臨信徒請求贊助。他們果真贊助了他。但當他到了歐洲，他卻傳講第七日的信息。

教會充滿著有趣的人。儘管我們有缺欠，但上帝管理並使用我們所有的人。感謝天父的幫助之恩。

195

切喬斯基的歐洲佈道

父怎樣差遣了我，我也照樣差遣你們。（約20：21）

至少邁克‧切喬斯基是一個有趣的復臨信徒。在得到星期日（第一日）復臨信徒團體的贊助後，他航行到了義大利，卻在那裏宣講安息日的信息。他出發的時間是1864年5月14日，比基督復臨安息日會正式向海外派遣第一個佈道士整整早了十年。

他在義大利阿爾卑斯山韋爾多教派的村莊工作了14個月，在那裏為好幾個信徒施洗，並且成立了北美以外的第一個基督復臨安息日佈道所。

但是來勢洶洶的反對最終迫使他在1865年搬到瑞士，在那裏他挨家挨戶探訪，在公共的禮堂講道、印刷和出售小冊子，並且發行雜誌，取名為「L'Evangile Eternal」（永遠的福音）。當他在1868年離開瑞士的時候，已經為40多位來自不同教會團體的信徒施洗。

他的第一日復臨信徒贊助者們並不知道他實際上在教導些什麼，只知道他被第七日復臨信徒「棄置一旁」了。他們繼續為他籌款，並且「異口同聲說：『去吧，上帝與你同在。』」

他便去了，在羅馬尼亞、匈牙利和歐洲其他的地方傳揚安息日的信息。到1876年，當他在奧地利去世的時候，他已經為基督復臨安息日會將來在東南歐的福音活動，打下了基礎。

到1869年底，基督復臨安息日會才發現他歐洲佈道的內容，並且看見上帝保守切喬斯基所做的工。1870年總會代表大會上，教會領袖們為上帝在切喬斯基的事工中的援助而特別感恩。「由於我們不敢把錢交給切喬斯基弟兄使用，我們缺乏耐心建議他把錢用在合適的地方，因此上帝使用我們所認定的對手推進聖工……我們承認有上帝的手在其中運行。」

正如我們會看見的，切喬斯基的工作直接導致在1874年派遣第一個「正式」的海外佈道士安得烈。

基督復臨安息日會的人漸漸地卻不情願地醒悟過來，了解並拓展他們的使命。但他們好像還是不太著急。

遠到加州佈道

你們當求莊稼的主打發工人出去收他的莊稼。（太9：38）

基督復臨安息日會在美國東北以外的第一個佈道禾場是遙遠的加州——一個被1500英里的沙漠、森林、群山跟其餘各州隔開的地方。阻隔美國東西兩部的這片曠野不僅遼闊遙遠，而且旅途非常艱難（隨時充滿危險）。

在十九世紀復臨信徒或不同派別的出版物，早在正式的教會活動開始之前，就已經在那一段時間了。這是在加州的情況。1859年，瑪瑞特・克洛格（Merritt G. Kellogg，是J.H.克洛格的同父異母的兄弟）經過6個月的艱辛跋涉，坐火車、貨車和牛車橫貫東西，到達了舊金山，他可能是這個州的第一個復臨信徒。

兩年後，克洛格（一個平信徒）在舊金山一系列的聚會中講道，而且為14個人施洗。四年後，這群信徒決定捐贈價值133美元的金子到巴特溪，作為支付傳道人的路費。但是教會卻派不出人來。

1867年，克洛格回到東部幾個月，在喬醫生醫療衛生學院攻讀醫學博士學位。當他在東部的時候，有機會參加1868年總會代表大會，在會中他請求派遣一位佈道士到加州。但誰可以去呢？懷雅各問。

拉博柔起來回應，敘述到他曾做了個印象深刻的夢，告訴他要到加州開辦帳棚大會。教會領袖們很快就同意他去。但是讓他單獨去嗎？畢竟，懷雅各記得基督差遣門徒是兩個兩個出去的。這時，博多（D.T. Bourdeau）起來表示，他深感現在正是自己需要換工作的時候，他和妻子是帶著所有的行李來參加這次大會的。所以，他們已經準備好到教會派遣的任何地方去。

這樣兩個復臨傳道人在1868年7月到達了舊金山。他們收到了來自懷愛倫的一封信，叫他們不要吝嗇在加州的工作。她寫道：「你們在加州工作不能像在新英格蘭那樣。過度節儉，加州人會覺得你們小氣。」這些都是很好的勉言。那麼，他們可以在什麼地方搭建帳棚呢？在舊金山租一個場地是他們不敢奢望的。他們禱告求主垂聽。

早期信徒的奉獻精神著實令我吃驚。我們之中有哪幾個人帶著所有的家產去參加總會代表大會，預備好到任何上帝所指示的任何地方去？今天我們的「奉獻商數」（DQ，Dedication Quotient）是多少呢？

做加州夢的人

他必差遣使者在你面前。（創24：7）

上帝有奇妙的工作辦法。在拉博柔和博多到達舊金山的幾週前，一份紐約的報紙被送到加州，報導說有兩位佈道士準備到加州用大帳棚舉辦宗教大會。

這篇文章引起了巴塔路馬（Petaluma）一群基督徒的注意，這是一個距離舊金山大約40英里的小村莊，他們迫切禱告求上帝祝福這兩位佈道士。

巴塔路馬的信徒中有一個沃爾夫先生（Mr. Wolf），他夢見自己看到兩個人點燃了一團火，發出耀眼的光，本地的傳道人努力想撲滅火焰。但是，這些人的企圖只能使火燒得更旺。沃爾夫意識到他夢見的兩個人正是紐約報紙提到的那兩位佈道士，而且巴塔路馬的信徒需要幫助他們。於是，他們便差派一個人到繁華的舊金山找這兩位佈道士。一個15萬人的城市，他不知道從哪裏著手，就去碼頭問最近是否有大帳棚運到，果真問到地址。不到一個小時，他便找到了兩位佈道士。

這個人還沒有告訴拉博柔和博多關於夢的事情，就邀請他們去巴塔路馬，跟沃爾夫先生一同進餐，讓沃爾夫先生告訴大家這是不是他在夢中所見的兩個人。沃爾夫說他們就是。結果，巴塔路馬開始安排帳棚大會。大約40人來參加聚會。很快就增加到200人，然後400人。不久人們只好把帳棚的四面捲起來，以便外面的人可以聽清楚講道的聲音。

不久，夢中所預言的反對開始出現，特別是當佈道士分享安息日的信仰之後，當地的傳道人，甚至是那些起初邀請他們來巴塔路馬的信徒領袖都起來反對他們。

到帳棚大會結束的時候，有20位接受他們教導的信仰，一個信徒團體被組織起來了。過了不久，另外八、九個團體在山塔羅撒（Santa Rosa）和索拿馬縣（Somnoma County）各地也成立起來了。

上帝用奇妙的辦法工作。祂現在還是這樣。祂做事的方法超過我們所思所想。並且，不是唯獨我們在這地上為祂工作。主仍舊差遣天使行在我們面前。

切喬斯基的追隨者們發現《評閱宣報》　**13**日

請你過到馬其頓來幫助我們。（徒16：9）

保　羅夢見馬其頓人的呼聲，在復臨教會的歷史中同樣的呼聲也是數之不清。這同樣的情形也發生在切喬斯基在歐洲的追隨者身上。

　　這個有趣的人，在歐洲建立起這麼多的復臨事工，卻從來沒有告訴他的追隨者們關於北美基督復臨安息日會的事情。當別人問起他從哪裏學到這些教導的時候，他總是說「從聖經裏」。他們以為，他所帶領的這幫歸信者是世界上唯一持守聖經教導的團體。但是這種蒙蔽不會持續太久。最終，阿爾伯特·維流米爾（Albert Vuilleumier），一個瑞士的信徒，在切喬斯基新近住過的房間裏發現了一本《評閱宣報》。維流米爾的英語並不太好，但也大體能抓住一個事實，就是在美國存在一個信仰群體，在教導跟切喬斯基一樣的信仰觀點。

　　這個發現引出了一封寫給《評閱》的主編烏利亞·史密斯的信。巴特溪的這班領袖們十分驚訝，便邀請瑞士的信徒派代表來參加1869年總會代表大會。這樣，雅各·厄茲伯傑（James Erzberger）就來到了美國。

　　厄茲伯傑自己也是個新改信者。他曾經是神學生，接受訓練預備作傳道人，這時他在瑞士遇見了守安息日的一群信徒。在檢驗了他們信仰的正確性後，他也很快就接受了這個信仰。

　　雖然厄茲伯傑抵達巴特溪來不及參加大會，但他還是繼續待了15個月，大部分時間住在懷氏夫婦的家裏。在那裏居住期間，他不僅學得一口流利的英語，而且更深入地探索了復臨信息。

　　回到瑞士後，他成了歐洲第一個正式被按立的基督復臨安息日會牧師。

　　同時，切喬斯基對瑞士的歸信者們跟美國教會的接觸十分困擾。不久，他去了羅馬尼亞，在那裏建立了該國第一個守安息日的教會。

　　瑞士的經歷留下兩個重大的影響。首先，它促使美國復臨信徒在佈道事工上進行更深入的討論。其次，它也導致了歐洲不斷發出派遣佈道士的請求。

　　馬其頓的呼聲在今天依舊不斷，上帝也仍舊需要有人去回應。🔈

14日　為海外佈道而活（一）

地的四極都要想念耶和華，並且歸順他。（詩22：27）

跟瑞士的接觸永遠改變了復臨教會。這群曾經反對海外佈道的人們，不久發現他們已經走在佈道的路上，這最終將帶他們到世界的每一個角落。

雖然厄茲伯格未能及時趕到1869年的總會代表大會，但他的到訪已經孕育出深遠的意義。

總會代表大會成立了基督復臨安息日會傳道協會。成立決議上寫道，「這個協會的目標是藉著佈道士、報刊、書籍和小冊子等，把第三位天使的信息傳到外國，和我國（美國）的偏遠地區。」懷雅各在介紹這個決議的時候，同時提到教會「幾乎每天都收到請求，將出版品寄到國外去。」

幾個月後，安得烈認識到上帝在切喬斯基工作上的旨意。就促成1871年總會代表大會表決，「盡我們所能來幫助，將真理傳到」歐洲的國家去。

同時，懷愛倫也在盡力鼓勵教會開展對外佈道工作。1871年12月，她得了一個異象，向她顯明基督復臨安息日會信徒有「極為重要的真理」，是要「試驗世界」的。年輕的復臨信徒應該在「外國語言上裝備自己，以便上帝可以使用他們作為媒介，將祂救贖的真理傳給其他的民族。」（《懷氏傳略》第203、204頁）。

教會不僅要發送刊物，而且要派遣「有活力的佈道士」到國外。她強調說：「佈道士需要到國外去傳揚真理。」復臨信徒的「警告信息」是要「傳給萬國」，真理之光要試驗他們。「我們不可荒廢一刻光陰，」她寫道，「如果我們過去在這事上疏忽了，現今正是我們應該認真加以挽回的時候，免得我們的衣服染上了人血。」「這可能需要我們付出很大的代價，但代價不應攔阻這工作。」（同上205、206頁）。

復臨教會又一次在轉變。這一次是打開了他們佈道的視野。一直引導祂子民的上帝，現今仍舊一步一步指引著他們。

為海外佈道而活（二）

因為認識耶和華的知識要充滿遍地，好像水充滿洋海一般。（賽11：9）

直到1872年，一些復臨領袖在講道時仍舊說，馬太福音24章14節提到的福音傳遍天下的預言已經應驗，儘管如此，復臨教會海外佈道的聲勢還是越來越大。然而有一個問題，就是到哪兒去找受過教育的人，這個問題導致了教會的行動，在1873和1874年建立了第一所大學。

1873年夏天，懷雅各不僅要求建立一所大學，而且催促安得烈在那年秋天前往瑞士，以回應瑞士的復臨信徒所提出對派遣佈道士的請求。那年11月，懷雅各召集了一次特別的總會會議來討論佈道士的問題。但是仍舊沒有什麼動靜。

懷雅各在1873年11月大會上的主要講道是意味深長的，他以海外佈道來闡明啟示錄第10章。那年早些時候，他已經提到啟示錄14章6節的命令，把永遠的福音傳給全世界；也提到啟示錄10章11節的命令「指著多民、多國、多方、多王再說預言」。他把這兩節經文應用到米勒耳信仰大失望後，基督復臨安息日會全球性的大使命上。當復臨教會在嘗試完成所預言的歷史任務時，這兩處經文，加上馬太福音24章14節，最終把復臨信徒的事工推向地球的每一個角落。

1874年1月，懷雅各創辦了《真佈道士》（True Missionary），這是復臨教會第一份關於佈道士的雜誌，催促教會向海外派遣佈道士。懷愛倫分享一個比她丈夫更大的異象。1874年4月，她有了一個「印象極深的夢」，可以幫助那些仍舊反對這個事工的人。「你們對於現代的聖工實在眼光太狹窄了，」天使模樣的使者對她說。「你們的一家就是全世界……這個信息必要有力地傳到世界各地，傳到俄勒岡、歐洲、澳洲，各海島，以及各國、各方、各民」。她「蒙指示」，佈道的事工「遠比我們過去所想像、所預期與計畫的更為廣闊。」最後，她呼籲人們要有一個更大的信心和表現這信心的行動（《懷氏傳略》第208－210頁）。

「更大的信心」，那正是他們所需要的，也是現在我們所需要的。

天父啊，加添我們的信心，使我們看明祢的旨意，即使在生活中也是如此。

16日 安得烈去歐洲

於是禁食禱告，按手在他們頭上，就打發他們去了。（徒13：3）

當事工終於啟動以後，接下來的事就會進行得很快。復臨佈道事工就是如此。1874年8月總會表決，請安得烈「盡可能快地」前往歐洲。一個月後，他便出航前往瑞士，成為第一個「正式的」基督復臨安息日會海外佈道士。他於10月16日抵達。

在瑞士，安得烈發現已經有好幾處守安息日的會眾存在——那是切喬斯基和厄茲伯格的工作成果。安得列在第一次同他們一起聚會的時候，就更完整地把教義教導給那班信徒。再者，到達後兩個月，他便聽說在普魯士和俄國都已經有教會，他確信「在大部分的歐洲國家，都已經有守安息日的基督徒。」他的計畫是壯大那些已經存在的核心團體。

但是他怎麼才能夠找到他們？為回應這個問題，他用了一種我覺得不太可能成功的辦法。他打算在「歐洲發行最廣的報紙上」刊登廣告表達他的願望，以此取得跟他們的聯繫。驚奇中的驚奇，他的「廣告」佈道模式竟然取得相當程度的成功。在很短的時間內基督復臨安息日會在英格蘭、斯堪地那維亞半島（丹麥、瑞典和挪威）、德國和瑞士都已經有傳道園地了。以這些地方為基礎，復臨信息就傳到歐洲其他的國家。

那些開闢新園地的通常是移民到美國第一代的歐洲人，他們在美國接受復臨信仰，然後被鼓勵回到他們的祖國。這些僑民的優勢不僅是懂得當地的語言和文化，而且他們通常有一群熟識的人可以開始他們的事工。

正如我們一次又一次地注意到，上帝在一步一步地引導著祂的子民。第一階段（1844－1850年），為復臨信仰發展過程提供了建立教義平臺的時間。第二階段（1850－1874年），允許在北美形成教會行政基礎，來支持國外佈道事工。第三階段（1874－1889年），在歐洲和其他「福音已到」之地興起更大的發展，使復臨教會預備好將它的信息在接下來的1890年代「傳遍全世界」。

一個成熟的事工

17日

上帝的國好像什麼？我拿什麼來比較呢？好像一粒芥菜種，有人拿去種在園子裏，長大成樹。（路13：18、19）

到1880年代，歐洲的佈道事工漸漸到達它的青春期階段。好幾個因素顯示歐洲地區的事工對教會越來越重要。

其中之一是從1882年到1887年間，不斷有復臨領袖蒙總會差派走訪歐洲各教會。第一個人是哈斯克（S.N. Haskell）於1882年到訪。

哈斯克建議出版更多有不同語言的刊物，幫助歐洲發展更實用的組織架構。

然而更重要的到訪是1884年巴特勒（當時的總會會長），並1885年到1887年懷愛倫和她的兒子懷特。這樣的到訪不僅壯大了在歐洲的教會——也表明了教會對其佈道事工的興趣。慢慢地但很確定地，復臨教會成了世界性的宗教。

第二個顯明歐洲事工漸趨成熟的因素是教會機構的發展。首先，第一次歐洲各地區教會工作人員會議，於1882年召開，「探討目前教會工作基本需求」。其次，跟歐洲事工委員會的發展緊密聯繫在一起的，是德文、義大利文和羅馬尼亞文的雜誌於1884年開始發行。法語的雜誌在1879年就已經開始了。

在歐洲的事工以外，復臨教會也成立了由總會資助，針對歐洲新教徒的佈道事工，1885年在澳大利亞和紐西蘭，1887年在南非。有趣的是，這些所有國家在教會派遣正式的佈道士之前，都已經有了平信徒。

這些新的佈道園地很快就加入到北美歐洲的教會中，以此為總部向其他國家派遣佈道士，拓展下一個佈道場地——將三天使的信息傳遍世上的每一個國家。這種局面大概從1889年開始，從復臨信徒解釋啟示錄14章6節、10章11節和馬太福音24章14節中的「各國、各族、各方、各民」所產生的自然結果。

完成使命是復臨教會的盼望。

「主耶穌啊，我願你來！」早期的復臨信徒如此禱告；「主耶穌啊，求祢快來！」在今天依舊是復臨信徒每天的禱告。

18日　為什麼是歐洲？

耶穌差這十二個人去，吩咐他們說：「撒馬利亞人的城，你們不要進。」

（太10：5）

「經常有人問起，為什麼基督復臨安息日會要選擇歐洲中部……做為海外佈道事工開展的第一個場地，」這是懷德尼（B.L. Whitney）在1886年寫的《基督復臨安息日會海外佈道史概略》一書最開頭的文字，這本書是復臨教會關於海外佈道的第一本書。書中回答這個問題的部分答案與「切喬斯基所預備的工作」有關，但其實原因還不止這些。

安得烈到達歐洲後寫回家的信，使我們對懷德尼的問題有了一個更深入的瞭解。他寫道：「我堅信，在歐洲有很多上帝的子民，已經預備好要順從祂神聖的律法，遵守安息日，等候聖子從天降臨。我到這裏來，就是獻身於宣告，基督即將復臨和持守安息日這些神聖的真理。」

換句話說，安得烈相信他的任務是向那些已經是基督徒的人，陳明復臨教會的信仰。他的傳道事工不是一般基督教針對異教徒的宣教事工。對後者的責任仍舊在復臨信徒的傳道範疇之外，直到1890年代。

伯格·軒茨（Borge Schantz）準確地概括復臨信徒在1874到1890年間的心態，他觀察到，「復臨信徒認可和贊許向非基督徒的宣教事工」，但是「他們認為這個任務可以由其他的福音宣教組織來做。當這些組織把人們帶到基督面前，基督復臨安息日會的任務是帶給他們最後的警告」和復臨教會的特色信仰。

這樣的模式逐漸形成復臨信徒的一個觀念，他們要呼召人「從巴比倫出來」。懷雅各在早些時候已經清楚地表達這個觀念，他寫道，復臨信徒需要一個宣教的精神，「不是把福音傳給那些不信者，而是把警告傳給那些墮落的基督徒們」。

有著這樣的一個想法，難怪教會在歐洲基督徒的中心地段開始它的工作。跟早期的福音工人保羅一樣，他先是在猶太人中講道，直到後來才向外邦人。

上帝啊，謝謝祢賜給我們亮光。正如祢歷世以來賜給祢的教會一個廣闊的異象，我們禱告，求祢也同樣拓寬並深化我們個人的異象。

成功的故事：馬特森的例子 **19**日

各人要照所得的恩賜彼此服事，作上帝百般恩賜的好管家。（彼前4：10）

有時事情的確進行很順利，每一件事情都好像行在上帝的旨意之中。這就是約翰·馬特森（John Matteson）的例子。他1835年出生於丹麥，1854年隨父母移民到威斯康辛州，他擁有很好的教育背景，同時也帶著許多他們本土的懷疑主義論調。他認為自己是一個理性主義者，其中一個樂此不疲的消遣，是用一些無法回答的問題來激怒傳道人。

但精明的挑釁者也會慘遭滑鐵盧。馬特森就是這樣，當他聽到一個傳道人激情洋溢地講論天國的美妙時，他被折服了。他在「歐洲舊式教會的死氣沉沉」氛圍中長大，「從來不知道還有這樣一個充滿活力的信仰。」這個經歷導致了一連串相關的事件，正如他回憶道，1859年，「獨自在森林裏，我尋見了耶穌作我個人的救主」。他信主不久以後，就感到有呼召要他去講道。他便去了，儘管還不太懂聖經，但上帝祝福他的工作，人們紛紛因他的誠摯信仰而感動。1860年，他進入芝加哥的浸信會神學院學習，1862年被按立為浸信會牧師。

到目前為止，一切都好。但更好的還在後頭。1863年他接受了基督復臨安息日會的信息。教會的信徒要求他給他們講論他的新信仰，他欣然答應。一共6個月，他作了有關復臨信仰的一系列分享，結果除了一個家庭外，整個教會都加入了基督復臨安息日會。

這是一個高效能的傳道人，馬特森在中西各州建立了丹麥——挪威的教會。然後1872年，他想到用他的母語出版雜誌。這樣《復臨時報》（Advent Tidende）成了基督復臨安息日會第一份非英語的雜誌。

雜誌很快就傳到斯堪的那維亞半島，轉變人們的信仰。正如將來在許多其他的地方重複出現的模式，這些新的信徒很快就寫信到美國，要求派遣佈道士。1877年馬特森接受呼召，在此後的十一年中，他在丹麥、挪威和瑞典建立起許多教會。在那裏他建立了北美以外的第一個區會（1880年，丹麥區會）。並且在美國以外建立了第一間出版社。在他服事的年間，一共帶領了2000多人接受他所深愛的信仰。

馬特森的一生是福音事工的典範。

天父啊，謝謝祢，在過去的年代賜給教會這麼多的祝福。我們在今天向祢祈求同樣的祝福。

20ⅰ 失敗的故事：哈拿‧莫爾的例子

我作客旅，你們不留我住。（太25：43）

正如我們昨天所見，馬特森在復臨信徒生涯中一切工作都進行得非常圓滿。然而在另一端，是哈拿‧莫爾（Hannah More）的例子。

像馬特森一樣，莫爾擁有當時代良好的教育背景。也像馬特森一樣，擁有傑出的潛力為復臨教會作出巨大貢獻。

她熱切學習聖經，能背誦全部的新約聖經。她有豐富的教會工作經驗，當過教師、學校行政人員、美國公理會海外傳道部的宣教士，曾被派遣到奧克拉荷馬州為流離失所的切諾基和喬克托兩部落工作，後來又受美國宣教協會派遣到西部非洲。

1862年，她遇見哈斯克，借給她一些很好的復臨書籍，包括安得烈寫的《安息日的歷史》。回到非洲，她繼續閱讀復臨書籍。這是她故事好的一面。

由於她的復臨信仰，她被原先的團體所拒絕，於是，1867年春天，她來到密西根的巴特溪，希望能在復臨信徒中得到安慰和工作。這就是故事悲慘一面的開始。

她到達巴特溪的時候正值懷氏夫婦外出旅行，她既找不到工作，在教友中間也沒有地方可住。她被某些復臨信徒所拒絕，最後跟著以前的佈道團同工，在密西根北部找了一個地方住下。

很難得的，儘管復臨團體這樣對待她，她卻沒有放棄信仰。懷氏夫婦意識到這個悲劇，開始跟哈拿聯繫，許諾在下一個春天幫助她重新在巴特溪定居下來。但事情還沒有成功，哈拿‧莫爾在2月病倒，就在1868年3月2日安息了。從懷愛倫的觀點看，「她因著那些自詡為誡命持守者的自私與貪婪，成了烈士。」（《教會證言》第一卷674頁）

許多年後，當復臨信徒嘗試開始海外宣教時，她寫道：「唉，在這拓展海外聖工的時刻，我們是多麼需要哈拿‧莫爾的幫助啊！她在國外佈道的豐富經驗，使我們可以接近那些我們現今所不能接近的他國人們。上帝給我們這一恩賜……然而我們卻不重視這份恩賜。」她繼續為失去哈拿原本可以為復臨事工帶來的貢獻而悲傷不已（《教會證言》第三卷407、408頁）。

天父啊，赦免我們。幫助我們以祢的心為心。

家庭和佈道

地上的萬族都要因你得福。（創12：3）

上面的經文從某個角度提醒我「另一個007」詹姆斯·龐德（James Bond）的故事。1872年，藉著拉博柔的工作，他的兄弟塞特成為加州最早的復臨信徒之一。塞特的口袋裏塞滿了小冊子，他的第一個目標是詹姆斯，加州中部村莊的一個農民。

塞特找到詹姆斯的時候，詹姆斯正用10隻騾在地裏耕田，塞特馬上開始佈道。就在田地上分享他的新信仰，然後跟到馬棚，又跟到屋裏。詹姆斯的妻子撒拉，是一個虔誠的浸信會信徒，對這種狀況忍耐了好幾天，終於忍無可忍。她先是感謝塞特的到訪，然後提醒他，如果他不停止談論安息日的事情，最好早點離開。

「撒拉，」他回答説，「如果你能從新約聖經裏指出一處經文，表明我們應該遵守七日第一日的話，我就不再説什麼。」

「那很簡單，」她回答説。

他們請詹姆斯在找到這節經文前先別耕田了，加入他們一起研究新約聖經。四天過去了，他們讀到啟示錄最後一節，還是沒有找到所要的經文。

星期六上午，詹姆斯·龐德出去餵好騾馬套好耕具，準備犁田。他回來吃了早飯，帶領全家靈修，然後回到馬棚。都9點鐘了，他的妻子看見犁還是放在地上，她擔心他會不會是受傷了，急忙趕去看，結果發現他正坐在一個箱子上讀有關安息日的小冊子。從那時開始他們都成了遵守安息日的信徒。

後來，在懷愛倫的催促下，這位11個孩子的父親成了一個醫生。他的5個兒子成了傳道人，兒女中的7個成了國外佈道士。

其中的兩個孩子，弗蘭克·龐德（Frank Starr Bond）和沃爾特·龐德（Walter Guy Bond），1903年到西班牙開荒佈道。沃爾特從35歲起在那裏工作了11年，後來因為中毒而死在那裏。他們也經歷了保羅所受的考驗，幾次遭人扔石頭被驅趕出村莊。

我個人對這個故事特別感興趣，因為我的妻子（伊利莎白·龐德）就是弗蘭克的孫女，詹姆斯的曾孫女。

家庭的影響非常重要！我們的孩子跟上帝、教會和事奉的關係怎麼樣，大部分是取決於父母的信仰。

22日　　截然不同的佈道士：喬治・金的例子

雨雪從天而降，並不返回，卻滋潤地土……。我口所出的話也必如此，決不
徒然返回，卻要成就我所喜悅的，在我發他去成就的事上必然亨通。（賽55：
10、11）

喬治・金（George King）想要做一個佈道士。但他只有一個問題——不會講道。他講話
結結巴巴和受教育不足使懷雅各堅信，他缺乏講道的恩賜。但是懷愛倫，因著母親
的心腸，那年冬天她請理查德・戈斯馬克（Richard Godsmark），巴特溪附近的一個農民收留
他，讓他在春天的時候試試看。

因著戈斯馬克的鼓勵，年輕的喬治閒暇之時對著起居室裏的椅子講道。公開試講的時
候到了。唯一適用來形容他的試講經歷的詞語是「災難」。於是，戈斯馬克建議他用另
一種方式傳道——挨家挨戶去賣書。這樣，他就開始賣小冊子和《時兆月刊》。第一個星
期，總共只賣了62美分，這的確還不能算是很成功。但是喬治喜歡這份工作。

再說，這個曾經想傳道的文字佈道士，也渴望看見全部的三天使信息被陳明在人們的
面前。於是，1880年秋天，他勸說巴特溪的復臨出版社經理，把烏利亞・史密斯的兩本
書，《但以理書》和《啟示錄》合訂成一本，以便於他推銷。這一本書有許多引人注目的
插圖，畫著獸和其中所論及的表號，他確信能很容易打開市場。

經理不太有把握，但還是作了幾套合訂本。金的成功令每一個人很吃驚。第二年，出
版社便出版了加入精美插圖的新版《但以理書和啟示錄》。

隨著金越來越成功，加上他熱情的鼓動能力，很快就有一批人加入這個行列。於是，
新的復臨事業便產生了。

文字佈道事工又多了一個新的方法，讓上帝末日的信息開始接觸全世界的人。他們買
了書，研讀了，然後加入教會。上帝對以賽亞的應許終於應驗了。祂降雨滋潤莊稼，餵養
地上的人們；祂的話語被印出來傳送到全世界，改變人們的心靈和思想。在結束之前，順
便說一下，我的第一本基督教書籍也是從一個文字佈道士手裏買的。

喬治・金故事的教訓是什麼呢？上帝不會因為我們不會講道，就不能使用我們。

復臨理念的四邊形：佈道事工的模式　　**23**日

願賜平安的上帝親自使你們全然成聖！又願你們的靈與魂與身子得蒙保守，
在我們主耶穌基督降臨的時候，完全無可指摘！（帖前5：23）

聖經對人類的觀點著重於全人的健康。聖經不單是關心人的屬靈生命，也關心他們生命中精神和身體的部分。耶穌的事奉就有醫治和教導這兩部分。

這種神學的佈道理念，所衍生出來的事工不僅接觸人們的屬靈生命，而且滿足他們精神和身體上的需要。因此，它最終發展成我所說的「復臨佈道理念的四邊形」。

這四邊形誕生於巴特溪，在那裏，1850年代，教會建立了出版事工；1861年成立了教會機構；1866年，啟動醫療事工；1872年，建成了第一所教育機構。當時的復臨領袖們可能還沒有完全意識到他們所做這一切工作的意義，但是這些機構提供了一種佈道的途徑，滿足了全人的需要。因此，它成了佈道事工的一個範例。

有了這樣的概念，我們看見復臨信徒把這個四邊形理念推廣到加州——這個復臨教會的第一個「海外」佈道場地，就不是偶然的事了。事情就這樣正式啟動了，1873年2月，來自七個教會的238位信徒聚集在一起，成立了加州區會。

下一步發生在1874年和1875年，《時兆月刊》的出版和太平洋基督復臨安息日會出版協會（即今天的太平洋出版社，Pacific Press）在奧克蘭的成立。然後是1878年在加州北部建立的鄉村療養院（今天的聖赫利那醫院）。最後他們於1882年開辦了赫德斯伯大學，最後成了太平洋聯合大學。

歐洲區會在1870年代和1880年代也遵照同樣的模式。從1890年代開始，基督復臨安息日會為提高人們在各方面的生活水準，這樣的四邊形模式傳遍了世界各地。

上帝有信息給地上的人們，而這信息不僅僅是神學。它關乎更健康的生活，更好的思維和社會責任。

主啊，為這個平衡的信息，平衡的使命，我們謝謝祢。求祢幫助我每天度一個平衡的生活。

24日   總會的權柄是什麼？（一）

你仗著甚麼權柄做這些事？給你這權柄的是誰呢？（可11：28）

仗著什麼權柄？

這是一個很好的問題，值得我們發問和認真思考，它不僅涉及和基督的關係，也涉及與祂地上教會領袖的關係。

1860年代，並不是所有的人對新成立的基督復臨安息日會總會持歡迎態度。反對最激烈的人是成立不久的愛荷華區會第一任會長和行政秘書──史努克和伯林克霍夫（W.H. Brinkerhoff）。

他們反對一個強大的教會組織，搬弄是非，不滿總會的領袖們，特別是懷雅各和懷愛倫。1865年7月，愛荷華區會通過信徒大會以喬治·巴特勒取代史努克。隨後史努克和柏林克霍夫離開教會，帶走一部分信徒重新組織馬里恩派（Marion Party）。不像大多數從基督復臨安息日會分裂出去的團體，馬里恩派並沒有自生自滅，而是演變成為今天我們所知道的一個新教會「神的教會（第七日）」。

雖然不是所有的人歡迎1861／1863年成立的教會組織機構，但機構成立以後，看起來好像在教會中發揮了作用。所以，馬里恩派成了二十世紀初之前教會最後一次有影響的分裂。

總會成立十年後，懷雅各繼續讚揚教會組織的成果：「當我們回想小小的開端，工作起手時候的渺茫，後來迅速、穩定的成長，高效完美的組織，所完成的偉大事工……當我們看著這一切事情，看見上帝怎樣興旺我們時，和這事工有關連的我們就可以說：『上帝成就了何等的大事！』」

當然，除了這些讚揚，也有很多問題。關於總會的性質和權力範圍等問題，使復臨教會的內部始終存在著緊張的關係，特別是總會和各州區會之間的關係。這種緊張關係到1873年的時候，到達一個頂點。

而且在往後的一百三十年裏一直沒有消失過。因此，值得我們回到復臨教會的歷史中看一看這個主題。

主啊，感謝祢，賜我們決心去服事，賜我們頭腦去思考，賜我們感情去關懷。當我們為祢和教會工作的時候，求祢幫助我們，使用這一切，發揮所有的潛能。

總會的權柄是什麼？（二）　　**25**日

耶穌叫齊了十二個門徒，給他們能力、權柄。（路9：1）

對於相信聖經的基督徒來說，沒有一個人會懷疑基督賜十二個門徒權柄的事實。但是今天，我們對於權柄問題的看法卻有點爭議。

　　復臨教會在這個問題上的緊張狀況到1873年變得更明顯，當懷雅各面對這個問題時，首先，他陳述積極的信念。一方面他堅信，「我們毫不含糊地表達我們的堅定信念，就是我們的組織是上帝照祂旨意所引導的」，並且在教會走向組織的過程中，上帝「引領的手」隨處可見，「時隔十多年後，並沒有出現什麼缺陷需要做任何改變」。另一方面，懷雅各在關於總會職責的討論中，也為組織的觀點辯護。

　　特別地，他寫到，「讓總會的會長（喬治‧巴特勒）和總會執行委員會的其他成員，負責各州帳棚大會的一切事務，卻又在各州區會重要的事情上不尊重他們的職位和決策，這是對組織系統的踐踏。」

　　在這樣的狀況下，懷雅各提出，「我們的總會應該是我們的信徒在世上最高的權威，負責教會在美國和其他國家所有的一切事工。」這樣「各州區會的幹事們並我們其他機構的工作人員……必需尊重總會執行委員會的領導，他們被委任對教會所有的分支機構進行管理。」

　　懷雅各繼續宣稱，在各州區會的各類會議中，都必須有總會的代表參與。他告訴讀者說，輕視總會領袖的職權「就是輕視上帝旨意的安排，罪責不小」。

　　當懷雅各說「總會是復臨教會在地上最高的權威」，也反映出他妻子早些時候的觀點，我們應該將這點牢記在心。

　　現在我們知道這些話是直接針對地方區會說的。但是它對教會甚至我們個人的生活有什麼意義？對我們每一個人來說，更重要的問題是，我和教會是怎樣的一種關係？這是一個非常重要的問題，因為上帝是一個厭棄混亂，喜愛秩序的上帝。

26日　　總會的權柄是什麼？（三）

基督是教會的頭。（弗5：23）

真理在彼此交換意見的探討中變得更清晰。當教會在總會權柄的問題上爭論的時候，情況也是如此。

可能是從懷雅各對這個話題的聲明中得到啟發，1871年開始作總會會長的喬治‧巴特勒，也決定寫一篇關於總會會長權力的文章。

「世界上任何一個偉大的時代都少不了領袖。從事物的本質來看，也不能沒有領袖。」他在1873年總會代表大會上做有關領袖問題的演講時這樣說。基督是教會的頭，他爭論說，阻礙一個蒙上帝呼召成為祂事工領袖的人，「並不是一件小事」。巴特勒毫不懷疑懷雅各所扮演的是摩西的角色，並且目前在一切的復臨事工中，必需「聽從他的選擇和判斷」。

巴特勒表面上寫文章支持懷雅各是復臨教會的真正的領袖，無疑地，他是在努力抬高自己的地位。

大會的代表們作出回應，「我們完全贊同巴特勒長老在文章裏所提領袖的觀點，我們也誠心認識到，因為沒有尊重上帝所揀選的僕人來帶領教會的工作，已經導致教會的工作受到極大的傷害，使我們的靈性受虧損。」決議最後以代表們的保證為總結，「我們要忠心……執行」巴特勒提出的原則。

巴特勒過度抬高個別領袖的說法使懷氏夫婦非常不安——不僅因為巴特勒把他們比作摩西，而且因為他們看見將榮耀歸給人類領袖的危險。

懷雅各覺得他必需在《時兆》和《評閱》上公開回應巴特勒的主張。他要使每一個人清楚看見，基督是教會的頭，祂從來沒有差派哪一個門徒單獨去管理祂教會的工作。

主啊，求祢幫助我們這些在祢教會中既是成員又是領袖的人，永不忽視基督才是真正的掌權者。

總會的權柄是什麼？（四）　　**27**日

又將萬有服在他的腳下，使他為教會作萬有之首。教會是他的身體，是那充滿萬有者所充滿的。（弗1：22、23）

我們很容易把教會領袖看得過高或者過低。我們昨天注意到巴特勒如何錯誤地把領袖看得過高。

懷愛倫也同她的丈夫一起反對巴特勒的觀點。認為他採取專橫的方式為自己特有的領導模式辯護，他所提出的領導觀是為了「自己的利益」。接著，她否定了巴特勒「一人領導」原則的合理性。

從另一個方面，在拒絕個別領袖權威的同時，她又提倡總會作為一個團體的權利。她寫信給巴特勒說：「你好像沒有認識到上帝藉著總會賜給教會權柄的真正含意⋯⋯。」（《教會證言》第三卷492、493頁）

懷愛倫承認在教會發展初期的時候，懷雅各對教會領導的必要性，但她說，一旦教會成立了組織，「這就是我丈夫結束原先一人擔綱教會的責任、獨挑重擔的時候。」（同上501頁）

在印有她給巴特勒信件的小冊子裏，懷雅各附上一段他關於領導觀的話，說到他「認為自己僅僅是基督僕人中的一個，除了這個想法外，他並無其他的想法。」

這樣，懷雅各和懷愛倫堅定擁護總會作為一個團體的權威，但反對巴特勒所提倡的個人權力。

大部分基督復臨安息日會的信徒，並沒有花太多精力來思考教會權柄的問題。我們常常只是說我們不喜歡某事或說不在乎領袖的權力。

但是這在聖經和我們的歷史中，卻是極其重要的論題。我們要好好地想一想教會的權柄是什麼，它對我們的生活會產生什麼樣的影響。

28日 總會的權柄是什麼？（五）

惟用愛心說誠實話，凡事長進，連於元首基督。（弗4：15）

有時我們只有在完全被擊倒的時候，才會吸取一些教訓。這也是總會會長喬治·巴特勒的經歷。因為他所敬重的懷氏夫婦二人都反對他的個人領袖觀點，他便為自己的言行認罪悔改，辭去會長的職務，盡力收回並燒毀他所有論述領導觀的書籍（大約960冊），並且在1875年的總會代表大會上提出廢除原先贊成他領導觀的決議。

但是在這麼重要的論題上倉促做決定之前，大會委派一個專門委員會先就此事進行研究。在1877年的總會代表大會上，他們表決這個專門委員會的報告，決定廢除先前所通過的巴特勒在小冊子上所教導的領導觀點，就是他所說「對團體的領導權應該集中在某個人身上」的論點。1877年的大會還一致認為「在上帝之下，基督復臨安息日會的最高權威在於信徒團體，當總會在其合理的職權範圍內做出決定，這樣的決定就應該被交給所有的信徒來遵守，沒有例外，除非他們能指明這個決定違背了上帝的話或個人的良心。」

這樣到了1877年，巴特勒和懷雅各兩人在針對總會作為團體所具有的權威上，表面上基本達成一致意見。他們在1869年至1888年期間，輪流做總會會長（懷雅各：1869－1871，1874－1880；巴特勒：1871－1874，1880－1888）。

可惜的是，來自各地方區會的總會代表們每年只能有幾個星期的碰頭機會。這就不可避免地導致了復臨信徒很自然地把領導的希望，寄託在總會會長和少數的執行委員會成員身上。特別是當巴特勒或懷雅各這樣比較強勢的人做會長的時候，他們都有獨攬大權的傾向。跟理論的原則相比，在實際操作中他們更傾向於巴特勒的個人集權領導模式。

在這裏我們學到了一個很重要的教訓，會影響我們所有的人，不管我們領導的是一個區會，或是地方教會，甚至是一個家庭。不管我們持哪一種領導觀，我們幾乎都會發現自己都傾向於企圖「掌權」。

天父啊，求祢幫助我們管理我們的本性，使我們作更好的領袖。

總會的權柄是什麼？（六）　**29**日

聖靈向眾教會所說的話，凡有耳的，就應當聽！（啟2：29）

我們之間有些人實在很難聽取別人的意見。總會會長巴特勒看樣子就有這樣的苦惱。懷愛倫就個人集權領導模式的危險性，不停地勸誡他和自己的丈夫。

她對巴特勒的失望之情到1888年總會代表大會的時候，達到了一個頂點。大會結束後不久，她便寫道：「巴特勒長老……三年來久居於辦公室之中，現在，所有的謙遜和自卑，在他腦中已經蕩然無存。他以為自己的職位能賦予他如此強大的權力，以致他的意見是萬無一失的。」（《懷氏書信》第82頁，1888年）

再過了三年，當她回頭看時，她說：「我希望我們永遠不要慫恿人把那奇妙的信任，建立在既有限又會犯錯的人身上，就像建立在巴特勒長老身上的那樣，因為傳道人並非上帝，過去對巴特勒長老過於信任了……這都是因為人們受到了慫恿，指望一個人替他們去思考，替他們作有良心的人，以至他們如今才這般無用，沒有能力像哨兵一樣為上帝站立在他們的職責崗位上。」（《懷氏書信》第14頁，1891年）。

對巴特勒來說，從口頭上改變他教會管理的「大人物」理論，比實際上行出來更容易。從人的本性來看，這也是歷久不衰的問題，那些身居領袖職位的人，總是處在這樣的掙扎之中。

這個生活中不幸的事實，也使懷愛倫在1890年代針對總會權柄的話題做了許多聲明。在這十年中，有好幾次她提起這個話題。比如，1891年，她寫道，「我不得不這樣認為，在總會的管理和決定中沒有上帝的聲音。所提的方法和計畫上帝並未許可，可是奧森長老（1888年至1897年任總會會長）卻使總會所做的決定彷彿是上帝的聲音，但許多以總會的名義發布出來的立場，只不過是一兩個，或兩三個誤導總會之人所發的聲音而已。」（《懷愛倫文稿》第33頁，1891年）。

你將很難使別人聽從你，如果連你自己也沒有聆聽的耳朵的話。我們比較容易傾向於批評像懷愛倫所遭遇到的那些領導人，但是在這個過程中，請別忘了當聖靈努力對我們說話的時候，我們也時常在許多事上缺乏聆聽的耳朵。🔊

30日　　　　總會的權柄是什麼？（七）

你們要依從那些引導你們的，且要順服；因他們為你們的靈魂時刻警醒，好像那將來交帳的人。（來13：17）

他們合理的權柄是什麼呢？

昨天我們聽見懷愛倫指責總會的管理模式，因為它事實上只代表會長的意見。五年後她評論道，「上帝工作的神聖性在他們的工作中不再被重視，巴特溪的聲音已被看成是指導如何工作的權威，並非上帝的聲音。」（《懷氏書信》第4頁，1896年）仔細分析這句話的含意，它指責總會沒有履行作信徒團體代表的職責，其決策的權柄只落在一個人或少數幾個人的手裏，或者說總會已經不再根據原則做事。

這樣的結論跟懷愛倫一生持守的原則相符。事實上，在1909年全球總會代表大會上，她向代表們宣讀的其中一份手稿上也特別指出這點，她對鐘斯（A.T. Jones）分裂教會的行為作出回應。當時鐘斯正努力打破總會的權威，試圖恢復到教會管理的會眾制模式。

她對代表們說：「有時會有少數擔負總管之職的人，借用全球總會的名行使不智的計畫，並使上帝的工作受阻。我曾說過，我不再把這幾個人所代表的全球總會的主張看為上帝的聲音。然而，這並不是說，我們不必尊重那經世界各處正式派出代表出席的全球總會的決議。上帝已命定，從世界各地教會派來出席全球總會的代表是有權柄的。不過普通人最易犯的毛病，便是把上帝交於全球總會的判斷和發言權，交給一個人，或少數人，以致上帝為了擴展祂事工而賜給祂教會的全部威權和勢力，反落在一個人或少數人的手中。」（《教會證言》第九卷260、261頁）。

徵求多人的意見使人得智慧。並且我們還需要加上平衡，徵詢不同的觀點和來自不同地理區域的人，可以幫助你做更合理的決策。世界教會的決策具有固有的保護作用，那並不是個人和會眾可以作出的。

回顧教會的權力

我要把天國的鑰匙給你，凡你在地上所捆綁的，在天上也要捆綁；凡你在地上所釋放的，在天上也要釋放。（太16：19）

這是基督對於在世上建立祂教會所說的話。但人們卻有好幾種翻譯或解讀。比如說，新標點和合本譯為「凡你在地上將要捆綁的，在天上也要捆綁」，聽起來好像是上帝認可教會在地上所做的一切決定。新美國版本（The New American Bible）把這個意思解釋得更遠，它寫道：「凡你在地上宣布捆綁的，在天上也要捆綁；凡你在地上宣布釋放的，在天上也要釋放。」

這些解讀事實上已經離開了耶穌的原意。希臘文的時態很清楚地顯明我們必須把這裏的動詞翻譯為「也已經被捆綁」，這樣，耶穌是說，「地上的教會是執行天上的決定，而不是天上認可地上教會的決定。」這是非常不同的。而且這兩種翻譯在教會的歷史中，已經導致了關於教會權柄的兩種完全不同的觀念。

《基督復臨安息日會參考文庫·聖經注釋》對這段經文的解讀是正確的，它指出「將『捆綁』和『釋放』的含意擴展成為有權柄，而在信仰和實踐的事上，命令教會信徒可以信什麼和做什麼，這是曲解基督說這段話所要表達的意思，也是超過門徒們對這段話的理解。這樣的說法，上帝也不會認可。」

「基督在地上的代表們有權利和義務，去『捆綁』凡在『天上已經被捆綁的』，『釋放』凡是在『天上已經被釋放的』，即是根據上帝已經清楚啟示的道理去要求或禁止。超越這個範圍就是以人的權威替代基督的權威……在被委派去監督地上天國公民的人中，這種傾向是上帝所不容許的。」

我們已經花了好幾天的時間來思考教會的權柄，這是聖經中一個很重要的話題，會給我們每一個人帶來很大的影響，因為我們當中大部分的人很少考慮這方面的事情。

我們不應該簡單地接受或拒絕教會權柄。而是要理解它的神學基礎、限度和目標。

我們應當感恩，作為基督徒，我們不是為自己而活。我們所屬的教會在聖經的框架下給我們指引。一個平衡的教會權柄是我們感謝上帝的另一個理由。

黑人復臨信徒的興起

他從一本造出萬族的人。（徒17：26）

復臨信徒對美國非洲裔族群的佈道事工，剛開始進展得很緩慢，其中一個原因是因為種族和奴隸制度分裂美國的時候，這時復臨教會主要分布在北部。而十九世紀中葉，幾乎所有的黑人都住在南部，再說，在那一帶，即使是針對白人的佈道事工也不太起色，這種狀況一直持續到1870年代末1880年代初。

在此前的時期，並不是因為基督復臨安息日會信徒對黑人的處境無動於衷。相反的，這個教會在成立的時候就主張廢奴主義，認定黑人奴隸制度是美國最可憎的罪惡。懷愛倫曾告誡信徒不要遵守聯邦政府制定的逃奴追緝法，儘管這樣可能會面臨牢獄之災。其他的復臨安息日信徒領袖像克洛格（約翰克洛格和克洛格的父親），約翰·賓頓（John Byington，總會的第一任會長），曾在他們的農場裏建立地下聯絡交通站，以幫助奴隸們從南部逃往自由的加拿大。

經過內戰，黑奴解放以後，總會在1865年意識到「在南部黑人事工的園地已經開放了，應該根據我們的實力將事工拓展到這些地方。」可惜的是，當時教會的實力，不管在物力還是人力方面都非常有限。

第一批黑人復臨信徒可能出現在北部，但我們不清楚他們的身分。直到佈道事工開始進入南部，復臨教會才大量接觸黑人，但那時還是處於分隔的狀態。

1870年代，很多復臨信徒努力幫助這以前這些奴隸得到基本的教育。當奇戈爾（R.M.Kilgore）到達德州，在這種族鬥爭異常激烈的地方建立教會組織時，標示著福音事工向前推進了一大步。好幾次，他遭受到要對他進行報復的威脅，有一次他的帳棚還被人燒毀了。

再者，在種族隔離的南部，如何向人們講道也成問題。其中一種模式是，同時向黑白兩個族群講道，但他們的座位由中間的走道被隔開。在1877年和1885年的總會代表大會上，教會就為了是否要替兩個族群分別蓋建教堂的問題展開辯論，大部分的領袖們認為，這樣做使他們顯得不太像基督徒。但是在南部，當佈道士試圖把兩個族群合在一起聚會，有時白人或黑人又會拒絕參加。該怎麼辦呢？

主啊，我們人類在種族的問題上實在製造了不少的麻煩。求祢使我們認識到，我們都是一樣的。並且求祢幫助，作為基督徒，使我們超越種族的偏見。

會見查理斯・奇尼

並不分猶太人、希臘人，自主的、為奴的，或男或女，因為你們在基督耶穌裏都成為一了。（加3：28）

查理斯・奇尼（Charles M. Kinny）成為基督復臨安息日會第一個被按立為牧師的非洲裔美國人。他1855年出生於維吉尼亞州一個奴隸的家庭，南北戰爭後，這個10或11歲的小男孩，隨同一班從前為奴的人們輾轉到西部，希望在這新開發的地域裏找到更好的生活。奇尼的確這樣做了。

奇尼人生的轉捩點出現在1878年，當時他在內華達州雷諾市參加了一系列的福音大會，由拉博柔主講。後來，奇尼就成了新雷諾教會七個發起人中唯一的黑人，他也可能是唯一的黑人。

正當拉博柔舉行系列大會的時候，懷愛倫到訪雷諾，7月30日她用使徒約翰的話勸勉四百多人：「你看父賜給我們是何等的慈愛，使我們得稱為上帝的兒女！」這節經文和講道所帶出來的信息給了奇尼極大的鼓勵和保證，使他對生活的前景充滿信心。

作為奴隸和臨時工，他的人生飄忽不定。但是，在復臨教會裏他尋見了溫暖的家。雷諾教會的信徒們注意到他的獻身精神，選舉他為教會第一任職員。更好的事情接踵而來。加州區會為他提供了一個秘書的職位，負責內華達區和傳道協會事務。在他成功擔任這些職務後，1883年，加州區會和雷諾教會信徒達成協定，贊助奇尼到新成立的赫德斯伯大學深造。

兩年後他完成學業，教會派遣他去堪薩斯州托皮卡城（Topeka），他開始在那個城市的黑人族群中工作。1889年，總會派遣他到肯塔基州路易斯維爾城，同年他被按立為牧師。奇尼在中南部的服事超過了20年，他建立黑人教會，成了美國黑人復臨信徒第一個主要代言人。

就像復臨教會中許多的事情，藉著愛德生・懷特的創造性工作和奧克伍德學校的建立，黑人事工在1890年代有了飛躍性的進展。

主啊，祢在查理斯・奇尼人生中的工作深深打動了我們。求祢今天造就我們的人生，使它成為別人的祝福。阿們！

禁酒運動的鬥士

誰有禍患？誰有憂愁？誰有爭鬥？誰有哀歎？誰無故受傷？誰眼目紅赤？就是那流連飲酒、常去尋找調和酒的人。（箴23：29、30）

十九世紀美國最重要的改革之一是禁酒運動，其目標是宣布飲用、出售酒精飲料為非法行為。1825年，利曼‧彼切（Lyman Beecher）這個全國最有影響力的演說家之一，啟動這個運動。他嚴厲地說：「在我們的國土上，酗酒就是犯罪……如果問有什麼東西會使世界的希望破滅的話……那就是烈酒。」彼切繼續呼籲國家採取措施，禁止把銷售烈性酒精飲料列為一個商業項目。

到1870年代，復臨教會組織漸趨成熟，一般的禁酒運動也擴展到廢奴主義和所有酒精飲料的領域。這個年輕的教會積極鼓勵人們投票給主張禁酒的候選人，懷愛倫非常關心這個問題，她甚至破天荒地建議信徒，在安息日去參加民意測驗和投票，為要支持禁酒主義者。

在整個美國──最終發展到全世界──復臨教會提供傳道人和物資來支持禁酒運動。比如說1874年，復臨教會把兩個大帳棚借給人們舉辦一系列的聚會，旨在關閉加州奧克蘭市的135間酒吧，奧克蘭市就是西海岸出版社所在的城市。這樣的合作使得復臨信徒有機會在工作中建立起良好關係，比如跟「市長、其他教會的牧師、一家報社和一些居領導地位的市民和商人……完全地組織起來後，執行委員會計畫了一系列的大型聚會，在我們寬敞的大帳棚內舉行。他們日夜工作，直到整個城市掀起運動的高潮。」

所取得的成果是「榮耀的勝利」，復臨信徒也光榮地成了當地報紙的頭條新聞。

懷愛倫站在復臨信徒禁酒運動的最前線，經常向美國、歐洲、澳洲等地大批的非復臨信徒聽眾演講。1879年，基督復臨安息日會信徒在約翰‧克洛格的領導下，組建了美國禁酒協會。

轟轟烈烈的禁酒運動是上帝所使用的一個方法，為教會廣開門路影響當時社會的文化。同樣在今天，我們（或我）要參與到什麼樣的改革運動呢？

一個時代的結束 **4**日

因為凡有血氣的，盡都如草；他的美榮都像草上的花。草必枯乾，花必凋謝；惟有主的道是永存的。（彼前1：24、25）

1872年到1881年之間，基督復臨安息日會三個奠基者中的兩位，安歇主懷了。第一個是貝約瑟，1872年3月19日，就在80歲生日的前幾天，他在巴特溪健康改良中心去世。這位健康改良老將始終保持一個積極的健康生活方式，直到他離開世界。在去世的前一年，他主持了不下一百場的公眾聚會，並且這數目還不包括他參加本地教會和區會的會議。

這位年邁的鬥士在去世的前一年參加了一次總會代表大會。他充滿活力地起來作報告：「一年一度的代表大會，在上帝的工作中，是最深沉、最激勵人心的聚會之一。在這裏我們可以聽到對過往一年工作的總結，知道福音事工被大大地拓展，並且從佈道園地有迫切要求派遣佈道士的呼聲。」貝約瑟渴望去回應這些呼聲，無奈歲月不饒人。

他在去世前兩個月最後一次參加會議，他的發言以禱告作結：「哦！主啊！請以可愛的耶穌之名幫助這群可愛的子民，完成我們所許的神聖諾言，願忠心等候祢的所有餘民，持守與祢的聖約。」

貝約瑟無疾而終，但懷雅各的情況卻是相反。從十九世紀六十年代中期開始，過度勞累誘發了一系列的中風，使他日漸衰弱。瞭解他的健康狀況，你絕對會詫異他竟然還能繼續完成那些工作。1881年8月6日，他在60歲生日後兩天去世了。

懷愛倫非常傷心，她對自己的兒子維利說：「我全心感到，我的生命已經和你父親交織在一起，沒有他，我幾乎不能做任何偉大的事情。」（《懷氏書信》第17頁，1881年）

十六年後，她寫道：「我是多麼想念他啊！我多麼渴望聆聽他智慧的言語和安慰的話！我多麼渴想聽到他和我同心的祈禱，一起懇求主的光照和引領，使我們有智慧去計畫和實施我們的工作！」（《信息選粹》第二冊第259頁）

我們的心中湧起對基督復臨無限的盼望。跟懷愛倫一樣，我們期盼復活清晨時的問候，不僅是來自她的丈夫和貝約瑟，也來自我們所摯愛的人們。🔔

5日

新的開始

我們當深深考察自己的行為，再歸向耶和華。（哀3：40）

1885年到1900年的這段時期是復臨教會歷史中最關鍵的轉捩點之一。教會幾乎在各個方面都產生了巨大的轉變，以致新世紀開始的時候，教會所表現出來的特徵迥別於過去。

其中最突出的一點，是復臨信徒基礎神學思想的巨大轉變，它最終在明州明尼阿波利斯市（Minneapolis）召開的1888年總會代表大會上爆發出來。它呼籲人們更關注那以基督為中心的信息，使基督成為復臨教會講道的焦點，教會在以往從來沒有這樣做過。它強調得救本乎恩也是因著信，這也就是教會將要明白的「因信稱義」的道理。過去所強調的律法並沒有廢去，只是在救贖的計畫中合理地對它進行重新定位。

重新聚焦於基督和祂的義，同時也引出幾個新人在復臨教會中嶄露頭角。特別重要的是阿隆周‧鐘斯（Alonzo T.Jones），埃爾列特‧瓦格納（Ellet J.Waggoner）和普列斯科特（W.W.Prescott）。鐘斯和瓦格納在1890年代將成為復臨教會最重要的兩個傳道人，例如，他們成為1889年到1899年間六次總會代表大會最主要的講員。1890年代末，鐘斯還成了《評閱宣報》的主編，這是當時教會最具影響力的職位。

1890年代同時也見證了復臨信徒對三位一體上帝的認識之轉變。畢竟，無論什麼時候開始談論從基督而得的救恩，就必須充分認識到救主和聖靈的工作。

伴隨著復臨教會在神學上更新的，還有教會在佈道事工上的拓展，這將最終使真理被傳揚到世界「每一個」地區。到1900年，基督復臨安息日會才真正成為世界性的教會。

另一個巨大轉變的領域是教育。神學改革和佈道事工拓展將導致教會教育系統的轉變，不僅在辦學方向上，在教會事工中它相對的重要性上，亦是如此。

轉變，有時是非常痛苦的，但卻又是十分重要的。

哦，上帝啊，當祢使我們轉離過去的思想，又推動我們進入未來的時候，求祢賜我們開放的心智。

新問題（一）

你們得救是本乎恩，也因著信；這並不是出於自己，乃是上帝所賜的。

（弗2：8）

到1850年的時候，基督復臨安息日信徒為他們所新領受的真理而興奮不已。他們不停地談論、書寫和傳講這些使他們成為一個特殊群體的教義——實際的、可見的、前千禧年的基督復臨；基督在天上聖所的兩個階段事奉；在末世背景下的第七日安息日；有條件的永生。藉著三稜鏡般的啟示錄14章三天使信息，這些教義便形成了一個整合的神學理論。這是值得他們大聲傳講的信仰！

到此為止，我們需要釐清復臨信徒其實是持有兩個類型的教義。第一類教義，包括他們跟其他基督徒共有的信仰，比如因信靠恩典得救、聖經作為信仰真理唯一依據的重要性、耶穌作為人類救主在歷史上的角色、代求的功效等等。

第二類教義，使他們組成一個特殊的信仰群體，這些信仰使他們從其他基督徒中間被分別出來，比如，安息日和天上聖所的教導等。

由於十九世紀的復臨信徒置身於廣闊的基督教文化背景之中，他們一般趨向於不關注跟其他基督徒共用的信仰。畢竟，他們有什麼必要向浸信會信徒說得救本乎恩，或者對衛理公會的信徒說禱告的重要性，這些道理人家都已經接受了！

正如他們所認為的，重要的是向其他基督徒分享復臨教會特色的信仰真理，這是別人需要知道並接受的。

結果，當他們到達一個新的村莊或城鎮，他們就先去找一個最適合聚會的地方，通常是學校的禮堂，然後在公開的場合挑戰那個地方最有權威的傳道人，跟人辯論哪一天是安息日，或者人死後會發生什麼事情等問題。

我有一個問題要問你。

你曾思考過自己的信仰系統是怎樣整合在一起的嗎？或者甚至考慮過他們是否在聖經中找得到根據嗎？

你需要這樣考慮。我們每一個人都有責任知道為什麼我們是基督徒，為什麼我們是復臨信徒。我激勵你們個人要深入研究聖經。

新問題（二）

西門・彼得回答說：「你是基督，是永生上帝的兒子。」（太16：16）

昨天我們注意到早期的復臨傳道人，覺得他們需要聚焦於那些要點，比如，第七日安息日等，來顯示出他們的與眾不同，而不關注他們跟其他基督徒共有的教義。

他們進入一個社區向主要的傳道人發出挑戰，進行公開辯論的工作模式好像挺管用。畢竟，沒有電視節目的年代，在一個小鎮上，兩個傳道人激辯人要在地獄裏受痛苦多久，這實在是當時最好看的節目了。不管怎樣，復臨佈道士好像總是很容易招聚到一群人來聽他們的信息。

但是四十年之久，教會在一個辯論的氛圍中強調復臨信徒的特色教義，卻忽略了基礎的基督教信仰，這導致了兩個有害的影響。第一，它造就出一批特別好鬥的復臨信徒，這樣的性格特徵將在1888年大會前後時期給教會帶來極大的麻煩。

其次，四十年過分強調特色教義的教導，而忽略了與其他基督徒共同的信仰，導致了復臨教會跟普世基督教的脫節。1880年代中期，這個毛病終於發展成為一個大問題。教會在傳講什麼是復臨信仰上爐火純青，卻無視於那使復臨教會被稱為基督教的最主要基本信仰。

復臨教會需要改正路線。兩個相對年輕，來自美國西部的傳道人——鐘斯和瓦格納便開始這改正的工作。鐘斯和瓦格納先是對教義進行適當的調整修改，使基督和信心的道理在復臨信徒的神學中佔有更大的比例，而減少律法的突出角色。

但是總會的領袖們——巴特勒和烏利亞・史密斯——看這樣的「改正」是一個強烈的神學地震。他們認為這個新的教導是，顛覆那強調律法和行為的傳統復臨信仰。

結果，他們全力反對，而且不是一個小小的對抗，事實上，他們對這個在全球範圍內，還只有25000名成員的小教會及其所有的傳道人們，有著直接的影響力。

主啊，當我們與祢同行的時候，求祢幫助我們從教會歷史中，學習神學教義得以平衡的功課。

新問題（三）

有好消息從遠方來，就如拿涼水給口渴的人喝。（箴25：25）

到1886年的時候，那即將臨到的神學論戰已經很明顯了。一方面是總會的會長巴特勒，和總會的行政秘書烏利亞·史密斯。另一方面是來自西部的兩個新銳編輯——鐘斯和瓦格納。

看得出來，懷愛倫這個唯一的女性領袖在這場衝突中試圖保持中立，這樣她跟雙方都可以溝通。但是到1887年初，懷愛倫便開始下結論，不僅是因為她覺得兩個年輕人在不對等的論爭中，受到不公正的對待，而且因為她覺得這兩個人所教導的內容是基督復臨安息日會急需聽到的信息。1887年4月，她專心致力於使鐘斯和瓦格納在1888年總會代表大會上獲得發言的機會。

最後懷愛倫自己也發表意見，充分肯定鐘斯、瓦格納1888年信息的真正意義。她的中心論題聚焦於重新解釋啟示錄14章12節：「聖徒的忍耐就在此，他們是守上帝誡命和耶穌真道的。」

這段話是復臨信徒歷史中最核心的經文。其中包含上帝在14節至20節所描繪的基督第二次復臨前給世界的最後信息。

有趣的是，1888年前後復臨信徒論戰的雙方都聚焦於啟示錄14章12節。但是他們對這節經文有不同的強調。傳統主義者抬高「守上帝誡命」，而改革者強調「耶穌真道」。明尼阿波利斯大會以後，流行一種對啟示錄14章12節新的解釋，這種解釋將永遠改變復臨信徒的神學思想。

懷愛倫也因為支持鐘斯和瓦格納而遭受攻擊。1888年12月，她回顧剛剛閉幕的1888年總會代表大會時說：「我的證言被忽視，在我的一生中……從來沒有遭受過這樣的對待。」（《懷氏書信》第7頁，1881年）

有人認為在「美好的往昔」中，教會的每一件事情都是很順利的。其實並不是這樣！以前如此，今天亦然。好人也彼此動怒，他們都需要禱告求主赦免。

新面孔：會見瓦格納

這是我立約的血，為多人流出來的。（可14：24）

艾特‧瓦格納是1888年總會代表大會中最年輕的一位正式代表。他出生於1855年，是我們曾提到過的瓦格納長老的兒子。

1878年埃爾列特在紐約城獲得醫學博士學位，但是從來沒有機會實踐他在醫療事業上的夙願。最終，他進入了傳道的領域，1884年他受聘成為《時兆月刊》的一名助理編輯。

年輕瓦格納的人生中最主要的一次神學觀念的轉捩點，發生在1882年10月加州赫德斯伯的帳棚大會之中。在一次聽道過程中，他有了一場自稱為「非比尋常的的聖經啟示」的經歷。

「突然間，」他說：「一道亮光環繞我，也照在我的帳棚上，其光亮比正午的陽光還要強，我看見基督被掛在十字架上，為我被釘死。就在那時，我第一次感到得救的知識如同潮水漫過我身，使我認識到上帝愛我，基督為我而死。」

瓦格納「知道這亮光……是直接從天上來的啟示。」從那以後，他下定決心要「在啟示的光照中研讀聖經」，為的是能「幫助其他人看見同樣的真理」。就因為這樣的計畫，他意識到：「無論我打開聖經的哪一處經文，都發現基督顯明上帝的大能，要救每一個相信的人，除此之外我找不到任何其他的東西。」

瓦格納的「異象」最終促使他深入研究加拉太書。很自然的，他在加拉太書中發現了福音，這便是他的起點。這個發現使他於1880年代末在復臨教會中頗具聲望。這也促使他在1888年總會代表大會中起來直接跟總會的領袖——巴特勒和烏利亞‧史密斯——對面交鋒。

正如我們將會看到的，在經歷那個事件的人群中瓦格納是最溫和的一個人，但他卻在1888年時期裏，用這新教導捲起了一場風暴。

瓦格納的經歷造就了他的一生。一個基督公義的「異象」總會改變我們的思想和行為方式。每一天，我們都要問，我們復臨教會已經領受十架之光的洗禮了嗎？

新面孔：會見鐘斯

雖有軍兵安營攻擊我，我的心也不害怕。（詩27：3）

「哦！我的上帝啊！我已經向世界死了，從今以後為祢而活！」

1874年8月8日，在華盛頓轄區內的瓦拉瓦拉市，阿隆周・鐘斯士官在象徵墳墓的浸禮池中上來時，高舉雙手，揚聲歡呼。他已經一連好多個星期「懇切尋求上帝」，幾天前他得到了「罪得赦免的鮮明憑據」。富有感召力、堅強的、激勵人心的、英俊的，而且傾向激進的鐘斯在1890年代，成了復臨圈子裏最重要的人物之一。

鐘斯為自己的軍中經歷而自豪。他的軍人光榮來自他曾參加1873年加州北部的莫多克戰爭，他聲稱在戰鬥中帶著小分隊「以排山倒海之勢」撲向敵人陣地，保護了一位受傷的長官。

這個大無畏的鐘斯，在他餘下的一生中也是用這樣的「排山倒海之勢」，衝擊他所認定的任何一個敵人。

他的個性和好鬥的精神確實在對抗敵手的時候很管用。但懷愛倫不住地告誡他要對付自己的強硬態度，但是對鐘斯來說，他無法區分坦率和粗魯之間的不同。在下面這件事上他表現得很清楚，1901那年，有人質疑他加州區會會長的候選資格，因為他「說話直接了當⋯⋯傷害了別人。」鐘斯也承認這樣的指責，但是他說：「我並不後悔，因為這就是簡單的基督教道理。」

他的粗獷決定了明尼阿波利斯大會的氣氛。面對代表們，他直言不諱，他不需要為烏利亞・史密斯對但以理書第7章某些歷史觀點上的無知，承擔什麼責任。鐘斯對聖經作了充分的研究，確信自己是對的，然後竭力為之爭辯。

當然，他這種針對教會領袖的過度自信無濟於他在真理上的爭論，但他那大無畏的勇猛，毫無疑問地，有助於他站在美國國會大廳或其他的地方，對抗即將來臨的星期日法案。鐘斯是一個極具雄辯才能的人。

但是上帝還是大大地使用了他！

在這裏，我看見一些對我很重要的東西。儘管我有這麼多的缺點，但上帝還是使用我（和你）。如果我們願意順服祂的雕琢，祂真的渴望改變我們，並按我們的本性而開始向我們動工。

老面孔：會見巴特勒

義人雖七次跌倒，仍必興起；惡人卻被禍患傾倒。（箴24：16）

有些人就是比一般人剛硬。

1888年時的總會會長喬治·巴特勒就是一個例子。從好的一面看，他還是能誠誠實實地看待自己。下面的文字可能是他最準確的自我剖析，1886年他寫道：「我……天生（有）……太多的嚴厲在我的本性裏」，而且沒有足夠的「耶穌之愛」。他接著說：「學校生活造就我去應對各種狀況，導致我非常喜歡保持自己裏面的這種嚴厲，使我變得非常刻板。」

上面的這段評論或許可以幫助我們，理解十九世紀許多復臨信徒領袖「剛硬」的性格特徵。領導一個小小的又遭人鄙視的運動不是一件簡單的事情，它無法提供屬世的保障，再者，米勒耳信徒的大失望在大部分的人心中依然記憶猶新，所以沒有機會增添威望。只有那些具有剛強意志的個人才有可能成功。巴特勒就是在這樣的狀況下開始他早期的領袖職責。在復臨教會成為一個更「舒適」、更得人尊重的教派前，對復臨信徒的先賢們來說，具有一個剛強的意志是必須的。

要在那樣的年代中生存，巴特勒所付上的代價是「鐵腕」。因此，他在1886年稱自己有點「好與人爭鬥辯論」。意識到前些時候他跟瓦格納之間關於加拉太書的論戰中，自己太過於好鬥，他寫信給懷愛倫說，「他願像耶穌——有智慧、耐心、良善、溫柔和坦誠」，對每一個人有「公正、公平的愛」。他也痛心於現狀「因為有很多人類本性的軟弱在我裏面」，以致「我努力地與裏面的老我爭戰」。巴特勒渴望他舊人的本性「死去，完全地死去」。

這樣的願望常常實現得很緩慢。對他是這樣，對我們每一個人也是如此，成聖的確是一生的工夫。1905年，在給克洛格的信中，巴特勒長老寫道：「看看我自己，實在是一個很頑固的傢伙。你講得很對，當你說：『一旦巴特勒長老了決定，和他爭論就像跟一根柱子爭論。』」

天父啊，恐怕我裏面也有許多與巴特勒相同的特質，今天，求祢幫助使我裏面的老我完全死去。

老面孔：又見烏利亞・史密斯　12日

我心裏柔和謙卑，你們當負我的軛，學我的樣式；這樣，你們心裏就必得享安息。（太11：29）

與巴特勒掌權的同謀者烏利亞・史密斯，1888年是總會的行政秘書。自1863年總會成立以來，這個職位除了其中三年不是由他擔任之外，其餘的時間都是由他來擔任的。不僅如此，史密斯還從1850年代開始任職於復臨教會的半官方雜誌（《評閱宣報》），到1888年，他已經擔任這份雜誌的主編近25年之久。

而且他還是教會解釋預言的至高權威。他的《但以理書和啟示錄默想》一書不管在復臨信徒中，還是在非教友群體中都是復臨教會的最暢銷書籍。明尼阿波利斯的一家報紙——《聖保羅日報》在報導他抵達1888年的大會時，説「烏利亞・史密斯長老……有著很高的聲譽，他是教會中一個成功的作家和演説家，同時還是一個造詣很深的學者。」

就像巴特勒，史密斯看自己是維護教會正統的衛士。1892年，就鐘斯的新觀點，他簡要地發表他編輯政策的聲明説：「通過長時間的研究，和多年的工作累積，確立了一些原則，我並沒有準備屈從每一個新手的意見。」這很顯然就是1888年他面對鐘斯瓦格納「新神學」的態度。無論是史密斯還是巴特勒，都沒有一點傾向要「屈從」於兩個從加州來的年輕人之教導。事實證明他們是持反對態度的。

正如我們所知道的，鐘斯和瓦格納的性格特點並無濟於事。懷愛倫在1887年給他們寫了一封信，試圖請他們收斂一點咄咄逼人的氣勢。她説：「瓦格納長老喜歡探討和爭辯。我擔心瓦格納的兒子也被薰陶具有同樣的喜好。我們現在需要友善、謙卑的信仰。瓦格納需要謙卑、柔和，鐘斯弟兄也可以成為一股美善的力量，如果他能經常操練敬虔的話」（《懷氏書信》第37頁，1887年）。

我們不也需要敬虔嗎？我們唱歌祈求主賜我們謙卑、柔和是一回事，但接受這些恩賜又是另一回事。

主啊，求祢幫助我們。

08

13日　　　　進入1888年

我又看見另有一個獸從地中上來，有兩角如同羊羔，說話好像龍。（啟13：11）

「我仰望將來，」烏利亞‧史密斯在1888年《評閱》的創刊中寫道，「年復一年，我們的指望變得更加清晰，證據更加確鑿，顯明主就要來了，我們不是聽從巧妙虛構的神話。許多預言都已經應驗，各樣的事件接連發生。上帝的話顯出它的真實性，安慰每一個謙卑領受的人，叫那些把盼望建立在其上的人永遠不會落空。」

總會會長巴特勒分享了跟史密斯類似的觀點。他在1月份寫道：「當我們進入1888年的時候，我們有太多的理由向上帝感恩，勇敢前行。」「從來沒有哪一處聖經解釋，會迫使基督復臨安息日會放棄他們的信仰。」他繼續指出，「每一年，都會有越來越多的證據表明我們在解釋預言的主題上是對的，這些信仰使我們成為特殊的一群人。」

1888年1月，作為《時兆月刊》編輯的鐘斯也發表觀點，認為美國政教聯合的這一切事件，正「直接應驗了啟示錄13章11至17節的預言」，這裏的經文講述了獸像的形成。

各地的基督復臨安息日會信徒，在1888年初的時候為基督第二次復臨興奮不已，因為許多方面表明，他們即將看見那預言已久的星期日法案成為現實。

復臨信徒解釋啟示錄13章，認為這裏預言了在守安息日的人和拜獸的人之間的末日決戰。於是，基督復臨安息日會信徒公開預測，從1840年代末開始，他們最終將因為忠心遵守聖經所教導的安息日而遭遇大逼迫。

在這樣的歷史和神學環境中，我們不難理解為什麼啟示錄第14章12節（「聖徒的忍耐就在此，他們是守上帝誡命和耶穌真道的。」）成為復臨教會的旗幟性經文，被完整地印刷在《評閱》的報頭下面將近一個世紀，宣示教會所強調的。這也使我們容易理解為什麼他們對星期日法案這麼敏感。

主啊，我們為但以理書和啟示錄感謝祢。求祢幫助我們更虔誠地研究聖經裏的這兩卷書。

在各方面的「星期日」逼迫 14日

為義受逼迫的人有福了！因為天國是他們的。 （太5：10）

整個80年代，星期日法案和大逼迫在強度和範圍上不斷增大。1882年，當星期日問題成為加州選舉的關鍵問題的時候，它便以激烈的方式出現，其結果衝擊到復臨信徒，地方政府因為太平洋出版社在星期天開業而逮捕了懷特。

雖然加州很快就廢除了他們的星期日法案，但類似這法案的威脅席捲全國，激起基督復臨安息日會信徒採取行動。他們最大的動作可能是出版《美國宗教自由衛士》（就是現在的《自由》），在1884年領頭對抗星期日法案。

反對的浪潮1885年轉移到阿肯色州。在1885年到1887年間，整個州有二十一宗有關褻瀆星期日神聖的案件。除了兩宗案件，其餘的都牽涉到守安息日的信徒。政府沒有收取任何保釋金，即將那兩宗案件的被告人釋放並消案。但對復臨信徒，卻收取每人110美元到500美元的保釋金——這是叫人難以接受的罰金，在當時，一個勞力一天只能賺到1美金。

鐘斯下結論說，「這是再清楚不過的了，特別針對一部分的公民，以這個法令作為一個發洩宗教怨恨的手段，他們沒有犯其他任何的過錯，僅僅是為了陳明自己跟多數人不同的宗教觀點而已。」

1885年底，星期日法案的焦點轉移到了田納西州，在1880年代末1890年代初，當地的政府拘捕了許多復臨信徒。包括傳道人，跟其他普通的囚犯一起被押去勞改。

當1888年羅馬教廷紅衣主教詹姆斯·基班斯（James Gibbons）聯合新教，為支持星期日法案，簽署請願書遞交給國會時，復臨信徒的末世情結變得更加強烈了。新教徒們巴不得接受這樣的援助。「基督徒政治家」宣告：「當他們（羅馬天主教）願意在阻止政治無神論的推展上跟我們合作，我們也樂意跟他們聯合。」

宗教自由一件是多麼寶貴的禮物啊！我們需要為此而感恩，並且在還擁有它的時候，好好珍惜它。

國家星期日法案

牠在頭一個獸面前，施行頭一個獸所有的權柄，並且叫地和住在地上的人拜那死傷醫好的頭一個獸。（啟13：12）

星期日問題的高潮出現在1888年5月21日，這一天，新罕布什爾州參議員布雷爾向美國參議院提出一個議案，敦促人們遵守「主日」為「敬拜上帝的日子」。

自1840年代復臨運動出現以來，布雷爾的國家星期日議案是第一個提交到國會的這類議案。四天後，他提交了一項美國憲法修正案，敦促國家公共教育系統基督教化。

基督復臨安息日會信徒沒有忽視布雷爾提案的重要預言意義。星期日法案運動所帶來對末日的興奮，成了一個增加1888年總會代表大會期間緊張關係的重要因素。

那個末日危機也製造了一個攪動人心的氣氛，直接聯繫到明尼阿波利斯大會將浮現出來的其他兩個問題。第一個是關於預言解釋的問題——特別是但以理書的預言。第二個問題涉及救恩所需的義是什麼。這第二個問題將使上帝律法在救恩計畫中的功用成為關注的焦點，那時復臨信徒正在爭論加拉太書中律法所扮演的角色。

如果沒有領會復臨信徒當時的感受，就不可能理解1888年大會與會者們強烈的情感基調，因為星期日危機，他們覺得已經面臨世界的末日了。

哈斯科爾在大會前夕寫到，他覺得作為守安息日者，他們的自由很快將會被剝奪，不久，他們將擔負起在法庭和監獄中作見證的職責。

認識到這些，我們就不難理解，為什麼當鐘斯和瓦格納開始質疑教會在解釋預言及其律法神學方面的準確性時，一些復臨信徒的領袖會作出如此猛烈和情緒化的反應。他們解釋說，這些質疑在極度危機的時刻，已經威脅到復臨信徒最核心的根本生存問題。

對問題的敏感和反應過度常常使人失去鄰居。願主幫助，在教會的工作中，也在我們私人的生活裏，使我們不但知道問題的癥結，而且知道用更健康的方式去處理。

關於十角的激辯 **16**日

見第四獸……與前三獸大不相同，頭有十角。（但7：7）

你可能會想，這不是一節很好的靈修經文。

你是對的。但這背後有一個故事，它在1880年代震動了整個復臨教會。事情來源於1884年總會代表大會要求鐘斯，把所有歷史中預言應驗的信息都匯總起來，其中包括但以理書7章十角的預言。

烏利亞・史密斯因為鐘斯有時間從事這個任務很高興。但他的興奮很快就消失了，因為這個年輕人在解釋其中一個角的時候跟他持不同的觀點，由此還指出傳統的解釋是錯誤的。當鐘斯把他的研究成果發表在《時兆》上的時候，情況就變得更糟。史密斯在《評閱》上給予反駁，這個「探討」頓時變得火熱起來。

為什麼會在這樣一個小話題上，傾注如此大的關注呢？

讓史密斯來回答。他認為，如果我們改變傳講了四十年的東西，那麼人們就會發現，並且說：「哦！現在你們發現自己在自認為最清楚的點上搞錯了；如果給你們足夠的時間，你們可能最終會意識到自己在所有的觀點上都是錯誤的！」在這樣的打擊下，整個預言解釋系統，包括對國家星期日法案的解釋都會全盤崩潰。史密斯這樣爭辯。

鐘斯也基於星期日問題進行反擊，指出「真正有關真理的鬥爭還沒有開始」。星期日法案的出現將會改變所有一切。基督復臨安息日會的信仰在末日的危機中將會「成為主要爭論的話題……然後我們的觀點將會被高位的人所知曉。其中的每一點將會被解析和質疑……我們將必須……為我們的信仰提供出一些更好的理由，而不是『我們已經傳講了四十年了』，或者說詹德勒主教（Bishop Chandler）是這樣講的。」

就是星期日危機，使得像十個角裏面的其中一個角預表什麼，這樣一個看起來不太重要的話題，引來激烈的爭論。對巴特勒和史密斯來說，這好像不是一個公然挑戰這個流傳已久的預言解釋之好時機。

復臨信徒歷史中有這樣一個事實，當人們的頭腦和精神因為一場不太體面的衝突，而被挑撥起來的時候，即使是一個小小的話題，也可能引發一場大爭鬥。

天父啊，求祢幫助，當我們研究祢的話語和處理彼此間的關係時，求祢使我們有合宜的判斷。

17日　關於加拉太書中律法的激辯（一）

律法是我們訓蒙的師傅，引我們到基督那裏，使我們因信稱義。但這因信得救的理既然來到，我們從此就不在師傅的手下了。（加3：24、25）

理解復臨信徒是如何激烈爭辯這兩節經文，比理解前面說的爭辯但以理書7章的十個角更容易一些，特別是如果有人讀這經文，然後解釋說，在基督來了以後律法就不需要了，他們不認為律法始終會指出我們的罪，領人到救主那裏。

巴特勒和他的朋友們當然擔憂第一種觀點。如果這裏的律法是指十誡的話，這就是一個很嚴重的問題。他們藉著解釋十誡是儀文規條來解決這個問題。他們認為儀文律法引我們到基督那裏，但當耶穌來了以後我們就不再需要這些規條律法了。

然後在1884年，出現一個瓦格納，帶著他的觀點，認為加拉太書中的律法是指十條誡命。巴特勒團隊認為這樣的解釋威脅到復臨信仰最核心的內容——包含在道德律法中不變的、神聖的第七日安息日。這樣，教會領袖們認為鐘斯和瓦格納是在推翻復臨信徒的支柱信仰之一。

超過三十年之久，教會持定儀文律法的解釋。在星期日法案危機的當頭，瓦格納提出了這樣一個教導，在巴特勒和史密斯看來，這是在削弱他們遵守安息日最基本的一個理由，同時也給那些反對律法的復臨信仰敵對者，提供了「極大的援助和鼓舞」。

巴特勒看這個新教導如同「一個開了口的漏洞」，大批的不同教義和預言的改變將會從這個漏口「嵌入」復臨教會。

史密斯是一心一意站在巴特勒一邊的人。對他來說，「除了懷弟兄離世，臨到我們身上最大的災難，就是瓦格納醫生將他關於加拉太書的文章發表在《時兆》上。」如果教會改變其在加拉太書上的立場，他斷言：「他們就會把我排擠在外，」因為「我沒有打算放棄基督復臨安息日會的信仰。」

有時擔憂驅使我們的神學觀，而非審慎查考聖經。當這樣的時候，我們就會反應過度，而且喪失我們仔細研究聖經的能力。

天父啊，求祢幫助，使我們在研讀祢話語的時候睜大雙眼，把我們的情感放在一個合適的位置。

關於加拉太書中律法的激辯（二）　　**18**日

你們因信基督耶穌都是上帝的兒子。（加3：26）

事實上，懷愛倫曾在1850年代得過一個異象，異象中她鑑別過加拉太書中所提的律法，這使得這個爭端顯得更加複雜。巴特勒和史密斯斷言她已經特別指出那是儀文律法。但她回答說，她記得那個異象，只是沒有用文字寫下來，她記不起來曾說過些什麼，只覺得整個爭論應該先暫停，因為這個不重要。對她而言，這「僅僅是很小」的問題。她的負擔不是那律法，而是「向弟兄姊妹們介紹耶穌和祂的愛，因為我看見明顯的證據表明許多人沒有基督的靈。」（《懷愛倫文稿》第24頁，1888年）

這些發言激怒了巴特勒和史密斯，他們現在轉過來指控懷愛倫改變主意。他們還暗指，真正的先知不會做這樣的事情。這樣一來，在一個已經很緊張的狀況下，她的預言恩賜也遭受到來自教會領袖的猛烈攻擊。

但在1880年代，這不是史密斯第一次對復臨信徒的先知不滿。1882年，他因為懷愛倫寫證言批評他在巴特溪學院處理顧德羅‧貝爾的事情上有缺點，變得非常惱火。當時他下結論說，不是她所寫的所有東西都從上帝而來，她的勉言只有在那些她說「我看見」的內容才是蒙啟示的。這樣她寫給他的所有信件，除非她說「我看見」，才是好的建議，否則，就是壞的建議，史密斯就是如此看待她在貝爾事件中的話。

1880年代中期，在加拉太書爭論期間，巴特勒加入史密斯的行列，對懷愛倫的「壞」建議心存偏見。

懷愛倫對這個話題當然有她自己的觀點：「如果一些人已有先入為主的意見，或者某一特定的觀點被認為有誤並且遭到證言的批評，他們就馬上辯解自己立場和證言間的分歧，區分哪些是懷姊妹的個人判斷，哪些是上帝的話。凡是支持他們所擁有的觀點的就是上帝的旨意，如果證言是來糾正他們錯誤的，那就是來自人的意思——是懷姊妹自己的觀點。由於他們堅持他們的傳統，而使上帝的勸勉變得沒有影響力。」（《懷愛倫文稿》第16頁，1889年）

保護我們，哦！上帝，使我們脫離以自我為中心。

1886年打仗的響風

境內有打仗和大毀滅的響聲。（耶50：22）

1886年末，巴特勒想要解決關於加拉太書中的律法和但以理書7章十角的爭論。首先，他給懷愛倫寫了一系列的信，希望拉攏她站在自己的一邊。其次，他針對加拉太書預備了一個「簡短的評論」，其實那是一本85頁的書，題目是《加拉太書中的律法》，特別針對瓦格納的立場。

第三，他試圖運用1886年總會代表大會，把鐘斯和瓦格納的「錯誤教導」丟到它該去的地方，這樣就可以把教會重新帶回到原來的軌道上來。總會會長發給每一個代表一本他寫的**《加拉太書中的律法》**。更重要的是，他組織了一個神學委員會想一次性解決爭端的問題。

但是巴特勒希望用一句教義的宣告來解決爭端問題，以永遠建立真理的論點，他的這個企圖最後還是破滅了。因為九個成員的神學委員會分成4人和5人的兩個部分。「我們爭論了好幾個小時，」巴特勒回憶道，「但沒有人能說服對方。」接下來的一個問題，他說，「我們是否要把這個爭論帶到大會，讓更多的人來討論。」作為一個精明的政客，他知道這樣做只會帶來更大的麻煩。

巴特勒和懷愛倫回顧1886年總會代表大會的時候，都覺得那是一個「可怕的大會」。他說這是他所參加的會議中最令人不愉快的一次。懷愛倫則指出，「耶穌為祂的聖徒悲痛憂傷。」她特別擔憂「弟兄們之間的粗魯和不敬，她渴望他們彼此間有憐憫的愛」（《懷氏書信》第21頁，1888年；《懷愛倫文稿》第21頁，1888年）。動盪的明尼阿波利斯大會已經有了前奏。

1886年大會中，受傷害最嚴重的人可能是康萊特（D.M.Canright），他原本是巴特勒關於律法觀點的最堅定支持者。後來他也認識到復臨教會傳統立場的問題，也意識到巴特勒及其同伴們「高舉律法超過耶穌」。但他也沒有接受瓦格納關於十誡引人到基督那裏的觀點，康萊特放棄復臨信仰和律法，最終竟成了復臨教會最具攻擊性的反對者。

沒有什麼事情比高舉耶穌的話題更重要的了。

主啊，求祢引導，藉著復臨信徒的歷史，使我們默想基督在我們生命中的位置。

懷愛倫尋求事情的平衡 **20**日

溫柔的人有福了！因為他們必承受地土。（太5：5）

懷愛倫從來沒有像這樣，深切擔憂她教會的現狀和前進的方向。1887年2月18日，她把這些想法和擔憂寫在給鐘斯和瓦格納的信中，「這樣非常危險，」她強調說，「我們的傳道人過分關注教義，他們的講道過分關注爭論性的話題，其實他們自己的生命需要多操練敬虔……奇妙的救恩被輕描淡寫而過。我們需要更全面、持續地傳講這些道理……如果我們的講道和寫文章繼續像該隱的祭物，無意獻給基督的，那是非常危險的。」（《懷氏書信》第37頁，1887年）

她在信中也批評鐘斯和瓦格納，在這樣一個危機的時期公開發表引起分裂的話題，同時也指責他們一些不應該有的性格。兩個人都很積極地回信，謙卑承認自己公開和私下的缺點，並且道歉。

批評鐘斯和瓦格納的信，也同時抄送了一封給巴特勒。他對信中的內容欣喜若狂，而且誤解為這是對他關於律法立場的確認。欣喜之餘，他寫信給懷愛倫說自己實在是「愛」這兩個年輕人，為他們感到難過。「我總是同情那些遭受極大失望的人們。」在「同情」過後，巴特勒高興地在3月22日的《評閱》上發表了一篇極具攻擊性的文章，推廣他在兩個律法上的立場。

說得保守一點，巴特勒這樣使用她給鐘斯和瓦格納的信件使懷愛倫很不舒服。1887年4月5日，她立即寫了一封短信給巴特勒和史密斯，聲明她只有把寫給兩個年輕人的信抄送給巴特勒和史密斯，是因為要告訴他們在把不同的意見公開之時，也要遵守同樣的謹慎原則。但是現在，巴特勒已經重新公開挑起爭戰，唯一公平的方法是給瓦格納一次機會來陳明他的觀點。

當懷愛倫開始越來越看清楚問題所在的時候，她開始變得更主動地抨擊總會領袖專橫的領導方式。「我們工作必需像基督徒的樣子，」她寫道，總要降服於聖經真理，「我們盼望充滿上帝的同在，有基督的柔和謙卑的樣式」（《懷氏書信》第13頁，1887年）。

這些品格仍舊是我們現在所必須的。

主啊，求祢幫助，儘管在為神學真理戰鬥的時候，也使我們仍然有祢的謙卑，有祢的樣式。

法利賽人的精神

遠離紛爭是人的尊榮。（箴20：3）

懷愛倫「察覺到在（明尼阿波利斯）大會一開始，就有一種氛圍令她擔憂」，那種態度是她從未在傳道人和教會領袖中看見過的。這使她焦慮，因為這實在不像「耶穌的樣式，他們應該以基督的心腸彼此對待，但事實上卻相反」（《懷愛倫文稿》第24頁，1888年）。她稱這種敵對的狀態為「明尼阿波利斯精神」或者「法利賽人精神」。我們要想瞭解動盪的1888年大會和隨後的復臨教會歷史，關鍵是先理解他們在明尼阿波利斯大會所呈現出來的態度。

概括地形容明尼阿波利斯精神，就像懷師母所描述的，有以下幾個特點。第一，它表現出對教會改革者的譏諷。比如，說瓦格納是「懷姊妹的寵物」等。第二，它導致論斷攻擊。第三，許多人表現出惡意揣測、憎恨和忌妒。第四，明尼阿波利斯的精神還表現出「尖刻的情感」和態度。第五，擁有這種態度的人，「充滿抗拒精神」，抵制聖靈的聲音。第六，它驅使人們挑釁跟自己有不同信仰觀點的人。第七，它激化矛盾，以教義上的爭論代替耶穌的心腸。第八，它以「文字遊戲」和「文字詭辯」的心態來討論教義。總括一句話，這個精神所表現出來的是「無禮、缺乏教養和不像基督的品格。」

關於明尼阿波利斯精神，還有一點最需要瞭解，它是渴望維護復臨教會「標誌性」舊教義的產物。懷愛倫為這種狀況深感悲哀「對一些經文的不同應用使得人們忘記了他們的信仰原則。」（《懷愛倫文稿》第30頁，1889年）她宣告說：「求上帝拯救我脫離你們所持守的觀念……如果這些觀念致使我在靈裏、言語上和工作中變得不像基督徒體統的話。」（《懷愛倫文稿》第55頁，1890年）

明尼阿波利斯精神的悲哀，便是他們試圖保持復臨教會教義上的純粹性，以及他們對聖經的傳統解釋，巴特溪的領袖們已經喪失了基督教的精神。

主啊，求祢拯救我們，因為在我們裏面有法利賽人的精神。求祢在這些年間，使我們在所做的一切事上充滿耶穌的心腸。

復臨教會最大的需要

飢渴慕義的人有福了！因為他們必得飽足。（太5：6）

懷愛倫在1887年寫道：「我們最大、最緊迫的需要，就是在我們中間有真正敬虔的復興。這應該成為我們首要的工作。」但是，她認識到許多復臨信徒沒有準備好領受上帝的祝福，許多人還需要生命改變。「沒有什麼東西使撒但如此害怕，那就是上帝挪開一切的障礙使祂的子民清楚所要走的道路，這樣主就可以把祂的靈澆灌日趨衰弱的教會和怙惡不悛的會眾。」（《評論與通訊》1887年3月22日）

1880年代末，懷愛倫非常擔憂復臨教會的狀況。太多的領袖和信徒有真理的理論，卻沒有抓住真理的本身。

那樣的擔憂在她的文章中也不是什麼新的內容。1879年她就已經寫道：「我們應該每天用一個小時，來默想回顧基督從馬槽到各各他的一生……藉此默想祂的教訓、受苦和祂為拯救人類所作出的偉大犧牲，這樣可以使我們的信心更加堅定，我們的愛心也必振奮起來，並能更深地被我們救主的精神所感化。如果我們要最終得救，就必須在十字架腳前學習痛悔謙卑的功課。」她繼續說她渴望「看見我們的傳道人，更委身於基督的十字架」（《教會證言》第四卷374、375頁）。

同樣的思想也在1883年總會代表大會上被強調，那時，懷師母對與會的傳道人說，「我們要在基督的學校裏學習。除了基督的義，沒有什麼其他的東西使我們配得恩典之約裏的任何福氣。我們都渴望承受這些福氣，卻沒有得到，是因為我們不放棄一種思想，以為我們可以做一些什麼，使我們更配得到這些福氣。我們的眼目還是沒有離開自己，不相信耶穌是一個永活的救主。」（《信息選粹》第一卷，351頁）

在明尼阿波利斯大會前夕，她又一次寫道：「我們信息的主題，應該是耶穌的一生並祂的事工。」（《評論與通訊》1888年9月11日）

1880年代，復臨教會最大的缺乏是耶穌並祂的愛。現今仍是我們最大的缺乏。

指出問題

你當竭力在上帝面前得蒙喜悅，作無愧的工人，按著正意分解真理的道。

（提後2：15）

1888年8月5日，就在總會代表大會兩個月前，懷愛倫寫了一封強有力的信致「參加總會代表大會親愛的弟兄姊妹們」，指明教會核心神學體系中存在的問題。希望人們仔細聆聽她的負擔和主題。

「存謙卑的心，藉著基督的靈，認真查考聖經，探尋什麼是真理。真理不會因為人的仔細研究而受到任何虧損。讓上帝的話語自己發聲，讓聖經做它自己的解釋者……。」

「我們有一大批傳道人沉溺於一種令人瞠目的怠惰中，他們情願其他人（比如：史密斯和巴特勒）為他們查考聖經；以致別人所說的為絕對事實、絕對真理；他們不是通過自己的研究，也不是藉聖靈在他們心裏和頭腦中的深刻印證，去瞭解所得的是不是聖經的真理……。」

「每一個信徒必須徹底地明白聖經的真理，因為他們將來會被帶到議會前，遭受那些刻薄之人的攻擊。贊同真理是一回事，而作為聖經的學者通過嚴格檢驗，明白什麼是真理，又是另一回事……。」

「許許多多的人將會失喪，因為他們沒有用跪下的雙膝來研究聖經，沒有懇切禱告尋求上帝，只有用這樣的方法進入上帝之道，才能給他們的理解帶來亮光……。」

「我們屬靈成就最大的障礙之一，乃是極度匱乏愛與彼此間的尊重……仇敵的工作就是結黨紛爭，讓人有各自為政的精神，還有一些人在煽動弟兄中的偏見和嫉妒，還以為自己是在為上帝作工……。」

「上帝的道乃是最偉大的檢測儀；我們相信，一切的事情都必須接受其檢驗。聖經必須成為我們每一項教義和實踐的標準。我們必須認真地查考聖經。在與聖經的教導比較之前，我們不接受任何人的主張。在關乎信仰的事上，這是至高的神聖權威。」（《懷氏書信》第20頁，1888年）

今天，在這些教導裏，我們聽到了上帝對我們下的行軍令。

加州的「陰謀」

耶穌知道他們所議論的，就說：「你們心裏議論的是甚麼呢？」（路5：22）

思考可以是件好事情。

但不總是好的。特別是當心中充滿著陰謀思想的時候。

1888年總會代表大會前夕，那好壓制的巴特勒和他的朋友們，就是處在這樣的思想狀態之中。9月底一封來自加州威廉・希萊（William H.Healey）牧師給喬治・巴特勒的信，點燃了陰謀事件的火焰，信上說西部的教會領袖們（鐘斯、瓦格納、懷特和懷愛倫），正在密謀改變教會的信仰。

在希萊的信到達之前，巴特勒看起來情緒已經比較穩定。他不太喜歡那些關於但以理書和加拉太書有爭議觀點的出現，但是，8月份懷特和懷愛倫的信已經說服了他，有必要容許這些不同觀點的存在。

然而，這封信摧毀了這個已經神經緊繃的總會會長僅有的一點溫柔，在他看來，這是在明尼阿波利斯大會前夕一個有組織的預謀。突然間，過去兩年來所發生的一切好像都找到了根源。怪不得懷氏母子那麼努力為鐘斯和瓦格納爭取發表他們新神學思想的機會，原來他們都是一夥的。當然，巴特勒下結論說，這裏有一個最危險的陰謀，直接威脅到復臨教會久經考驗的信仰。

這個原因導致了巴特勒爆發出他最後的瘋狂行動，他整頓了自己的勢力來對付他所認為的西部幫派，向各地的代表們發了一連串的電報和信件，警告他們留意這個陰謀並且敦促他們「站在舊立場這邊」。

同時，懷氏母子、瓦格納、鐘斯並其他一些加州的代表們，仍舊不知道巴特溪的勢力正視他們為陰謀家。正如懷特寫道，他是這場誤會裏的「無辜天鵝」，在毫不知情的情況下，西部這些人不知不覺地就落在陰謀理論的製造者手中。

正確思考問題是很不容易的事情，但如果被陰謀思想所玷污，那就更不可能正確思考了。我們需要警惕這樣的思想，求上帝的恩典使我們遠離邪惡。

一個混亂的領袖

在何處有嫉妒、紛爭，就在何處有擾亂和各樣的壞事。（雅3：16）

談到混亂。這個詞語正適合來形容在1888年大會前夕的總會會長喬治·巴特勒。由於受到「加州的陰謀」思想的影響，10月1日，就是大會前幾天，他寫了一封42頁用打字機打出來的長信砲轟懷愛倫，清楚地顯露了他混亂的精神狀況。

他先是講述了自己遭受「焦慮痛苦」，是因為他「殫精竭慮」，他「應該放棄所有的教會工作職位和責任」。接著，他抨擊懷愛倫，說她是造成自己「目前這種狀況」的罪魁禍首。

巴特勒尤其對她在加拉太書律法觀點上的逆轉大為惱火。至少可說，這使得他在這個話題上大受困擾。

他寫道：「過去四年以來，在太平洋沿岸挑起的這個話題，其中所充斥的除了邪惡還是邪惡。我堅定地認為，這就是使我們教會許多人變得心神不定的原因，破壞了他們的信心並工作上的合一，並且這些人將會因此放棄真理而迷失。這樣就會大開教會之門，使一些新發明的思想進入，毀壞我們原先的信仰立場。」

「我們過去對這件事的處理，已經逐漸削弱人們對證言的信任。而且我相信這整個事件，會比自從教會存在以來所發生的其他任何事情，更使人們失去對你工作的肯定……它也會破壞許多教會領袖對證言的信心。」

他繼續將一大堆的問題全歸咎於懷特，並且聲稱鐘斯和瓦格納兩人都需要受到「公開的譴責」。

巴特勒認為他已經「被朋友所害」，身心俱傷，他將不會出席1888年的大會。

而他所談的那些事，都是懷愛倫曾告訴他不是重要的事。

這就是歷史的事實。

巴特勒可能使我們大吃一驚。但我們中間有多少人也是過分關注聖經中的邊緣神學理論，直到我們發現自己的靈性和思想也處於類似的扭曲之中。願我們蒙上帝的憐憫，不要計較得失，而是單單聚焦於聖經偉大的中心主題。

1888年信息（一）

我若從地上被舉起來，就要吸引萬人來歸我。（約12：32）

這幾天我們不斷地提到1888年信息。這信息是什麼？或許最精確的摘要，出現在懷愛倫於明尼阿波利斯大會多年後寫的一封書信中。請你們用心品讀，用耳傾聽。

「因著極大的憐憫，主藉瓦格納和鐘斯長老向祂的子民傳送了一個最寶貴的信息。這個信息更向世人突顯被舉起的救主，並祂為全人類的罪所作的犧牲。這個信息肯定地提出了因信稱義；它邀請人們接受基督的義，這義是在順從上帝全部誡命時顯明出來的。許多人忽略了耶穌。他們需要把注意力集中在祂的神性，祂的美德，及祂對世人不改變的愛上。所有的權柄都交給祂了，祂可以賜給人豐富的恩賜，把自己的義作為無價的禮物贈送給無助的人類。這是上帝命令要賜給世人的信息。此乃第三位天使的信息，需要隨著聖靈極大的傾注，大聲地宣揚出來。」

「被高舉的救主在祂有效的工作上表現為：坐在寶座上被殺的羔羊，賜下無價的盟約福氣，藉著祂的死來贖回每一個願意相信祂的人。約翰無法用語言來形容那種愛；他只能說太深、太廣了；他呼喚世人去仰望它。基督在天上為教會代求，為那些祂用自己的寶血所贖回的人代求。世世代代都不能削減這個贖罪犧牲的功效。」（《給傳道人的證言》第91、92頁）

這是怎樣的一個信息啊！

復臨信徒已經高舉安息日、聖所、死後狀況和基督第二次再來等道理，卻沒有充分高舉能使這一切有意義的那一位。

至少可以這樣說，懷愛倫與鐘斯和瓦格納一起呼籲復臨教會，轉變其神學焦點。你已經加入這個行列嗎？如果沒有，為什麼不呢？

1888年信息（二）

如今卻蒙上帝的恩典，因基督耶穌的救贖，就白白地稱義。（羅3：24）

我們接著昨天的談論，無疑的，那是對鐘斯和瓦格納1888年信息之重要意義的最好總結。

「祂恩惠福音的信息是用清楚而鮮明的文字寫給教會的，**世人不應該再說基督復臨安息日會信徒只談論律法、律法，而不教導或相信基督。**」

「**基督寶血**的功效要帶著新鮮氣息和能力被介紹給人，他們的信心就能把持寶血的價值。當大祭司把溫熱的血撒在施恩座上，當馨香芬芳的煙雲上升到上帝面前，如此，當我們承認自己的罪並懇求基督贖罪之血的赦免，我們的禱告就升到天上，帶著我們救主美德的芬芳。儘管我們是不配的，但我們永遠要記得，有一位能消除罪並拯救罪人。所有帶著深深懊悔的心在上帝面前承認的罪，祂都會挪去。**此信仰乃是教會的生命……。**」

「除非罪人一生中都仰望被舉起來的救主，藉著信心接受他有權利要求的功勞，否則他就不能得救。正如同彼得，除非他的眼睛牢牢注視耶穌身上，否則，他就不能在水面上行走。如今，撒但堅定的目標就是蒙蔽耶穌的形像，引導我們去看人，信靠人，期待來自人的幫助。多年以來，教會都在注意人，期望從人那裏得到更多，而不是去仰望耶穌，在祂裏面有我們永生的盼望。因此，上帝賜給祂的僕人們一個見證，顯明在耶穌裏的真理，就是以清晰鮮明的字句表述的第三位天使信息……這就是那個必須被傳遍地極的見證，它將律法和福音結合成完美的整體呈現出來。」（《給傳道人的證言》第92－94頁）。

1888年信息的最高峰是高舉耶穌。這就是我們永遠不會過度強調的。今天，在你的工作、家庭、你的一切活動中高舉祂。使祂真正成為你生命的救主。

1888年信息（三） 28日

你們若有彼此相愛的心，眾人因此就認出你們是我的門徒了。（約13：35）

過去的兩天中，我們已經從寫於1895年的信件中，察驗1888年信息的核心內容。今天我們要從懷愛倫1891年2月的日記入手來看這個話題。

她沉思道：「我們的許多傳道人，」她沉思道，「僅僅是以說教、辯論的方式介紹主題，很少提及救贖主的拯救大能。他們自己沒有吃天上的活糧，他們的見證沒有營養，沒有耶穌基督的救贖寶血洗淨一切的罪。他們所擺上的與該隱的祭物相似……。」

「為什麼祂沒有被嘗試生命之糧來傳講給人呢？因為祂並沒有住在那些認為傳講律法為己任的人的心裏……信徒因為缺乏生命的糧而挨餓。」

「在所有的基督徒中，基督復臨安息日會信徒們應該最先把基督高舉在世人面前……律法和福音，協調在一起，就能知罪。上帝的律法，在定罪的同時，指向了福音，啟示耶穌基督……在任何講道中律法和福音都不能被分開……。」

「那麼，為什麼教會表現出如此缺乏愛呢？……那是因為基督沒有經常被帶到眾人面前。祂品格的屬性沒有被帶進實際的生活中……。」

「智力被提升了，聽眾的心靈卻沒有得到滿足，以這種方式引介真理是危險的。一種正確的真理學說被提出來了，然而，真理的上帝所要求的愛的溫暖，卻可能沒有表明出來……。」

「許多人的信仰非常冷淡，就像凍住的懸冰柱一樣……不能打動別人的心，因為他們沒有被那從基督心中湧出來的祝福之愛所充滿過。另一些人把信仰當作一個有關意志的問題來談論。他們論述嚴苛的義務就好像它是個以鐵杖來統治的主人一樣——一個苛刻的，強硬的，強權的主人，全無基督的甘甜，和感動人心的愛和溫柔的同情。」（《懷愛倫文稿》第21頁，1891年）

天父啊，求祢幫助，使我們明白什麼是福音的全部內容，也使我們知道在生活中應當如何去行。阿們！

29日　　　　總會代表大會（一）

弟兄結怨，勸他和好，比取堅固城還難；這樣的爭競如同堅寨的門閂。

（箴18：19）

不是所有的大會都令人歡欣高興的。很不幸的，這次明尼阿波利斯大會的狀況，就是落在消極的一端。

明尼阿波利斯報刊在10月13日報導，復臨信徒是「一個特殊的群體，他們遵守星期六為禮拜天，推崇一位女先知，並且相信世界的末日即將到來。」

10月19日的報刊報導，復臨信徒「正在解決一項神學難題，其情形如同一個熱心的人試圖對抗一堆木頭。」報紙或許還加上這場神學對話中，雙方彼此間粗暴的態度。事實上，這樣的好鬥精神正是懷愛倫所最擔心的。

1888年總會代表大會，從10月17日到11月4日，在明尼蘇達州的明尼阿波利斯市新建的復臨教堂裏召開。在正式大會前的10月10日到17日，他們預先召開一個行政會議。業務事項只能在正式會期討論，而這個神學爭論則持續在兩次的會議之中。在會議即將結束時瓦格納注意到，在議程中有三個主要的神學問題需要討論，它們是：但以理書7章中的十個王國，教皇的權位和被提議的星期日法案，以及「在因信稱義的論題中律法和福音之間的關係」。

這三個問題中，只有一個在明尼阿波利斯大會的領袖中沒有造成分歧，那就是宗教自由的問題。代表們一致認為所提議的國家星期日法案，就是有關啟示錄13章和14章預言歷史中的不祥兆頭。結果，沒有人對鐘斯關於宗教自由的講道有異議。

大會針對星期日問題作出了三個決議：發表鐘斯在這個論題上的講道，支持他外出傳講這個主題，並且讓他帶一支由三個人組成的代表團在美國參議院委員會上作證。

這樣，在大會結束的時候，鐘斯開始他主張宗教自由的職業生涯——藉這個職位，他為復臨教會作出了他一生中最重要的貢獻之一。

天父啊，求祢充滿我們，特別是在艱難的時期，藉著祢的靈，使我們可以學習彼此合作，用更有效的方式來工作。

總會代表大會（二）

律法是我們訓蒙的師傅，引我們到基督那裏，使我們因信稱義。（加3：24）

明尼阿波利斯大會在但以理書7章10個角的辯論中，沒有帶出太多的神學亮點。其主要貢獻不過是增加緊張氣氛，正如史密斯説的，連討論這個話題都顯得「絕對沒有必要」，是「毀壞舊真理」。鐘斯宣稱，他不會對史密斯在這個論題上的無知負責。懷愛倫則回應説：「不要太尖鋭，鐘斯弟兄，不要太尖鋭。」

從另一方面來説，真正的神學思想進步，的確發生在理解因信稱義道理的領域裏。1888年大會其中一個有趣的事實是，儘管爭論雙方的鬥爭源自加拉太書中的律法問題，但最後大會得出的主要結果卻聚焦於因信而來的義。這是如何轉變的，對許多人來説還是一個謎。

把話題引向這個方向，應該有瓦格納的一份功勞。他做了一個策略性的決定，不要單單爭論加拉太書中律法的問題，而是要從律法和福音的角度，關注更大的救恩問題，然後以這個為基礎討論加拉太書的問題。

這樣，儘管瓦格納在福音／律法話題上至少發言9次，但前面的5次或6次都是聚焦於因信而來的義。然後，他才特別處理加拉太書的問題。他把加拉太書的問題放到背景裏，再把救恩的話題突顯出來。

根據瓦格納的神學思想，十條誡命——訓蒙的師傅帶我們「到基督那裏，使我們因信稱義」。懷愛倫在這點上支持他的觀點。她對代表們説：「在瓦格納醫生所分享的基督的義跟律法之間的關係中，我看見了真理之美……（這）跟我在這些年間的經歷中，上帝所樂意賜給我看的亮光完美地和諧在一起。」（《懷愛倫文稿》第15頁，1888年）。

在這段話中，懷愛倫特別強調她所認為的瓦格納對復臨神學最重要的貢獻之一。他為律法和福音的關係構建了橋樑，清楚闡明十條誡命的福音功效。

這律法在我們的生活中依舊發揮著同樣的功效。它不僅顯出上帝的榮耀，也帶領每一個虧缺上帝榮耀的人到基督面前，得蒙赦免和稱義。

神學研究：依賴人的權威（一）

經上說什麼呢？（羅4：3）

聖經在這個話題上的觀點是什麼？上面經文是保羅在羅馬書中思考因信稱義時的發問。這也同樣是早期復臨安息日信徒的發問。他們是忠於聖經的一群人，在解決神學上的疑問時，他們拒絕使用傳統、教會權威、學術專長、或其他一切形式的宗教權威。他們是為這本書而活的人。

但情況在1880年代的復臨領袖中起了變化。在明尼阿波利斯年會期間，他們至少使用了四種形式的權威來解決神學爭論，給教會帶來麻煩。

他們首先關注行政地位。好專權的巴特勒也發現自己特別喜歡用這種方式。他認為跟普通人相比，領袖的「見解更聰明」，並且更重要。他的這些觀念導致他濫用權威。懷愛倫在1888年10月責備他只喜歡那些同意他觀點的人，卻猜疑那些「覺得沒有必要接受從人而來的觀點和想法的人。順從的人只做領袖們做的事，只說領袖們說過的話，只想領袖們想過的思想，事實上他們自己跟機器差不多。」（《懷氏書信》第21頁，1888年）

總會會長的這種模式鼓勵了復臨信徒「等待別人代替他們思考，替他們判斷」，在懷師母看來，這便製造了一群懦夫「無法為自己的觀點和責任站立」（《懷氏書信》第14頁，1891年）。

鑑於教義和聖經真理被人的權威見解所污染，懷愛倫在1888年12月指出，「我們不能認為巴特勒長老或史密斯長老是基督復臨安息日會信仰的衛士，因為這樣的話，就沒有人敢發表跟他們不同的見解了。我的呼籲是：**你們自己查考聖經……沒有人可以作我們的權威。**」（《懷氏書信》第7頁，1888年）

的確如此。上帝寫在聖經中的話是每一個基督徒的權威。在1888年的時候如此，今天還是依舊。有了這樣的思想之後，我們需要每一天跟使徒保羅一起說：「經上說什麼呢？」

神學研究：依賴人的權威（二） **1**日

人活著不是單靠食物，乃是靠耶和華口裏所出的一切話。（申8：3）

我們都認為聖經是重要的，但在解決我們的神學問題時，卻很難不試圖引用「專家」的意見。烏利亞·史密斯和巴特勒在1888年間都這樣做了。大部分的復臨傳道人可能都會贊同領袖們的觀點，但復臨教會的少數改革者卻提出了一些異議。

瓦格納跟其餘的人一樣對這個話題很清楚。為了駁倒巴特勒使用專家的觀點來解決加拉太書問題的作法，他抓住了這老人最薄弱的地方。「我不在乎人怎麼說，」瓦格納爭辯道，「我要知道上帝怎麼說。我們不是在教導人的理論，而是上帝的話。我確確實實相信，如果你可以找到聖經的根據，就不會引用格林費爾德（Greenfield）的話。」

瓦格納斷言，如果開始倚靠權威的意見，「我們就馬上會變成跟天主教徒一樣。把信心建立在人的觀點之上，這就是天主教的精髓。」他宣告，基督復臨安息日會信徒「應該是真正的新教徒，單用聖經來檢驗所有的信仰。」

復臨信徒不僅面臨外在的試探，以尋求有名望的基督徒作家來支持他們，而且也面臨自己教會內有口皆碑的作家之試探，比如說烏利亞·史密斯。

懷特指出有一些復臨傳道人看「聖經和史密斯長老的評註一樣重要」，因為懷愛倫曾稱讚他所寫的《但以理書和啟示錄默想》。一些傳道人爭辯說，難道她沒有說過史密斯「在工作中得蒙天使的幫助」嗎？

這是復臨教會歷史中一個很引人注目的爭論。一次又一次，人們提出要接受一些人的權威，因為懷愛倫曾肯定過這些人的文章或者說他們的話有真理。

但這不是明尼阿波利斯改革者們的立場，包括懷愛倫她自己也不認為這是對的。他們說，不管那些人擁有多大的真理，都要證實其教導是否正確，唯一的辦法是用聖經來徹底地檢驗它。

這是一個很好的建議。正如我所喜歡說的，第11條誡命是「永遠不要相信一位神學家」，所有的觀點都必須要得到聖經的證實。

神學研究：依賴人的權威（三）

你們是離棄上帝的誡命，拘守人的遺傳。（可7：8）

在1888年間，使用權威的第三種不恰當的方式，即依賴復臨信徒的傳統來解決問題。史密斯和巴特勒都反覆使用教會傳統作為論據，說復臨信徒持定但以理書和加拉太書的觀點已經40年了，它們不應該被改變。史密斯甚至走得更遠，宣稱，如果認定傳統的解釋是錯誤的，這將迫使他宣布跟復臨教會脫離關係。

瓦格納和鐘斯當然拒絕依賴復臨教會的傳統。瓦格納長老支持他的兒子，他寫道：「我一直相信，這是漸長於我們中間的一個嚴重錯誤，就是一個人甚至一個出版社，提出他們的觀點，然後強加諸於教會身上，因為這些觀點是他們發表過的……但對聖經真理的闡述並不能基於」傳統的權威。「只有通過實在的研究、縝密的推理來解釋，並且所有的人都必須有平等的權利來發表他們的觀點。」

正如往常一樣，懷愛倫站在改革者的一邊。「作為一個人，」她警告說，「我們將面臨極大的危險，如果我們不經常警醒反思我們的觀點，卻將它們當作真理而長久自我陶醉，認為我們一點都沒有錯，然後用自己對聖經真理的解釋去衡量別人。這就是我們的危險，也是我們作為子民所遭遇到的最大邪惡。」（《懷愛倫文稿》第37頁，1890年）

傳統是一個有趣的話題。每一個充滿活力的復臨信徒，如果都根據傳統立場的出發點，將會看其他基督徒都是錯的。但別忘了，復臨教會的傳統裏有一些地方顯然也是不對的。我們肯定地說，他們應該轉向聖經。

人們常用一個不同尋常的眼光來看待復臨教會傳統。他們的邏輯是，難道我們的先賢們不是持有真理的嗎？

是的，我們可以這樣回答，但先賢們的觀點並非全是真理而沒有錯誤。檢驗傳統或其他權威唯一正確的方法，是拿它跟聖經在這個論題上的立場相對照。

簡言之，復臨教會的傳統並不比其他宗派的傳統優越多少。只有聖經才是我們信仰的根本依據。

神學研究：依賴人的權威（四）

論我們同得救恩的時候，就不得不寫信勸你們，要為從前一次交付聖徒的真道竭力地爭辯。（猶3節）

在1880年代，為真道爭辯不是復臨信徒領袖的缺點。其問題不在於爭辯，而是在於爭辯時有沒有正確的依據。

史密斯和巴特勒團隊為了保持復臨教會的傳統，最後所使用的一種權威，就是：他們試圖通過表決得出一個信條般的聲明，使1888年以前的神學觀點在將來都不可改變。

總會的領袖們在1886年的代表大會上試圖通過一項決議，但是失敗了，他們無法讓神學委員會在有關加拉太書和但以理7章的問題上形成共識，站在他們所想要的「正確的一方」。

這種以表決確立信條的方法，其中有一個錯誤：他們在當前所關注的問題上，以少數的選票差距贏得決議，把它們等同於聖經的基本信仰，並作為信仰的標誌。這樣的新標誌一旦確立於信條之中，將來就幾乎不可能改變，因為人們看任何的改變是在顛覆先賢們的信仰。

在明尼阿波利斯大會期間他們嘗試在十個角和加拉太書的律法上作出一個信條般的決議。比如在10月17日，斯塔爾（G.B.Starr）提議為十角作表決：「他說，『我提議，為這個問題作一個永久的解決，免得我們再為此而爭論不休。』」會眾便回應，「大聲喊叫『阿們』，『阿們』。」

然而，瓦格納和懷氏母子有效地反對了這樣的一個提議。懷師母在大會的最後一天寫道：「維利……必須警惕每一點，恐怕表決通過，形成決議，以致對將來的工作造成危害。」（《懷氏書信》第82頁，1888年）

她還在1892年寫道：「教會可能會通過一個又一個決議來壓制所有的反對意見。但是，我們不應強迫人的思想和意願，以致根除異議。這些決議或許可以遮掩分歧，卻不能消滅它，達到完美的合一。」於是，她呼籲對不同的信仰有「基督般的忍耐」是必須的。從另一方面來說，「上帝話語的偉大真理如此清晰明瞭，使人不至於誤解」。問題出於那些人將「小土丘……誇大成為大山，並且……在弟兄之間製造隔閡」（《懷愛倫文稿》第24頁，1892年）。

天父啊，求祢幫助，使我不要成為「小土丘」專家。

神學研究：依賴懷愛倫的權威（一）

草必枯乾，花必凋謝；惟有主的道是永存的。所傳給你們的福音就是這道。

（彼前1：24、25）

總會的領袖們企圖依靠人的權威來解決教會所面臨的神學問題，已經失敗了。但是他們覺得如果是根據懷愛倫寫的《證言》，來化解爭論則會更好一些。畢竟，她的著作不就是從上帝來的嗎？

巴特勒對這種觀點特別熱衷。1886年6月到1888年10月之間，他寫了一連串的信件，足見他不斷向懷愛倫施加壓力，試圖迫使她提供一個他所需要的權威解釋來幫助解決加拉太書的問題。如果得以成功的話，他或許可以寫一本書，題目可以叫《如何驅策一個先知》。

這是一種很好的心理策略，他開始用很溫柔的方式，以期引出懷愛倫的回應。1886年6月20日，他寫信給懷愛倫抱怨鐘斯和瓦格納教導說，加拉太書中的律法是道德律法——對於這一點，他強調說，這跟復臨信徒的傳統教導是不一致的。

然後，巴特勒不知不覺地開始懇求，溫和地推動她作出合適的回答：「我聽說許多年前，你得到亮光談到所說的律法問題，意思指它是跟救贖的系統有關係，而不是指道德律法。我覺得這個問題應該想辦法徹底解決。讓我們許多的負責同工看見那樣的觀點被普遍教導，說那附加的律法……是道德律法，對他們來說，這或許是最痛苦的一件事。」

8月23日，總會會長把自己的意圖稍微再說清楚一點。說當他看到這個話題正引起爭論時，就開始特別留意1850年代的情況，當時復臨信徒的領袖們採納以儀文律法來解釋。他提到自己可能會就這個話題寫一本小冊子。最後，他表示自己不太清楚她的意見，因此就給懷師母一個機會，讓她在他所概述好的「真理」觀點上蓋章背書。

這裏可以看出巴特勒的問題。他怎麼能強迫、操縱、說服、或慫恿一個先知去做一些事情呢？

好問題！我們將在明天對這個答案作更進一步的探討。

同時，我們也需要開始深入思考，現今的先知恩賜和聖經之間的關係。🔔

神學研究：依賴懷愛倫的權威（二）　　**5**日

從前所寫的聖經都是為教訓我們寫的，叫我們因聖經所生的忍耐和安慰可以得著盼望。（羅15：4）

昨天，我們講到巴特勒會長企圖操縱懷愛倫「發表」一篇證言，來解決加拉太書的爭端。在1886年8月23日，他還不算太過分，但是到了12月16日他很快就對這位沉默的先知失去耐心。因為原先試圖在1886年總會代表大會上通過信條般的決議，已經失敗了，他開始因為她的不合作而感到失望。「已經好多年了，我們在等候你（在加拉太書上）的意見，」他按捺不住性子說，「要知道只有等大辯論才能結束這種混亂了。」十二天以後，他直截了當地對她說，「除非有直接來自天上的證言，否則沒有什麼」可以改變他的想法。

1887年3月，巴特勒的心情稍有好轉，因為他收到了懷愛倫的信件，批評鐘斯和瓦格納公開發表他們有爭議性的觀點。他解讀懷愛倫的信件表明她在加拉太書的爭議中是站在自己這一邊的，他還相信她會說出正確的觀點，於是提醒懷愛倫，他曾不止一次地就這個話題給她寫信，「但都沒有得到回覆」。

他一面聲稱自己不是催促她發表聲明，一面卻不安地表示，他感覺「在這個問題上所有的騷動過後一定會有持續不斷的麻煩，直到你的意見明確以後。」「如果我們的信徒知道你已得了亮光，認為那附加的律法不是道德律法，這個問題就迎刃而解了。這正是我們的信徒焦急等候想知道的。」

正當巴特勒以為她是公開出來表示站在自己的一邊時，卻不料懷愛倫1887年4月的信使他大吃一驚並且深感受傷。懷愛倫寫到，信中批評兩個年輕人並不意味著巴特勒的立場就是對的。

自從他認為「被出賣」後，他再也不浪費筆墨向她討教在這個話題上的觀點了。神學災難、先知背叛和陰謀等念頭開始在他的心中醞釀，最終導致了他的神經衰弱和洋洋灑灑的1888年10月1日信件，終於他在信中攻擊她沒有作出正確的回答。

因此她不停地勸勉他，這個問題不是重要的，應該先放到一邊。

這裏有一個問題，要問我們每一個人。當我們閱讀聖經和懷愛倫的勉言時，我們自己的動機，正用多大的程度支配著我們的想法呢？我們要誠誠實實地思考這個問題！🎧

神學研究：依賴懷愛倫的權威（三）

你們要查考宣讀耶和華的書。（賽34：16）

前幾天我們談到總會巴特勒會長企圖操縱懷愛倫，要求她對他的聖經或神學問題給出一個權威的答案，因為他在「聖經」找不到足夠的證據來支持他的觀點。

巴特勒信件的整個過程，有趣地顯示了許多復臨信徒對懷愛倫事工的看法。許多人包括從心裏或言語上希望她今天仍舊活著，這樣他們就可以問她某段經文「真正的」涵義。在她跟巴特勒交往的過程中，我們已經找到了她針對這種行徑的答案——沉默，令人沮喪的沉默。總會的領袖們希望她發揮一個神學員警，或釋經仲裁者的功能。但非常明確，這正是她所拒絕的。

懷愛倫不僅反對根據她的著作來解決聖經問題，她甚至在10月24日對明尼阿波利斯大會的代表們解釋說，幸虧她已經遺失了1850年代給瓦格納長老的證言，據說在那裏面，她曾經一次性解決了加拉太書律法的問題。**「上帝對此有美意。祂要我們到聖經那裏，去尋找聖經的證據。」**（《懷愛倫文稿》第9頁，1888年）

換言之，針對這個話題，她更感興趣於聖經怎麼說，而不是她寫過什麼內容。對她來說，證言不是聖經論題的最後權威判斷。它們更不會替代聖經。她在1889年初發表的《教會證言》第33章裏竭力地強調這點，其中有很大的篇幅談到她著作的角色。我們需要熟悉這部分的內容。我們為什麼不在今天或這個安息日來讀這些證言呢？（見《教會證言》第五卷654−691頁）

懷愛倫非常清楚地提到她的著作，是帶領人們「回到上帝的話」那裏（同上，第663頁），並且幫助他們理解聖經的原則，但是她從來沒有把自己的著作當作神聖的聖經注釋。她的復臨信徒弟兄姊妹們卻常常不太清楚這點。很多人甚至在今天還沒有領悟。

懷愛倫從來沒有停止帶領人們回歸聖經，到耶穌那裏。她沒有高抬自己和她的著作為權威。這是我們所擁有的一個正確使用她恩賜的最明確教導。

神學研究：依賴懷愛倫的權威（四）　　**7**日

甘心領受這道，天天考查聖經，要曉得這道是與不是。（徒17：11）

那些忠心的庇哩亞人，認真查考聖經來尋求真理。這也是懷愛倫在1880年代盼望復臨信徒領袖們所要做的。但是他們中有太多的人，試圖用她的著作來解決他們對聖經的疑惑，而不是盡他們讀聖經的本分。這就是她努力想要解決的問題。她那些「誤入歧途」的跟從者們，在加拉太書問題上沒能得到她所「提供」的一個證言，但是他們還是可以略感慶幸，因為至少她已經發表文章談到這個話題，特別是她在《保羅生平概略》（Sketches From the Life of Paul，1883年）中，好像已經確認加拉太書中的律法。從會議日誌來看，我們知道在1888年大會上人們讀了該書的哪幾頁內容。

10月24日，莫里遜（J.H.Morrison）試圖使用《保羅生平概略》這本書，來證明儀文律法說的正確性。翻到第193頁，他向代表們讀道：「他（保羅）述說自己來耶路撒冷是為了尋求一些正擾擾加拉太教會問題的解決辦法，即外邦人要不要受割禮和守儀文律法。」接著，莫里遜又引用第188頁她談論加拉太人問題的性質：「在這基礎上，他們（猶太人基督徒）誘導那些人（加拉太基督徒）回頭遵守儀文律法，並以之為得救的基本要素。信靠基督的信心，和遵守十條誡命被看成是較次要的。」莫里遜還讀到第68頁，在那裏懷師母談論使徒行傳15章10節，和加拉太書5章1節所提到的挾制人的軛：「正如那些反對把這些律法混為一談的人所斷言的，這軛不是指十條誡命，彼得在這裏所說的是指儀文律法。」

提交了這些證據後，莫里遜坐下來，那些傳統主義者一定以為他們解決了爭論。畢竟，他們是引用了懷愛倫的話。因此，若是根據她的聖經注釋，他們是對的，瓦格納和鐘斯是錯了。

正如我們明天將會看見的，這樣的觀點並不是懷愛倫寫文章的本意。

天父啊，當我們沉思這極其重要的信仰權威與聖經屬靈恩賜的關係時，求祢引導我們走正確的路。

神學研究：依賴懷愛倫的權威（五）

眾民側耳而聽〔這律法書〕。（尼8：3）

昨天，我們談到莫里遜選讀了懷愛倫寫的《保羅生平概略》，為的是解決爭論，即加拉太書中所說的律法是儀文律法而不是道德律法。他的引文當然看起來是表達這樣的立場。莫里遜和他的同伴們，十分確信他們的觀點是以懷愛倫「神聖的聖經注釋」為根據的。

但那不是懷師母所設想的立場。就在那天早上（在莫里遜發言之前），她就加拉太書問題發言說：「在我充分研究這個問題之前，我不會站在任何一邊。」（《懷愛倫文稿》第9頁，1888年）。就是在這個情境之中，她意識到幸虧找不到她給瓦格納長老就這個話題的證言。否則有人會誤用她的這個證言，阻擋人們去探索上帝的話語。

關於加拉太書的話題，懷愛倫的確有亮光要給總會的這些代表們，但這亮光，正如她反覆強調的，是要他們在尋求聖經的精意時，是研究聖經而不是依靠任何其他形式的權威。她把這個信息反覆灌輸到她在明尼阿波利斯大會的最後一段記錄裏面——《更深入學習上帝話語的呼召》。

看樣子莫里遜使用《保羅生平概略》來證明他觀點的方式使懷愛倫不太高興。沒有任何跡象表明她認為這是解決問題的辦法，在明尼阿波利斯大會上她也沒有引用自己的著作來解決神學、歷史學或聖經的問題。她的著作有其自己的目標，但其中一個目標是不高抬它超過聖經的地位，不是向人提供萬無一失的聖經注釋。

懷師母在二十多年後表達同樣的態度，那時人們爭論但以理書8章的「日期」問題，這個爭議再一次以她的評論為根據。她也再一次告訴人們，不要用那樣斷章取義的方法對待她的著作。

事實上，為了防止人們再次誤用她的著作來解決加拉太書中的律法問題，當她1911年修訂《保羅生平概略》的時候，她就把那些話刪掉了。她真誠地勸勉人們查考聖經，尋求其真正的涵義而不是依賴她的著作。

權威的問題是非常重要的問題。當我們學習上帝的話語，探索祂的真理和祂在我們生活中的旨意時，願祂每日幫助我們。

神學研究：依賴聖經的權威 **9**日

聖經都是上帝所默示的，於教訓、督責、使人歸正、教導人學義都是有益的。（提後3：16）

瓦格納、鐘斯和懷氏母子在合理解決神學問題的觀點上彼此團結一致。他們都認為聖經是基督教信仰的唯一決定因素。於是，他們就聯合起來，反對傳統勢力用其他形式的權威來解決聖經問題的企圖。

懷愛倫特別堅持需要研究聖經來解決神學爭論。比如，1887年4月，她寫信給巴特勒和史密斯說，「我們要為我們的每一個主張提供聖經的依據。我們不願意讓我們的觀點在糊塗中過關，像坎萊特長老處理他的主張一樣。」（《懷氏書信》第13頁，1887年）1888年7月，她在《評閱》上用最明瞭的話語發表自己的立場，**「聖經是信仰和教義的唯一準則」**（《評訊與通訊》1888年7月17日）。

1888年8月5日，她告訴讀者「仔細查考聖經，看看什麼是真理」，又說「真理不會因為人的仔細研究而受到任何虧損。讓上帝的話自己發聲，讓它作自己的解釋者。」「上帝的話是辨別謬誤的偉大檢測儀；我們相信，每一樣東西都要被帶到它的面前。**聖經必須是我們每一個信仰和實踐的標準……如果沒有經過聖經的校對和檢驗，我們不會接受任何的觀點。這是關乎信仰之事的至高無上的神聖權威。永生上帝的話是判斷一切爭論的依據。」**（《懷氏書信》第20頁，1888年）

懷愛倫也強調她在明尼阿波利斯大會最後一次發言的信息：「你必須研究聖經，然後才知道你有沒有真理……你不能僅僅因為別人提出一則信條就相信，你相信它，不能因為史密斯長老，或凱格長老，或范宏長老，或哈斯克爾長老說那是真理，而是因為上帝的聲音已經在祂永活的聖言中宣告出來了。」（《懷愛倫文稿》第15頁，1888年）她無疑也把自己的名字也放在那個名單裏了，表達她在那次大會中所站的立場。

主啊，我們為聖經中祢的話語感謝祢。今天我們願意再一次把自己的生命獻上，每日用更大的恆心和更多的精力來學習祢的話語。

明尼阿波利斯會議在權威問題上的勝利

叫屬上帝的人得以完全，預備行各樣的善事。（提後3：17）

相當多的傳道人留心關注懷愛倫在明尼阿波利斯大會上，關於個人聖經學習的勸告。懷特在1888年11月2日寫道：「許多人自從這次會議以後，決定以從來沒有過的衝勁來研究聖經，而這將會使他們所講的道更清晰明瞭。」

迪威特·豪特爾（R.DeWitt Hottel）簡要地在他的日記中寫道，從明尼阿波利斯大會後，他回家做的第一件事是「把巴特勒弟兄對加拉太書而寫的書，和瓦格納弟兄寫的回應都讀過一遍。並且也重讀了聖經。」豪特爾看樣子是用聖經同時檢驗兩個人的結論。

另一個成功的故事是科利斯（J.O.Corliss）查考上帝的話，得出了令他滿意的結果。「我從來沒有在這樣短的時間內得過這麼多的亮光，」他宣告說，「真理從來沒有像現在所見的這樣美好。我完全獨立學習聖約的主題，並加拉太書律法的問題。我自己得出結論，沒有參考任何人的思想，唯獨依靠主並祂的聖言。現在，我覺得這些內容都已經井井有條地排列在我的腦海中，我看見瓦格納醫生對加拉太書律法之立場的美妙與協調。」

看起來，在明尼阿波利斯大會上，並不是每一個人都不聽懷愛倫的勸勉。所以，在1889年總會代表大會期間，她能如此描述，她是「多麼感恩，看見我們服事主的同工們都有一個自己查考聖經的意願」（《懷愛倫文稿》第10頁，1889年）。

1890年代初，總會每年為傳道人舉辦訓練課程，作為對明尼阿波利斯大會信息的回應，讓復臨教會的職員們都成為更好的聖經學生。1888年大會凸顯了他們跟聖經關係的薄弱。剛愎自用的巴特勒不再任總會會長，奧森（O.A.Olson）接替這個位置，盡其所能使教會的傳道人們都成為更好的聖經學生。

說到聖經的重要性，二十一世紀教會的其中一個問題是：在讀經上，我們沒有花太多的時間。我們中的大部分人，花在電視面前的時間比打開聖經的時間要多得多。

今天就是我們改變這種狀況的時候了。

明尼阿波利斯會議在權威問題上的失敗　　11日

我得著你的言語就當食物吃了；你的言語是我心中的歡喜快樂。（耶15：16）

吃上帝的話是美好的事情。但有時我們只希望別人這樣做。

這個思想帶我們回到明尼阿波利斯大會有關權威的問題上來。大會有成功的果效也有失敗的地方。或許最明顯的一點，就是持續不斷的試圖依靠人的觀點，來解釋聖經。到1894年，巴特勒和史密斯的話不再有權威，然而，鐘斯的話卻成了導致這個問題的原由。懷愛倫在明尼阿波利斯大會上，及以後一再贊同他和瓦格納的觀點，無疑使許多人打算接受他們所說的、所寫的任何內容。因為他們高舉基督，導致復臨教會一些勢力群起攻擊他們，所以她不得不「大聲疾呼」支持他們，使人們得以聽到他們的聲音。

她的聲音沒有被忽略。到1894年，哈斯科爾覺得可以理解她「絕對有必要」「在這些年間支持瓦格納長老和鐘斯。」他補充說，「但是，整個國家對他們所說的一切內容不再有任何的反對意見。經過那場戰爭，他們獲得了勝利。」

他告訴她說，現在，反過來又面臨相同的問題——信徒和教會領袖們「看待他們（鐘斯和普列斯科特）所說的任何內容幾乎都是上帝的啟示。」維爾考克斯（F.M.Wilcox）也得出類似的結論。他在伯特克裏克注意到這點，寫道，「有一段時間鐘斯弟兄所提倡的許多原則都遭到反對，但後來眾多的信徒專注於他的話，幾乎認為他所說的就是上帝的話。」

這樣到1894年復臨信徒又製造了一個新的權威危機。懷愛倫評論說：「我們的一些弟兄們仰慕這些傳道人，把他們放在應屬上帝的位置上。人們接受他們口中說的話，卻沒有仔細尋求上帝給他們的勸勉。」（《懷氏書信》第27頁，1894年）

我們會從這些事情吸取教訓嗎？

1888年總會代表大會，給我們一個最大的教訓之一是關於權威——上帝的話有著至高無上的權威，我們都必須放棄相信人的話，不再通過他們的眼睛來讀聖經。

主啊，求祢幫助我們！

先知和使者

你要去找馬可，帶他一起來，因為他會幫助我的工作。（提後4：11）

聖經裏的先知和使徒常常會推薦一些為教會帶來特別祝福的個人。在這一點上懷愛倫跟他們沒有什麼不同。在她一生的事奉過程中，最得她不懈支持的則是瓦格納和鐘斯。一次又一次，她高舉他們以基督為中心的信息。

但反覆舉薦是否意味著她贊同他們所教導的一切內容——包括他們關於律法和福音關係的觀點嗎？

我們請她自己來回答。在明尼阿波利斯大會前期她寫到天國的「嚮導」已經「向瓦格納醫生，也向你，巴特勒長老，張開祂的膀臂，並且誠懇地說：『在對律法的認識上，雙方都沒有得著全部的亮光；雙方的立場都不是完全的。』」雖然這些話是在1886年總會代表大會的時候說的，她在1888年的大會時，還是秉持同樣的看法（《懷氏書信》第21頁，1888年）。

11月初，她告訴明尼阿波利斯大會的代表們，瓦格納所報告的關於加拉太書律法的一些觀點，「並沒有跟我在這個話題上的理解相一致」。後來她又同樣聲明，「我並不認為瓦格納醫生的有些聖經解釋是正確的。」（《懷愛倫文稿》第15頁，1888年）

懷特證實了他母親的立場。他從明尼阿波利斯寫信給他的妻子說，「瓦格納醫生的大部分教導，跟」他母親「在異象中所見的內容相一致。」這導致了一些人下結論說，「她支持瓦格納所有的觀點，又說，他的教導沒有哪部分和（她的意見）並她的證言相違背……我可以證明這些結論是錯的。」

懷愛倫常常證實鐘斯和瓦格納所提出的基督之義的核心道理。但是在一些重要的神學問題上，當檢驗了他們的著述之後，她保留不同的觀點。

但他們所指的方向是對的，即我們得基督並祂的義是因信而不是因行律法。

正如先知所指出的，世上沒有完美的觀點。一切的觀點和信息，都必須在聖經的光中得鑑定。

兩種義（一）

「老師，我該做些甚麼善事才能夠得到永恆的生命呢？」……「如果你要得到永恆的生命，就應該遵守誡命。」（太19：16、17）

多年以來，復臨信徒們常常聽説，1888年總會代表大會上因信稱義的道理。但是，鐘斯和瓦格納到底教導了什麼呢？巴特勒和史密斯的立場，在哪些方面是需要糾正的呢？在接下來的幾天中，我們將要來看一看這些問題的答案。

或許切入這個話題的最佳途徑，是通過烏利亞‧史密斯1888年1月的《評閱》社論文章。1月3日社論的題目叫《要點》（The Main Point），他宣稱復臨信徒先鋒們的最後目標，是宣告基督第二次復臨，「引導人們藉著順從這個最後考驗的真理到基督的面前。這是他們所有努力的目標；他們的工作還沒有結束，除非所有的人都歸向上帝，蒙引導有見識，順從祂在天上為他們所預備的一切命令。」史密斯把《要點》跟第三位天使的信息聯繫起來，當他引用啟示錄14章12節的時候，非常強調「守」這個字：「聖徒的忍耐就在此：他們是守上帝誡命和耶穌真道的。」

我們需要在這裏停一下。讓我們來思想：人怎樣才能到基督的面前？是史密斯所宣稱的通過順從？還是通過其他的方式？

1888年1月，他的觀點在其最後一篇社論文章中又一次出現——「永生的條件」。他以富有的少年官到耶穌面前的提問為例子：「良善的夫子，我該做什麼事才可以承受永生？」史密斯宣稱，聖經中的回答可以歸納為一句話「悔改、相信、順從，然後得永生。」他説，這就是耶穌的回應。祂對那少年官豈不是説，「你若要進入永生，就當遵守誡命」嗎？

史密斯繼續注意到「法利賽人之義的問題」，在於從「道德律法」來看，他們的「道德品格」還沒有到達一個合格的程度。

跟從貝約瑟對富有的少年官故事解釋的錯誤引導，史密斯和他的同伴們也深陷於律法主義的泥團之中。他們還沒有看見新約中律法和福音的關係。

我們中有許多人，包括我自己，曾因為同樣的問題苦苦掙扎。請注意，這就是1888年一切的問題所在。

兩種義（二）

我們的祖宗亞伯拉罕……，豈不是因行為稱義嗎？（雅2：21）

信心和順服的關係是義和稱義問題的核心。昨天我們談到烏利亞·史密斯在1888年爭辯説，順服是救贖的關鍵。他主要引用富有的少年官例子。史密斯所沒有注意到的是，儘管少年官已經守了律法，但他仍舊迷失遠離基督。

史密斯和他的同事們，當然也相信因信稱義。他們必須相信，因為這是聖經的教導。但是他們的理解是由於《英文欽定本聖經》對羅馬書3章25節翻譯的誤導所致，那裏説基督的「義寬容人先時所犯的罪」。這樣，巴棱傑（J.F. Ballenger）就寫道：「信心解決我們過去一切的罪，這實在是非常寶貴，祂的血塗抹我們過去所有的罪，給了我們一個潔淨的記錄。信心只能使上帝兌現祂給我們的承諾。但是當前的責任在於我們的表現……順從上帝的命令得生，不順從則亡。」

史密斯、巴特勒及其朋友們的信仰，所得出的一個結論是，因信稱義解決過去的罪，而在內心轉變後維持成義則就是「因行為稱義」了。巴棱傑後來引用雅各書寫道，「我們的祖宗亞伯拉罕……豈不是因行為以著稱嗎？」「當我們順從，這個行為就會結合我們的信心，使我們得以稱義。」

這樣，對那些復臨信徒來說，稱義不是單靠著信──保羅反覆主張因信稱義（甚至也提到亞伯拉罕；見羅3：20－25；4：1－5；弗2：5、8；加2：16）──而是信心加上行為。

很顯然，這樣的神學思想是瓦格納和鐘斯所不能接受的。在1888年1月《時兆》發表，題為《不同的義》的社論文章中，瓦格納對史密斯進行反駁，指出一個人不能勝過文士和法利賽人道德的義，因為「他們依靠他們自己的功勞，而沒有降服在上帝的義中。」事實上，他堅稱，他們的義根本不是「真正的義」。他們不過是努力「拿更污穢的衣裳來遮蓋先前的骯髒破舊的衣服。」

我們如何得救？行為和得救的關係是什麼？這就是明尼阿波利斯大會爭論的關鍵問題。同時也是保羅與他在羅馬、加拉太的敵手之間爭執的問題。

天父啊，當我們每天在仔細思想這個至關重要道理的時候，求祢賜我們能有一個明白的頭腦。

兩種義（三）

所有的義都像污穢的衣服。（賽64：6）

的確如此嗎？

這就是面對史密斯並他朋友們所強調的「因行為稱義」的説法時，瓦格納所持定的立場。他寫道：「在被稱義以後，人的義並不比被稱義前更有價值。」被稱義後的基督徒「應該因信心而活著」，所以，「那最有信心的人就活出最正直的生命」。這是真的，因為基督是「我們公義的主」。對瓦格納來説，信心就是一切。而信心＋行為＝稱義的等式是根植於「敵基督者的精神」。

鐘斯堅定地和瓦格納站在一起。比如，1889年5月，他對聽眾們説，律法不是我們尋求義的地方，我們「所有的義都像**污穢的衣服**」。

史密斯反對這樣的説法。一個月後，他在《評閱》上發表題為《我們的義》的文章，向鐘斯發起猛烈的攻擊。他指出，有一些《評閱》的通訊記者，正在給那些稱我們的義是「污穢的衣服」之人有藉口廢除律法。這個《評閱》的主編繼續説，「對（律法）完全的順從生發出完全的義，這是任何人獲取義的唯一途徑。」他聲稱，「我們不能呆坐在凳子上無所事事，像救主手中的一堆懶蟲……『我們的義』……來自與上帝的律法相和諧……並且『我們的義』並不是像這裏所説的為污穢的衣服。」他總結説，一個義人只有在「實行、教導律法的時候才是安全的。」

當這篇文章出來後，懷愛倫正在紐約州的羅馬市舉辦帳棚大會，她在講道中強調信心必須在行為之先。當人們疑問，她所説的怎麼跟史密斯的文章不一致時，她的答覆是，史密斯弟兄「不知道自己説的是什麼，他看樹木好像人在走動。」她指出，耶穌並祂的義是救贖的核心，但並不意味這我們因此廢棄了上帝的律法（《懷愛倫文稿》第5頁，1889年。）她寫信給史密斯，告訴他正走在一條引向懸崖的路上，因此，他「如同瞎子走路」（《懷氏書信》第55頁 1899年）。

我們屬靈的眼光如何？我們對信心和行為、律法和救恩的關係清楚嗎？可能不見得。但這正是1888年大會強調的所有內容。當我們通過這段歷史教訓順從上帝的引領時，答案將會臨到。

兩種義（四）

沒有一個因行律法能在上帝面前稱義，因為律法本是叫人知罪。（羅3：20）

這個聖經的教導已經足夠清楚了。律法的功用是顯明上帝的完全，當我們無法符合這樣的完全時，律法指出我們的罪過。羅馬書3章20節清楚地指出，律法完全沒有能力拯救我們。

這一切都是真的。但是！如果我真的相信得救是本乎恩因著信，不是因著律法，那麼律法有什麼用呢？

這是一個好問題！

害怕人們會不重視律法，以致廢除安息日，就是這樣的思想激發了史密斯和巴特勒在1888年前後強烈的反應。

讓我們來聽一聽巴特勒在這個話題上的說法。在一篇題為《我們成就律法的義》的文章中，他指出，「有一種思想盛行各地」，非常動人卻很危險：「『唯獨相信耶穌，你就可以得救了』……耶穌為你成就一切。」他宣告說，這樣的教導「是世界上最危險的異端之一。」他強調，第三位天使信息的要領在於「遵從上帝的律法是必須的。『聖徒的忍耐就在此：他們是守上帝的誡命和耶穌真道的。』」巴特勒補充道，基督徒世界正迅速喪失這個真理，復臨信徒卻要高舉它。

現在我們理解了。一些人害怕太過強調基督和祂的義，將會廢掉律法、順服，以及對人的義之需要。

這樣的擔心，是他們反對鐘斯和瓦格納在明尼阿波利斯大會上教導的核心原因。

雙方有太大的分歧意見。對改革者來說，關鍵字和短語是「基督」、「信心」、「因信稱義」，以及跟基督的義相關的名詞。從另一個角度來說，史密斯／巴特勒這羣人則強調「人的努力」、「行為」、「順服」、「律法」、「誡命」、「我們的義」和「因行為稱義」。

這兩種觀念的強調，在明尼阿波利斯大會後120年的今天，在復臨教會中仍舊是非常分明的。

他們必須互相排斥嗎？為什麼要？或為什麼不要？

在這些問題上，你是站在哪一邊的？想一想。然後跟你的家人和朋友一起討論這個問題。🔖

瓦格納如何看救恩？（一）

你們得救是本乎恩，也因著信；這並不是出於自己，乃是上帝所賜的；也不是出於行為，免得有人自誇。（弗2：8、9）

瞭解瓦格納神學觀的第一點是，人類不能做任何事情來賺取救恩。他寫道：「我們的救恩完全是因為上帝無限的憐憫，藉著基督的功勞而來的。」上帝「在祂施行拯救之前，沒有坐著等待罪人先來向祂表達渴望得饒恕。」這的確是一個好消息，但這福音跟烏利亞‧史密斯的觀點相差甚遠，史密斯一直認為是「順服」引導男男女女來到上帝的面前。相反的，瓦格納卻認為是厚賜恩典的上帝來「尋找」不配得救恩的迷途者，是上帝採取主動，救贖人類。

瓦格納神學觀的第二根支柱是，沒有人可以藉順從律法成為良善的，因為「律法沒有一丁點的公義可以賜予任何人。」他認為「一個人不能行善，除非他首先成為一個善人。所以，罪人的行為在使他稱義的事上沒有任何效力，反而，因為是從罪惡之心來的，這些行為也是惡的，而且更加累積他的罪惡罷了。」然而，他指出，「法利賽人並沒有消聲匿跡；現今有許多的人依舊期望，藉著他們自己的好行為來換取義。」

正如瓦格納所見，上帝從來沒有把律法當作一個通往天國的管道。瓦格納和鐘斯相信律法的功用不僅是「顯明人的罪」，而且「領人到基督面前，使他們得以因信稱義。」

他宣告：「罪人最大的努力，沒有一點義的功效，很顯然，使義臨到他的唯一途徑是恩典。」我們自己企圖獲取義，正如同企圖用「污穢的衣裳」來遮蓋我們的身體。但是，「我們發現，當基督用祂自己的義袍來遮蓋我們的時候，祂沒有將罪遮掩起來，而是完全將它除去。」事實上，當我們接受基督的義，我們的「罪就被塗抹了」。

主啊，謝謝祢賜我們基督的義袍。多年來，我們盡自己徒然的勞力，今天終於曉得要完全降服並且接受祢的恩典。阿們。

18日 瓦格納如何看救恩？（二）

接待他的，就是信他名的人，他就賜他們權柄作上帝的兒女。這等人不是從血氣生的，不是從情慾生的，也不是從人意生的，乃是從上帝生的。（約1：12、13）

瓦格納堅信，當一個人因信接受基督的義的時候，這個人就成了上帝家中的一員。他寫道：「要知道，是因恩典稱義，使我們成為後嗣……**在基督耶穌裏的信心使我們得稱為上帝的兒女**；所以，我們知道凡因恩典稱義的──罪已得赦免──他們就是上帝的兒女了。」

但是對瓦格納來說，稱義和得上帝家中兒子的名分，還不是救恩的所有內容。它還遠不止這些，「上帝收留我們作祂的兒女，不是因為我們是良善的，乃是因祂要使我們成為良善。」

在上帝使一個人稱義和得上帝家兒子名分的時候，祂改變他們成為新造的人。瓦格納繼續說，這樣的人，不僅不被定罪，而且他們「在基督裏是新造的人，從今以後活在新生命裏面，不再處『律法之下』，乃在『恩典之下』」。在稱義的時候，上帝給蒙恩的罪人「一顆新心」，這樣「我們就可以說這人已經蒙拯救了」。

這裏有一點很重要，需要注意，就是瓦格納經常談到因信稱義和重生發生在同一時候。這也是很合理的，因為他們是同時發生的。換句話說，當一個人稱義的時候，也就是他或她藉著聖靈重生的時候。於是，算為義（稱義）和人心的改變就同時發生了。

因此，根據瓦格納的觀點，被算為義不是法律上的假設。被稱義的人在上帝的帶領下有新的思想、有新的行為動機。當然，當他們失敗後為那個失敗認罪悔改，祂的恩典在那裏要赦免更新他們。

在上帝的家中，我們原是局外人，現在竟能得上帝兒子的名分（參閱弗2：1-5），這真是一個美麗的應許。

謝謝祢，主啊，使我們能成為上帝家中的一分子。

瓦格納如何看救恩？（三）　　　**19**日

若有人在基督裏，他就是新造的人，舊事已過，都變成新的了。（林後5：17）

英文聖經中提到，在基督裏新「受造的人」（creature，KJV）或新「造」的（creation，RSV），這真是一個大能的信息。這信息貫穿於整個新約聖經之中，但在保羅的書信中有其特殊的表達。

瓦格納熟諳這個主題，他指出在人們被稱義的時候，他們同時也得重生的生命，並且在上帝家中得兒子的名分。

用瓦格納的話說：「義人和罪人之間的區別，不僅僅在於他們有不同的信仰；也不僅僅是從上帝的角度自行揀選；那是真的不同……上帝從來不會僅僅因為一個人隨便承認一下真理而宣布他為義人。從罪人到義人的改變，其中有一個實際的、真正的更新，這才是上帝所宣告的稱義。」簡單地說，被稱義的人將會活出一個不同於罪人的生命，因為在稱義的時候，上帝已經使他或她成為一個新造的人。

瓦格納認為，稱義、重生和得兒子名分，這些是基督徒歷程的開端。他反對那假冒偽善的敬虔師傅（holiness teachers）只注重一個成聖的外表，卻「在個人的生活上沒有任何的轉變，」他視沒有生命轉變而順從律法的「敬虔」是一種「欺騙」。

據瓦格納看來，得救的人可將上帝律法的生命活出來。他寫道：「一個人如果愛上帝，卻不能在行為上顯示出來，那麼就等於說他可以活著卻不用呼吸。」勝過罪惡的力量，來自聖靈在基督徒生命中的內住力量。他說，只有那些勝過罪惡的人，才可以進入永遠的國度。

正如我們所看見的，瓦格納並不反對律法和遵守律法。但是他強烈反對用律法和以遵守律法，成為一個人所經歷的中心內容。是的！那個位置是單單留給基督以及祂的義。

有基督義的國度在心中，這個重生的人將自然會渴望與上帝同行，並遵守祂的律法。

這個順序是極其重要的。首先進來的是救恩，然後才是順從。順序相反，就成了律法主義。

09

20日 　　　　　如何看待約呢？（一）

日子將到，我要與以色列家和猶大家另立新約，……我要將我的律法放在他們裏面，寫在他們心上。（來8：8－10）

聖約是上帝和個人之間的一個協議，在這個約中，上帝應許祝福那些接受祂並將自己委身於祂的人們。

這是一個不錯的定義。但它有什麼實際意義？它的涵義是什麼？1880年代這些問題造成了復臨團體內的分歧。

史密斯和巴特勒對約的問題，有他們自己的答案。很簡單：「順從得生命。」那些順從的人就有永生。這樣他們的關注點在律法、順從和個人的義。

瓦格納則把「順從得生命」的等式調換一個方向。他宣稱，首先是稱義和在基督裏的生命，然後才是順從。這樣，我們或許可以這樣來列公式「（在基督裏）得生命（然後）必順從」。

按瓦格納的觀點，舊約的關鍵問題在於「它沒有使罪得赦免。」但是新約卻有因信耶穌而來的義成為他們信仰的核心。那是一個恩典之約，在此，重生的基督徒有上帝的律法刻在他們的心版上。瓦格納堅信，「在律法中行走」，將會成為蒙恩者生命的自然流露，他們是在上帝的家裏重生，有永存的律法內住的人。

1888年的時候，復臨信徒都關心約的問題。他們應該關心，畢竟，有什麼比得救更重要的呢？

沒有什麼東西！跟得救相比，一輛新車，漂亮房子，或甚至是屬世生命的本身都顯得微不足道。

我們不能批評這些一百多年前的復臨信徒，雖然他們因在關於得救和教會使命的觀點上遭到質疑而躁動不安。我們每一個人都必須深切關心同樣的問題。我們生存在這個被疾病和死亡紛擾的世界裏。有什麼東西更值得嚮往的呢？這樣的紛擾將會持續到永遠嗎？在這樣的情況下，在這個有問題的世界裏，上帝能根據什麼拯救那些有問題的人嗎？這就是關乎信仰的問題。

這些問題的答案促成了復臨教會的形成，這將關係到他們的終極命運。

天父啊，求祢幫助我們學習尋求祢的旨意。求祢幫助我們理解聖經和生命中最重要的的問題。

如何看待約呢？（二）　　**21**日

耶和華說：「日子將到，我要與以色列家和猶大家另立新約……，我要赦免他們的罪孽，不再記念他們的罪惡。」（耶31：31—34）

懷愛倫和瓦格納在關於約的認識上完全一致。她寫於1880年代對兩約的解釋，概括了她對這話題的觀點。

她寫道：「『舊約』的思想乃是順從得生命……『新約』則是憑『更美之應許』立的約──這應許包括赦罪，上帝的恩典更新人心，並使人心與上帝律法的原則相符。『耶和華說：那日子以後，我與以色列家所立的約，乃是這樣，我要將我的律法放在他們裏面，寫在他們心上……我要赦免他們的罪孽，不再紀念他們的罪惡。』（耶31：33—34）」

「聖靈要把那刻在石版上的律法，刻在人的心版上。我們不是要建立自己的義，乃是要接受基督的義。他的血要為我們贖罪。他的順從要當作我們的順從被悅納，於是那被聖靈更新的心，必要結出『聖靈的果子』來。藉著基督的恩典，我們便能順從那寫在我們心版上的上帝律法了。因此，我們有了基督的靈，就必照主所行的去行。」（《先祖與先知》第372頁）

就是這恩典之約的觀點，震撼了那麼多保守的復臨信徒，那以順從為首要任務的舊約思想在他們的心中根深蒂固。瓦格納聚焦於在基督裏的信心，削弱了他們律法導向的神學，雖然，正如我們所見過的，瓦格納、鐘斯和懷愛倫在他們的神學中，也把律法放在一個重要的位置上。但對他們來說，順從是人跟耶穌之間有得救關係的自然流露，而不是導致這種關係的原因。

你的生命是哪一種「流向」？在我的印象裏，太多的復臨信徒只關心他們的行為──關心他們做了什麼──而不是首先關注基督，並他為他們所做的一切。

在你的餘生中，今天是最好的一天，調轉你生命潮流的「流向」，開始一個新的約與上帝同行。

教義和基督徒之愛的關係

親愛的弟兄啊，上帝既是這樣愛我們，我們也當彼此相愛。……我們若彼此相愛，上帝就住在我們裏面，愛他的心在我們裏面得以完全了。（約壹4：11、12）

假設我們可以通過自己的本事來賺取救恩，那麼我們就會有理由為我們的成就感到驕傲，甚至可以鄙視其他「次等的人」，因為他們無法達到我們高水準的成就。

但事實並非如此。所有的人都失敗了，而且還將繼續失敗。唯有上帝的愛可以可以拯救我們。所以，我們唯一可能的回應是愛祂和愛人。愛是對這位親自來救我們的上帝，唯一正確的反應。

並不是說教義不重要。比如，懷愛倫極其關切正確理解聖經和基督教教義。然而，她更關注在基督徒愛的背景下，去學習聖經和探討教義。

回顧1887年，當她看見即將出現的給教會帶來痛苦的明尼阿波利斯精神，她寫道：「這是一個極大的危險，我們的傳道人把過多的精力傾注在教義上……卻無視他們的生命需要操練敬虔。」（《懷氏書信》第37頁，1887年）

再者，1890年，鐘斯（當時任總會行政祕書）寫信給懷特說，「你母親和瓦格納醫生都說過，教義其實不是根本問題，問題在於我們的弟兄在反對這些觀點時所表現出來的精神。我可以完全肯定這種精神不是基督的靈。我慚愧自己缺乏基督的精神，但我想我能充分辨明並且可以肯定地說，其他人也是如此。我常思考這個問題，且納悶為什麼如此不重要的東西，竟引起這樣的動亂，造成這麼大的分歧……你母親和瓦格納醫生的意見是，不要把這些問題帶進來，把它們強加諸在他們的頭上，而是把因信稱義的道理和基督的靈帶進來，努力幫助人們回轉歸向上帝。」

這就是關鍵點！我們要面對它——當我們的「基督教」令我們沒有愛心的時候，很顯然我們沒有得著真正的東西，儘管我們在所有的教義上都是對的。但是，當我們意識到因著上帝的恩典，基督真的已經救我們脫離罪的深坑，我們的反應將會是愛。缺乏愛，只能表明我們還沒有得救。

天父啊，求祢幫助，使我接受祢拯救的恩典，以致我可以成為祢愛的管道。

懷愛倫在明尼阿波利斯大會：讓耶穌進來（一）23日

因此，我在父面前屈膝……並知道這愛是過於人所能測度的，便叫上帝一切所充滿的，充滿了你們。（弗3：14—19）

懷愛倫在明尼阿波利斯大會上所強調的信息，不是在復臨教會神學的某方面，增加什麼新的教導，而是給復臨信徒一個呼籲，要高舉和實踐基督教最根本的真理。她寫道：「在大會期間，我的負擔是在我的弟兄們面前，介紹耶穌並祂的愛，因為我看見明顯的跡象，表明許多人沒有基督的精神。」（《懷愛倫文稿》第24頁，1888年）

她指出：「作為罪人唯一希望的在基督裏的信心，被那些自稱相信第三位天使信息的人大大地忽略了，不在他們的講論裏，也不在他們信仰的實踐中。在這次大會上，我帶給你們證言，最寶貴的亮光已經從聖經裏照耀出來，基督的義與律法之間關係這個偉大主題，應該始終作為罪人唯一救恩的盼望，教導給他們……。」

「那衡量品格的標準乃是上帝的律法。律法是罪的檢測儀，律法使人知罪。但罪人要被帶到耶穌那裏，是藉著祂奇妙大愛的彰顯，因著愛，祂存心卑微，以至於屈死在十字架上。這是怎樣的一種學問啊！天使都熱切盼望能一窺這偉大的奧秘。這種學問可以挑戰人類最高的智慧，人類受袖但欺騙，墮落了，在是非問題上站在撒但的立場，最後竟然會被改變成為永生上帝兒子的形像。這樣的人必要像祂，正因為基督的義被賜給人，所以上帝愛世人——墮落但又蒙拯救的——甚至像愛祂的兒子一樣……。」

「此乃敬虔的奧秘。這幅圖像具有最高的價值，應當被放在每一篇講道裏，或懸掛於記憶的高堂之上，為人們的口所述說，值得被那嘗過主恩滋味，並知道祂是美善的人，一心追趕，靜默思想。它應該是一切講道的根基。」（同上）

讓耶穌進來。如果懷愛倫在1888年的大會裏，只能給我們一句勸勉的話，那就是這句話。

在我們結束這段閱讀之前，讓我們選擇讓祂進來。

09

24日 **懷愛倫在明尼阿波利斯大會：讓耶穌進來（二）**

所以，你們該效法上帝，好像蒙慈愛的兒女一樣。也要憑愛心行事，正如基督愛我們，為我們捨了自己。（弗5：1、2）

「講臺上所講的是乾巴巴的理論，而寶貴的靈卻缺乏生命的糧滋潤。這樣的講道不是天上的上帝所要求、所接受的，因為其中沒有耶穌。基督神聖的圖像必須呈現在人們的面前……。」

「祂應當在人的面前被高舉。如果是這樣，那麼人的功勞就顯得毫無價值。人們越注目祂，越學習祂的生命，祂的教導，祂的完美品格，就越能顯出罪惡的可憎。藉著仰望耶穌，人們就更愛慕祂，被祂所吸引，被祂所奪，並且更渴望學像耶穌，直到自己在形像上與基督相似，有基督般的心腸。就像以諾跟上帝同行。他的腦海中充滿耶穌的思想，主應是他最好的朋友……。」

「效法基督，效法祂的品格，一點一點地。祂是我們的典範，我們都需要將祂複製到我們的生命和品格之中，否則，我們不配代表耶穌，而是向世上做了假見證。不要效法任何人，因為人在習慣、言語、行為、和品格上都是有缺點的。」

「我向你們推薦人子耶穌基督。你必須接受祂做你個人的救主，然後才能以祂為你們的典範和榜樣……。」

「所有宣稱為跟從基督的人，都必須按著祂的腳蹤行，被祂的靈所充滿，從而向世界見證耶穌來到世界顯明天父的品格……。」

「高舉基督，以祂為我們力量的唯一泉源，傳揚祂無比之愛，祂擔當世人的罪孽，記在自己的賬上，卻將祂的義白白賜給人，並沒有廢掉律法或貶低它的尊嚴。反而更堅固律法，使它在正確的亮光中更顯出榮耀……只有當死而復活之救主的亮光被呈現的時候，律法才在偉大的救恩計畫之中得到完美的成全。」（《懷愛倫文稿》第24頁，1888年）

聆聽懷愛倫的談論，你就會不滿足自己對耶穌的認識。這是真的。祂就是世界上唯一值得我們努力不懈追求的人。

懷愛倫在明尼阿波利斯大會：反照耶穌（一） **25**日

我給你們作了榜樣，叫你們照著我向你們所做的去做。（約13：15）

謙卑可愛的耶穌，是值得我們效法的榜樣，但祂可能不是「平常」人試圖效法的人。這就有了使人改變的恩典和重生的道理。上帝要使平常人成為一個新造的人——成為反照祂愛的品格的基督徒。

這是懷愛倫在明尼阿波利斯講道的另一個主題。10月22日，明尼阿波利斯《論壇報》報導她的講道，使許多的人受感動流淚，她自己也聲稱在聽眾中產生出許多真摯感人的見證。

她對聽眾説：「你不能成為一個多結果子的基督徒，也不認識我們救主耶穌基督，否則這是非常重要的。許多人好像覺得，他們一旦進到水裏受洗，他們的名字登記在教會的名冊上，就大功告成了。」

相反地，「如果他們沒有將信仰實踐在自己的家庭生活中，很快就會失去一切……我們的生命需要恩上加恩，這非常重要。如果我們在工作上是用加法，上帝就在祂的工作上用乘法」，祂要將祂的「道德形像」活化在祂跟從者的心上。

「整個宇宙都注目基督偉大的事工」，「上帝所造的諸世界在觀看榮耀光明之主，與黑暗權勢之間的戰鬥將如何結束。這裏是撒但，它試圖集結所有的勢力，來遮掩上帝真正的品格，以致世人無法瞭解。他用其偽裝的義在許多的自稱是基督徒的人身上作工，使他們自稱是基督徒，但是他們卻表現出撒但的品格，而不是基督的品格。他們歪曲了我的主。每一次當他們缺乏憐憫，缺乏謙卑的時候，他們是歪曲了耶穌基督的品格。」（《懷愛倫文稿》第8頁，1888年）

「上帝就是愛。」（約壹4：8）基督來了，用祂的生和死彰顯了這大愛。祂要我們像祂，將祂的「道德形像」活化在我們裏面。

主啊，今天容我在祢的身邊，幫助我不僅渴慕祢的恩典，而且接受它，使我每一天都活出祢的恩典。

26日 懷愛倫在明尼阿波利斯大會：反照耶穌（二）

我們因為愛弟兄，就曉得是已經出死入生了。沒有愛心的，仍住在死中。

（約壹3：14）

我們真的愛我們的弟兄嗎？特別是愛那些不可愛的？愛教會的弟兄姊妹，成了1888年間復臨教會最中心的問題。

懷愛倫在10月21日對總會的代表們說：「那些真正愛上帝的人，一定對每一個他們所遇見的人表現出慈愛、公平、公義，因為這是上帝的工作。基督並不需要任何東西，祂只盼望我們認識到作祂見證人的必要性。污穢的言語和邪惡的思想會敗壞人的靈性生命。這在本次大會上普遍出現。教會什麼都可以缺乏，唯獨不能缺乏彰顯基督的愛。當信徒們在神聖的團契中聯合起來，與基督同工時，祂就住在他們裏面與他們同工。」

「我們的眼睛需要天國的眼藥來塗抹，使我們看清自己是什麼樣的人，又看清我們應該是怎樣的人，並知道是豐富的基督賜下力量，使我們更趨向基督的完全。」

「我們永遠讓耶穌在前做我們的模範。這過去是，將來永遠也是現代真理。藉著緊抓住耶穌，並接受祂的美德，約翰成了一個與夫子形影不離的人……對他來說，他工作的負擔是，告訴別人救主的愛，以及祂的孩子們需要彼此之間彰顯這愛。『這就是你們從起初所聽見的命令』，他寫道，『我們應當彼此相愛……我們因為愛弟兄，就曉得是已經出死入生了……。』」

「有些人像法利賽人一樣，外表極其虔誠，內心卻缺乏上帝的愛，主有清楚的話臨到他們。法利賽人拒絕去認識上帝，並祂所差遣的耶穌基督。我們不也正處於法利賽人和文士一樣的行為和危險之中嗎？」（《懷愛倫文稿8a，1888年》）

基督（太5：43－48；19：21）和懷愛倫著（《天路》第67－69、316、384頁）再三地把完全和愛的概念聯繫在一起，並不是偶然的事情。反照上帝的道德品格，不是關於你吃什麼或者甚至是你相信什麼；而是關於你是否能像上帝一樣，祂就是愛。

懷愛倫在明尼阿波利斯大會：反照耶穌（三）**27**日

親愛的弟兄啊，我們既有這等應許，就當潔淨自己，除去身體、靈魂一切的污穢，敬畏上帝，得以成聖。（林後7：1）

「最糟糕的事情——最令人痛心的事——就是缺乏彼此相愛，缺乏彼此體恤，」懷師母告訴代表們，「上帝就是把這樣一個亮光陳列在我的面前，我也想告訴你們，如果說需要安排一個時間，讓我們在上帝的面前謙卑，那就是現在……。」

「撒但蓄謀使你的心遠離基督的愛……藉著許多的禮儀和習俗。但我們所需要的是基督的愛，盡心愛上帝又愛鄰舍如同自己。當我們有了愛，就敗壞撒但的工作，如同以色列人攻陷耶利哥城牆一樣。但我們中間卻充滿了極度的自私，和在教會中居高位的欲望……。」

「我們在十字架腳下越是自卑，我們越能清楚地看見基督……。」

「上帝和耶穌在做什麼呢？……祂們在潔淨聖所。所以我們要在這個工作上與祂們同工，潔淨我們心靈的殿，去除一切的不義，我們的名字將會記在羔羊的生命冊上，當主降臨使一切更新的時候，我們的罪就被徹底塗抹了……。」

「你將不會高抬自己，唯獨高舉耶穌。哦，高舉祂！我們如何做到這點呢？……願天上的上帝把祂的大能進入你心，使我們有美好的品格和清潔的心，並且知道如何看顧那在疾病和痛苦中的人……。」

「當我們盡心愛上帝又愛人如己，上帝就透過我們工作。在晚雨降臨的時候，我們將如何站立？」除非我們充滿祂的愛。

「心中有基督的愛，將比你一切的講道更能改變罪人。我們所需要的就是要得到基督的愛，讓我們來學習聖經，就可以知道經上是怎麼說的……現在，弟兄們，我們要清除心門口的垃圾……因為我們不能再等了。」（《懷愛倫文稿》第26頁，1888年）

這就是真理，今天是我們得救的日子。哦，以色列啊！你要向主屈膝。

天父啊，通過這幾天的學習，我從來沒有像這樣意識到在真基督教中愛具有絕對的中心地位。求祢今天來幫助我，使我作一個多結果子的、祢愛的管道，在我的家中，在我的工作單位，以及在各地方……。

09

28日　懷愛倫在明尼阿波利斯大會：律法和福音

既知道人稱義不是因行律法，乃是因信耶穌基督……因為凡有血氣的，沒有一人因行律法稱義。（加2：16）

正如我們在過去的幾天中所見的，懷師母在1888年間對復臨教會有點擔憂，並非沒有理由。因為他們只關注正確的教義，復臨教會的傳統，和作一個好復臨信徒等，卻很多時候，無論是在理論上還是實際上，都忘記了什麼是福音。他們效法古時的法利賽人，用非基督的精神彼此對待，儘管他們還在爭論上帝的律法，和其他復臨信徒的好教導，但仍是如此。

10月24日，她由衷地吶喊，再一次告誡代表們「我們要的是在耶穌裏的真理，但是當有什麼東西來關閉通路，不讓真理之泉（關於耶穌）進來時，無論在哪裏，你們就會聽到我的聲音，或許是在加州，或是在歐洲，或無論我在何處，因為上帝已經賜我亮光，我有責任讓其發出光來。」

「我已經看見那些寶貴的生靈，要來擁抱（復臨教會）真理，卻轉離了，因為他們處理真理的方式，因為耶穌沒有在其中。這就是我常常向你們呼籲的——我們都要耶穌。」（《懷愛倫文稿》第9頁，1888年）。

十八個月以後，她依舊竭力勸勉復臨教會的傳道人「開他們的心門讓救主進來」。在那為傳道人設立的總會聖經學校，她告訴聚集開會的人們，當會議結束的時候，他們應該「滿懷福音的信息」，如同火焰在他們的骨中燃燒，使他們再也坐立不住。然而，如果他們真實表達了自己所領受的，她告訴他們「人們將會說：『你興奮過頭了；你太強調這些事情了，以致你對律法的強調不足；現在，你要更關注律法；不要總是談基督的義，而要傳講律法。』」

對如此「好」的復臨信徒情操，她回答說：「讓律法靠邊站吧！我們曾在律法上努力直到生命乾枯如同基利波山，沒有雨露。讓我們相信拿撒勒人耶穌基督的功勞。願上帝幫助，給我們的眼睛擦上眼藥，使我們能看清楚。」（《懷愛倫文稿》1889年10月）

有一些事情值得我們為之傾注激情——如果我們能用正確的精神來做的話。

因信稱義和第三位天使的信息（一）　**29**日

聖徒的忍耐就在此；他們是守上帝誡命和耶穌真道的。（啟14：12）

我們知道，到了1888年，典型的復臨信徒之學說與福音派，對救恩的解讀所形成的分隔，有了極大的問題。復臨信徒在其特有的信念上極為有力，但在教會奠基者們，跟其他基督徒一致的福音教導上卻很薄弱。懷愛倫看鐘斯和瓦格納的出現，就是對這個問題的矯正。

跟當時一些以行為為導向的領袖們意見相反的是，瓦格納意識到他的教會已經遠離了傳統的救恩教義。懷愛倫也提到了同樣的事實，她很驚訝地發現，有人竟認為鐘斯和瓦格納的教導是一個「怪異的道理」，但他們的「信息」不是「一個新道理，乃是完全相同於保羅所教導的，也是基督親自教導過的真理。」（《懷愛倫文稿》第27頁，1889年）

瓦格納表明，他對律法和福音的解釋跟保羅、路德和衛斯理一脈相承，而且他的見解更獨到的是，當他說：「這個解釋使我們更靠近第三位天使信息的核心。」懷愛倫也有同樣的觀點。她注意到有些人已經表示，「擔心我們過分強調在因信稱義的主題」，她指出有好幾個人曾寫信給她，「詢問因信稱義的信息，是不是第三位天使的信息」。她回答說：「它的的確確是第三位天使的信息。」（《評論與通訊》，1890年4月1日）

有些人對這句話感到大惑不解。她說這話的真正含意是什麼呢？我們將會在接下來的幾天中查考這個主題。

同時，我們應該再回顧一下，復臨教會歷史中，作為核心經文的啟示錄第14章第12節：「聖徒的忍耐就在此：他們是守上帝誡命和耶穌真道的。」

《明尼阿波利斯報》的一個記者，在瞭解到復臨信徒以這節經文，來描述他們教派的用意之後，他指出，「那導致他們把這節經文應用到他們自己身上的，若不是以自我為中心者之荒誕不經的思想，就是美妙絕倫的信。」

復臨信徒當然認為那是「美妙絕倫的信」。1888年危機的雙方隨著時間推移，也都越來越清楚地認識到，他們之間在明尼阿波利斯大會上的分歧，聚焦在對啟示錄第14章12節的釋義上。

順便提一下，這是一段值得存記於心的好經節。我們應該默想它的含義和教訓。

09

30日　　因信稱義和第三天使的信息（二）

那些洗淨自己衣服的有福了！可得權柄能到生命樹那裏，也能從門進城。

（啟22：14）

早期的復臨信徒，是上帝誡命最有力的實行者──有時候他們有很好的理由，有時候卻沒有什麼好理由。

1888年以前，復臨信徒的信仰系統裏，對啟示錄第14章第12節的理解，與他們的行為息息相關，「信徒的忍耐就在此：他們是守上帝誡命和耶穌真道的。」

1888年以前，復臨信徒對這節經文有著一貫的解釋。1850年4月，懷雅各為這種解釋提供了一個模式。他指出，這節經文有三個要點。

它表明：（1）這個團體的人，雖然在1840年代經歷大失望，但還是忍耐等候耶穌再來；（2）這是一群已經「『勝過獸、獸像和獸印記』的人，而且他們因為『**遵守上帝的誡命**』就受了永生上帝的印記」；（3）那些人所「守的真道」是信仰的總括，包含悔改、信心、洗禮、聖餐、洗腳禮等等。他強調說，守真道的其中一部分，是「**守上帝的誡命**」。這樣看來，懷雅各是努力把順服上帝的律法，壓縮在這節經文三個部分中的兩個部分裏。

兩年以後，他甚至說得更清楚明瞭：「耶穌的真道如同上帝的誡命一樣，是要守的……這裏不僅顯示出聖父誡命和聖子真道之間的區別，而且也顯示出耶穌真道被遵守的必要性，其中包含基督和使徒們說的話。它包含了新約中所有的要求和教義。」

安得烈也持同樣的觀點，宣稱「耶穌真道……應該被遵守，跟上帝的誡命應該被遵守是同一種說法。」

卡切爾也寫到，耶穌的真道「是一件可以順從和遵守的事情。所以我們下結論說，我們必須去行才能從罪中得救，這就是守耶穌真道。」

正如我們早些時候已經談過，行為是重要的。但「為了從罪中得救，而要求我們行的所有事情都包含在『耶穌的真道』裏面」，這是真的嗎？

請想一想，討論一下，再為此而禱告。

因信稱義和第三位天使的信息（三）　**1** 日

聖徒的忍耐就在此；他們是守上帝誡命和耶穌真道的。（啟14：12）

1888年之前，幾乎所有的復臨信徒在解釋啟示錄第14章第12節時，把「耶穌真道」看作是一件應當相信並持守的事。然而，他們通常不會花太多的時間在這半邊的經文上，而是對遵守誡命的另一半經文有著極大的關注。這樣，正如我們早些時候注意到的，烏利亞・史密斯在1888年1月解釋這節經文時，強調「守」這個字眼，巴特勒在1889年5月的時候，也同樣強調**「守上帝的誡命」**。

這樣的強調是因為他們認為在獸印記的基礎上，安息日這個要道是上帝為了第二次再來時預備好要給這世界的最後一個信息。難怪這樣的一種解釋和強調，往往導致傳統的復臨信徒進入到律法主義的境地中去。這種關聯為他們信仰的術語奠定了基礎。例如「守」、「做」、「順命」、「律法」和「誡命」等語詞出現在他們的腦海中，算是復臨信徒對基督教作出的獨特貢獻。

就是對啟示錄第14章第12節的這種解釋，在1888年挑起了爭端。明尼阿波利斯大會過後，對這節復臨教會歷史上的核心經文，將會湧現出一個全新的解釋。

鐘斯在1887年12月，已經對這個新的解釋做了暗示。他寫道：「他們滿足上帝公義律法的唯一辦法是藉由上帝的義，這是藉著耶穌真道而來的……在第三位天使的信息中，就包含了這個偉大的真理和偉大的義。」

我們注意到鐘斯所提出的觀點。他已經將「偉大的真理」等同於是「上帝的誡命」，「偉大的義」等同於是「耶穌真道」，他暗指這就是「信耶穌」。

這裏，我們需要知道啟示錄第14章第12節末尾的這個希臘文片語可以翻譯成「耶穌真道」（Faith of Jesus）或「信耶穌」（Faith in Jesus），正如以「新美國標準版本」（New American Standard Bible）為代表的一些現代英文聖經版本所翻譯的。

今天的思考問題是：「耶穌真道」和「信耶穌」有什麼含意？這些含意能給你的人生帶來什麼樣的變化？

因信稱義和第三位天使的信息（四）

我不以福音為恥；這福音本是上帝的大能，要救一切相信的。（羅1：16）

在1887年，鐘斯對「耶穌真道」有一全新的解釋，但懷愛倫的表述更明確。她寫道，所要傳給參加明尼阿波利斯大會「人們的信息，清楚地指出不能單單講上帝的誡命——第三位天使信息的一部分——也要強調含括在其內的耶穌真道，這也是一般人所認定的。第三位天使信息應該被全面宣告才是好的，因為人們需要其中的一點一畫。如果我們只宣揚上帝的誡命，卻很少涉足另一半內容，這信息就毀在我們的手裏了……。」

「上帝命定祂僕人們去傳給人的現代信息，不是新的或是獨創的東西。而是一則已被忽略的真理，這正是撒但傾其全力讓人忘記的信息。」

「主賦與每一位忠心的子民一份當做的工，就是將耶穌真道——第三位天使的信息——放在其正確之位置上。律法有其重要的位置，但它有所不能行，除非基督的義放在律法的旁邊，是為歸榮給義的王旗……。」

「完全徹底地信靠耶穌，將帶來美好的信仰經歷。離開耶穌，事奉毫無意義。這樣的事奉將如同該隱的祭物——沒有基督。我們信靠這位豐富的、個人的救主，上帝的名就因此得榮耀。信心使我們看見祂是罪人唯一的希望。信心使我們抓住基督，信靠祂，便說：『祂愛我；為我而死。我接受祂的犧牲，基督便不是徒然為我而死。』」

「對於我們的人不僅已經失去了許多，而且傳道人已經忽略了在我們工作中最莊嚴的部分，沒有強調耶穌基督的寶血，是罪人得永遠生命唯一的盼望。講述基督的故事……告訴罪人，『仰望得生』。」（《懷愛倫文稿》第30頁，1889年）

信基督為救主是福音的核心，也是第三位天使信息的核心，亦是1888年信息的核心內容。

父啊，當我們在默想啟示錄第14章第12節含意的時候，求祢幫助，使我們在律法和福音的關係上，得見更大的榮美。

因信稱義和第三位天使的信息（五） **3**日

基督……就贖出我們脫離律法的咒詛；因為經上記著：「凡掛在木頭上都是被咒詛的。」（加3：13）

高舉在基督裏的信是第三位天使信息的中心，成了懷愛倫在1888年總會代表大會，上及以後信息分享的核心內容。

明尼阿波利斯大會後不久，她發表了對啟示錄第14章第12節解釋，最強有力的宣告之一，也就是1888年信息的核心，她寫道：「第三位天使的信息，是宣揚上帝的誡命和耶穌基督真道。上帝的誡命已經宣告了，但耶穌的真道卻沒有得到同樣的重視，沒有被基督復臨安息日會信徒所傳揚。律法和福音齊肩並重。我無法用言語來完全表述這個主題。」

「『耶穌真道』曾被提及，卻沒有領會。第三位天使信息中的耶穌真道是什麼呢？耶穌成了我們的救贖主，背負我們的罪孽，為我們代求。祂所承受的本是我們應該受的。祂到世上擔當了我們的罪，使我們得著祂的義。**耶穌真道就是相信基督有充足、徹底、完全之能拯救我們……。**」

「唯獨藉著耶穌基督的寶血罪人蒙恩得救，祂洗淨我們一切的罪汙。才智超群的人可能有淵博的知識，他可能精於神學思考，他可能倍受青睞，被人們推崇為智囊，但如果他沒有認識到基督為他釘十字架，而委身於基督的義，他也是無法得救的。基督『為我們的過犯受害，為我們的罪孽壓傷。因祂受的刑罰，我們得平安；因祂受的鞭傷，我們得醫治。』『因耶穌基督寶血得救，是我們唯一的希望，也是我們永遠的歌』。」（《懷愛倫文稿》第24頁，1888年）

你得到這個信息了嗎？我們必需得到。這是我們所聽到的最關鍵的信息——基督為我們而死，我們唯獨藉著相信祂的犧牲才能得救。這就是耶穌真道和啟示錄第14章第12節的核心內容；是作為一個基督復臨安息日會信徒的信仰核心；也是作為一個基督徒的信仰核心。如果僅僅是守上帝的誡命，那我們可能是「復臨信徒」而已（如教會的成員），但不是基督徒。

10

4日　　**因信稱義和第三位天使的信息（六）**

我又觀看，見有一片白雲，雲上坐著一位好像人子，頭上戴著金冠冕，手裏拿著快鐮刀。（啟14：14）

我敢説懷愛倫可能對許多話題感興趣。但是，她對基督救恩計畫的熱情是無可比擬的，超過其他話題。

　　針對新近結束的1888年總會代表大會，她指出，瓦格納長老「上帝授權瓦格納長老清楚地闡明，他在因信稱義和基督的義與律法之間關係的觀點。這不是什麼新亮光，而是原先就已存在於第三位天使信息中的亮光。」

　　「這個信息所要表達的是什麼呢？約翰看見一班人。他説：『聖徒的忍耐就在此，他們是守上帝誡命和耶穌真道的』」（啟14:12）。約翰在看見人子之前看見他們，這人子就是第14節所説『頭上戴著金冠冕，手裏拿著快鐮刀』的那位。」

　　「耶穌真道已經被忽略，被冷落，被漠視。人們沒有把它放在啟示給約翰的信息的重要位置上。在基督裏的信心，作為罪人唯一的希望，被那些自稱相信第三位天使大好信息的人大大地忽略了，不在他們的講論裏，也不在他們信仰的實踐中。」

　　「在這次大會上，我帶給你們證言，最寶貴的亮光已經從聖經裏照耀出來，基督的義與律法之間關係這個偉大主題，應該始終作為罪人唯一救恩的盼望，教導給他們。」

　　「對我來説這不是什麼新的亮光，因為，這是我過去四十四年以來，從至高的權威那裏所領受的。我曾藉著寫作和講道傳揚這來自聖靈的證言。但是很少有人回應……太少有講道和文章闡明這偉大的論題。有些人的講道正如同該隱的祭物──沒有基督。衡量品格的標準是上帝的律法。律法是罪的檢測儀，律法使人知罪。但罪人要被帶到耶穌那裏」（《懷愛倫文稿》第24頁，1888年），祂為每一個世人的罪死在十字架上。

　　讓我們今天來默想祂並祂為我們所作的。這些道理不僅安慰你的心靈，而且激勵你的生命，改變你的行為。

因信稱義和第三位天使的信息（七）

義人必因信得生。（羅1：17）

我們昨天所特別關注的事實，是懷愛倫曾不止一次地指出，瓦格納所宣講的因信稱義真理不是一個新亮光——而是她自己已經傳揚了四十四年的信息。瓦格納也贊同這個說法，他指出自己所傳講的道理早就為「所有傑出的改革家們」所教導，「從保羅的時代開始一直到路德和衛斯理」。

換一句話說，瓦格納所分享的內容，是對因信稱義福音觀點的重溫。

這也正是懷愛倫所認為鐘斯和瓦格納貢獻的一部分。1889年8月，她寫到「因信稱義」的教義「長久被垃圾和錯謬所覆蓋」，她指出，這錯誤出自於那些「聖潔之民」（the Holiness people），他們宣講對基督的信心，但也鼓吹「廢棄律法」（《評論與通訊》1889年8月13日）。從這樣的觀點來看，因信稱義的教導就變成「是與錯謬為友」（《懷愛倫文稿》8a，1888年）。

在另一方面，復臨信徒維護律法的神聖性，但「忽略」了「因信稱義的教義」。她指出，故此，「上帝興起人來（鐘斯和瓦格納）解決這個時代的需求……他們的工作不僅是宣告律法，而且宣講這個時代的真理——耶和華我們的義。」

她還指出，復臨信徒在研究律法上下了很大的工夫，而「聖潔之民」宣講信靠基督。兩個群體都有錯誤。復臨信徒忽略信心，而「聖潔之民」詆毀律法。鐘斯和瓦格納的貢獻是去除兩個群體的錯誤，再把兩者的真理結合在一起。

在這個過程中，他們使復臨教會在三天使信息上有一個完整的理解，補足教會原先所欠缺的。

最後，懷愛倫說，藉著鐘斯和瓦格納強調因信稱義，「上帝已經從錯謬中（唯信仰論）挽回這些真理，把它們放在一個合適的框架裏（第三位天使的信息）。」（《懷愛倫文稿》8a，1888年）

多麼寶貴的信息！上帝不喜歡以律法為本而失衡的復臨信徒，也不喜歡以信為本而失衡的復臨信徒。祂要的是在兩方面保持合宜平衡的人。

因信稱義和大聲的喊叫

此後，我看見另有一位有大權柄的天使從天降下，地就因他的榮耀發光。他大聲喊著說：巴比倫大城傾倒了！傾倒了！我的民哪，你們要從那城出來。（啟18：1-4）

昨天，我們看見瓦格納和鐘斯1888年信息，使懷愛倫感到興奮的其中一方面是，他們把啟示錄第14章第12節的兩部分合在了一起。他們不僅傳講上帝的誡命也教導耶穌作為救主的真道。這樣，他們從「錯謬（反律法主義）之中」挽回了因信稱義的真理，把它們放在一個合適的框架裏。」——第三位天使的信息（《懷愛倫文稿》8a，1888年）

在她看來，重要的是，1888年的信息不是鐘斯和瓦格納新發明的特別復臨教義，而是讓復臨信仰重新回到基督教的基本信仰上來。這信息乃高舉耶穌基督為基督徒生活和思想的中心支柱，宣告因信稱義，並且教導成聖生活，是表現在藉聖靈的能力順從上帝的律法。

一旦明白瓦格納和鐘斯的主要貢獻是把第三位天使信息的各部分融合在一起，我們也就能理解懷愛倫關於「大聲呼喊」是從1888年開始的有趣論點了。在1892年11月22日的《評閱》上，我們讀到：「我們正面臨考驗的時期，因為第三位天使的『大聲呼喊』已經開始了，揭示基督的義，祂是赦罪的救贖主。這就是天使之光的開始，祂的榮耀將充滿全地。因為這是每一個人的工作，這警告的信息，就是要傳給他們的……應當高舉耶穌。」

鐘斯把晚雨（聖靈的澆灌——上帝的一個位格）和「大聲呼喊」（一個信息）混為一談，1892年，他對「大聲呼喊」的含意演繹過度，宣稱晚雨聖靈已經開始降下。但是他需要讀得再仔細一點。明尼阿波利斯大會所開始的是「大聲呼喊」而非晚雨聖靈。

1892年，懷愛倫所發表有力的結論是，到1888年基督復臨安息日會終於得到了完整的末世代恩惠的信息，在基督復臨之前傳給全世界。「大聲呼喊」的信息，將在堅定信靠耶穌是救主的前提下，繼續宣揚十誡的重要性，這一切的道理都包含在我們對基督第二次復臨的盼望之中（啟14：12）。

多麼寶貴的信息！

上帝希望我們忠心領受這三個方面的信息。

關於三位一體（一）　　　**7**日

所以，你們要去，使萬民作我的門徒，奉父、子、聖靈的名給他們施洗。

（太28：19）

當今的基督復臨安息日會信徒一定會十分驚訝，如果今天我們要求復臨教會的奠基者們，必須贊同二十八條基本信仰，他們可能都不會加入我們今天的教會。具體地說，他們可能會拒絕基本信仰中的第二條，那是提及三一真神的，因為他們是反三一真神者；他們可能還會駁斥第四條，那是提及子的，因為他們認為子不是永恆的；他們可能還會否認第五條，那是提及聖靈的，因為對他們來說聖靈只是一種能力而不是位格。

在很大程度上，是因為「基督徒聯會」的觀點，限制了他們對這些真理的理解。1853年，約書亞・海姆茲——「基督徒聯會」的領袖之一，寫到「起初他們（聯會信徒）基本上接受三位一體論」，但後來他們發現這「不是根據聖經教導」的時候，便放棄這點信仰。海姆茲指出，只有聖父是「非受造的，自主的，和永恆的」。這樣，基督必定是受造的，從屬的，是天父使之生存的。基督徒聯會的信徒還看聖靈只是「上帝的能力和能量，上帝神聖的影響力」。

貝約瑟，懷雅各和其他基督徒聯會的信徒，把這種觀點帶進基督復臨安息日教會中。比如說，懷雅各，1846年談到三位一體時說，那「三位一體論是沒有聖經根據的老信條」，1852年說那是「陳舊的三位一體謬論」。

安得烈和懷雅各有同樣的觀點。1869年他寫道：「上帝的兒子……以上帝為父親，很顯然，在過去永恆中的某一點上，有祂起源的時間。」

烏利亞・史密斯也拒絕三位一體論，1865年時，他爭辯道，基督是「首先被創造的」；1898年，又說唯有上帝是沒有起源的。

這裏我們看見復臨安息日信徒某某某關於三位一體的觀點。你可能注意到只有一個名字沒有出現——那就是懷愛倫。不是因為她在這個論題上沒有什麼觀點，而是因為我們無法從她說的話中考證她的觀點，至少在復臨運動最初幾十年的時間裏是這樣的。

大部分復臨教會早期的領袖們，怎麼會在這麼重要的問題上出錯呢？

這裏是其中一方面的答案。上帝一步步帶領祂的子民，使他們對異象越來越清晰。在接下來的幾天中，我們將要來看一看復臨信徒，對三位一體論的觀點是如何演變的。

關於三位一體（二）

太初有道，道與上帝同在，道就是上帝。（約1：1）

如果說老一輩的基督復臨安息日會領袖們，幾乎清一色都是反三位一體論者，那麼明尼阿波利斯大會上，改革者們的觀點又是如何呢？

說來也有趣，這倒是瓦格納贊同烏利亞·史密斯的一個神學觀點。瓦格納1890年在他寫的一本題為《基督和祂的義》書中講到：「總是有一個時候，基督開始從上帝出來……但這個時間追溯到很久以前的遠古，對有限的理解力來說，其實也可以看為是沒有起源的。」

他的觀點顯然跟史密斯在那個年代的說法相類似：「唯獨上帝是沒有起源的。在幾乎是開始的最早時期——是那麼遙遠，以致對有限的頭腦來說，基本上算是永遠的時候——『道』便出現了。」

現在，如果史密斯和瓦格納在三位一體的觀點上，是站在同一立場的，那麼，我們不禁要問，轉機是從哪裏開始的？

這就要引入1888年的另一個改革者。懷愛倫在1888年確確實實經歷了文字事工的轉變。就是在總會代表大會這些事件的背景下，她完全意識到復臨信徒事工所忽略的，便著手側重於救贖計畫和以基督為中心的教導。

在隨後的幾年裏，我們便看見她發表了在這話題上最為重要的一些著作：

- 1892年，她的經典之作《喜樂的泉源》。
- 1896年，《山邊寶訓》，談論耶穌在山上對門徒的教導。
- 1898年，《歷代願望》，描寫基督生平。
- 1900年，《天路》，論述基督講道時所採用的比喻。
- 1905年，《健康之源》，本書開篇的幾章內容聚焦於基督的醫療事工。

在這些書裏，懷愛倫雖然沒有用一個章節、甚至一個段落來論述三位一體或基督完全的神性，但其字裏行間無不驅使復臨信徒，回到聖經來重新研究這些話題。從聖經研究中，總算有機會改變復臨教會對三位一體以及相關問題的觀點。

主啊，我們為祢溫柔的引領感謝祢。祢只按教會所能領受祢為他們所預備真理的進度，帶領他們前進的步伐。

關於三位一體（三）

彼得說：「亞拿尼亞！為甚麼撒但充滿了你的心，叫你欺哄聖靈，你不是欺哄人，是欺哄上帝了。」（徒5：3、4）

儘管聖經在這個話題上的表述非常清楚，但是早期的復臨教會還是沒能認識到聖靈的位格和神性。這在十九世紀末，將導致教會災難性的後果。

但首先我們需要注意到，1890年代人們寫作談論到聖靈和基督，或許比復臨教會歷史中任何一個時期都要多。其實，一旦他們開始談論因信稱義，和以基督的救贖為中心的道理時，這也是很自然的事情。畢竟，如果是基督成就救贖的事，那麼，人們對基督就需要有充分的認識。如果在這個過程中，聖靈是一個關鍵的工作者，就需要有人來介紹祂的職任。所以，復臨教會在1890年代突然湧現出對神性的大討論，也絕非偶然的事情了。

但是在那個年代，復臨信徒也不是唯一討論聖靈的團體。強調信心醫治和過得勝生活的衛理公會的聖潔派（Wesleyan holiness denominations）也在那些年間嶄露頭角；另外，在世紀之交也出現了現代的五旬節派。這兩個教派都大力宣揚聖靈在信徒生活和教會中的工作。在神學研究的另一端，自由派基督徒們開始提出一些新奇的，與靈有關的理論，像上帝內在論（immanence）和一些東方宗教的理論，如印度教的泛神論，認為每一樣存在的東西都有神住在裏面。

復臨教會因為缺乏在這些主題上正確的認識，結果深受世界宗教大潮流運動的影響。一方面，在世紀之交，爆發了他們自己像五旬節派一般的聖體運動（Holy Flesh Movement），宣稱，即使你掉了牙齒，當耶穌復臨之際，你的牙齒還是會長回來使你能有一個完美的肉身（Perfect flesh）。另一方面，瓦格納和克洛格則被捲入到泛神論的潮流中，比如，瓦格納在1897年和1899年的總會代表大會上宣稱，基督「以樹的形式顯現」，或說「一個人可以在洗澡的時候稱義，如果他知道水是從哪裏來的話。」

這是何等大的混亂啊！

但就是在這樣一個背景下，上帝引導復臨教會在現代真理的道路上前進，並邁入下一個階段。

上帝在神性上有信息給祂的子民。但是他們需要透過研究聖經來發現這些真理。

10日

關於三位一體（四）

論到子卻說：上帝啊，你的寶座是永永遠遠的。（來1：8）

儘管聖經稱呼耶穌是上帝沒有問題，但早期的復臨信徒卻認為它有問題，毫無疑問的，這是來自反中世紀偏見的思想，認為三位一體的教義是教會叛道的產物。但這樣的態度必須改變。

站在爭論的最前線，指明教會新方向的人就是懷愛倫。雖然她沒有在著作中使用「三位一體」這個名詞，但她1888年期間及以後的著作中卻充滿三一真神的措辭和思想。比如，她指出，「在天上有三個位格的上帝……父、子和聖靈」（《佈道論》第615頁）。1901年，她寫道：「天庭永遠的掌權者——上帝、基督和聖靈」（同上第616頁）。她反覆談及聖靈是「第三個位格的上帝」（同上第617頁，《歷代願望》第671頁）。她深信不疑「認為聖靈……像上帝一樣具有位格」（《佈道論》第616頁）。

說到基督，懷愛倫跟瓦格納、史密斯以及當時一些復臨信徒的觀點截然不同，她描繪基督不但是「與上帝同等的」，而且是「自有永有的上帝的兒子」（同上第615頁）。祂在永恆裏與天父同在（《評論與通訊》1906年4月5日）。

或許懷師母在1890年代最令復臨信徒們驚奇和爭議的論點，是在她寫的關於耶穌生平書中的一句話，她指出「在基督裏有生命，這生命是祂本來就有的，不是借來的，也不是得來的。」（《歷代願望》第530頁）這句話把整個教會弄得措手不及，一些人詫異她是否離棄了信仰。

我們一點都不用懷疑，在那些努力促使復臨信徒在對上帝神性的理解上，跟基督教界中被普遍接受的觀點相一致的人群中，懷愛倫是站在最前線。

但我們必須知道，她從來不解決任何問題，也從來不提出關於三一真神的神學理論，而是在她的著作裏處處引導傳道人和教友們轉向聖經，讓他們自己到聖經中重新研究這個話題。

天父啊，謝謝祢今天賜下足以拯救我們的基督，並且也賜下足以完成這救贖大功的聖靈給我們。

關於三位一體（五）　　**11**日

因有一嬰孩為我們而生；有一子賜給我們。政權必擔在他的肩頭上；他名稱為「奇妙策士、全能的上帝、永在的父、和平的君」。（賽9：6）

昨天我們讀到一些1888年間，懷愛倫特有的關於三一真神的表述。特別使一些人覺得難接受的話，是《歷代願望》中提到的「在基督裏有生命，這生命是祂本來就有的，不是借來的，也不是得來的。」（第530頁）

這句有力的話使許多人措手不及，這其中就有一個名叫安德森（M.L. Andreasen）的傳道人。他堅信懷愛倫沒有寫過這句話，一定是她的助手或是編輯修改的。結果他要求讀懷愛倫這本書的手稿。懷愛倫很樂意讓他使用所要的文稿。後來他回憶道：「我帶著許多的疑問，想要看看在她手寫的原稿上是否存在這些話。我記得我們是多麼驚訝啊，當看見第一次出版的《歷代願望》裏，寫著一些我們認為是令人難以置信的觀點，這是其他教派所持的三位一體論，是普遍不被復臨信徒所接受的。」

安德森在加州住了好幾個月，有足夠的時間來察驗他所懷疑的地方。他特別「關注《歷代願望》中導致整個教會擔憂的話：『在基督裏有生命，這生命是祂本來就有的，不是借來的，也不是得來的。』……這句話對你們來說，可能不是一句什麼革命性的話，」他在1948年對自己的聽眾說，「但對我們來說卻是的，我們幾乎無法相信……我曾堅信懷姊妹不會寫」這段話。「但現在，我發現她手稿中所寫的，正是書中所出版的那樣。」

一些人仍舊不相信。在過去的15年間，這種反對三位一體論的思想，在某些復臨信徒中好像有點復甦的樣子。就像安德森一樣，他們覺得是編輯將她的思想修改了。

這些人當然不太瞭解懷愛倫。她知道自己所相信的，在跟任何編輯或甚至是總會領袖意見分歧時，她還是堅定持守自己的觀點，正如我們所見1888年時的狀況。她的助手可以用同義詞修訂她的一些語詞，但不能修改她的思想。

這個在三位一體論上的發現，是上帝帶領復臨教會前進，並且更全面領悟聖經的又一個步伐。

10

12日　回顧三位一體論

願主耶穌基督的恩惠、上帝的慈愛、聖靈的感動常與你們眾人同在！

（林後13：14）

這是保羅給哥林多教會第二封書信末尾的文字，寫給聖經讀者的一段話，確認上帝屬性中的成員──父、子和聖靈。

在1880年代和二十世紀中葉之間，復臨教會經歷了三位一體論並聖子、聖靈之神性與位格觀點的革命。正如我們所見，懷愛倫為復臨教會指出了一個新的方向。但她的話並沒有製造革命，而是鼓勵復臨信徒自己在這些話題上探索聖經。

儘管如此，變革並沒有很快就來臨。事實上，這需要幾十年的時間。1919年總會主辦的聖經研討會就是一個實例，會上公開討論三位一體論，氣氛有點緊張。一個權威牧師宣稱：「我無法接受所謂的三位一體論的這種信條……我不能接受父、子兩個位格的神性是平等的……我不能相信所謂的三位一體這種信條所說的三個位格，總是存在的。」

當時總會的會長但以理（A.G.Daniells）試圖平息那場爭論，說道：「我們不準備在三位一體論或阿里烏斯派（Arianism）上進行表決。」但他也聲稱《歷代願望》的出版，促使他轉向聖經來看這個話題，消除了他在這個論題上的疑問。

1931年，復臨教會第一次發表基本信仰，三一真神的立場也在其中。但這並不意味著所有的人都同意這個觀點。反對三位一體論的人還一直存到1940年代。到1950年代，教會在三位一體論上才有統一的思想。

正因為如此，當我們看見反三位一體論的復甦，著實有點驚奇。這種教義的幾個「使徒們」，在2000年多倫多總會代表大會的一個「黑暗小巷」裏攔截我。我問他們為什麼相信那樣的觀點是真理。他們回答說，因為這是本會奠基者們的立場。這樣的邏輯是會引導你去吃豬肉，或從晚上6點到6點遵守安息日的。我說，對中世紀的教會來說傳統是一個很好的理由，但對一個以聖經為基礎的運動來說卻不是。這種傳統起始於1840年代，在1888年間被重申。

復臨教會唯一有價值的傳統，乃是作研讀聖經的子民。

後明尼阿波利斯時代（一）　　**13**日

我們也報好信息給你們，就是那應許祖宗的話，上帝已經向我們這作兒女的應驗，叫耶穌復活了。（徒13：32、33）

傳揚「福音」或「好消息」，是1888年改革者們在總會代表大會閉幕後的任務。懷愛倫在離開明尼阿波利斯時，對教會行政領袖極度失望，但她仍舊對復臨信徒的整體滿懷希望。在大會結束前，她告訴與會的傳道人，如果他們不接受這亮光，她將要「把機會給平信徒；或許他們會接受真理」（《懷愛倫文稿》第9頁，1888年）。他們當然需要真理。1889年9月，她注意到「不到百分之一的人」，真正理解因信稱義的含意，理解「基督是……唯一的希望和救恩」的意思（《評論與通訊》1889年9月3日）。

直到1891年秋天，她和鐘斯、瓦格納走遍全國，向「百姓」和傳道人傳講因信稱義道理。當1891年她去澳大利亞，瓦格納去英格蘭後，鐘斯和普列斯科特繼續留在美國分享這個信息。在那段時間及以後，懷愛倫總是強調說，上帝已經揀選了鐘斯和瓦格納肩負起責任，將這個特殊的信息傳給復臨教會，她自己也在因信稱義這個主題上，陸續廣泛發表文章。

總會的新任會長奧森（1888－1897年）和艾爾文（G.A.Irwin 1897－1901年）積極回應，使鐘斯和瓦格納在整個1890年代可以充分傳揚真理。這兩個人藉著教會崇拜、安息日學課、大學、為事工所舉辦的在職訓練和教會的出版社等接觸信徒。

尤其重要的是，在1889到1897年間的每次全球總會代表大會的聖經神學研究上，鐘斯和瓦格納都能扮演主要的角色。不僅如此，1897年鐘斯被任命為有舉足輕重的《評閱宣報》主編職務。

教會對這些改革者們的重用很難有超過1890年代的了。

的確，「好消息」已經傳給「百姓了」。現在還在傳揚。在以聖經為導向的復臨教會講臺信息裏，基督依舊是吸引人們的中心內容。

後明尼阿波利斯時代（二）

報福音、傳喜信的人，他們的腳蹤何等佳美！　（羅10：15）

明尼阿波利斯大會後的一段時間是懷愛倫、鐘斯和瓦格納艱辛的時期，他們在1889年走遍全國，向復臨傳道人和平信徒傳講基督並祂的愛。儘管有一些人為自己在明尼阿波利斯大會上的錯誤態度認罪悔改，還有一些人為在基督的義裏尋見的自由而歡呼雀躍，然而這還遠沒有達到改革者們的理想。懷師母在1889年的總會代表大會上欣喜地寫到，他們「有了一次最美好的會議。明尼阿波利斯大會上的精神現在已經蕩然無存。」許多代表見證說，過去的一年「是他們一生中最美好的時光；從上帝話語那裏發出的亮光清晰明白——因信稱義，基督是我們的義。」（《信息選粹》第三卷，第160頁）

好消息是教會正在進步。而且在整個1890年代將教會繼續增長，儘管有一些人還在猶豫不決。

在1899年，瓦格納告訴總會代表大會的代表們，鐘斯在明尼阿波利斯大會上所分享的原則「從那時起已經在相當大的程度上被人們所接受」。

四天以後，鐘斯在《評閱》上指出，不僅教會基本上接受這個信息，而且「我擔心有走向另一個極端的危險，傳講耶穌真道而摒棄律法。」他繼續勉勵在分享啟示錄第14章第12節的時候，要注意其中各部分當尋求平衡。

1888年信息在神學上被人們接受的第三個見證人是懷愛倫。1896年2月6日，她建議中止在明尼阿波利斯危機後建立起來，用於培養傳道人的3至5個月的傳道訓練班。「曾有一段時間，這個工作是很需要的，因為我們的教友們反對上帝的工作，拒絕由基督而來之義的真理」，但這樣的事工現在不再需要了（《給傳道人的證言》第401頁）。

讚美主！教會長進了。但這樣的長進，從來都不是普通的和一勞永逸的。改革是教會持續不斷的要求。我們今天需要進一步得著基督，但我們也需要不斷地尋求得救的信心，和上帝律法之間關係的平衡。

巴特勒怎麼樣了？（一） 日

把起初的愛心離棄了。（啟2：4）

明尼阿波利斯大會後的旅程並不都是快樂的。巴特勒覺得自己是在朋友的家裏被「屠殺」的，他在1888年大會後放棄了總會會長的職務。不久他和妻子搬到弗羅裏達州種橘子去了。12月中旬，在他們出發往南部去的前六天，懷愛倫給他寫了一封信，信中稱他為證言的敵人和未重生的人。她在信的末尾呼籲他從心底改變他的做法。

這是此後給巴特勒許多信件中的第一封。但他並沒有悔改的意思。他在1905年回顧他初到弗羅裏達州的情況，寫道：「有些人覺得悔改是很困難的事情⋯⋯她常寫信給我，一次又一次跟我說明尼阿波利斯大會的各種事情，我總是回信給她說我完全沒有必要做任何悔改，我沒有這樣的感動。我堅持自己的立場。」他宣稱，他從來不會虛偽地說平安無事而事實上並不太平。

從外在的表現來看，巴特勒的沮喪在1893年初達到了頂點，當時他請教會不要更新他的傳道證書。但事實上，巴特勒並不是想要辭去作為傳道人的職務，而是用這樣的方式提出一個希望得到答覆的問題──「你們還需要我嗎？」

差不多就在那個時期，他四年以來第一次站起來講道。同時，教會也更新了他的傳道證書。巴特勒為自己被接納非常高興，聲稱自己幾乎要喊出來，說「親愛的弟兄們同謀用友善治死了老罪人」。

但是，正如同我們大家一樣，作為一個複雜的人，他仍舊不能相信是「上帝藉著加拉太書的爭論，來帶領瓦格納使教會經過洪水氾濫。」但從另一方面來說，他現在至少願意承認上帝從這些事上使教會獲益──特別是從加強因信稱義和基督之義的重要性，這角度來看的話。

主啊，我們要感謝祢，因為祢忍耐人類的悖逆，不輕易發怒。在我們每個人裏面都有一些喬治・巴特勒的性情，我們需要幫助。不僅如此，我們還渴望祢的幫助。謝謝祢住在我們裏面，儘管我們是那樣的不堪。

16日 巴特勒怎麼樣了？（二）

他們年老的時候仍要結果子。（詩92：14）

巴特勒弟兄是一個難纏的老顧客（信徒），但無論如何，上帝還是愛他。這對我們大家來說都是個好消息。

他確實有他悔改的時刻。比如，1893年，他寫信給懷愛倫說，「過去的幾年，對我來說實在是非常艱難，但相對於事工的發展來說這算不得什麼。」1894年秋天，巴特勒甚至邀請鐘斯來幫助他，舉辦佛羅里達的帳棚大會。

1901年，妻子死了以後，巴特勒從他的半退休狀態中出來，出任佛羅里達區會會長。1902年到1907年他轉任南方聯合會會長。

懷愛倫很高興地看見這個上了年紀的先鋒，重新回到教會的領導崗位上來。她對1903年總會代表大會的代表們講：「我知道，到一定的時候他會重新回到工作的崗位。我盼望你們能為他能勝過這個試煉而感恩……上帝喜悅白髮的先鋒們」，就是那些有分於復臨教會早期事工的人，「站在今天的工作崗位上。他們並沒有銷聲匿跡」（1903年《總會公告》第205頁）。

她1902年寫道，這個新巴特勒與1888年的那位不再是同一個人。他不僅在「身體和靈性上都強壯」，而且「主已經證明、試驗和試煉他，正如祂試煉約伯、摩西等一樣。我看見巴特勒長老是一個在上帝面前謙卑的人。他跟年輕時代的巴特勒長老在品格上判若兩人。他在耶穌的腳前學會了謙卑的功課」（《懷氏書信》第77頁，1902年）。

這裏說的強壯，並不意味著巴特勒在1888年問題上的觀點是對的。他在1909年告訴當時的總會會長但以理，「他永遠看不見」在鐘斯和瓦格納信息裏的亮光。他的座右銘依舊是「順命得生」。

儘管他有這樣的問題，懷愛倫還是寫著說，「雖然他有一些錯誤，然而他是永生上帝的僕人，我應該盡我可能的一切努力在他的工作中支持他」（《懷氏書信》第293頁，1905年）。令人驚訝地，巴特勒竟能活躍於教會工作之中直到1918年離世，享年84歲。

上帝使用不同的人。這是一個好事情。要不然祂將無人可用。

主啊，我們今天帶著我們的不足到祢面前，求祢使用我們來成就祢的榮耀。阿們！

史密斯怎麼樣了？

那石頭掉在誰的身上，就要把誰砸得稀爛。（路20：18）

就像巴特勒一樣，烏利亞·史密斯在明尼阿波利斯大會上經歷了心靈的創傷。深感失望和挫敗，1888年11月，他辭去了擔任了很多年的總會行政秘書的職務，但依舊保留《評閱》主編的職位。

他將會保留這個職位直到1897年，大部分時間都在跟鐘斯舌戰，關於預言的解釋及其他一些論題。然而，面對著超凡魅力、極受歡迎的鐘斯，他的主編生涯那些年間一直在走下坡路，鐘斯到1892年底，已經一躍成為復臨教會傳道人中最具號召力的聲音。最使史密斯蒙羞的是，1897年教會任命鐘斯為《評閱》的主編，而且還任命史密斯做他的助理。

在後1888年的時代裏，史密斯覺得無法接受那樣的現實，就是瓦格納一直以十誡觀論加拉太書中的律法，並且懷愛倫支持瓦格納在律法和福音關係上的論點。在明尼阿波利斯大會後的幾年裏，史密斯成了質疑懷愛倫事工的頭號人物。

但懷愛倫並沒有放棄他。她給史密斯寫了一封又一封的信勸他回轉，但沒有結果。一直到1891年1月，他才意識到自己在明尼阿波利斯大會上的錯誤，並悔改。正如懷師母所寫的：「他掉在石頭上並且跌碎了。」

然而，史密斯掉在了石頭上，並不意味著他完全落在磐石上。他律法導向的神學觀點仍舊引發許多問題。

但1901年教會重新任命他出任《評閱》的主編。懷愛倫非常高興，她表達其興奮之情說，他的名字再一次出現在「主編的名單裏面，因為……在多年以前，他的名字被放在（鐘斯的）後面，我覺得有些受傷。當看見他的名字又放到了前頭，我哭了，並且說『感謝上帝』」（《懷氏書信》第17頁，1902年）。

但他仍舊保留一些老史密斯的性情。他成為主編後不久，又重新挑起了加拉太書之爭，於是被解雇了。他再也沒有從這個打擊中恢復過來。這個宣布他離職的《評閱》，不久又宣告他病危。他於1903年離世，享年70歲。

主啊，求祢今天在我們固執的性情中看顧我們。幫助我們完全降服在祢面前，放下我們最珍愛的觀點和習慣。 🔖

18日 鐘斯和瓦格納怎麼樣了？

你要持守你所有的，免得人奪去你的冠冕。（啟3：11）

明尼阿波利斯大會剛結束的時候，鐘斯和瓦格納發現很難在教會裏得到發言的機會。但是這種狀況不會持續太久。藉著新上任的總會會長和懷愛倫等一些人的幫助，他們很快就成了教會的主要傳道人。

從明尼阿波利斯大會時期的歷屆總會代表大會中，請他們兩個人擔任聖經論題的主要講員，可見支持程度。

• 1889年，鐘斯舉辦了因信稱義的系列講座。懷愛倫注意到，「人們得到上帝桌上的諸多碎渣兒所餵養」且「顯出極大的興趣」（《懷愛倫文稿》第10頁，1889年）。

• 1891年大會，（他們每兩年召集一次總會代表大會）指定瓦格納主講16堂道理，高舉耶穌基督和羅馬書中永遠的福音。

• 1893年，鐘斯主講24堂關於第三位天使信息的研經講道。普列斯科特主講10堂關於聖靈應許的講題——他是鐘斯1892年到世紀末在美國最親密的同工。

• 1895年大會，鐘斯還是釋經權威，除了講論其他主題外，他還主講了26堂關於第三位天使的信息。

• 1897年大會，瓦格納的18堂希伯來書研究是聖經學習的焦點。此外，鐘斯也主講了11堂。

明尼阿波利斯的改革者們在和史密斯、巴特勒的鬥爭中最後成了「得勝者」。但很不幸的，他們的得勝不能長久。在二十世紀初，他們雙雙離開了教會——瓦格納敗在泛神論和一個不是他妻子的女人手中；鐘斯則失敗於權力鬥爭，並且失去了總會的領導職務。1907年，鐘斯甚至成了懷愛倫和教會不共戴天的敵人。

矛盾的是，明尼阿波利斯的「得勝者」竟成了最大的輸家。「你要持守你所有的，免得有人奪去你的冠冕。」這是對我們活在這罪惡世界裏的人的忠告。當我們行走在人生每一步的時候，必須讓我們的眼目始終聚焦於耶穌的身上。

回顧明尼阿波利斯 19日

你要給他起名叫耶穌，因他要將自己的百姓從罪惡裏救出來。（太1：21）

1888年總會代表大會，是基督復臨安息日會歷史上生死攸關的轉捩點之一。本屆大會的成就毋庸置疑。它指引教會回歸聖經，以聖經為教義和實踐的唯一權威；它高舉耶穌，確立「因信得救恩」的真理在復臨神學中的核心地位。它使律法在恩典福音中，扮演一個合理的角色。它帶領人們重新研究三位一體的論題，基督完全的神性，以及聖靈的位格。

或許最重要的是，它使復臨教會對啟示錄第14章第12節第三位天使的信息，有了更全面的理解——這是基督復臨安息日會信徒自我定位的中心經文。這段經文不僅確立他們作為復臨信徒，在忍耐等候他們主的時候遵守上帝全備的誡命，而且，它還把福音信息陳明在他們面前，表明在基督第二次再來之前（啟14：14－20），上帝要給世人的最後一個信息，將聚焦於耶穌真道上。

簡而言之，1888年信息改變了復臨信徒對他們信仰的思維方式。這就是好消息。

但壞消息是，撒但總是致力於使我們忘記或忽略好消息。一些復臨信徒在1890年及以後繼續聚焦於律法而不是福音，當其他的信徒使用鐘斯和瓦格納的信息作為一個新的入口，揚棄舊的律法主義和個人完美主義時，他們就群起對抗。

整個明尼阿波利斯傳奇告訴我們世界上兩個最大的事實。第一，人類的全然敗壞。第二，上帝無限的恩典。回顧在明尼阿波利斯時期教會的歷史，浮現在我腦海裏的是約翰·牛頓的偉大詩歌：「**奇異恩典！何等甘甜，我罪今得赦免！**」

這是獨一無二的「奇異恩典」。這兩個詞句概括了1888年事件的信息和意義。

會見普列斯科特

凡我所疼愛的，我就責備管教他；所以你要發熱心，也要悔改。（啟3：19）

威廉·普列斯科特是復臨教會在十九世紀末最得力的領袖之一。但是得力的人選並不一定都是屬靈的領袖。早年的普列斯科特也是如此，他在1885年成為巴特溪學院的院長。

他人生的轉捩點出現在1890年，當時他在巴特溪會堂前面讀到一篇題為《熱心與悔改》的特別證言。上面說：「主看見我們的墮落……因為祂在以往的日子祝福」復臨教會，賜他們尊榮，「他們就自以為是蒙揀選的真子民，不需要警告、管教和責備。」

但是，「那真實的見證者說，『凡我所疼愛的，我就責備管教他，所以你要發熱心，也要悔改』」否則，「『我就臨到你那裏，把你的燈檯從原處挪去』……主對祂的子民不滿意。就目前的狀況，他們不可能代表基督的品格。那真實的見證者向他們發出忠告、責備和警誡，是因為祂愛他們，但他們拒絕接受這信息……他們的心在這麼奇異的恩典前都沒能軟化，這將意味著什麼呢？……。」

「上帝奇妙的能力顯現在教會中，但人如果不在上帝面前謙卑自己，敞開心扉認罪悔改，將不能得到這些能力……才華和經驗不能使人成為光明的管道，除非他們將自己置身於公義日頭的光芒之中……。」

「清晰而獨特的亮光照耀上帝的子民，把耶穌帶給教會和世界……一個勝利將要崛起，一個權柄將要統管萬有——基督我們的義……那些想要按照自己的辦法行事，不願加入奉上帝差遣之天使行列的人，這些天使滿有榮耀，將帶著要傳給全地的信息越過他們。上帝的工作將要越過他們走向勝利，他們將無分於得勝的榮耀。」（《評論與通訊》號外，1890年12月23日）

讀著，讀著，普列斯科特非常感動，盈眶的熱淚好幾次打斷了他的閱讀。他的生命完全改變了。他雖早已經是復臨信徒，但那一天才真正遇見基督，讓基督作他個人的救主。從此以後，他開始協同懷愛倫、鐘斯、瓦格納傳揚基督並祂的愛。普列斯科特非常認真地聽從這個忠告：要悔改並熱心事奉。

復臨教育的洗禮（一）　　**21**日

看哪，我站在門外叩門，若有聽見我聲音就開門的，我要進到他那裏去，我與他，他與我一同坐席。（啟3：20）

1890年12月，正如我們昨天所看見的，基督來到威廉・普列斯科特的心門外叩門。這個年輕的教育家心門開了。他的生命從此煥然一新。這樣的事同樣也臨到烏利亞・史密斯。普列斯科特靈命更新所結的一個果子，就是去幫助史密斯，使他公開認罪悔改，重新修好與懷愛倫之間的關係。

基督的信息改變、重塑人的生命。在普列斯科特的實例中，這個重塑不僅影響他個人的生命，而且對復臨教育產生巨大的衝擊力。

你看，普列斯科特不僅是巴特溪學院的院長——他同時還是基督復臨安息日會教育協會的主席，而且很快就又成為聯合大學與瓦拉瓦拉大學的校長。作為協會的主席，又同時是三所大學的校長，這充分顯明了普列斯科特，正處在一個能給復臨教育帶來重大改變的位置上。

1891年7月和8月間，他負責在密西根州北部一個名叫哈勃斯普林斯小鎮召開教育大會，他要發動復臨教育的變革。

那個時候的復臨教育仍舊在使命和定位上搖擺不定。雖然在1874年巴特溪學院開始的時候，復臨信徒就已經明確他們的教育目標，是作一群特殊的基督徒，訓練傳道人和佈道士，但這所學院從一開始就受世俗古典課程限制，學習拉丁文和古希臘語。他們嘗試做一些改革，但大部分仍有待完成。

隨著普列斯科特的靈命更新，改革才開始啟動。普列斯科特故事所帶出來的教訓是：上帝使用人來改變祂的教會。但祂只能在那些願意為主所用的人身上作工。

這樣就談到你我了。上帝要得著我們的生命，用這樣的方法塑造我們，以便使用我們來影響他人和教會。

現在，我知道你們中間有些人會說自己不能給別人什麼影響。並非如此！我們每個人天天都會以某些看似瑣碎、不起眼的方式接觸他人。但正是這些微小影響的逐步累積，最終將會滾成一個改變人生的大雪球。

復臨教育的洗禮（二）

聖靈向眾教會所說的話，凡有耳的，就應當聽！（啟3：22）

1890年代，聖靈對教會並它的教育事工有很多教導。不僅是有懷愛倫、鐘斯和瓦格納向教會和帳棚大會教導有關基督和祂的義等信息，而且總會還舉辦傳道人訓練班，復臨教會職員每年可以花幾週的時間，集中學習聖經和救贖計畫。

這個充了電的新普列斯科特，決定1891年夏天在哈勃斯普林斯，對教會的教育工作者們做同樣的培訓大會。懷特描述此次大會是給人帶來屬靈奮興的大會，它強調個人生命自然流露的見證。並且還提到，每天以鐘斯講解羅馬書來開始教學。懷愛倫也教導這樣的主題──個人與基督關係的必要性，教育工作者靈性復興的重要性，和以基督教信息為中心的教育等等。

普列斯科特在1893年總會代表大會上宣稱，哈勃斯普林斯成了復臨教育的轉捩點。他說，「到那時為止，我們的基本目標是：在我們的學校裏建構信仰基礎。這是我們的學校所從未有過的，我們的工作已經實際地建立在這個基礎上（而不是僅在神學理論上說說而已），使這個目標表現在我們的課程研究和工作計畫中，是過去所沒有的。」

在哈勃斯普利斯之前，聖經教學在復臨教育中僅處於一個很次要的地位。但這次大會採納了在復臨大學推行四年聖經學習的建議。並且，代表們決定「要從頭到尾學習整本聖經，明白基督的福音」。大會也建議用聖經的世界觀來教導歷史。

當我們思想哈勃斯普利斯培訓大會給復臨教育帶來的改變時，這裏有一個很重要的教訓。那就是，當我們確實認為基督是我們生命的中心，這將影響我們所做的每一件事情，不管是有關個人的還是教會的。從教育意義上說，如果我們的得救是依靠基督，那麼我們就應該好好地來認識祂。

復臨教育「復臨化」：阿凡戴爾的實驗（一） **23**日

在先知書上寫著說：「他們都要蒙上帝的教訓。」凡聽見父之教訓又學習的，就到我這裏來。（約6：45）

如果說復臨教育更新的第一步，是1891年夏天發生在哈勃斯普利斯的培訓學校中，那麼下一步則發生在1891年11月，懷愛倫與她兒子懷特遠航來到澳大利亞，在那裏一直住到1900年，得以有機會跟最支持改革的復臨教會領袖們一起工作。

復臨教會在澳大利亞最重要的嘗試之一，是1890年代為培養基督徒工作者而建立阿凡戴爾學校（今天的阿凡戴爾大學）。澳大利亞的優越性，是它遠離美國教會領袖中保守勢力的干涉。再者，這裏是基督復臨安息日會的一個新佈道園地。剛起步的教會也就不存在什麼老思想，會反對教育工作。因此，在1890年代的澳大利亞，他們得以推行了好多創新的實驗，這是在美國很難進行的。

教會在阿凡戴爾打造了一個嶄新類型的復臨學校。到世紀末的時候，懷愛倫對這個工作是那麼的滿意，以致她稱阿凡戴爾是「示範課程」，一個「示範學校」，和一個「樣板」（《懷氏傳略》第374頁，《給父母、教師及學生勉言》第349頁）。1900年，她更明確地宣告「阿凡戴爾學校應該是，我們教會計畫在其他地方建立學校的樣板。」（《懷愛倫文稿》第92頁，1900年）。

阿凡戴爾的歷史學家彌爾頓，胡克（Milton Hook）總結說有兩個主要的信念支撐著阿凡戴爾學校。第一，對他們學生靈性和品格的培養。正如阿凡戴爾所下的定義：「高等教育」就是為每一個學生預備永生的教育。

第二，是訓練教會青年做基督徒的服事，為本地的社區也為世界各地區的宣教事工。這兩個目標很顯然，離開以學術為導向的巴特溪學院，以及脫離此學院的影響。

這裏有一個問題，我們仍舊需要回答：「為什麼我們看重復臨基督徒教育？」唯一的答案是它能改變我們孩子的生命，它最首要的目標是把救主耶穌基督介紹給他們。做到這一點，復臨教育的價值遠勝過金銀。

24日 復臨教育「復臨化」：阿凡戴爾的實驗（二）

你的兒女都要受耶和華的教訓；你的兒女必大享平安。（賽54：13）

正如我們昨天所看見的，懷愛倫在1890年代花了很長的時間，在澳大利亞全心建造阿凡戴爾學校，使它成為一個榜樣。而它的建校原則，也可以應用到教會的其他機構中。

1894年初，懷愛倫寫道：「我們的心為這所學校日夜操勞。這些事情當如何操作？應該給年輕人什麼樣的教育和培訓？我們澳大利亞的聖經學校應該建在什麼地方？我帶著沉重的負擔，今天凌晨1點鐘醒來。各類教育問題屢次浮現在我的眼前，藉著許多圖像，直接向我指明。現在是這一點，然後是另外一點。我確實覺得我們有許多東西需要學習。我們曾忽略太多。」關於教育的事情（《基督教育原理》第310頁）。

懷師母很認真地考慮澳大利亞現有的條件，因為她看到在巴特溪學院影響範圍之外建立學校的可能性，在針對這個話題的主要證言中，她為建造一個嶄新類型的復臨學校定下了基調。那應該是一個聖經學校，側重於佈道事工以及屬靈生活方面的內容。再者，教學應該是實踐性的，教導孩子們懂得如何工作，並且校址應該坐落在鄉下。

經歷二十多年的嘗試和錯誤，懷愛倫比過去任何時候，更堅定地認識到教會應該有什麼樣的教育。在她這二十年對自己證言的逐步理解中，她最終確定復臨學校必須以聖經為中心，而不能隨從古典教育的大流。她寫到他們花了「很長的一段時間才理解，應該在哪些方面進行調整」，用「另一種法則」來辦學（《教會證言》第六卷126頁）。他們得出這樣的理念，並且在1894年到1899年迅速得以發展、實踐這個理念。

正如在過去的幾個月中，我們一次又一次地體會到，上帝在一步步帶領著祂的子民。祂並沒有把所有的道理一次性灌輸給他們。上帝在一個合適的時候引導我們走向下一步。在教育領域中也是如此。到1890年代，復臨教會已經為教育革命準備就緒。

復臨教育「復臨化」：阿凡戴爾的實驗（三） 25 日

因為他們從最小的到至大的，都必認識我。（來8：11）

希伯來書第8章所說的新約中有一部分是反應在教育上的。新約的核心是認識上帝，並且明白祂的旨意。如果我們意識到，後明尼阿波利斯時代，復臨信徒既然已經對基督和聖經地位的認識發生了大轉變，那麼復臨教會在教育哲學上的巨大改變，也就不足為奇了。

在阿凡戴爾實驗的亮光中，懷愛倫寫道，在先前的復臨教育裏，「人意的作法已經成了最關鍵的東西」，「上帝的話僅僅被當作其他課業學習的調味品」（《基督教育原理》第395頁）。

她堅定指出，這樣的模式必須終結。

「聖經不能被帶到我們的學校裏，當作夾在世俗間的三明治。聖經應該成為教育的基礎工作和主題……聖經應該被當作永生上帝的話來使用，受尊崇，為起始，為終了，是每一個事物中最好的。然後，我們才能看見真正屬靈的增長。學生才能養成健康的屬靈品格，因為他們吃上帝兒子的肉，喝上帝兒子的血。但如果他們得不到照顧和教導，他們的靈性將會敗壞。學習聖經，在光中行走。」（《基督教育原理》第474頁）

再者，「更高的教育是救恩計畫的一個實驗（例如：經驗）知識。這種知識只有通過懇切勤奮的聖經學習加以鞏固。這樣的一種教育將更新人心，改變品格，修復人心中上帝的形像。它可以幫助心靈抵禦……仇敵，幫助我們理解上帝的聲音。它還能教導學生如何成為耶穌基督的同工……這就是真正的虔誠——是從地上的預備學校通向天上更高學校的通行證。」

「沒有什麼教育所帶來的益處能超過早期門徒所得到的教導，超過藉著上帝的話所給我們的啟示。領受更高教育是指完全順從上帝的話，跟從基督的腳蹤，宣揚祂的美德；還意味著要放棄自私，獻身服事上帝。」（《致教師、父母和學生的勉言》第11頁）

現在，已經有了一個更新基督徒生命的教育平臺。

10

26 日 復臨教育「復臨化」：阿凡戴爾的實驗（四）

因為你們自己蒙了上帝的教訓，叫你們彼此相愛。（帖前4：9）

1890年代，教會及其在所教導的真理上的屬靈復興，帶動了復臨教育相應的復興。教會的學校比過去更突出復臨信仰和基督教特色。

在澳大利亞期間，懷愛倫有數不清的證言是直接針對阿凡戴爾學校的。此外，在學校的創建階段，她還住在校園的附近，以便能夠參與到學校的辦學工作中來，這是她一生中很獨特的一段經歷。另外，普列斯科特收集並編輯了她的手稿《基督教教育》（1893）和《教育特別證言》（1897）。1890年代中期，他在校園中住了好幾個月，期間，和懷愛倫就基督教教育進行深入探討。在完全領悟證言的含意和應當如何應用這些原則上，他們都獲益匪淺。她寫信給兒子愛德生說，普列斯科特拓寬了她的思維，激發了她許多的思想，正如從前她的丈夫所做的。她說，他們的探討極大地幫助了她理清思路，並更好地表達出來。「這樣，我們就可以在一個更清晰的亮光中看一些問題」（《懷愛倫文稿》第62頁，1896年）。

阿凡戴爾實驗不僅僅把聖經、學生靈性、佈道和服務他人的觀念放在復臨教育的焦點上，而且強調盡可能把學校建在鄉下。不像巴特溪學院坐落在城鎮中，只有幾英畝的面積，阿凡戴爾的校舍將會建立在鄉下1500英畝的伯列特維爾（Brettville）莊園上。校舍在鄉下不僅可以使學生遠離城市避免許多問題，使他們更親近大自然，而且，還為施行實用工作技能教育提供充足的空間。阿凡戴爾學校建立以後的復臨教育將煥然一新。不僅是因為教會此時有了大量懷愛倫所寫有關教育理念的勉言，而且有了一個真實的教育模式，作為將來在世界其他地方建校時，可以仿效的榜樣。

既然瞭解到教會教育的重要性，我們年長的人需要特別關注年輕人和我們教會的學校。我們不僅要用資金支持他們，而且要培養他們達到他們能夠、且應該有的樣式。

復臨小學的興起（一）

我今日所吩咐你的話都要記在心上，也要殷勤教訓你的兒女。（申6：6、7）

1890年代復臨教育其中一個最令人振奮的發展是小學運動。在九十年代中期之前，復臨教會在中學或者大學之外，完全忽略小學教育。這種漠不關心的情形將在十九世紀末得到改觀，復臨教會以從來沒有過的強大系統來支援地方教會的小學。

總會在1887年和1888年間已經有呼聲要啟動小學教育系統，但是並沒有什麼結果。

然而，到了1897年，懷愛倫再度敦促教會開辦小學。澳大利亞的情況使她意識到這方面的需要。她宣稱：「在一些國家裏，依照法令，父母們被迫送自己的孩子去上學。在這些國家裏，無論什麼地方有教會，都應該建立學校，就算來就讀的孩子不超過6個。努力工作就像你在全心拯救這些孩子們，脫離這個被污染、墮落的世界的影響。」

「在這重要的工作上，我們還遠沒有盡到我們的責任。在許多地方，多年前就應該舉辦學校了。」（《教會證言》第六卷199頁）

她還寫著說：「在一些少有守安息日信徒的地方，父母們應該聯合起來安排一個地方作為一日學校，使他們的孩子得到教育。他們應該聘請一個基督徒老師，一個獻身的傳道士，來教導孩子們，造就他們將來也成為傳教士。所聘請的這些老師在常規的教學中提供一個全面的教育，聖經要成為所有學習的基礎和生命。」（同上198頁）

事實證明，這些話是她一生的事奉生涯中最重要而且最具影響力的勉言。在接下來的幾年內，世界各地的復臨教會紛紛開辦學校，儘管有些地方只有五個或六個孩子。孩子們的得救，和未來成了基督復臨安息日會工作的一個焦點，教會為孩子們承受上帝的國做準備，視之為教會福音工作的職責。

從這個角度看，教育就是佈道。這就是我們所不敢忘記的深刻見解。

28 日 　　　　　復臨小學的興起（二）

我眷顧他，為要叫他吩咐他的眾子和他的眷屬遵守我的道，秉公行義，使我所應許亞伯拉罕的話都成就了。（創18：19）

為信仰而教育，在猶太／基督徒社會歷史中由來已久。事實上，上帝將亞伯拉罕揀選或分別出來，成為信心之父，是因為他樂意把上帝的道和教訓教導給他的全家。

雖然，以信仰教導孩子的命令早已寫在聖經裏，但基督復臨安息日會在這點上是一個遲到者。教會在1844年大失望五十多年後，才開始形成一個小學教育的系統。

正如我們昨天所見，這個契機來自於懷愛倫的呼籲，遠在澳大利亞的她希望地方教會能開辦學校，就算只有六個學生出席。

在美國的一些改革者，例如愛德華·薩瑟蘭（Edward Alexander Sutherland）和佩西·梅根（Percy T.Magan），打心底接受忠告。1901年，他們將巴特溪學院搬遷到郊外。許多年後，薩瑟蘭用誇張的言語回憶道：「梅根、蒂格羅小姐和我，幾乎每個週末帶一個老師出去，在星期一上午之前建立三所學校。」

事實超越眼見，但復臨小學教育的統計數字在1890年代的後半階段，幾乎是直線上升。讓我們來看一看統計曲線：1880年教會只有1所小學，1個老師和15個學生；1885年有了3所小學，5個老師和125個學生；1890年有7所小學，15個老師和350個學生；1895年有18所小學，35個老師和895個學生；1900年有220所小學，250個老師和5000個學生。這個增長沒有就此停止。到1910年數目增加到594所小學，758個老師和13357個學生。2006年這個數量達到5362所小學，36880個老師和861745個學生。

小學運動同時也刺激了教會中學和大學的增長。這增長的其中一個原因是復臨小學對老師的需求量增加。更重要的是，小學運動還推廣了這樣一個信念，就是每一個復臨信徒的孩子都必須基督教教育。

主啊，謝謝祢賜下這個學校系統。求祢使我盡自己所能去幫助我們教會中的每一個孩子，使他們都能得到關乎永生的教育。

教育大拓展

並且知道你是從小明白聖經，這聖經能使你因信基督耶穌，有得救的智慧。

（提後3：15）

我們或許可以稱1890年代的十年是復臨教育的十年。從1888年明尼阿波利斯的復興開始，經過1891年哈勃斯普林斯教育改革的啟動，然後是阿凡戴爾實驗和小學教育運動，1890年代所塑造的復臨教育模式，一直保留到今天。

我們還沒有談到1890年代佈道事工的拓展，將復臨教育系統原原本本地帶到世界的各個角落。我們也還沒有探索阿凡戴爾模式，給世界各地的復臨學校所帶來的影響。

其中一個方面的小影響，是將復臨教育系統中的中學和大學校園遷到郊區。比如，薩瑟蘭和梅根將巴特溪學院從狹小的校園，遷到「野外」的密西根州貝林斯普林斯（Berrien Springs），這個學校在1901年成了以馬內利傳道學院（Emmanuel Missionary College）。同樣，赫德斯伯大學的領袖們也在二十世紀初，將校址搬遷到荷威山頂（Howell Mountain），然後改校名「太平洋聯合大學」。這個大學不僅遠離許多的城市問題（作為1960年代太平洋聯合大學的學生，我們常嘲弄學校距離最近的罪足有10英里遠），而且他們都有100多英畝的面積。

世界各地的復臨教育都是如此。並且對阿凡戴爾學校的反響也從來沒有停止過。另外，他們還有一些有趣的附加影響。當人口數量增加，城市範圍擴大，帶來地價攀升，基督復臨安息日會學校經常發現他們擁有無價地產，以市價論，他們根本不敢夢想能買得起這些土地。

上帝用獨特的方式帶領祂的子民。縱覽復臨教會在世上的各方面事工，我們只能為上帝在歷史上給我們的奇妙帶領而讚美祂的名。現在，我們需要禱告，求主使我們有堅定的信念和勇氣，跟從祂今天對我們的引領。

天父啊，求祢幫助我們像過去的改革者們一樣，敏銳接受祢的引導。

從源頭上轉變教育觀念

若有人願意作首先的，他必作眾人末後的，作眾人的用人。（可9：35）

「我們對於教育所存的觀念過於狹隘，應有擴大範圍和提高目的之需要。真教育不單是研究某種規定的課程，也不單是為眼前的生計而準備，而是有關全人的生活，包括他生存的全部時期；是靈、智、體各方面能力的協調發展，預備學生在今生以服務為樂，且將臨世界中做更大的服事，享受更高的福樂。」（《教育論》第13頁）

這是懷愛倫對復臨教會作出最重大貢獻的著述之一——《教育論》的開篇引言。這本書在1903年出版並非偶然。經過十多年在教育話題上的思考和寫作，她在新世紀的開頭幾年裏寫成這本書給教會最重要事工之一提供指引。《教育論》為復臨教育理念提供了理論支持。並且它所提出的教育理念跟傳統的思想有著很大的不同。

傳統教育注目於為人們預備一個在地上成功的人生，《教育論》並沒有否認傳統教育功能的重要性，但指出這樣的預備還不足夠，更重要的是讓學生做好準備與上帝同活直到永遠。

傳統教育側重於學生智力的發展，《教育論》則關注全人成長。

傳統教育培育人們追求領先於世界的地位，而《教育論》教導學生以事奉上帝、服務他人為目標。服務是本書的主題。在它的最後一頁寫著說：「在我們這受罪惡限制的世上生活中，最大的喜樂和最高的教育乃在服務。到了將來，不受有罪之人性的限制束縛時，我們所能有的最大的喜樂和最高的教育，也仍在於服務。」（同上309頁）

《教育論》從源頭上轉變傳統教育的觀念，而把教育的理念和生命聯繫在一起，使我們充分理解並將它實踐出來。這種教育理念就是要把上帝的價值觀實踐出來，祂說：「若有人願意作首先的，他必作眾人末後的，作眾人的用人。」

教育佈道

31 日

上帝就照著自己的形像造人，乃是照著他的形像造男造女。（創1：27）

懷愛倫的《教育論》把教育的話題從世俗的領域中區分出來，把它轉化為善惡之爭的關鍵問題。

書中的第二頁這樣概括復臨教育的最終目標，她說，「我們必須考慮到（1）人的本性和（2）上帝造人的原旨，才能瞭解教育工作所包含的意義。我們也當考慮到（3）人的情況因罪惡知識所起的變化，以及（4）上帝為要成全教育人類的光榮原旨而設立的計畫。」（《教育論》第14、15頁）

然後本書開始論述這四點，指出（1）上帝按自己的形像創造人類，使他們像祂，（2）這樣他們身上有無限的潛力。

下面一點非常具體、貼切地談到人類的現狀。「但這一切已經因違命而喪失了。神聖的形像已因罪而被損毀，幾乎消滅了。人的體力變弱，智力減低，屬靈的眼光也模糊了。從此他便成為必死的人了。雖然如此，人類卻並未到絕望的地步。由於無窮的仁愛與慈憐，便產生了救贖的計畫，賜予人一種試驗期的生活。救贖的工作就是要在人類身上恢復創造主的形像，使之回到被造時完全的地步，促進身、心、靈各方面的發展，以便實現創造他的神旨。這就是教育的目的，也就是人生的大目標。」（《教育論》第15、16頁）

在書中稍後的地方，懷愛倫的表達更率直，她指出，「唯有一種能力可以助其抵禦這股惡勢力，達到其內心所欽佩的理想。這能力就是基督。人的最大需要便是與這能力合作。在一切教育的努力上，豈不應以這種合作為最高的目的嗎?……照最深的意義而言，教育工作與救贖工作是合一的。」「教師的首要努力與恆久目的」是把耶穌並祂的原理介紹給學生們。」（《教育論》第29、30頁）

因為有這樣的理念，難怪復臨信徒樂意奉獻資助，為他們的子女和別人的孩子提供基督教教育。他們已經意識到這樣的一個真理：教育實際上就是傳福音。

新教傳道事工大拓展

這天國的福音要傳遍天下，對萬民作見證，然後末期才來到。（太24：14）

向全球佈道是十九世紀新教的核心事工。現代宣教運動始於1792年，值此之時正是威廉‧凱瑞（William Carey）發表一篇文章，其名「探討基督徒，運用各種方法引人歸主所當負的責任和義務。」

對現在的我們來說，這可能沒有什麼特別新奇的地方，但在1792年確實是這樣。隔年，第一個支持海外宣教士的差會成立，並且差派凱瑞到印度去，在那裏他工作了7年，卻沒有一個印度人悔改信主。

儘管他的努力開始的時候成效甚微，但他的努力並沒有白費，而是穩穩地扎根下來。到1834年他去世的時候，凱瑞不僅在印度建立了一個堅強的教會，而且他還成了一位將新教信仰傳遍世界的現代宣教運動之父。新教宣教事工的第一個高峰期出現在1830年代。但事工並沒有就此停住。在十九世紀後半葉，反而有了更大的發展。肯尼‧拉托瑞特（Kenneth Scott Latourette）稱十九世紀是新教宣教事工的「大紀元」。悉尼‧阿爾斯強（Sydney Ahlstrom），這個美國教會史的權威學者也指出，「十九世紀最後的這二十年，是向人見證出這是一段美國新教徒向海外宣教運動的高峰時期。」

這其中一支最有鼓舞力量的是「海外宣教學生志工運動」，1886年，佈道家德懷特‧慕迪（Dwight L.Moody）呼籲大學生為宣教事工而獻身，便發起了這個運動。第一年，有一百多位學生立志獻身。到1887年，這個數目增加到2,200人，在短短的幾年間，成千上萬的年輕人決志獻身於宣教事工。這個運動的口號就是「在這一代人手中，上帝的福音傳遍天下。」

阿尼斯特‧桑迪（Ernest R.Sandeen）說，這激發了「美國對宣教事工空前的拓展」。結果，美國新教徒開始看非洲、中國和日本等是他們同屬上帝之國的省分。

在這樣的運動中，復臨信徒沒有沉睡。上帝藉著新教徒發起這個運動，為基督復臨安息日會打開了一條門路，基督復臨安息日會也很快就出去將三天使的信息傳到「各國、各族、各方、各民中」。

復臨傳道事工的大拓展（一）

我又看見另有一位天使飛在空中，有永遠的福音要傳給住在地上的人，就是各國、各族、各方、各民。（啟14：6）

我們必須承認，基督復臨安息日會信徒在開始的時候是一群不重視傳道事工的人。相反的，早年的時候，我們甚至發現他們是反對傳道事工的一群人。

1844年到1850年間，由於持關門論的神學觀點，他們覺得除了那些曾參加1840年代米勒耳運動的信徒，沒有必要向其他人傳福音。

目光短淺！你可能會這麼說。是的，但那是復臨教會一個必要的發展階段。在復臨教會傳道事工的這個階段（1844－1850年），他們缺乏傳道的使命感，於是把他們有限的資源都用在建立教義平臺上。換句話說，他們需要先十分明確自己的教義信息，然後才能傳揚這信息。

在復臨教會傳道事工的第二個階段（1850－1874年），他們把自己的工作限定在北美的範圍之內。這也是復臨教會傳道事工發展一個必經的階段。這些年，上帝准許以北美教會為基礎形成教會權力中心，如此一來方有利於支持海外宣教的事工。

我們或許可以把第三個階段（1874－1889年）看作是向基督教國家宣教的階段。這樣基督復臨安息日會正式差派第一個官方任命的傳道人到瑞士，呼籲人們從巴比倫中出來。並且無論他們是去到澳大利亞或南非，復臨信徒總是先往這些國家的基督徒社群中開始工作。這樣的工作是很有限的，在第三個階段中，復臨信徒所發揮的作用只是在世界各地各種基督徒社群中產生小影響。但是，這些國家也為下一個階段所差派的復臨教會傳道人提供了落腳點，這第四個階段開始於1890年。我們可以將這個階段視為是向世界宣教的階段——不是單單面向地球上的基督徒社群，而是全球所有的人。

一步一步地，甚至在人們沒有意識到復臨教會傳道事工發展進度的情況下，上帝把基督復臨安息日會安放在一個合宜的位置，使它趁著新教宣教事工爆炸性拓展之際，在十九世紀最後的幾年間推展傳道事工。

上帝在我們沒有察覺的時候，就已經帶領我們了。

11
3日　復臨傳道事工的大拓展（二）

你必指著多民、多國、多方、多王再說預言。（啟10：14）

從復臨教會的歷史觀來看，1890年代是一個偉大的時代，新教的宣教事工得到了極大的拓展，幾乎深入到世界每一個偏遠的角落。正如我們昨天所見，復臨傳道事工的觀念在前三個階段上逐步發展，使教會承接了廣大基督教界新浪潮的優勢。

不僅如此，在慕迪激發下成立「學生志工運動」的同一年（1886年），復臨教會出版了他們關於海外宣教事工的第一本書──《基督復臨安息日會海外宣教事工史略》。

後來1889年初，教會派遣哈斯科爾（S.N. Haskell）和佩西‧梅根（Percy T. Magan）開始一趟為時兩年的環球旅行，到非洲、印度以及東方去調查宣教的機會、問題、可行性和區域。然後，他們藉著《青年導報》（《Insight》雜誌的前身）詳細地向教會彙報他們的旅程。如此一來，傳道的呼召和為人服務的召請開始抓住復臨青年的心，正如前面所提到的「學生志工運動」在新教世界中影響了成千上萬的青年一樣。

1889年11月，總會代表大會邁出關係重大的一步，成立了基督復臨安息日會海外宣教事工委員會，「主管本會海外傳道事工」。同年，開始發行《宣教之家》期刊，旨在宣傳各方面的傳道服務事工。

海外宣教事工委員會成立的意義不單單在於理論上，它還標明復臨教會必會認真做好拓展這項聖工的準備。並且，基督復臨安息日會永遠不會再退回到從前海外宣教的立場上去。相反地，復臨教會也開始為外界所認識，因為他們帶著獨特的三天使信息向世界宣講，而且也把他們的出版、醫療和教育等機構，散布到他們前往之地。

主啊，我們感謝祢，把這重要的最後警告信息賜給祢的教會。求祢幫助我們照祢的旨意用我們的禱告、錢財和生命來支持這項聖工。

傳道學院的興起 **4**日

然而，人未曾信他，怎能求他呢？（羅10：14）

這是一個好問題。1890年代，無論是整個基督徒大社群，還是基督復臨安息日會信徒都開始邁開空前的步伐，傳揚上帝的話語並以其為信仰的起頭。

為了在新教信徒間開展較寬廣的傳道事工，得預備開辦神學院和聖經學校。這一類學校的目標是，盡快地培養出大批工人成為本土和海外宣教前哨站之職工。新的學校聚焦於實用的訓練和聖經知識。第一所這樣的學校出現在1883年，作為傳教士訓練學院，培養本土和海外傳教士和福音工作者。

復臨教會在傳道培訓領域內也跟基督教大環境同步。這種工作模式直接影響到教會學校的擴編。教會指望學校能為迅速增長的全球事工提供更多的職工。

約翰‧克洛格好像是復臨教會中第一個開辦傳道學校的人。他於1889年開辦了醫療佈道培訓學校，之後於1895年開辦了美國醫療神學院。

同時，薩特蘭和佩西‧梅根開辦了訓練學校「阿凡戴爾基督徒職工學校」（1894年），另外還有復臨神學院（如，華盛頓神學院，以馬內利神學院，南方神學院，羅馬琳達醫療佈道學院等）就如雨後春筍般出現在復臨教會的世界裏──它們都有類似的辦學目標，都是宣教運動的產物。

傳道事工的拓展至少在兩個方面對復臨教育的發展產生影響。首先，它使北美的學校和學生數目大增，早期教會的工作人員就是從美國的這些學校畢業的。其次，復臨教會開始在世界各地開辦學校，這樣就可以使教會在自己本地培養人才。到1900年，不僅復臨教育機構在數量上大增，而且它已經發展成為國際化的教育系統了。

在1890年代，沒有人會質疑復臨學校傳道導向的辦學方針。今天，我們所面臨的挑戰是如何在各級學校的教學中繼續保持這種理念。在過去的一個多世紀裏，傳道的類型可能會改變，但不變的是，要告訴世人在基督裏的盼望。

5日 復臨教會在前進（一）：俄羅斯

然未曾聽見他，怎能信他呢？（羅10：14）

上帝常常用奇妙的方式幫助人們聽到祂的話。復臨信仰進入俄羅斯就是一個例子。正如世界上許多其他地方的人一樣，在美國的移民中，有許多接受復臨信仰的人，也激發了在俄羅斯開始傳揚復臨信仰。為了分享他們的信仰，他們常常將一些教義小冊子寄回家鄉給他們的朋友們和家人。

1882年的一天，哥哈特‧佩克（Gerhardt Perk）的一個克里米亞鄰居告訴他，早在1879年的時候他便有了從美國寄來一些有趣但又危險的印刷品。幾經多次請求，鄰居把安得烈寫的一本書《第三位天使的信息》借給佩克。佩克在偷偷地讀了這書後，佩克便寫信給美國的出版社，希望瞭解更多的信息。不久他就堅信復臨信仰是對的，但是他猶豫是否要開始遵守安息日。

當時他正好是「不列顛和海外聖經公會」的代理商。他旅行到一個又一個地方出售書籍，途中，佩克曾好幾次死裏逃生，他相信是上帝的大能在保護著他。這樣他堅定意念，如果自己希望得上帝的看顧，他就應該實踐自己所領受的全部聖經真理。結果，他在出售聖經的時候就附帶出售復臨教會的印刷品。

然而佩克不是唯一在俄羅斯南部傳揚復臨信仰的人。另一個則是德裔俄羅斯人，他在美國南達科他州接受復臨信仰。儘管他已經80多歲了，說話還結巴，又沒有錢，但他還是賣掉皮靴籌集經費，回到俄羅斯去分享他的信仰。

至少可以說，他是很有創意的。藉口自己的眼睛不好，他會到一個村莊的市場上，要求人們為他讀書。如果那人對所讀的內容感興趣，他就會把小冊子送給那人。

然而，散發這些材料在當時的俄羅斯是違法的。但是當那裏的神職人員要拘捕他的時候，人們就抗議神職人員竟然會認為這樣一個幾乎瞎眼的老人很危險。這個「無害的老人」就這樣做了一年多的傳道事工。

這就是復臨教會在俄羅斯的起步。它使我們看見上帝會使用任何人，在任何條件下，用任何方式來傳揚聖經真理。祂當然也可以使用我們。

復臨教會在前進（二）：俄羅斯　**6**日

沒有傳道的，怎能聽見呢？（羅10：14）

那裏也有傳道人。其中最重要的傳道人之一是康拉迪（L.R.Conradi），他出生於德國，然後移民到美國，在那裏他接受了復臨信息。1886年他回到歐洲做一個傳道人。

他幾乎是立刻就收到哥哈特‧佩克要他去俄羅斯的邀請。但因為政府當局不接受一個傳道人入境，所以康拉迪不得不在巴特溪的《評閱宣報》出版社工作一段時間，然後聲明自己是印刷工人。

但無論他稱自己是什麼人，康拉迪一進入俄國就開始公開傳講基督復臨安息日會的信仰。他和佩克找到了大約50多個守安息日者，並且，浸信會、路德會的信徒常常也向他們張開雙臂以表示問候。但也有一些時候，這兩個復臨信徒發現自己碰了釘子，特別是當他們向人介紹安息日真理的時候。

然而，康拉迪的所有活動是違法的，俄羅斯的法律不准許傳道和改變別人的信仰。前面的工作都平安無事，直到他們到達博多布拉特（Berde Bulat），在那裏，他們建立了一個教會，又在黑海裏舉行了公開的浸禮。那時連房頂上都擠滿了人，人們喜歡觀看這新奇的場景。

這在當地的政府當局看起來是太過分了。於是，他們拘捕了康拉迪和佩克，並且指控他們犯的罪，是向人公開傳講猶太教異端，施洗，以及改變俄羅斯人的信仰。兩人在狹小的牢房裏忍受飢餓、脅迫、恫嚇達四十天之久。最後經過在聖彼得堡的美國大使館出面干涉下，他們才獲釋。

接下來他們能做什麼？他們繼續到各地講道，傳揚復臨信仰，分享福音。

康拉迪最後在德國落腳，在接下來的三十五年間，他一直帶領歐洲的復臨教會。

同時，有更多的復臨信徒移民回到俄羅斯，傳講他們所愛的信息。他們中的一些人，後來還遭流放到西伯利亞，就是藉著這樣的犧牲，基督復臨安息日會的信仰在俄羅斯生根發芽茁壯。

主啊，現今的我們是多麼安逸。求祢幫助我們記得，從前那些先賢們為傳揚三天使的信息所做出的犧牲。

11

復臨教會在前進（三）：太平洋諸島

若沒有奉差遣，怎能傳道呢？（羅10：15）

但有些人出去傳道的時候，並沒有奉任何人的差遣。其中之一就是約翰・塔伊（John Tay），他是一艘船的木匠，很久以來就夢想著拜訪皮特凱恩這座島嶼（Pitcairn Island），就是「邦蒂號」（Bounty）這艘船上那些聲名狼藉的暴徒們，在1790年最後落腳的地方。於是，他就這樣一直半工半遊地約莫經過六艘船後，總算在1886年才到達了皮特凱恩島。

早在十年前，懷雅各和約翰・拉博柔就已經聽說過這個海島的名字，就寄了一箱復臨出版品到那裏，希望那裏的居民會去讀。但沒有人看。十年間，這箱子就被存放在倉庫裏。最後，一些年輕人再次發現這些材料。他們驚奇地發現，竟然星期六才是真正的安息日。儘管對聖經的證據印象深刻，但他們對做出改變還是有些猶豫不決。

就在這個節骨眼上，塔伊到達他們那裏，他向他們要求能在皮特凱恩島逗留，一直等到下一趟船的到來。他到達的第一個星期日，就受邀在教堂講道，這個不請自來的「傳道人」就開始談論第七日是安息日的問題了。許多人接受這些真理，但另一些人還在猶豫。塔伊就繼續給他們查經，直到所有的人都接受。到5個星期後他離開時，這裏所有的成年居民都接受了基督復臨安息日會的信仰。

皮特凱恩島人都接受真理，這個振奮人心的消息大大地激勵了在美國的復臨信徒。他們看這件事情是上帝要在南太平洋開闢新工的徵兆。

但又如何呢？其中一個問題是，在這個區域中有許多地方，其汽船是無法很順利地轉乘和接駁的。於是1887年總會代表大會做出決議，撥款2萬美金儘快買或造一艘船。

但事情並不是這樣子的。至少事情的進展不是這樣。

為了能使工作進展得更迅速，他們派塔伊先回皮特凱恩島去堅固那班初信者。他接受了這個任務便出發了，但是因為找不到船可以帶他去那個偏遠的海島，只好回到舊金山市。更糟糕的是楚德尼（A. J. Chudney）所遭遇的，他也是被派去皮特凱恩島，但他動身前去時沒有船，於是他以極便宜的價錢買了一艘船。然而，那艘船連同他和船員們都沉到太平洋海底去了。

這個巨大的災難使得教會領袖們，更認識到他們必須擁有他們自己的佈道船隻。🔊

復臨教會在前進（四）：太平洋諸島　　**8**日

他們當將榮耀歸給耶和華，在海島中傳揚他的頌讚。（賽42：12）

楚德尼災難和約翰‧塔伊搭不到船去皮特凱恩島的挫折，使總會再次體認到急需造一艘適於長途航行的大船，為南太平洋諸島的福音事工而服務。

這個製造佈道船隻的專案，在美國本會的安息日學中掀起了巨大的熱情，這是以前所沒有過的。大人們奉獻錢財，小孩子們去賣烘烤的食品，他們都希望能貢獻一根釘、一塊板、一片帆布等。

安息日學的學員，甚至還提議給這艘船取一個名字。有人建議叫「歡樂佳音號」，但最終還是決定用那個發起活動的小島名字來為它命名。這樣復臨信徒給他們的第一艘佈道船命名為「皮特凱恩號」。

1890年10月，一艘100英尺長，120噸，雙桅大帆船載著7名船員和3對傳道士夫婦下水起航了。他們停靠的第一站正是皮特凱恩島，在那裏蓋茨（E.H.Gates）和瑞德（A.J.Read）為82個島上的居民施洗並組建了一所教會。

幾個星期後，佈道船駛往大溪地島（Tahiti）、拉羅東加（Rarotonga）、薩摩亞島（Samoa）、斐濟（Fiji）以及諾福克群島（Norfolk Island Groups）。每到一個地方，船上所有的人就上岸舉辦佈道會，派送書刊，喚醒人們對信仰的追求。

兩年以後，「皮特凱恩號」回到舊金山市，它的第一趟航行非常成功。但也付上幾個人生命的代價。約翰‧塔伊繼續留在斐濟開荒佈道，但他只工作了5個月後就去世了。當船開到紐西蘭整修的時候，船長馬施（J.O.Marsh）也歇下了他勞苦的一生。

但工作還在繼續。皮特凱恩號在1890年到1900年間，共進行了6個航次。後來汽船的航行班次也改善到一定的程度，這樣，教會也就不再需要佈道船了。

在這十年裏，他們不僅在太平洋諸島建立了教會，同時這艘大無畏的「皮特凱恩號」的探險經歷，也激勵了復臨信徒邁向多元宣教之旅，為皮特凱恩傳道事工所付出的，比他們歷史上任何單個事工所付出都要多。🙎

復臨教會在前進（五）：南非

只要積攢財寶在天上。（太6：20）

　　——些淘金客常常會碰到超過他們期望的寶物。威廉・罕特（William Hunt）就是這樣的一個例子。1870年代，當他在加利州淘金的時候，他從拉博柔那裏領受了安息日的道理。

　　多年後，罕特到南非去開採鑽石，在那裏遇見兩個荷蘭農夫。他們曾藉著個人查經確信星期六——也就是第七日，是安息日。

　　他們的會面看起來好像挺偶然的，但從信心的眼光來看，那是上帝的預備。喬治・范德魯頓（George Van Druten）——其中的一個農夫，在一個星期六下午散步時和罕特不期而遇。范德魯頓覺得這個採礦者有點怪，因為他不到礦場裏工作而是在看聖經。於是這二位守安息日的人，就這樣在南非鑽石礦場裏相遇了。

　　罕特就讓范德魯頓和另一個名叫彼得・維希爾斯（Pieter Wessels）獨個兒守安息日的人，跟在美國的基督復臨安息日會總會聯繫。這兩個南非人竭力請求巴特溪派遣一個會說荷蘭話的傳教士。為這個請求，他們還匯了相當大的一筆錢——50英鎊（比一個工人半年的工資還多），作為傳教士的旅費。

　　有人在1888年總會代表大會上宣讀了他們的「馬其頓呼聲」。代表們被深深地打動了，竟情不自禁地起立高唱讚美詩歌。隔年7月，一個傳教士團隊一行7個人在羅賓遜（D.A.Robinson）的帶領下來到開普敦。那時，南非人已經自行組成了一個約四十位信徒的聚會點。

　　在彼得的爸爸約翰尼斯・維希爾斯（Johannes Wessels）的農場裏發現了鑽石後，他一夜間就成了百萬富翁，南非的傳道事工也因此有了一個極大的轉變。彼得的爸爸在自己的故鄉為復臨教會的事工做了大量的投資。不久，這個剛成立的教會開辦了一個出版社，一所大學，一間療養院以及其他一些機構。

　　在一小撮守安息日人群中的兩個人，在南非一個鑽石礦場裏的相遇絕不是偶然的，是上帝在引領祂的子民。好消息是，祂今天仍舊這樣做。

復臨教會在前進（六）：羅得西亞　**10**日

他們的聲音傳遍天下；他們的言語傳到地極。（羅10：18）

在南非的歐洲移民中間開始傳道事工是一回事，但在非洲大陸原住民族群中傳揚復臨信仰則是另一回事。邁向這更廣闊事工的第一步就是從羅得西亞（現在的辛巴威）開始的。

1894年，在維希爾斯家庭的催促下，總會決定在南非北部馬塔貝萊蘭地區（Matabeleland）建立佈道站。這是在英國剛剛鎮壓了強大的馬塔貝萊部落以後。

羅得西亞得名於塞希爾‧羅得斯（Cecil Rhodes）——帝國的建造者，南非開普敦殖民地的總督。這是歐洲人尚未開墾之地。羅賓遜和彼得‧維希爾斯與羅得斯舉行了一次他們覺得不是太成功的會晤，結束時，居然收到一個密封的信封。兩個復臨信徒驚奇地發現，信裏竟然說，要送給我們一塊在布拉瓦約鎮（Bulawayo）附近，價值12000英畝的地。

對於成立索盧西區會（Solusi Mission）來說，獲得饋贈的土地事實上倒還是容易的事情。但這個事情更大的挑戰來於自北美，在那裏，鐘斯帶頭抨擊那些接受政府饋贈的人，認為這將會使教會跟政權的界限變得模糊。根據鐘斯和其他《宗教自由前哨》（Sentinel of Religious Liberty。前面已經出現過一次）編輯們的觀點，那些傳教士「為了一碗非洲濃湯把自己出賣了。」鐘斯斷言，如果教會不能在這個觀點上堅持一貫的立場，他們的敵人很快就會知道，在對抗美國政教合一的進程上（比如通過星期日法案等），削弱復臨信徒的鬥志。基於政教分離的原則，這個富有影響力的鐘斯甚至發動1895年總會代表大會的表決來拒絕這個饋贈。

懷愛倫則持相反的觀點，她從遙遠的澳大利亞寫信給總會領袖，提醒鐘斯和其他人去讀聖經尼希米記。她寫道：「為了祂的百姓，主仍舊打動君王和掌權者的心，請那些深切關注宗教自由問題的人不要攔阻任何好意，或拒絕上帝感動人為祂工作進展所施與的幫助。」（《懷氏書信》第11頁，1895年）。

11. 復臨教會在前進（七）：羅得西亞

沒有尋找我的，我叫他們遇見；沒有訪問我的，我向他們顯現。（羅10：20）

藉著懷愛倫指出，尼希米「祈求上帝的幫助，上帝垂聽了他的禱告」，就「感動外邦的君王來幫助他」（《懷氏書信》第11頁，1895年），總會改變了它原先拒絕接受索盧西饋贈的決定。這樣，來自內部的挑戰就解決了。

但是政治問題還在。當那些傳教士到達後不久，新近被征服的馬塔貝萊部落反抗英國殖民者，導致了傳教士不得不撤退5個月。問題還沒有結束，當回來後不久，他們又得面對當地所發生的饑荒，和牛隻大瘟疫爆發，使得他們在最近戰爭中僅存的幾隻牛，也未能倖免。

並且，事工還遭遇另一個嚴重的問題——瘧疾。我依舊記得自己站在今天索盧西大學內小墳場前的情景。第一批傳教士幾乎都死在那裏，因為他們拒絕服用奎寧，這是1890年代唯一用來預防瘧疾的藥物。

為什麼他們拒絕服用救命的藥物？因為，他們沒有完全領會懷愛倫反對服用有害藥物勉言的精意。他們不折不扣地拒絕那唯一能幫助他們的藥品。他們是「忠誠於健康改良」直到死的人。

1894年，第一批到達的7個人，到1898年的時候只剩下3個人，其中兩人在開普敦從瘧疾中康復。

最後的那個傳教士是「不忠心」的。因為他使用了奎寧，他認為服用一些有毒的藥物總比完全處於致命疾病的勢力下要好。他實際上是運用了連懷愛倫都會贊同的、在那樣一個特殊情況下的一種「常識」。結果，他得以繼續服務並且見證索盧西的事工。

到2007年，在非洲的這個小支點已經發展到有5百萬受洗的信徒，有三個分會服務這個大陸。

圍繞索盧西事工的教訓有許許多多。但其中最重要的一點是，儘管上帝所選為祂工作的人有許多人性的缺點，但祂仍舊引導祂的教會。

主啊，我們生活在一個複雜的世界上。求祢幫助我們處在爭戰之中的時候，雙眼明亮，正如我們信心的眼睛明亮一樣。

復臨教會在前進（八）：中美洲 **12**日

信道是從聽道來的，聽道是從基督的話來的。（羅10：17）

要聽到復臨信息有許多不同的方式。這就是我們從基督復臨安息日會進入環繞加勒比海整個熱帶地區所得出的教訓。

事情是從1883年開始的，紐約城的一個復臨信徒勸説一位船長幫忙運送一捆印刷材料到英屬圭亞那的喬治城。但那位船長在運送過程中卻很馬虎，他把包裹扔在碼頭，並自認是好人，已完成他的任務。這時，有個旁觀者抽取了其中一些單張小冊，不僅自己讀了，還分給他的鄰居。

他們中的幾個人便開始遵守安息日了，其中一個婦女就把所搶救出來的《時兆月刊》寄給她在巴巴多斯島（Barbados）的姐妹。在那裏，這些材料被送到另一個婦女手中，她曾在幾年前就已對自己的孩子們説，真安息日必會被恢復。

與此同時，在加勒比海的另一端，已經在加州接受復臨信仰的卡得羅太太（E.Cauterau）1885年，回到自己的家鄉宏都拉斯海岸外的海灣群島（Bay Islands）。她在那裏分享她的信仰，6年過後，教會派遣弗蘭克·哈德清斯（Frank Hutchins）來牧養她所影響到的人們。本著建造皮特凱恩安號的精神，安息日學為他提供了經費來建造一艘供傳道用的斯庫納縱帆船（宣報號），在中美洲海岸一帶傳揚復臨信仰。

住英格蘭接受復臨信仰的羅斯克盧太太（A.Roskrug）於1888年回到自己的家鄉，在安地卡島開始播撒福音的種子。不久在安地卡島售出的復臨教會書籍也被送往牙買加。

復臨信仰到達墨西哥則是在1891年，一個義大利裔美國人，原先是裁縫，後來成了文字佈道士。因為他沒有什麼西班牙語的書籍可賣，於是就沿街叫賣英文版的《善惡之爭》一書。

這些故事所告訴我們上帝可以使用任何人，用任何方式來傳播祂的信息。如果你願意的話，祂也可以使用你。 🔔

11

13日　復臨教會在前進（九）：南美洲

父怎樣差遣了我，我也照樣差遣你們。（約20：21）

許多復臨教會先鋒傳道士沒有得到任何「組織」的支援。而是聖靈催促他們自行籌款前往。南美洲的狀況也是如此。

有趣的是，儘管南美大陸的主要語言是西班牙語和葡萄牙語，首先接受復臨信仰的人群，卻是移民至阿根廷、智利和巴西等國説德語和法語的移民。在很大的程度上，是因為教會缺乏西班牙語和葡萄牙語的材料和傳道士。

最早到達南美洲的基督復臨安息日會信徒是客勞迪歐（Claudio）和安多尼塔‧德斯格內特（Antonieta Dessignet），他們在法國從博多那裏接受復臨信仰，然後，在1885年移民到智利。

差不多在同一時候，在阿根廷不同地區有兩個家庭都藉著從歐洲寄來的期刊發現了復臨信仰。在阿根廷北部，是義大利人皮伐瑞尼斯（Peverinis）夫婦，他們讀到一篇嘲笑《時兆月刊》聲稱世界末日臨近的文章。皮伐瑞尼斯太太從她在義大利的兄弟那裏收到復臨雜誌，藉著讀這些材料，他們漸漸地接受了基督復臨安息日會的信仰。遠在南部，住在一群瑞士－法國浸信會僑民中間的裘利奧（Julio）和伊達‧都佩圖伊斯（Ida Dupertuis），他們也有相類似的經歷。

都佩圖伊斯家庭不僅接受這個新的信仰，而且把它傳給僑民中的另外幾個家庭。大約在1889年，他們和巴特溪的基督復臨安息日會取得聯繫。他們的請求激發了教會領袖們打算在南美洲建立區會。但是從哪裏得到錢呢？這是一個反覆出現的問題。但反覆出現的解決方案總是來自安息日學協會。他們很樂意接受這個任務，把1890年下半年所得的全數，捐給了南美洲的傳道事工。

上帝工作的方法通常是我們所沒有想到過的。祂使用那些謙卑的、沒有受過專業教牧訓練的人，以低調的方式來傳揚祂的真理。這樣的事發生在過去，也會繼續發生在時下的我們身上，只要人們打開他們的心，將生命交託給聖靈。

復臨教會在前進（十）：南美洲　**14**日

上帝怎樣為外邦人開了信道的門。（徒14：27）

昨天，我們談到安息日學協會把1890年下半年所得的捐款，全數捐給南美洲區會的傳道事工。

這裏我們需要稍作停留。我們中的大部分人都參與過安息日學以傳道事工所做的捐助，但是很少有人知道它們是如何開始的。安息日學為傳道事工所作的第一次捐獻發生在1885年，是當復臨教會開始於澳大利亞的時候。但那時為傳道事工所做的捐助並沒有引起太大的熱情，直到1889年和1890年皮特凱恩號專案計畫。這個計畫以後，安息日學就不是像這樣子了。復臨傳道事工的堅定支持者是來自世界各地的，它的第二大支持專案計畫，就是1890年的南美洲傳道事工。從那時開始，安息日學就再也沒有停止過用捐款來鼓勵世界各地的傳道事工。

這帶我們回到復臨教會在南美洲的事工。1890年初，在教會可以派遣傳教士之前，喬治‧瑞福（George Riffel）帶著4個曾經在堪薩斯州務農的德裔俄羅斯人家庭，以自養傳道士的身分來到阿根廷。作為一個初接受復臨信仰的人，瑞福已經把自己的新信仰寫信傳給在那個國家的德裔俄羅斯僑民。有一個人寫了回信給瑞福說，如果有人跟他一起遵守安息日，他就願意遵守。這就已經有足夠理由使瑞福做出這改變生命的搬遷決定。

1891年底，基督復臨安息日會派遣了第一批「正式的」傳教士到達南美洲。他們沒有一個人會說西班牙語或葡萄牙語，所以那三個文字佈道士就賣德文和英文書籍給使用另一種語言的人們。

都佩圖伊斯家庭的呼求、文字佈道士的彙報和瑞福家人的請求，促使了總會在1894年派遣衛斯福（F.H.Westphal）做阿根廷、烏拉圭、巴拉圭和巴西的復臨傳道事工的監督。衛斯福將會在這些國家和智利工作二十餘年。

小小的想法導出了巨大的成果。任何謙卑的平信徒，可以藉著跟其他人分享福音資料，把復臨信仰傳遍全世界。這些是我們都可以參與的事情。🔔

15日　　復臨教會在前進（十一）：印度

你們要去，使萬民作我的門徒。（太28：19）

正如在世界上許多地方一樣，文字佈道士最先來印度傳揚復臨信仰。威廉・蘭克（William Lenker）和施圖比（A.T.Stroup）1893年到達馬德拉斯（Madras），在印度的一些大城市裏，對住在那裏講英語的人賣書。

也正如世界上許多其他地方的情形一樣，蘭克和施圖比不是最早到這個國家的復臨信徒。正當蘭克從倫敦出發往印度的途中，蘭克很高興地得知已經有信徒住在那裏了。他寫道：「我的心非常快樂，得知真理已經在我們之前便已傳到印度，我們的工作以鼓舞人心的兆頭開始。」

我們不知道復臨信仰是如何傳到那裏的。但推測起來，可能是來自美國、歐洲或澳洲等地寄來的小冊子。為了將復臨信仰傳到「各國、各族、各方、各民」（啟14：6），這些無聲的使者所做的工作超過其他方式的總和。

到1894年至少有5位文字佈道士在印度工作，其中3位來自澳洲。書賣得很好，不久，人們要求他們提供泰米爾語以及其他語言的譯本。

第一個正式受聘的基督復臨安息日會員工是喬治雅・布魯斯（Georgia Burgess，後來稱為喬治雅・布吉斯 Georgia Burgess），她是來自加州的一個青年聖經教師，1895年1月到達印度，在這個複雜園地中作教會唯一的正式代表。

總會計畫派遣羅賓遜來帶領這裏的事工，但是，他在英格蘭耽擱了。然而，這並沒有妨礙到無畏的布吉斯小姐，她勇往直前，儘管經費只夠她支付旅費。當她在學孟加拉語的時候，她做一些副業，賺取生活所需。不久，有人從非洲來，給了她經費上的贊助。喬治雅在她的第二個故鄉生活了40年，傳揚復臨信仰。

其他的傳教士於1895年底到達印度，然後，1898年，威廉・施拜瑟（William A.Spicer）（他後來於1922年成為總會會長），抵達印度後，開始創辦《東方守望者》（Oriental Watchman）雜誌。

對於研究復臨傳道事工傳播的人來說，有一件事令人印象深刻。那就是，他們從一開始就是國際化。儘管整個十九世紀教會的事工主要在北美，但我們發現，人員、書籍、和捐款都是來自世界各地，也送往世界各地。復臨傳道事工在今天仍舊是富有活力。🔔

復臨教會在前進（十二）：東亞　　　**16** 日

從東從西，將有許多人來，在天國裏與亞伯拉罕、以撒、雅各一同坐席。

（太8：11）

亞伯蘭‧拉路（Abram La Rue 1822－1903）是復臨教會歷史舞臺上眾多生動活潑的人物中一位極具魅力的人物。他曾在加州和愛達荷州的金礦區聚斂了許多財富，但到了1880年代，逐漸落魄，只好在牧羊人和伐木工人兩種職業間輾轉，就在這期間他接受了復臨信仰。

就在他歸信不久，拉路勇敢且滿懷熱忱，請求總會能派他到中國傳道。但是總會認為他剛入會而且已到退休年齡，便婉謝他的請求，建議他以自養的身分去太平洋的一個海島傳教。

在赫德斯伯學院修了一個學期的課程後，拉路便於1883年或1884年前往火奴魯魯。他在那邊的工作很成功，教會便差遣海利（W.M.Healey）到夏威夷群島，在這些島嶼上組織教會。

1888年，這位充滿活力的先鋒來到香港，建立水手傳道事工，又進行了14年的文字佈道工作。他主要是在萬國港口的許多船隻上工作，但在香港的這些年間，拉路也嘗試往其他地方做佈道之旅，如：上海、日本、婆羅洲、爪哇、錫蘭、沙勞越和新加坡等地，甚至有一次還到了巴勒斯坦和黎巴嫩。不用說，船無論到什麼地方，他都賣書和小冊子。在空餘的時間裏，他安排出版了第一本中文版的福音小冊子。

同時，在加州，拉路早期的福音果子格林格（W.C.Grainger），成了赫德斯伯學院的校長。在良師益友的激勵下，他不久就離開這個職位被派往日本，跟他以前的日裔學生奧克希拉（T.H.Okohira）聯手工作。他成立了外國語言學校，用讀聖經的方式教大學生英語。格林格的這項工作就成了一項結果纍纍的福音佈道模式，因而在遠東這個地區便一直沿用到今天。

拉路故事的其中一個教訓是，上帝可以使用「老」人來傳播祂的信息。好消息是，為主而活的人生不是到退休就結束了。🔔

17日　　對美國黑人的傳道事工（一）

你們因信基督耶穌都是上帝的兒子。（加3：26）

在1890年代，向美國黑人佈道，是拓展傳道事工中的一個獨特的部分。雖然已經有一些黑人參與到米勒耳運動中（包括傅威廉牧師，曾在1842－1844年間做先知的職分），但早期的基督復臨安息日教會大體上是一個白人的運動。事實上，大失望後大約半個世紀，基督復臨安息日會才在北美的黑人中間著手傳道事工，並取得實質性的進展。

根據教會的歷史學家估算，1894年的時候，全美國大約有50個黑人基督復臨安息日會信徒。到1909年，這個數量上升到900人。美國黑人教友人數的增長，很大程度上是由於1890年代有好幾個針對黑人的傳道方案。

1870年代和1880年代，在德克薩斯州、田納西州、喬治亞州和其他一些南部各州的黑人中，零星開展一些工作，1886年，第一個正式的黑人會堂，在田納西州的埃奇菲德章克申（Edgefield Junction）成立。但是「北方佬」白人從北方來到這裏，有點手足無措，不知該如何應付這特有的南方種族問題。他們不僅要面對南部白人對北方人的猜疑（別忘了這些人最近就是因為種族問題，有了一場血腥的內戰），還得面對不知如何處理的黑白族群隔離問題。

他們的工作經常遭受到當地白人的暴力攻擊，那些人擔心這些入侵者會宣傳「危險的」種族平等論。因為這些困難，復臨教會的領袖們最後還是決定像一些社會團體一樣，讓不同的族群分開各自建立會所。我們早些時候已經提到的查利斯·奇尼，是非洲裔美國人中第一位受按立的基督復臨安息日會牧師，他贊同這個決定。當然，奇尼並不認為讓不同種族的會眾完全各自獨立聚會是最理想的，但他深信在白人教堂中，讓黑人都坐在教堂後面的長凳上與白人一起聚會，倒是較佳的解決之道。

主啊，我們每天為世界上不同種族之間的修復關係向祢禱告。如果這在世界上不能達到，求祢使它成就於我們的心上。

對美國黑人的傳道事工（二）　　**18**日

你們受洗歸入基督的都是披戴基督了。（加3：27）

到1891年，懷愛倫對復臨教會缺乏推展美國黑人事工而擔憂。3月21日，她向總會代表大會的代表們報告一篇關於這個話題的「證言」。她特別催促教會要加強南部黑人中的福音事工。她的呼籲很快就印刷成一本16頁厚的小冊子，題為《我們對有色人種的責任》。

她對代表們說：「主在這一切事上已經給我們亮光，在祂的話語中確立了原則，來引導我們解決這些棘手的問題。主耶穌到我們世上來，是為要拯救所有國家的男人和女人。祂死是為有色人種也為白種人而死……祂為有色人種所付上的救恩代價跟為白種人所付上的代價一樣，那些蔑視有色人種，卻宣稱自己已經被羔羊的血所救贖的人……是在誤表耶穌，這表明自私、傳統、偏見已經玷污了這些人……願沒有一個求告主名的人在祂的工作中怯懦。為基督而站立，如同從敞開的大門看見上帝的聖城一樣。」（《南方工作》第9-18頁）

儘管她呼籲主動向南部黑人族群推展復臨傳道事工，但什麼都沒有發生，直到1893年。那一年，愛德生‧懷特「發現了」這件文稿。懷愛倫倖存的大兒子愛德生，前不久正經歷了生命的更新，那時他40多歲。充滿熱情的他，覺得自己應該深入南部，把復臨信仰傳給從前的奴隸們。

很顯然地是受皮特凱恩號的激勵，這個富有創意的愛德生很快就與維爾‧帕曼聯絡上一起合作（Will Palmer，他有懷疑論者的背景，也是剛剛悔改歸主的）建造了一艘「佈道船」，為北美復臨傳道事工譜寫了最激動人心的篇章。

1894年，這兩位不太像傳教的人，花了3700美金，在密西根州阿列幹（Allegan）建造了「晨星號」（Morning Star）。這艘船最後還作為職工的住所。再者，它還用作小教堂、圖書館、印刷所、廚房和攝影實驗室。簡而言之，這就是一個水上佈道站。

上帝使用有諸多問題的愛德生和維爾，這事足使我大吃一驚。這是祂恩典的一個方面。此外，對於那些有孩子，卻還沒有找到真道的父母親來說，這也是希望的燈塔。🔻

19日　　　對美國黑人的傳道事工（三）

並不分猶太人、希臘人，自主的、為奴的，或男或女，因為你們在基督耶穌裏都成為一了。（加3：28）

愛德生‧懷特的佈道船有一個大問題。這艘船距離他要傳講福音的人有好幾百英里，而且它距離大的河流也至少有20英里遠。

但這難不倒有創意十足的愛德生。他把船順著卡拉馬祖河行船，然後航行至密西根湖，橫越密西根湖到芝加哥，藉著連接密西根湖和密西西比河的小河，穿越伊利諾州，然後沿密西西比河順流而下，到達美國南部密西西比州的維克斯堡，在這裏設立大本營。

但懷特還有另一個問題——錢！因為他並不被復臨教會的領袖所信任，他和他的同事只好自養傳道。就像他的父親，愛德生其中一個才幹是籌款。

他用來籌款的其中一個方案，是發行《福音初級讀本》。這是一本很簡單的書，在教導不識字的人閱讀的過程中，向他們介紹聖經真理。他藉著成功推銷這本小冊子，為他們的事工挹注金錢。

從維克斯堡開始，福音事工慢慢向四周的村莊推展，懷特經常會碰見抗拒和暴力。到二十世紀初的時候，他們的事工已經開辦了近50所學校。1895年，愛德生的自養傳道事工發展成為南方傳道社。1901年，這個傳道社歸屬於新成立的南方聯合會。最後這個企業體的出版部門也歸教會所屬，成為南方出版社，總部設在田納西州的納什維爾市。

1890年代中葉，教會也建立了一所訓練黑人職工的培訓學校。1896年，在阿拉巴馬州亨茨維爾一個360英畝的莊園上，總會開辦了奧克伍德工業技術學校。奧克伍德很快就變成黑人領袖的訓練中心，1943年改制為高級學院，2007年改制為一所綜合性大學。

緩慢的美國黑人傳道事工包含著一個很要緊的教訓。我們總是容易熱衷於向海外派遣傳教士，然而卻在此時忽略了向我們的鄰居傳福音。

主啊，求祢幫助，使我們的弟兄姊妹有正確的價值觀，就在我們今天身處的地方，願祢使用我們向人散播祢的愛。

屬靈的婦女（一）

並不分或男或女，因為你們在基督耶穌裏都成為一了。（加3：28）

「她在過去的兩年間所完成的，比這個州的任何一個傳道人所作的都要多……我……贊成發給魯魯‧懷特曼姊妹（Sr.Lulu Wightman）傳道證書，如果懷特曼弟兄也有這方面的恩賜，和他的妻子同工，並且願意做她的助手，我也贊同發給他證書。」這些話是克伯（S.M.Cobb）牧師1897年寫給紐約區會會長的信。

因為一直以來，大多數的復臨傳道人清一色都是男的，太少人意識到教會裏婦女的貢獻，她們也是傳道人或服務於其他正式的崗位上。

懷愛倫的角色，當然是處於建立和發展復臨教會的核心位置。雖然教會從來沒有正式地為她舉行按立之禮，但早在1872年就已經把她列在受按立的傳道人中間，並且相信她的膏立來自於上帝，她似乎也沒有在意要人用雙手為她按立。然而，確定無疑的是，她是基督復臨安息日會有史以來最具影響力的傳道人。

在十九世紀末二十世紀初這段期間，許多婦女擔任正式的傳道人，參與教會服事的工作。撒拉‧林達賽（Sarah Lindsay）是其中最早的一位，她於1872年取得傳道證書。1884年到1904年——最初20年的教會年鑑中列出另外二十餘名婦女為正式的傳道人。

儘管事實上這些婦女有時被歧視，但她們常常為教會做出巨大的貢獻。

比如說，明妮‧西普（Minnie Sype）至少建立了10所教會。在傳福音工作以外，她也主持各種服事工作，比如：施洗、證婚、喪禮等。有一次，她因作為婦女講道而遭受攻擊，明妮回應說，耶穌在復活以後，差派馬利亞去告訴門徒們祂已經復活了。她現在就是沿著馬利亞的腳蹤，去告訴人們，耶穌不僅已經復活了，而且祂還要再來。

上帝要使用男人，也使用女人來傳揚在基督裏得拯救的好消息。這就是關於服事工作的中心。男人和女人共同來服事復活的救主，教會的事工一定會更加興旺。

21 日　　　　　屬靈的婦女（二）

馬利亞，你往我弟兄那裏去，告訴他們說，我要升上去見我的父，也是你們的父，見我的上帝，也是你們的上帝。（約20：16、17）

「昨天，（密蘇里州）議會通過一項決議，決定邀請懷特曼夫人向議員們做題為『美國宗教自由之興起』的演講，我相信密蘇里州立法機構的這項行動，在我們的歷史上是空前的。」

　　這就是傑出的魯魯・懷特曼服事工作影響力的一部分，她是復臨教會最優秀的女性傳道人之一。她的貢獻是至少成立了17所教會。把同時代的男性傳道人遠遠地拋在後面。

　　另一個屬靈的婦女是潔茜・科蒂斯（Jessie Weiss Curtis），在她的第一次福音佈道會結束時，她就為80個悔改歸主的人施洗。賓西法尼亞州的德拉姆斯教會就是在這個基礎上建立起來的。她為區會訓練傳道實習生，大大擴展了她的影響力。這裏出來的其中一個年輕人叫道爾（D.R.Dower），他後來擔任總會傳道協會幹事。

　　再者，在那些持有傳道證書的婦女中，其餘的許多人在各種崗位上服事教會。當然，大部分人任職於那些通常是女性的崗位上，如：教師、護士等等，但也有一些婦女擔任非傳統的職位。她們當中有弗羅拉・帕拉曼（L.Flora Plummer），她於1897年擔任愛荷華區會行政祕書，1900年間的一段時期，擔任代理會長。1901年，她成為新成立的總會安息日學部祕書。1913年，她擔任這個部門的幹事，在這個職位上，她工作了23年。

　　接著還有安娜・賴特（Anna Knight）。她是南部黑人教育事工的先鋒。正因為她超卓非凡，所以也是第一個由美國派往印度的第一位非裔美籍之女性傳道人。

　　另外，十九世紀末二十世紀初，還有很多復臨教會婦女擔任那些由選舉產生的職位，如：區會司庫，區會行政祕書，教育部門負責人，安息日學部負責人等等。此外，還有成千上萬的婦女，雖然未被提及，但她們是許多大教會的重要同工。

　　耶穌交給馬利亞的使命，今天仍舊被人們所傳承。

重新考慮教會組織（一）　　**22**日

上帝的道興旺起來；在耶路撒冷門徒數目加增的甚多，也有許多祭司信從了這道。（徒6：7）

　　一般來說，增長是好事。但是在許多教會裏，有一個傳統的呼求聲，就是反思教會的組織架構，期望這個架構可使教會這身子順利運作。使徒行傳第6章的記載也是如此，更新架構致使教會選出執事。

　　基督復臨安息日會從一開始就經歷了滿有活力的增長。從1863年到1900年的這一段時間，教會空前地向外拓展，其中一個原因在於其組織架構。復臨教會在進入這段時期的時候，只有6個自養教會，30多位傳道職工，都集中在美國的東北部地區。到這段時期結束的時候，遍及世界各地的教會已經有45個地方性的自養教會（Local Conference），42個差會（Mission），1500個傳道職工。

　　除了在自養教會方面的增長，教會在機構方面的發展也是迅速的。1888年到1901年間，主要醫療機構的數量從2間跳升到24間，總共有2000多位職工。到1903年，教會報告有464間從小學到大學的復臨學校，有687名教職員，共有11145名註冊的學生。再者，除了醫療和教育機構，出版社也以從未有過的數量在增長，遍布於世界各地。

　　教會在各方面有著這樣空前的拓展，使得教會的管理到了一個地步，1863年的組織模式已經無法運作。大部分人原本對地方教會以上兩級的架構比較滿意，但是他們很快就發現其中早已存在的問題。

　　其中一點是決策的中央集權化，由少數幾個人組成了總會的一個小執行委員會（先前是不到8個人，到1897年變成13個人）很少有機會碰面。所以，多數的重大決策都落到了總會會長的身上。這也難怪懷雅各和喬治‧巴特勒都會變得有點強權控制傾向。這樣，1863年架構的弊端，使教會陷入了懷愛倫反覆提到的「君王式集權」的問題中。

　　到1900年，幾乎是每一個人都意識到這種狀況需要改變。

23日　重新思考教會組織（二）：會眾制的想法

基督是各人的頭。（林前11：3）

1888年後，關於重組教會的架構，主要發展出兩種模式。1890年代，權威的、最具影響力的神學家——鐘斯，瓦格納，普列斯科特——推行第一種改革模式。他們構想出一個教會管理的神學理論，主要的觀點認為教會不需要一個會長，因為基督已經是教會的頭，祂會引導每一個重生的人。

正如瓦格納所說的，「完美的合一意味絕對的獨立……這個組織的問題是一個很簡單的事情。不過是要求每一個人將自己交託給上帝，然後上帝就與他同工，指教他當做的事情……『要領受聖靈』，聖靈就是組織者。」「如果我們行得正確，」普列斯科特宣稱：「就不需要行政管理人員。」「所有的人都是弟兄」，這是聖經上的理想所在。

對普列斯科特、鐘斯、瓦格納以及他們的同事們來說，這種想法不是無政府狀態，而是真正的聖經觀點。他們在1897年、1899年、1901年和1903年的總會代表大會上竭力推廣他們的觀點。

他們最大的勝利出現在1897年。懷愛倫1896年的一段話（其實他們是對她關於這個主題的一般表述進行斷章取義），啟發了他們。「選一個人作總會會長並非聰明之舉」（《懷氏書信》24a，1896年）。這些改革者就爭辯說，要麼就不要會長（他們所偏愛的觀點），要麼就多幾個會長。1897年，他們推行一個解決方案選3個總會會長——北美、歐洲、澳大利亞各一個會長。

實際上，事情並沒有照改革者們所期望的成就。但他們的態度很堅決，他們打算在1901年和1903年的大會上大勢提倡。

但以理最後成了總會的會長，他調侃鐘斯和瓦格納在教會組織上的觀點，在天上或許行得通，但地上卻不行。懷愛倫一定會詫異那兩個人怎麼會把她的原話扭曲成這樣。

主啊，當我們思考教會組織的目的，把它跟祢在地上教會的使命聯繫起來的時候，求祢幫助我們。

重新思考教會組織（三）：南非的實驗　**24**日

這天國的福音要傳遍天下，對萬民作見證，然後末期才來到。（太24：14）

1890年代，在地方區會浮現出來的第二種組織改革的途徑，關注實實在在的需要而不是神學理論。但也並不是說不需要神學思想指導，而是說不以此為中心。這種模式的神學理論基礎是末世論。既然，復臨信徒需要在基督第二次復臨之前，將三天使信息傳給全世界，那麼這第二種模式就是聚焦於跟末世目標相關聯的教會使命上。

這種改革首先出現在羅賓遜領導下，於1892年新成立的南非區會。他的主要問題在於缺乏人手。他無法給這些於巴特溪發展出來的，各自獨立的附屬機構配置人員。比如說，他能找到人來領導出版社、文字佈道協會、教育協會、安息日學協會、醫療保健協會、總會行政協會、以及海外傳道委員會嗎？

羅賓遜的解決方案是基於當地的需要。他不會成立獨立的組織，而是在區會的系統內分幾個部門。

總會會長奧森和懷特對這個建議感到擔憂，總會也寫信給羅賓遜叫他不要立即成立各個部門。

但太遲了。因為在那個時候要通過郵船送信才能溝通，需要花很長的時間，當總會的指示到達，羅賓遜已經建立了各個部門並且發現還很管用。

1890年代末，羅賓遜調職到澳大利亞，在那裏他得以把自己的想法推銷給但以理和懷特。很快地，他們轉而把這個想法帶到1901年的總會代表大會，作為機構改組的其中一種計畫。

新的觀念往往來自於前進的過程中。機構和規章對組織的穩定性來說是非常有必要的，但即興創新的才能是延續活力的關鍵。

天父啊，求祢幫助，使我們在規則和創新之間尋得平衡，不管是在我們日常的生活中還是在我們的教會中。

會見亞瑟·但以理

我只有一件事，就是忘記背後，努力面前的。（腓3：13）

在上帝的工作中，如果說我完成了什麼值得做的事情，那是因為在幼年的時候，我就注目那標竿……蒙上帝的恩典，我從來不許任何東西分散我的注意力，或轉移我的眼目離開那標竿。」亞瑟·但以理在他長壽而又結果纍纍的人生終了的時候寫了這些話。他是一個卓越的領袖，因為他不僅知道那標竿而且堅持不懈地追求它。

但以理生於1858年，其父死於美國內戰。10歲的時候，他接受了復臨信仰。正如所有的年輕人，他同樣面臨令人生畏的問題，如何度過自己的人生？就讀巴特溪學院一年以後，他便去公立學校當老師，期間接到了請他去做傳道人的呼召。

這並不是他所要追求的東西。他覺得自己沒有準備好，但是，就像歷世以來許多的人一樣，亞瑟無法逃脫這個堅定的信念。

1878年，但以理在德克薩斯州開始他的傳道職任，在那裏他擔任懷雅各和懷愛倫的祕書1年。1886年，正當在做傳道事工的時候，他收到了一封信，要求他前往紐西蘭和澳大利亞，便在那裏擔任堂主任14年之久。期間，但以理跟懷特及其母親密切同工。他和維利詳細規劃教會組織架構，然後在1901年提出教會組織再造。

1901年，他被選為總會會長，但以理在這個職位上工作了21年，是在任時間最長的會長。復臨教會在他的領導下迅速增長，其中一部分原因是1901／1903年採納了更多有效的組織方案。

後來，他建立了總會傳道協會，藉此，影響當代青年傳道人在他們的生活和事奉中看重基督並祂的救恩。他的書《基督我們的義》再度使1888年關乎救恩的論題流行起來，也成了復臨教會的經典著作。

但以理是一個有人生目標的人。他追隨保羅和耶穌的腳蹤行。

我需要成為這樣的人。

主啊，今天和每一天，求祢幫助，使我「向著標竿直跑，要得上帝在基督耶穌裏從上面召我來得的獎賞。」

編者注：作者將「重新思考教會組織（四）」放在11月26日。

重新思考教會組織（四）：澳大利亞的實驗　**26**日

身體只有一個，聖靈只有一個，正如你們蒙召同有一個指望。一主，一信，一洗，一神，就是眾人的父。（弗4：4-6）

我們如何使世界性的教會，既保持合一又運作有效率？這不太容易，卻是一個很重要的問題。

　　這個迅速拓展的教會在1890年代所面臨的主要困難在於溝通。為了合一，教會規程要求一切區會層次以上的事務決策，必須由在巴特溪的總會來裁決。

　　1913年，但以理談到決策溝通的時間延遲問題。困難在於，信件每一趟最快也要花4個星期的時間，而且常常會遇到總會執行委員會的委員出差。他指出，「我記得我們常常要等上3到4個月才能得到我們問題的回覆。」有時甚至等到的是五、六行詢問，說總會的領袖們完全不清楚問題的狀況，需要提供更多的信息。所以或許要「到6個或9個月後，事情才能解決」。關於這一點，當但以理說「我們發現我們的工作常常受到阻礙」時，他的聽眾們可以明瞭這話的含意。

　　懷愛倫對1861／1863年的組織架構和中央集權的方式有許多意見。她在區會工作了多年之後，意識到「在巴特溪的這班人，並沒有比那些身處當地的人們，更能有靈感來做出對教會準確無誤的判斷，上帝已經把這些工作委託給當地人來做了」（《懷氏書信》第88頁，1896年）。

　　但如何使權力下放，同時又保持合一是一個大挑戰。問題的答案是設立聯合會，它「首創」於1890年代中期的澳大利亞。大洋洲聯合會由那個區域內的幾個區會組成，扮演總會和地方區會之間的仲介單位。在這個區域內有執行權，既可做出區域性的決策同時又保持合一。

　　當澳大利亞的教會領袖設想出聯合會模式的時候，羅賓遜也已經從南非到達澳大利亞，帶來分部門系統的理念。澳大利亞此後不久也採用了它。

　　我們之中的大部分人可能都沒怎麼想過全球教會機構的運作問題。或許我們需要思考。甚至在這樣「世俗化」的領域，我們也可以看見上帝引導之手。🔖

27_日 重新思考教會組織（五）：1901年總會代表大會

耶和華藉先知領以色列從埃及上來；以色列也藉先知而得保存。（何12：13）

有些事情看起來幾乎是不可能成就的。其中一件就是在1901年重組復臨教會的管理架構。總會的領袖們已經為此爭論了十多年了，但什麼事情也沒完成。

這種狀況將在但以理主持的一次教會領袖會議上開始得到改變，那是1901年4月1日，在巴特溪學院的圖書館，但以理告訴與會人員，前一天晚上，他們中的一些人已經開過一次會，但大家希望能開放這個討論，讓更多的人來參與商討，並且允許「懷姊妹……來參加，或許她有什麼亮光要來跟我們分享。」

然而，懷愛倫並不想接管這個會議。她告訴但以理，「我想還是希望你來主持，如果我覺得有什麼可以説的，我就起來説。」但以理回答，他和同事們不願意就改組的問題繼續談下去，直到大家聽到她的意見。

懷師母反駁説：「我覺得今天不説話更好一點……不是因為我沒有什麼可説的，而是因為我有話要説。」然後她作了為時一個半小時，在她一生事奉過程中最具影響力之一的發言。

她用「新血液」和一個「全新的組織」來描述，稱要擴大教會行政管理的基礎。反對把權力集中在少數人的手中，她清楚表示那些「君王式的統治權力」和一些領袖的「小寶座」之風必須消除。她敦促「教會需要革新，刻不容緩。如果這次會議又擱置這個論題，正如前面幾次會議所做的，延續同樣的操控，同樣的作風，同樣的程序──上帝不允許！弟兄們，上帝不允許。」（《懷愛倫文稿》43a，1901年）

第二天，是總會代表大會的開幕大會，她起來發言，堅決要求進行教會組織架構改組，儘管「她也説不清當如何進行改組」（《總會公告》第25頁，1901年）。按她的意思説，她的責任是敦促教會要改革，代表們的責任是要規劃出一個新的組織架構方案。

這裏我們看見一些關於懷愛倫有趣的先知角色。在這個實例中，她發揮一個火星塞的作用，推動事情發展。沒有她在1901年的點火功能，教會可能就不會堅定不移地做出要改組的決定。預言的恩賜是上帝帶領祂子民的一種方式。

重新思考教會組織（六）：1901年總會代表大會 **28** 日

我們在這裏本沒有常存的城，乃是尋求那將來的城。（來13：14）

世界非我們的家。這話所潛在的含意加上傳道事工的需要，促成了1901年總會代表大會的勝利。

會長艾爾文在大會開始的時候，認可懷愛倫呼籲進行改革的益處，但他只是籠統地提一下而已。

然後但以理主持會議並提議「安排、處理各區會事務的一般規則和程序應該暫停」，他們需要成立一個總委員會，對教會架構改組的方案以及其他一些相關問題提出建議。他的提議獲得通過。

大會任命但以理擔任教會架構改組委員會的主席。他和懷愛倫成了教會架構改組事工的主要代言人，儘管鐘斯和瓦格納聯盟試圖讓改組方案偏向他們的想法。

當但以理說教會架構改組的時候，他的意思是要重組行政架構以便更有利於對外宣教事工。在1901年總會代表大會的第二天，他更清楚地闡述自己的觀點，告訴代表們，除非我們有明確的作為，否則，「把這信息傳遍全球將花上一千年」。

1901年總會代表大會得出了復臨教會歷史上最偉大的一些變革。有關教會組織最重要的結論有五點：（1）成立聯合會（Union Conferences 和 Union Missions）管轄各地方區會（Local conferences 和 Missions），由此，分散總會領袖們的行政權力；（2）中止大部分的附屬機構，採納部門制；（3）總會執行委員會成員增加到25人；（4）大部分事業機構的所有權和管理權由總會移交給聯合會；（5）總會將不設會長職位，只設執行委員會主席職位，但委員會有權隨時撤換主席。

基於但以理和懷愛倫的傳道事工經歷，教會進行了巨大的變革。領導階層有了重要改變。上帝仍舊藉著團體，又藉著個人的工作來引導祂的教會。

11

29 日 重新思考教會組織（七）：1903年總會代表大會

你們中間的爭戰鬥毆是從哪裏來的呢？（雅4：1）

這真是好問題！

其答案無一例外，是因為人類的墮落本性。我們想要用我們自己的方式去行，並保護自己的勢力範圍。

無論何人，不管在什麼地方，無論在他們家庭生活還是職業生涯中，都是這樣的。當個人「認定的使命」取代上帝所吩咐的福音使命的時候，這樣的衝突也會在教會裏面突顯出來。

1901年大會結束後，兩個組織架構上的問題依舊存在。第一個問題是約翰·克洛格醫生控制之下的強大醫療機構，仍舊在總會組織系統的範圍之外。第二個就是關於會長職務的問題。

到1902年，一個主要的權力鬥爭發生在但以理——總會執行委員會「主席」，和克洛格之間。起因在於，但以理推行財政責任制，克洛格醫生則計畫擴充他的醫療大業，希望在資金投入上不受限制。

這個難題的解決方案在克洛格看來是明確的，他控制著執行委員會三分之一的選票，並且他還可以影響其他人。克洛格推翻但以理，讓鐘斯接替其位，因他贊同克洛格的觀點。

這劇烈的衝突在1902年11月撼動整個教會。問題在於：誰能以什麼樣的理由控制教會？我們應該感恩，因為但以理贏得了這場雙方的爭執，這將決定基督復臨安息日會在二十世紀發展的目標。

其間，為了法律上的關係，但以理只好重新啟用「會長」的職稱。

這些衝突為1903年總會代表大會打下了基礎。這次的大會使醫療事工成了教會的一個部門，恢復會長職位，但也導致了一次分裂。

在教會的歷史中有很多時候，傳道事工成了「我」和「我的計畫」。這就是和平與靈性之死。魔鬼總是在我們的周圍，慫恿我們強求個人的意願。我們都發現自己常常坐在我們的小寶座上，試圖成為眾人的中心。

主啊，當我們為祢工作的時候，求祢幫助我們察驗自己的動機，救我們脫離「以自我為中心」。

1901／1903年改組的前景

我必使樹木多結果子。（結36：30）

全球傳道事工飛速向前發展，問題重重的舊教會架構已經無法適應新環境，改組是為了使教會全球傳道事工更多產、更高效。

但我們需要知道，1901／1903年的組織架構不是一個全新的模式。它仍舊保留1861／1863年模式的基本框架，只是為了符合教會發展的需要而稍作調整。

然而，調整不是一些代表們在1901／1903年的理想。鐘斯／瓦格納集團企圖的是徹底改變。但最後，他們重整教會的強烈主張失敗了，其中有諸多原因。最大的原因是他們的模式缺乏聖經的教導，從某種意義上說，他們聚焦於個別教友而沒有為教會合一留有任何餘地。從理論上，我們可以說，如果人已重生的話，他應該可以跟其他的人和諧工作；但聖經裏的描述，卻反映出人性的不完全和罪的複雜性，比這些復臨教會改革者所想像的還嚴重。

那些「改革者」還習慣性地把懷愛倫的話，從其上下文和歷史的背景中斷章取義，使這些引言竟跟她的原意相反。比如說，她對「會長」這個稱呼就沒有異議，平常也使用它的，但引用者卻誤導他人。

但以理的模式則更務實，並且跟懷雅各設計1861／1863年組織的觀念相一致。他們兩個人都是為尋求一個有效率的組織，可以幫助完成教會的使命，在盡可能短的時間內將復臨教會信息傳到地極，以便迎接基督再來。

提高傳道事工的效率，這是基督復臨安息日會組織架構歷史中的關鍵點。大多數1903年大會的代表們都同意他們的最後結論，威爾考克斯（M.C.Wilcox）總結出很重要的一點，他指出，教會的組織不應是僵化沒有彈性的。它應該秉持開放的態度以滿足傳道事工的基本需要。

天父啊，謝謝祢賜我們一個教會的組織，使我們得以用合一的方式走向全世界。我們期盼耶穌再來，勝過渴慕世上任何東西。

重新改造巴比倫

因為耶和華在那裏變亂天下人的言語，使眾人分散在全地上，所以那城名叫巴別。（創11：9）

1903年以後，鐘斯持續不斷攻擊但以理、懷愛倫、以及教會的組織架構。對他來說，宗教自由就是不要教會組織機構。

1907年但以理注意到鐘斯和一班人圖謀「在各教會中播散不滿的種子，煽動不滿的情緒，待機挑唆他們脫離教會組織」。

至於總會，鐘斯預言道：「總會遭遇到如此徹底的衝擊和瓦解，所以，它將不會留下什麼。」

懷愛倫意識到在鐘斯和他的同伴們正傾力於朝著會眾制度方向前進，他們是努力帶領基督復臨安息日會，回到她和懷雅各在1850年代竭力將教會帶出來的混亂巴比倫當中去。她在1907年1月寫道：「哦，正當百姓知道周密組織是必要的，而且將要發揮極大的功用去反駁誤謬聲言的時候，這時撒但如果能成功進入這群百姓中間，又攪亂他們的工作，他必定多麼高興啊……我們應當堅定不移地持守這個路線，使這個用智慧精心建造起來的組織系統和秩序不受到任何的損壞……有些人提出這樣的思想，認為當我們臨近末時，上帝兒女的行動將會獨立於任何宗教組織。但是我蒙上帝的指示，沒有這樣的事。」（《給傳道人的證言》第489頁）

1909年，當教會不得不開除鐘斯時，她說，「欺哄的靈」鼓吹「無序的精神」。她肯定人有獨立判斷的權利，但又堅定地宣告「上帝已經膏立來自世界各地祂教會的代表們，當他們聚集在總會的時候，上帝就賜給他們權柄。」（《教會證言》第九卷第257、259－261頁）於是她毫不含糊地支持但以理，儘管她常警告他過度運用個人操控。她的理想是在多樣式中保持合一。

現在你知道為什麼這是很重要的，因為在復臨教會制度中，不時地提出施行會眾制的要求遭到拒絕。改革是一回事，但是導向分裂的變革卻是另外一回事。

災難和迷惑

我在急難中求告耶和華，向我的上帝呼求。他從殿中聽了我的聲音；我的呼求入了他的耳中。（撒下22：7）

在二十世紀最初的幾年期間，復臨教會遭遇到極大的危難。在這危難中他們切切求告耶和華。

世紀的危難開始於1902年2月18日著名的巴特溪療養院，被一場大火燒為灰燼。這已經是夠糟的事了，但隨後的12月30日，第二場大火吞噬了《評閱宣報》出版社大樓和總會的辦公室。

接下來所面臨的問題是，教會的這些機構是要就地重建，還是搬到別處？克洛格醫生執意就地重建一個更大更好的療養院，儘管教會的領袖反對這樣鋪張的行為，尤其是當時因為迅速拓展全球的福音事工，教會經濟瀕臨困頓的情況。經濟來源和由誰來掌控這件事情成為爭執的焦點，故此變成了他們二人分出勝負的一場爭論。

經濟和權力並不是使他們分裂的全部原因。另一個原因是，當時克洛格醫生在神學上偏離正道，他接受泛神論的觀點，認為上帝只是在自然之內的一種力量，而不是超越自然之上的。這樣，克洛格在他的《活的殿宇》（Living Temple）一書中寫到：「樹裏面存在著一種力量，它創造、維持這棵樹，樹的創造者住在樹裏面，花的創造者住在花裏面。」

並不是唯獨克洛格一個人擁有泛神論的觀點。1888年的精英人物瓦格納在1897年的總會代表大會上教導說，基督「以一棵樹或一株草的形式出現。」並且在1899年的大會上，瓦格納宣告，「一個人可以在洗澡時得著義，如果他知道這個水是從哪裏來的話。」

克洛格及同伴跟但以理團隊之間的論爭持續了好多年。懷愛倫多次嘗試使他們和好，但到1903年，她在公開場合和著述中愈來愈支持但以理。最後，克洛格離開了基督復臨安息日會，1907年，他被巴特溪教會除名，同時也帶走了鐘斯、瓦格納及其他一些人。

艱難困苦常常會臨到上帝子民的身上。問題是，我們各人在這樣的時期裏，應當注目什麼。我們唯一的保障是耶穌和祂的教導。🔵

從廢墟中出來（一）

眾民當重新得力，都要近前來才可以說話，我們可以彼此辯論。（賽41：1）

在二十世紀初期，更新和重建是復臨信徒所當思考最重要的事。不僅是因為一場災難性大火燒毀了巴特溪療養院；也不僅是因為教會失去了克洛格、鐘斯、瓦格納和其他的一些人；也是因為在這過程中，克洛格已經從教會手中奪取重建後的巴特溪療養院和教會醫學院（美國醫療佈道大學）的產權。

這時他們所要做的不僅是重建，而且是要在一個新的地方重建。二十世紀初，復臨信徒們不斷遷居到巴特溪，這造成了一個很突出的問題。他們不是分散在各地，在不同的地方見證他們的信仰；大量的復臨信徒卻湧向聚居到城市中；在他們之中流言蜚語充斥，在許多方面上妨礙了復臨教會事工的開展。

再者，全球復臨教會的權力已經過度集中在巴特溪。那裏不但有最大的、最有影響力的機構，它也是全球總會的所在地。少數一班人坐在圓桌旁「統管」全球各地的復臨教會。簡單地說，到1900年，巴特溪已經成為了復臨教會的心臟地帶，就像猶太人心目中的耶路撒冷；摩門教徒心目中的鹽湖城一樣。然而，新的世紀，卻看見了復臨教會「聖城」的決裂。

自從1890年代初以來，懷愛倫極力推動這個進程。然而，沒有得到太多的回應。第一批發起遷離城市的機構領導人，要算薩瑟蘭和梅根了，他們在1901年把巴特溪學院遷到密西根州的貝林斯普林斯。

1902年燒毀了《評閱宣報》出版社的大火，為出版社和全球總會的總部從城裏搬遷出來提供了必要的推動力。

要遷移到哪裏成為了眾人關注的主要議題。一開始，他們認為紐約也許是一個合適的地方，然而，到了1903年，大家認為華盛頓特區更好。

信徒們湧入他們心目中的「總部中心」，但是，這已偏離了總會一開始要對外作見證的宗旨。或許，我們有責任遷居到一些地方，將福音傳給我們的鄰舍。請仔細認真想一想。

從廢墟中出來（二） **4**日

耶和華說：「我必使你痊癒，醫好你的傷痕。」（耶30：17）

醫治是一件美妙的事，不管是對人的身體還是對教會這身子。事實上，痊癒的身體往往比先前的更強壯。喬遷新所的全球總會也是如此，它遠離了克洛格、鐘斯的影響，遠離了他們大唱反調的教導和製造分裂的行為。

在接下來的幾年裏，在華盛頓特區內，教會建立了新的事工運作中心。教會的領袖不僅在哥倫比亞特區建立了全球總會的總部和《評閱宣報》出版社，並且在離這裏不遠的馬里蘭州塔科瑪公園，建立了華盛頓療養院和華盛頓培訓學院。1907年，後者更名為「華盛頓海外宣教神學院」（Washington Foreign Missionary Seminary）。這樣，新的總部很快就打造出一系列富有代表性的復臨教會機構。

華盛頓特區和塔科瑪公園作為全球總會所在地將近九十年。1982、1983年，《評閱宣報》出版社遷移到馬里蘭州的哈格斯鎮。1989年，全球總會的辦公室遷移到了馬里蘭州的銀泉市（Sliver Spring）。療養院和大學仍然在原來的地方，現在療養院更名為「華盛頓復臨醫院」，後者成為「哥倫比亞聯合大學」。

從巴特溪分離出來，給復臨醫療事工帶來巨大的改變，此時，強權的克洛格失勢了。

首先，新復臨醫療事工由新一代的復臨療養院組成。醫療事工的焦點從密西根轉移到南加州。

早在克洛格問題深化為危機之前，懷愛倫在1902年就已經指出要轉移到加州。她寫道，上帝「已經為我們預備道路，我們只需花很少的錢就可獲取地產，其上有建築物，可以用來開展聖工。」（《懷氏書信》第153頁，1902年）懷愛倫建議教會不要追求「龐大的機構」（《教會證言》第七卷96頁），而是在不同的地方建立一些小一點的療養院。

不管我們的傷害有多深，我們所事奉的上帝都能夠醫治。

主啊，感謝祢賜給我們這樣的恩典。

5日

上帝仍然引導（一）

又如鷹攪動巢窩，在雛鷹以上兩翅搧展，接取雛鷹，背在兩翼之上。這樣，耶和華獨自引導他。（申32：11、12）

上帝的引導。

有時，我們會認為以上所提的經文是古代的歷史。其實並不是這樣。其中一則令人注目關於上帝神聖引導的故事，發生在二十世紀初，就是在克洛格奪去巴特溪療養院和美國醫療佈道大學後，教會要重建醫療分支機構。

即使在失去之前，早在1902年夏天，懷愛倫催促教會要向加州拓展醫療事工。9月5日她寫信給總會會長說，「主不斷地將南加州擺在我的眼前，指示我們必須在那裏建立醫療機構。每年有成千上萬的遊客造訪這個地區。療養院必須建立在加州的這個區域。」（《懷氏書信》第138頁，1902年）

三個月之後，她寫道：「一連幾個月主給我指示，祂已經為我們預備道路，我們只需花很少的錢就可獲取地產，其上有建築物，可以用來開展聖工。」（《懷氏書信》第153頁，1902年）

毫無疑問，懷愛倫認為復臨教會必須有「小一點的療養院分布在各個不同的地方」，「帶領那些病弱的人群到南加州的健康療養地。」但要記著，「我們療養院的建立，只是為了一個目的──傳揚現代真理」（《教會證言》第七卷第98、97頁）。

這些都是好主意。但是他們從哪裏得到這些錢呢？一方面，教會因為近十年來全球事工的拓展，經濟上瀕臨破產。1900年底，總會的帳戶裏只剩下32.93美金。不僅如此，即使這32.93美金也是借來的錢。幾年來，全球總會一直在財政赤字中勉強餬口，艱難度日。這還是巴特溪療養院被大火燒毀之前的狀況。

在這瀕臨破產卻又急需重建的時期，到哪兒能籌得資金？

這是一個很普遍的問題，在人那裏找不著答案。如果沒有上帝的引領，就沒有懷愛倫所熱衷的新一代療養院。

但上帝能夠做人力無法做到的事。

上帝仍然引導（二）

在你一切所行的事上都要認定他，他必指引你的路。（箴3：6）

　　昨天，我們講到懷愛倫和她「不可能」的夢，就是想在南加州獲取幾處地產。那正是買地產的最佳時機。在十九世紀末，就已經有人在這個區域建造了一些美麗的療養院。可是，後來遭遇了長時間的乾旱。因為沒有水，療養院開始倒閉。這些倒閉卻正好給復臨教會開了一扇門。然而，即使價格低廉，對沒有錢的人而言，也算是財務非常困難。

　　他們真的得設法籌集到一些錢。教會購得的第一處地產是「聖法南爾多學院」（San Fernando College），在1902年，價錢是10,000美金，不到原有價格的四分之一。

　　第二處是天堂谷（Paradise Valley）一個停業的療養院，靠近聖地牙哥城，有一幢三層樓的建築，占地20英畝。開發商在這個房地產上投資了很多錢，因為遇到艱難時期，這幢大樓在那裏閒置了十多年。當懷愛倫第一次造訪天堂谷時，她相信復臨教會必定會買下這塊地。

　　主建築的價格是25,000美金，但現在，業主們願意以12,000美金的價格出售整個地產。但是，當地的復臨信徒從哪裏籌到錢呢？他們不能指望全球總會。只有1,100位信徒的南加州區會，尚且負有40,000美金的債務，並且最近剛剛買了聖地牙哥的地產。這個數目在今天看來，不過是一筆小錢，但在當時卻是一筆巨款。區會根本沒有辦法籌集到12,000美金。

　　後來，儘管這個地價跌到了8,000美金，接著又跌到6,000美金，對他們來說，仍舊沒有希望。當價格跌到4,000美金時，懷愛倫就以個人的名義，按8%的利息向銀行貸款2,000美金，又請一位好友提供2,000美金，就發電報購買這塊地產。

　　南加州教會的醫療事工終於朝前邁出了第一步。當然，這第一步還算是容易的。

　　上帝是如何引領祂的教會呢？

　　簡而言之，是上帝引導人們看見祂所賜的異象，知道哪些事可以成就。祂開了這扇門，至於是否要走進那扇門裏，決定權就在我們自己手中。

上帝仍然引導（三）

他……領我。（詩23：2）

購買了天堂谷療養院後不久，上帝又指示懷愛倫，要在洛杉機附近建立一所復臨教會的療養院。去尋找一塊地產倒是件容易的事。約翰・勃登牧師（John A. Burden）很快就發現了一處像城堡一樣有75個房間的葛蘭戴爾飯店（Glendale hotel）。1886年時，人們花了60,000美金建成，現在售價26,000美金。勃登相信如果他出價15,000美金被接受的話，那就是上帝許可買這塊地的記號。當業主告訴勃登願意以12,000美金出售時，他所有的懷疑全都消除了。

但是復臨信徒遇到了同樣的老問題：去哪裏拿這些錢呢？這個小小的區會剛剛買了聖法南爾多和天堂谷的地產，已經沒有任何資金，幾乎是傾家蕩產了。20美金的定金也是勃登自掏腰包，當然是不夠的。區會甚至也付不出頭期款的1,000美金現金，再說區會全體成員也已經決定不再購買。

在這種令人沮喪的狀況下，勃登和區會會長用自己的積蓄墊付了頭期款。就在那個時候，懷愛倫來信詢問為什麼購買的事被拖延了。會長就把這封信讀給區會的全體成員們聽。這封信拆毀了阻攔的牆，他們誓言要籌到足夠的錢去購買葛蘭戴爾。

購買天堂谷和葛蘭戴爾的地產，就在懷愛倫異象和信徒奉獻的結合下完成了。但真正的試煉還在後頭。

教會在1904年已經購買了這兩處地產。但是懷師母仍斷言說，上帝還為教會預備了另一個地方。回溯至1901年10月，她就已經宣稱，上帝在一個異象中很清楚地顯示給她看南加州的一所療養院地產，由「一座有人居住的建築」和「栽種著一些果樹的療養院用地」組成。她在異象中看得如此真確，好像自己曾經在那裏居住過似的（《懷愛倫文稿》第152頁，1901年）。

然而，她並不知道這地產的確切地理位置。

上帝有祂自己的時間表。祂知道什麼時候該有某些合適的事情，來快速推進祂在地上的聖工。但祂要求我們配合祂的時間表，這樣，祂便會用我們所意想不到的方式，來使用我們。

上帝仍然引導（四）

他卻領出自己的民如羊，在曠野引他們如羊群。（詩78：52）

昨天，我們提到懷愛倫在1901年已經在異象中，看見南加州第三所療養院的場所，教會需要擁有它。但她並不知道這塊地的具體位置。葛蘭戴爾或天堂谷的購買都不符合這個異象的條件。

不久，復臨信徒發現一個叫羅馬林達（Loma Linda）的地方。這塊地產的主人花了150,000美金買到這塊地，但由於財務吃緊，他以110,000美金在市場上出售，後來又跌到85,000美金。但是對一個連1,000美金都拿不出來的區會來說，這跟十億美金沒有什麼差別。畢竟，最近他們剛購買了三大塊地產，聖法南爾多、天堂谷和葛蘭戴爾。

我們不難想像，在購買了兩所療養院僅僅幾個月後，當懷師母再次提出來要購買第三處療養院地產，區會職員們所表現出的困惑。難道她真是這樣沒完沒了嗎？但她仍然堅定不移，深信購買羅馬林達地產是上帝的旨意。

好消息是這塊地的主人很快把價格降到了40,000美金。但即使這樣，也不能給這班沒有錢的人帶來什麼幫助。

不幸的是，時間不可能停留在那裏。他們必須馬上以現金付定金，否則就失去羅馬林達這塊地。儘管還沒有看過羅馬林達，懷愛倫卻還是發電報給約翰·勃登，讓他立刻去付定金。

他去支付了，但區會很明確的對他說，他們不可能對此負責任。這位好長老雖然意識到他可能會失去這1,000美金的定金，但他還是決定聽從懷愛倫的建議，而不是區會的命令。持定懷愛倫的異象，認為購買羅馬林達是上帝的旨意，他就憑信心邁出了這一步。

胸懷大志不是我們當中許多人與生俱來的特性。然而透過復臨信徒的歷史，我們看見這些大膽的想法推動了教會往前發展。

主啊，求祢幫助，使我們能有遠大的思想，能夠摸著祢的心意，使我們有份於祢激勵人心的工作。

上帝仍然引導（五）

我是耶和華——你的上帝，教訓你，使你得益處，引導你所當行的路。

（賽48：17）

到1905年年中，南加州的復臨教會的財政已經觸及底線。然而在購買了三處主要的地產之後，現在，懷愛倫還催促要購買第四處。

購買羅馬林達地產的首付款是5,000美金（限於6月15日前支付），然後，在7月26日、8月26日、12月31日每次支付5,000美金。剩下的20,000美金在三年之內付清。但如你所知道的，他們眼前並沒有錢。這個時候的真信心就要建立在「未見之事」上了（來11:1）——除了在異象中所見的。

同時，懷愛倫在6月12日第一次參觀了羅馬林達。「威利，」她走出了所乘的四輪馬車叫道，「我以前來過這裏。」

「沒有，媽媽，」他回答，「你從來沒有到過這裏。」

「這就是主所顯給我看的地方，」她說，「所有的都是這樣熟悉。」

她心裏沒有任何懷疑。看著教會的負責人們正在對地產進行考查，她宣告，「我們必須擁有這個地方。」一隊人考查了建築和周圍的場地，懷愛倫反覆說，「這就是主所顯給我看的地方。」當她和勃登進入活動大樓時，她預言說，「這棟建築將對我們有極大的價值。這裏將要建一所學校……巴特溪療養院已經不存在。上帝將會在這裏重新建立醫療事工。」（參見A. L. White，《Ellen. G. White》，第六卷，18頁）

但話語和異象並不是現金。他們必須在這三天之內籌集第一筆5,000美金，否則他們會失去買這房子的權利及勃登已經支付的1,000美金定金。

這裏有一個等待懦弱者處理的問題。當我們的手頭越來越緊時，我們該如何對生活做出回應？三天之內必須支付，可是眼前又沒有錢。最現實的事情是放棄並且說我們已經盡最大的努力了。還有另一條則是信心的路。有時候我們說，「禱告能搖動全能者的膀臂。」確實是這樣。羅馬林達事件就顯明這一點，正如我們在後面幾天的內容裏所看見的。同樣的事也能實現在我們的個人生活中。我們的天父總是鼓勵和報償人的信心。

上帝仍然引導（六）

〔他〕引你經過那大而可怕的曠野，那裏有火蛇、蠍子、乾旱無水之地。

（申8：15）

上帝依舊帶領祂的子民經過艱難險阻。他們只有兩種選擇：要麼與祂同行，要麼回到屬靈埃及地「安逸」的生活中。

加州復臨教會的領袖們只有三天時間來籌集5,000美金，去購買羅馬林達，他們看不見希望，所見的只是眼前的經濟危機。

但是他們還有一個可能性。幾個星期之前，勃登和歐文牧師（R.S.Owen）聽到有個人可能有些錢。於是他們搭乘火車到他家附近的車站，然後，走了一英里半的路，可是沒有人在家。

他們回到了火車站，等搭車回家。由於某種原因他們沒有及時搭到車，火車快速地從他們眼前飛速而過。離下趟火車到來還需兩個小時的時間，他們再次回到了小屋那裏，只見屋裏透出燈光來。

當勃登向小屋的主人解釋了情況後，「讚美主！」這位農場主人大聲叫了起來，「我已經向主禱告好久，求主賜給我一位買主來買我的土地，然後我可以離開這個城市，奉獻我的錢財去推動祂的聖工。幾天前，有個人來買了我的地，現在這個錢還存在銀行裏。撒但常常來試探我，讓我把這錢拿去再做地產投資，但是我知道主要用它，來購買你們要的那處地產。」於是，他奉獻了2,400美金給這兩位驚訝不已的牧師。

在6月15日最後期限之前，勃登從一位名叫貝克（Baker）的婦女那裏貸到款項，她也得到過同樣的異象。勃登問她：「你願意冒險投資你的1,000美金嗎？」她說：「是的，我願意。」

他提醒道：「你有可能會失去這1,000美金的。」

「沒關係，我願意承受這個風險。」她說。

接著，勃登再一次來找歐文商量，歐文說：「我沒有錢，但我可以抵押我的房子。」湊上歐文的貸款，在截止日期那天，他們終於有了第一筆的5,000美金。

到目前為止一切都還好。但接下來的一筆5,000美金需要在五個星期內付清，現在他們對獲取更多的錢真的是缺乏遠景。

很多時候，生活的艱難比我們預期的還要多。但我們的狀況艱難，並不意味著上帝沒有與我們同在。

11 日　　　　上帝仍然引導（七）

你也要記念耶和華——你的上帝在曠野引導你這四十年，是要苦煉你，試驗你，要知道你心內如何，肯守他的誡命不肯。（申8：2）

羅馬林達地產第二次付款的日期很快逼近，復臨教會的領袖們在苦苦地掙扎著。事實上，日期已經臨到，但他們的眼前依舊看不見希望。

那天上午，區會的領袖們聚集一處，一籌莫展。勃登牧師回憶道，在這節骨眼「按人的本性，很容易會指責或非難那些雖有好的理由和正確的判斷，但執意去做的人。」

但是勃登和其他人不會忘記購買這個地產的抉擇是藉著懷愛倫傳遞給他們的。「讓我們等上午的郵件到了再說吧，」有人這樣的建議。

郵差很快就來了。他們打開一封來自新澤西州大西洋城的信，竟發現了一張5,000美金的匯票——恰好是他們要支付的數額。

「不用說，」勃登告訴我們，「那些原本指責的人，他們的感受立刻就改變了，熱淚盈眶。指責別人最厲害的那位，第一個打破了沉默，用顫抖的聲音說，『看來主真的介入這件事情中。』」

祂當然在這件事情中。他們立刻付了第二筆的5,000美金——又一次剛好是在付款的截止日。

現在，他們面臨的是在31天內付清第三筆5,000美金的挑戰。他們再一次嘗試著籌集資金，但沒有成功。但就在8月26日的前幾天，在俄勒岡州有一個人聽說了這個專案，就寫信來說他剛剛賣了一些財產，可以提供4,500美金。這第三筆款又及時解決了。

現在，這個球滾起來了。他們有三個月的時間籌集最後的一筆5,000美金，但如果他們能立即付款的話，就可以得到100美金的折扣。這足以激勵信徒們在帳棚大會上為12月份款項進行奉獻，結果他們在8月付款期限後的沒幾天裏，就把12月份的款項也付清了。

天父啊，當事情沒有照著我認定的方式進行時，我總是那麼容易去指責別人。賜給我耐心的恩典去解決事情；賜給我饒恕的恩典去看待別人用其他方式解決問題。

上帝仍然引導（八）

耶和華必在你前面行；他必與你同在，必不撇下你，也不丟棄你。不要懼怕，也不要驚惶。（申31：8）

羅馬林達地產的前期付款解決了，最後只剩下20,000美金的餘款，還有三年時間的寬限期。先前的地主提出，如果復臨教會能立刻付清餘下的款項，他願意提供1,000美金的折扣，區會的領袖們便積極籌款了。

最後一筆款的推動力來自一位教外人士，她在療養院還沒有準備就緒時就已經住進來了。雖然有諸多不便，但員工還是盡最大的努力使她感到舒服。「第二天，她在外面的院子裏，」勃登寫道，「我們注意到她看上去很孤獨，就想辦法逗她開心。當我們談到這個地方很漂亮時，她說：『我正在想，如果能居住在這樣的地方，將有多快樂。我孤單一人。丈夫死了，我很孤獨，常想自己也死了算了。』」

「我們建議她可以把這裏當作自己的家。她問，需要多少錢。看著我們所說的數目，她說：『真巧！我剛好有這些錢，』於是，我們一起去了辦公室，就這樣簽定了她的終身養老合約。」

這數字當然離所需要的19,000美金還差很多，但是這意料之外的祝福給了他們不小的激勵。很快他們發現有一位教友願意借給他們15,000美金三年之久。

現今，神蹟依舊隨著我們。在不到6個月的時間裏，教會就籌集到了40,000美金，即購買羅馬林達地產的款項。「懷愛倫的證言被進一步證實了」，勃登津津樂道，「主為我們開道路，使我們靠著信心往前走，上帝透過我們從未料想的管道將錢賜給我們。所有的一切都使我們確信，上帝真真實實地在推動事工向前發展。」

正如同所預言的那樣，羅馬林達後來發展成為全面的醫科大學，從那裏畢業的學生帶著醫療保健和耶穌的愛，成為全世界的祝福。

上帝依舊帶領著祂自己的教會，儘管它並不完美，儘管教會成員和領袖們在如何推進聖工上常有不同意見。無論如何，主依舊引導。

12
13 日　　　　　　　　懷愛倫去世

為這緣故，我也受這些苦難。然而我不以為恥；因為知道我所信的是誰，也深信他能保全我所交付他的，直到那日。（提後1：12）

我們在今年早些時候提到，貝約瑟、懷雅各、和懷愛倫是基督復臨安息日會的發起人。貝約瑟和懷雅各相繼在1872年、1881年去世，而懷愛倫繼續帶領教會直到1915年。儘管在教會裏，她從來沒有擔任過任何行政職務，但她卻擁有神所賜的極大權柄。她的著作和證言無論對復臨教會的個人，或整個復臨教會都有著特殊的意義。

1915年7月16日，「這位經常深情地述說耶穌的白髮嬌小老婦人」（一位非復臨信徒鄰居的話）逝世了，享年87歲。她的家人和朋友聽到她最後的遺言：「我深知所信的是誰」（《懷氏傳略》第449頁）。他的兒子維利說，她離世時，「就像一根燒盡的蠟燭，那樣的安詳平靜。」

她離世的時候那樣安詳，但她的人生卻一直充滿活力而且卓有成效。她晚年的時候還特別活躍，1909年她到華盛頓參加她人生中最後一次的全球總會代表大會。會後她拜訪了自己的家鄉緬因州的波特蘭，那裏是她六十五年前做先知事奉開始的地方。那時她到美國東部最後一次旅行，儘管她年事已高，但這5個月的旅程裏，她在27個不同的地方，講了72堂道。

回到南加州後，她在餘下的年日裏專心修訂她的一些著作，比如：《使徒行述》（1911年）；《傳道良助》（1915年）；《懷氏傳略》（1915年）；《善惡之爭》最後的修訂版（1911年），和《先知與君王》（1917年出版，在她去世後）。

1915年2月13日上午，懷愛倫在「榆樹天堂」（Elmshaven）的家中摔倒。X光顯示她的左臀部骨折。她人生最後五個月的光陰，就是在床上和輪椅上度過的。7月24日她被埋葬在密西根州巴特溪橡樹丘公墓，她丈夫的旁邊。肩並肩地，他們等待耶穌再來時的復活——這是他們生前用畢生的精力所傳揚的信息。

我的盼望是將來在空中與主相遇時，能見到他們。

聖工的空前拓展：1900—1950（一）　　**14**日

種在園子裏，長大成樹。（路13：19）

基督復臨安息日會的開端，正如同眾所周知的芥菜種一樣。一旦扎下根來就長得飛快！在1890年代，基督復臨安息日會已經遍布全球。新世紀初，復臨教會加強了組織機構，開始迎接爆發式的增長。

這成功的其中一部分原因在於二十世紀前30年裏，兩位以聖工為導向的教會領袖，分別擔任了總會最高的兩個行政職位。亞瑟‧但以理（Arthar G. Daniells）從1901年到1922年擔任全球總會會長，在接下來的四年裏擔任全球總會行政祕書。同時，威廉‧施拜瑟（William A. Spicer）從1903年到1922年擔任全球總會行政祕書，並且從1922到1930擔任全球總會會長。

當然，總會會長在制定整個事工方向上舉足輕重。而行政祕書之職，在海外宣教事工上扮演極其重要的角色，從1903年開始，行政祕書辦公室接管了海外宣教事工委員會的職責。

施拜瑟和但以理不僅富有領導才能，並且他們在傳揚三天使信息給「各國、各族、各方、各民」（啟14：6）的事工上竭誠獻身。

我們無法形容復臨教會在對外宣教事工上做出調整的重大意義。1880年教會有8個海外區會。1890年還是保持同樣數量，到了1900年就有了42個，1910年就增長到87個區會，後來在1920年和1930年分別增加到153個和270個區會。這種擴展的動力，開始把基督復臨安息日會從一個北美的區域性教會轉變為全球性的運動。1890年代是宣教事工發展關鍵的十年。此前教會事工的增長速度緩慢，但自從90年代開始這個數目就迅速增長。這種持續不斷的增長，因此不僅改變了教會的地域範圍，同時也改變了復臨教會自身的性質。

基督復臨安息日會的先賢們，如果看見1930年教會的狀況，他們將會是何等驚訝啊。但是這種大改變才剛剛開始。1930年的領袖們如果能看見現在教會的光景，也一定認不出來了。可以想像，今天的領袖們如果能夠預見2030年的狀況，肯定也會有同樣的震驚。基督復臨安息日會是一個前進的教會。

15日　聖工的空前拓展：1900－1950（二）

這樹栽於肥田多水的旁邊，好生枝子，結果子，成為佳美的葡萄樹。

（結17：8）

到了1900年，教會的快速增長已經成為復臨教會的發展模式。她的根基已經紮穩，枝條也已長成，她開始在全球結實纍纍。

1890年在北美復臨教會已經有255位傳福音的工作人員，和27,031位復臨信徒；北美地區之外有5位工作人員，2,680位信徒。到了1910年，統計顯示北美即有2,326位傳福音的工作人員，和66,294位信徒，而在非北美地區就有2,020位工作人員，服務38,232位列冊的信徒。二十年以後，北美發展到了2,509位工作人員，120,560位信徒；海外則有8,479位工作人員和193,693位信徒。到了1950年，北美傳福音的工作人員達到5,588位，信徒250,939位；非北美人數數字分別是12,371和505,773人。

這些令人吃驚的數字不僅僅顯示了教會的快速增長，也表明北美以外信徒比例的變更。在二十年代中期，教會得出一點結論：亦即出生地在北美洲大陸以外的信徒，比出生地在北美洲之內的信徒還多。所以教會不僅是去向全世界佈道，她自身也已經開始國際化了，並且這個進程仍在繼續中。

一些國際化的跡象在1900年就已經明朗起來。其中一個是以本身為總部之基礎，向外派送海外宣教士。這種做法在十九世紀就已經開始，但以理有意識地嘗試更進一步在一些國家發展復臨教會事工，比如：德國、英國、澳大利亞等，為的是使這些國家的教會發展成為更強的分部，以便再向外擴展事工。

二十世紀的頭幾十年，見證了德國教會在康拉第（L.R.Conradi）的領導下，先賢們在中東和非洲東部開拓。同時，澳大利亞的傳教士們，也迅速傳播復臨教會信息到南太平洋的大部分地區。在英國的復臨教會，隨著英國原本已有的全球性屬地和強烈的宣教傳統，很快地把復臨信息播撒在世界各地。隨著世紀的進展，越來越多已開發國家和開發中國家的事工成為自養的區會，能夠發揮類似總部的功用，對外拓展宣教事工。

上帝仍然一步步地帶領祂的百姓。

聖工的空前拓展：1900 — 1950（三）　**16**日

吩咐以色列人往前走。（出14：15）

以色列子民在上帝的帶領，若沒有信念，就永遠不可能進入迦南地，這種信念給了他們勇氣踏入紅海。同樣，向全世界傳揚三天使信息的吩咐，加上對預言使命和對上帝授權的信心，讓早期的復臨信徒有勇氣與熱情，為祂成就了看似不可能的事。並且他們做到了！

或者我們可以這樣說，是上帝透過他們成就了這一切。但我們要注意，上帝並非不是藉著他們而單獨完成的。上帝不僅讓他們為傳福音工作獻上他們的一生，而且讓他們繳納十分之一及佈道捐獻，點燃教會歷史上最為主動的對外宣教事工。這是每個信徒都能參與的事工。

他們將部分奉獻款用在新的大眾傳媒佈道事工上，加速將復臨信息傳到地極。在約書亞・海姆茲的大眾傳播媒體佈道事工之基礎上，理查（H.M.S.Richards）預想到使用收音機的可行性。1930年，他開始了「空中會幕」（The Tabernacle of the Air）節目，後來更名為「預言之聲」（The Voice of Prophecy），它成了最早進入國家廣播領域的宗教節目之一。

當電視還是新鮮事物，尚未被通信媒體廣泛嘗試之時，威廉・斐吉爾（William Fagel）的節目「當代信仰」（Faith for Today），在1950年5月開始首播，接著很快就有了喬治・範德曼（George Vandeman）的節目「經上記著說」（It Is Written）。

說多種語言的復臨信徒，擴大了教會在全球範圍內開展媒體的佈道事工。此外，從1971年起，復臨全球廣播開始在世界不同地區建立大功率的廣播電臺，其意乃是要將三天使的信息傳遍全球為目標。在1990年代末期，隨著網際網路及全球衛星電視通信網路的發展，使原本有限的定位系統，衍生為成千上萬個定位系統，教會的佈道策略也開始進入這些領域。

的確，第一位天使「飛在空中，有永遠的福音要傳給住在地上的人」（啟14：6）。神蹟時代尚未結束。

17日　到達成熟時期（一）

我們應當……竭力進到完全的地步。（來6：1）

不僅個人需要成長與發展，教會也是如此。我們花了一年的時間檢視復臨基本信仰的誕生，如果把她比作一個人，那麼她在童年時代探索聖經中的教義，而這教義使她鍛鍊她的肌骨，等到她青春期羽翼漸豐，便開始向世界拓展。

復臨教會繼續向前發展了幾十年，到1950年代，1960年代，已經達到成熟的水準。其中的一個跡象就是教會的國際化程度比過去更名符其實。這就意味著，來自美國、歐洲、英國、澳大利亞、紐西蘭和南非的「外國傳教士」，不再控制復臨教會新傳道地區的工作。教會幾乎在每一個領域廣泛的傳教事工上，興起當地的教會領袖。

今天，基督復臨安息日會按地界劃分的行政管理，都由當地人領導當地的事工，其層級上至分會。也就是說亞洲人管理亞洲的教會；非洲人管理非洲的教會；拉丁美洲人管理南美及中美洲的教會。每個分會的會長也是總會的副會長。

此外，來自世界一些地方的人，在幾年前還依賴北美的領導，現在已經擔任總會核心管理階層的最重要職務。

這種國際化的思維跟1950年代，1960年代的「傳教士」的心態相差很遠。事實上，傳教士的真正含意已經改變了。在多年以前作為傳教士，意味著歐洲人或北美洲人去某些古老的非基督教國家或非新教國家宣教。現在，這個名詞只表示在祖國以外的地區事奉。現在，「傳教士」的傳教事工也已經變為雙向交流，不僅是從美國去非洲，也可以指來自非洲的傳教士去美國服事。「從任何地方來到任何地方去」比先前「傳教士」一詞，更充分地反映當前復臨教會佈道事工的狀況。全球的教會都在增長。

在教會的成熟發展過程中，我們的禱告是不要忘記往哪裏去。

到達成熟時期（二）　　18日

撒在好地上的，就是人聽道明白了，後來結實，有一百倍的，有六十倍的，有三十倍的。（太13：23）

基督復臨安息日會幾乎在全球各地，尋見了結果子最多的土地。昔日以北美教會為主的狀況，已經一去不復返了。實際上，到2007年，只有百分之八的全球復臨信徒居住在北美。這塊最先差派傳教士往國外的母會，現今在尺寸上比起它的孩子們如同小矮人一般。目前，在全球將近1600萬的信徒中，超過500萬信徒在非洲；超過500萬信徒在中美洲和南美洲；超過250萬在東亞和印度。相形之下，北美分會最近才剛剛達到她的100萬信徒。

當世界各地疾速增長時，復臨教會的狀況繼續在變化。其中一個高漲的趨勢最近出現在印度，其南亞分會的信徒人數從1999年的290,209到2005年底衝到超過100萬。

信徒人數只是全球復臨教會動向的一個指標。一瞥全球總會的統計報告：截至2006年1月，全球有661個聯合會和區會，121,565所會堂，5,362所小學，1,462所中學，106所學院和綜合性大學，30家食品廠，167家醫院和療養院，159所養老院和孤兒院，449間診所和藥房，10個媒體中心，和65家出版社。大大小小的機構總共約有203,508位員工。教會的出版刊物使用361種語言，並且在口頭溝通上使用885種語言。

這一切傾向並沒有減緩。相反地，增長在加快。如果一直持續下去的話，照現有的增長速度，全球信徒數量有望在2013年增長到2000萬，在2025年和2030年之間將會增長到4000萬。

我們希望不是這樣。別忘了，上帝從不指望復臨教會增長成為有很多機構的大教會。相反地，祂並不希望任何基督復臨安息日會信徒只待在地上。祂渴望我們進入天上的國。這是我們的目標——所有的事工和犧牲都是為著這個目標。好消息是，在過去的年日裏，上帝對祂子民的帶領遠超過他們所想像的。並且上帝還要繼續這樣的帶領，只要我們不要忘記我們是誰，和為什麼我們會在這裏。

19日　全部的含意

日後，你的兒子問你說：「這是什麼意思？」你就說：「耶和華用大能的手將我們從埃及為奴之家領出來。」（出13：14）

這節經文是什麼意思？那是猶太人過逾越節時間的問題，他們吃奇特的飯，還把血塗在門框和門楣上。上帝關心的是祂古老的子民不要忘記祂過去對他們的帶領。

同一位上帝在掌管著今天。而且「面對未來，我們一無所懼」，除非我們「忘記上帝過去的引領和教導」（《懷氏傳略》第196頁）。

我們已經花了將近一年的時間默想歷史。到目前為止，我們看到復臨教會起源於威廉·米勒耳的復臨運動，在後1844年時期努力尋找自身的定位，1850年代到1870年代舒展其稚嫩的筋骨，在1888年信息中改變及重新定位，到二十世紀走向成熟。

毫不誇張地說，這個教派從早期以來，一直不被人們所認可。事實上，過去60年中，教會在多方面上的改變，是1940年代的領袖們幾乎無法想像的。毫無疑問，教會在未來的幾十年間還會改變——甚至可能變化更大。

起初只是沒有組織機構的少數分散的信徒，復臨教會如今發展成為擁有1600萬信徒的世界性教會，而且，還呈現加速增長的趨勢。

開始只是受輕視的少數派，如今在一些國家它是領先超群的，甚至是有影響力的教派，儘管在多數國家，它還是或很可能都是少數派。

可是我們存在的理由是什麼？答案顯然不是創立一個強而有力的教派，在社會上出名，為其成員提供一個舒適的交誼場所。這都是好事，但還不夠。基督復臨安息日會存在的原因，是為人們預備一個更好的世界，在基督復臨之前向世界傳講上帝末後的信息。

在這一年的最後幾天裏，我們要默想基督復臨安息日會歷史的含意，包括這兩個問題：「其餘的米勒耳信徒後來怎麼樣了？」以及「為什麼」基督復臨安息日會成功了，而其他教派卻失敗了呢？

上帝的子民，還需要問出埃及記中的這個「為什麼」問題。

那些米勒耳信徒怎麼樣了？（一） **20**日

堅固你們的心，因為主來的日子近了。（雅5：8）

我們已經花了將近一年的時間，回顧上帝對復臨運動的帶領。我們看見了基督復臨安息日會從一無所有，擴展至全球1600萬信徒。從開始到成熟的道路不是直接邁進的，也不是毫無困難的。但是，真道被逐步顯示出來，並傳給「各國、各族、各方、各民」（啟14：16）。

這一切意味著什麼？從基督復臨安息日會的歷史，我們能得到什麼教訓？這些教訓對這個運動的未來意味著什麼？在回顧復臨教會歷史旅程的最後這幾天中，讓我們一起來聚焦這些問題。

我們要做的第一件事，就是來看一下後米勒耳運動所產生的那些教派。我們在幾個月前已經提到，從1844年到1848年之間，衍生出三個不同的群體。第一個是屬靈主義信徒（Spiritualizers），他們放棄聖經樸實的解釋，而追求靈意解經，儘管有些話是很實際的。這樣，他們聲稱1844年10月22日，從屬靈含意上講，基督已進入他們的心裏。

第二個教派是奧爾巴尼復臨信徒（Albany Adventists），成立於1845年，他們把自己與狂熱的屬靈主義信徒區別開來。這一群體的支持者最後放棄了米勒耳預言中的堅定信仰。

第三個教派是守安息日信徒（Sabbatarians），繼續持定樸實含意的基督復臨（不同於屬靈主義信徒），而且堅持米勒耳對預言解釋的原則（不同於奧爾巴尼復臨信徒）。因此，守安息日的復臨信徒，逐漸把自己看作為大失望前復臨運動唯一真正的繼承者。

從1844到1866年之間，從米勒耳運動三個分支產生了六個教派。奧爾巴尼信徒分出四個教派：美國福音會（American Evangelical Conference）（1858年），復臨基督教會（Advent Christian）（1860），上帝教會（Church of God,俄勒岡，伊利諾州）（1850年代），及生命與復臨聯合會（Life and Advent Union）（1863年）。守安息日的復臨信徒形成兩個教派：「基督復臨安息日會」（1861－1863年）和「上帝的教會」（第七日）（1866年）。

由於屬靈主義復臨信徒的分歧性，極端的個人主義特性，缺少組織而無法形成穩固的團體。最後這群被其他「學說」或更穩定的復臨派群體所吸收，還有一些信徒則再走回頭消失在社會的大文化背景中。

剩下的這些教派怎麼樣了呢？為什麼會這樣？這些問題直接影響了對基督復臨安息日會歷史歷程的看法。

21 日　　那些米勒耳信徒怎麼樣了？（二）

將來要向那等候他的人第二次顯現，並與罪無關，乃是為拯救他們。

（來9：28）

由於無法取得信徒之精確統計，比較可信的估計是，在1860年代初，福音會和復臨基督教會的信徒數量占絕大多數。並且復臨教會不斷地從美國福音會中吸引信徒。這個教派相對比較成功的一個原因在於，他們有自己獨特的教義使他們得以立足。他們的教義——死後沒有知覺和惡人最終被毀滅，給他們的身分定位提供了焦點，最後超越了他們對基督復臨教義的強調。

另一方面，只有前千禧年基督復臨的教義，將美國福音會從普通的基督徒群體中區別出來。但是，美國內戰後的幾十年間，有相當一部分保守的新教徒，也接受了前千禧年理論，因此福音會復臨信徒就幾乎沒有理由，繼續作為獨立的教派而存在。到二十世紀初，這個曾經在1860年代早期是後米勒耳時代中最大的團體就消失了。

在1860年，第一次粗略統計結果顯示，大約有54,000名復臨信徒，其中約有3000人是遵守安息日的。但是在1890年，美國政府的人口統計中顯示，復臨信徒教派中人數組成有極大的轉變。一度為少數守第七日的復臨信徒這時在人數上佔優勢，在美國信徒的數量達到了28,991人。一般的復臨信徒人數其次，為25,816人。其他四個教派的人數介於647人到2,872人之間。

一個世紀後，六個復臨教派中只有四個教派仍然存在。二十一世紀初，基督復臨安息日會在美國有超過100萬的信徒，在全球有超過1,500萬的信徒。而一般的復臨教派在美國只有25,277人，在北美洲之外幾乎沒有信徒。其他兩個存留的復臨教派，只有3,860人和9,700人。

這樣，到2006年，守第七日的復臨信徒主導了整個後米勒耳信徒的世界。正如復臨基督教會的歷史學家克萊德・希維特（Clyde Hewitt）指出，「米勒耳信徒旁系中最小的已成為最大的團體。」

現在，讓我們再一次回到這個問題：是什麼在推動著守第七日的復臨信徒去完成它的使命，而其他的復臨教派卻缺乏這種推動力呢？🔍

「為什麼」會成功（一）

地生五穀是出於自然的：先發苗，後長穗，再後穗上結成飽滿的子粒。

（可4：28）

為什麼有些事物蓬勃發展，而有些卻日漸衰退？為什麼在不起眼的安息日運動中不受歡迎的教義，不僅生存下來而且興旺發展？

這個問題可能沒有確切的答案，但歷史資料提供了若干個答案。然而，在探究它們之前，我們必須看另一個緊密關聯的問題：為什麼米勒耳運動能夠成功。這兩個運動都經歷了成功，看樣子有大致相同的緣由。

許多非復臨信徒的學者同樣也有這樣的問題，「為什麼」這些運動能發展，尤其是米勒耳運動。有人或許會歸功於天時，說這個運動是在恰當的時機興起的。因為自然的災害（諸如天氣的變化）以及經濟／社會危機（諸如1837年的經濟大蕭條）提供了一個環境，促使人們在重壓和焦慮時去尋找解決的方法。總之，當人們的種種努力無法達到預期的結果時，米勒耳的信息給世界帶來了希望。也就是說，形勢越糟糕，對人類來說，關於千禧年的信息就越受關注。我們發現，同樣的真實情況也出現在基督復臨安息日會的歷史中，在第一次世界大戰期間和二十世紀其他艱難時期，福音事工的發展不斷高漲。

一些非復臨信徒學者，認為米勒耳運動成功的第二個原因，在於它信仰的正統性——就是它的教義要點，與當時其他教派的教義要點基本上是一致的。米勒耳運動的一個「非正統」教義，就是前千禧年復臨的觀點。但是該運動具有絕大多數正統的信仰觀點，使得人們幾乎忽略了它具有一些非正統的觀點。

米勒耳運動成功的第三個原因，就是它興起於一個信仰復興運動的時代，這個時代提供了改變人心的方法，期盼千禧年的氛圍，指明運動的方向，鼓舞著人們滿懷信心地迎接復興和新世界的到來。

這些外在因素的確給米勒耳運動和基督復臨安息日會，提供興盛的土壤，但是更重要的是內在因素（我們將在接下來幾天裏仔細考查），驅使米勒耳運動和基督復臨安息日會，在各自的使命上大獲成功。

我想補充的是，這些內外的因素，不僅激勵了教會付諸行動，也激勵了每一個信徒。它們對我們二十一世紀生活有著深遠的意義。🔊

編者注：作者將「那些米勒耳信徒怎麼樣了？（三）」放到12月30日。

「為什麼」會成功（二）

〔上帝的國度〕好像一粒芥菜種，種在地裏的時候，雖比地上的百種都小，但種上以後，就長起來……又長出大枝來，甚至天上的飛鳥可以宿在它的蔭下。（可4：31、32）

促使一個運動成功的要素之一，是它對界內和界外的人都很重要。這裏有一點要注意的，就是一些千禧年團體有一個問題。要知道，末日運動傾向於吸引兩種類型人的注意。一方面，我們看見理性主義者解開聖經預言，詳述末日事件發生的情景。另一方面它也招聚了感性主義者，吸引他們因著對末日預言充滿期待而興奮不已，這種人常常陷入狂熱的，無理性的極端主義。

當理性的力量不足以遏制無理性主義和感性主義氾濫的時候，一個運動就瓦解了。正是這個原因，導致復臨運動中的屬靈主義信徒失敗了。更直接地說，一旦這狂熱的思潮主導了運動，運動就會失控而迷失方向了。

米勒耳運動的一個強項，就是它理性地發展了它的核心教義。這個要素促使信徒按照教義的邏輯趨向它的理想。然而，米勒耳運動在其巔峰時期，也為宗教感性主義提供了空間，但那個感性主義穩定地受限在一個理性的範圍內。這樣的結合給運動提供了活力和穩定，大大增強了它的吸引力。

第七日的復臨運動也擁有同樣的平衡，儘管曾一時偏離純正理性的標竿很遠。當然，米勒耳運動和第七日的復臨運動都有他們激烈和熱情的成分，但是他們成功的穩定性，主要歸因於他們有能力把理性的信仰分享給人們。因此，他們把目標放在改變人心使之接受真理。

我不得不承認作為一個成年後才信主的人，從一個理由充分的不可知論者，改變信仰成為基督復臨安息日會信徒，有一件事極大地吸引了我，就是復臨教會的信息在這個混亂的世界裏有其重要的意義。19歲時，我發現教會在主要教義的邏輯和連貫性令人信服。它們不僅言之有物，並且它們結合成為一個整體——在慈愛上帝裏有希望，祂要結束罪所帶來的混亂，而祂所採取的方式與祂的品德相符合。🙍

「為什麼」會成功（三） **24** 日

你們卻要在我們主——救主耶穌基督的恩典和知識上有長進。（彼後3：18）

另一個使米勒耳信徒和基督復臨安息日信徒在佈道事工上成功的因素，是他們對真理的看法，包括內容或教義。這樣，米勒耳信徒有他們認為是重要的聖經解釋，可以給每一個信徒自己去研究其中的含意——前千禧年基督復臨的教義。因此，米勒耳運動不僅涉及教會教規的部分——它還有著跟其他教派不同的地方。它有一個需要傳播的信息。許多人對這信息作出回應。

正如前面所提到的，美國福音會復臨信徒之所以消失的原因是，一旦有相當一部分的美國新教徒接受前千禧年論，它就失去了教義上的獨特性。從那以後，美國福音會復臨信徒就沒有存在的理由了。在另一方面，復臨信徒接受有條件的永生的教義，作為它主要的信仰特色，有了一個區別於其他教派的理由，使它保留了下來。

不同的是，基督復臨安息日會逐漸發展出非傳統的教義，他們認為跟世人分享這些特殊教義為自己的使命。就像一隻逆風而飛的風箏，所以，這裏有一個動態的宗教運動，其活力是獨特或甚至是對立的觀點所激發出來的。與眾不同，使得個人或社會團體擁有定位感和目的感。

克萊德・希維特（Clyde Hewltt）試圖解釋基督復臨安息日會得以成長與一般復臨教派停滯不前的原因時，他指出，「基督復臨安息日信徒的信仰特色和獨特的風格，雖然導致許多傳統基督徒帶著猜疑的眼光來看待他們，但正因為是這些特色和風格，使得忠心的教友們願意堅決地維護使他們大為成功的聲譽。」在另一方面，基督復臨安息日信徒（像米勒耳主義一樣）在一些最核心的教義上持定純正的信仰，使他們在其餘的基督徒得有發言的機會。

與眾不同是可以的（但不是「怪異」）。只要其主要的不同是基於正確的原則——聖經和其他的一些原則。復臨教會的強項之一，就是它所強調的生活方式和致力於教義的實踐，這使它成為與他人有所區隔的一項獨特之運動。它代表著符合聖經的、真實的、值得為之而生的真理。為那些探尋生命最令人困惑問題的人提供答案，正是復臨教會信息吸引人的原因。

「為什麼」會成功（四）

並要從百姓中揀選有才能的人，就是敬上帝、誠實無妄、恨不義之財的人，派他們作千夫長、百夫長、五十夫長、十夫長，管理百姓。（出18：21）

如果沒有組織，以色列的後裔就進不了迦南地。事實上，若沒有良好的組織架構，沒有一個重要任務可以完成。

使基督復臨安息日會傳道事工成功的第三個因素，是有一個良好的組織架構，足以推進福音事工和處理傳遞信息時所遇到的挑戰。

缺乏充分的組織是屬靈主義復臨信徒為什麼消滅的原因，它也導致兩個上帝復臨教會（Church of God Adventist）缺乏增長。如果沒有強有力的組織，他們就不能整合資源用於聖工或保持合一，其結果就是代價極高的分裂。

就是在採用組織架構這一點上，一般的復臨信徒和守安息日的復臨信徒分道揚鑣了。基督復臨安息日會是所有復臨教派中唯一在當地會所之上，將重要的職權放在教會各個層級的教派。克萊德·希維特總是抱怨復臨教派的境況，說它缺乏一個「強有力的中央集權組織架構」，以致大大影響了教會的拓展。希維特指出，基於他們會眾制的模式，復臨教派沒有能力調動大家統一協調工作。他在1990年建議，如果有一個適當的組織，復臨教派將一定會是「一個增長的而不是死的教派。」

不同的是，仔細研究基督復臨安息日會的組織架構，無論是1861年到1863年的組織或1901年到1903年間的架構，都顯示教會組織架構是根據對外宣教事工的需要所精心設計的。

末世代教會的大使命，就是將啟示錄第14章第6至12節三天使的信息傳到「各國、各族、各方、各民」，這就需要一個足以完成此項任務的組織架構。

復臨教會的使命不是只局限於當地教會或社區，而是要向全世界。我們要感謝上帝賜給我們與使命相合的組織。也許我們並不總以此感恩。但聖經的原理和復臨教會的歷史告訴我們，這一切的出現並不是偶然。

「為什麼」會成功（五）　　26日

我又看見另有一位天使飛在空中，有永遠的福音要傳給住在地上的人，就是各國、各族、各方、各民。（啟14：6）

促使米勒耳主義迅速傳播的最後一個，也是最重要的因素，就是對預言的使命感，並由此所產生的緊迫感。

米勒耳運動是被使命所激發的運動。一種強烈的個人責任感，驅使米勒耳、約書亞‧海姆茲和他們的同工們，去警告世界那速速臨到的末日和逼近的審判。海姆茲特意把這個信息放在《夜半呼聲》創刊號的社論裏。他寫道：「我們工作的重要性無法用言語形容。這是一個使命，也是一份事業，從來沒有什麼東西能夠這樣喚醒和激勵人們……這是一記警鐘，一則口號，是從那些新教的宗派中發出來的，就像一個守望者站在世界的城牆之上，世界的末日即將到來──所有被這信仰感化的人，聯合起來，大聲疾呼，『看哪，新郎已經來了，出去迎接祂！』」

在這萬分火急的境況下，我們必須把目光專注於對但以理書和啟示錄預言的解釋。米勒耳信徒全心相信他們所持的信息，每一個人都「必須聽到」。這種信念和與之相隨的完全獻身的精神，推動米勒耳信徒不知疲倦地投身到他們的使命中去。

立足於同樣預言的異象，也成了基督復臨安息日會使命的主要推動力。從他們的前身開始，守安息日的復臨信徒從來就沒有把自己僅僅當做一個教派。相反地，他們相信他們的運動和信息是預言的應驗。他們視自己是預言中的那班人，帶著上帝末後的信息，在主來收割大地之前把這信息傳遍整個世界（啟14：14－20）。

正是因為喪失了這樣的信念，當代的一般復臨教派，正逐漸被奪去了其真正的價值和意義。異象受侵蝕使教會放慢了增長的腳步，最終導致一般的復臨教派從一個充滿活力的運動推手，變為這個運動的紀念碑，甚至還可能淪為運動紀念碑的博物館。

27日 「為什麼」會成功（六）

他大聲說：「應當敬畏上帝，將榮耀歸給他！因他施行審判的時候已經到了。」（啟14：7）

這不只是另一個教派！它是一個預言性的運動！

這是一個深邃的理念。米勒耳的基本預言解讀已經正確地推動了這兩方面的認識。從守安息日信徒的角度看，其他復臨運動團體已經迷失了方向，最後失去了他們的使命，因為他們否定米勒耳解釋預言的原則。

這種否定指向兩個不同的方向。一方面，使他們拒絕了聖經經文即為清楚明白的解釋。他們相信基督已經來到，便銷蝕了屬靈主義信徒的使命動力，因為，如果基督已經來了，那他們還需要做什麼事工呢？

在另一方面，奧爾巴尼復臨信徒狂傲地拒絕了已經交付給米勒耳信徒的使命，當他們離棄米勒耳解釋預言的原則，也就拒絕了米勒耳關於但以理和啟示錄中時間預言的解釋。一旦失去對這種歷史流程預言的肯定，他們就失去堅定的信念和使命的緊迫感。最後他們不得不尋找其他的教義來顯明其存在的理由，比如有條件的永生。這或許已經為他們教派的存在提供足夠的空間。但是，奧爾巴尼信徒卻放棄了，不再成為積極推進米勒耳運動的主要動力。

不同的是，守安息日信徒們正是將他們的運動，建立在這個主要動力之上。他們不僅保持米勒耳解釋預言思維的框架，而且在這個思路上進一步擴展，來解釋他們在大失望和基督復臨之前這段時期的意義。這種延伸解釋的核心，是基督在天上聖所裏的工作，和啟示錄第14章中逐步向前推進的三位天使信息。

慈愛的天父啊，求祢幫助我們去思想復臨教會的過去和將來，使我們認識末世預言對現今復臨信徒的重要性。我們意識到，在二十一世紀，重新認識末世論的切身性和重要性，是充滿活力的復臨教會唯一的希望。

「為什麼」會成功（七）

他大聲說：「應當敬拜那創造天地海和眾水泉源的。」（啟14：7）

守　安息日的復臨信徒認為威廉・米勒耳和查理斯・費治，分別是第一位天使信息和第二位天使信息所預表的事工的發動者，這樣，他們看自己的運動強調上帝的十誡正是第三位天使信息的開始。他們看待啟示錄第12章第17節所描繪的，又在啟示錄第13章和第14章所詳細闡述的，那聚焦上帝誡命的末日大鬥爭上的觀點，更激勵他們確信，自己不僅是米勒耳信仰的繼承人，也是上帝預言的那班人，他們的運動要在啟示錄第14章末日大收割之前，把三天使的信息傳給全世界的人。

因此，明白這預言驅使他們去完成使命。在二十一世紀初期，他們堅信自己的運動是預言的應驗，這促成了基督教歷史上最廣泛的對外宣教事工之一。他們在聯合國承認的230個國家中的204個國家裏開展了事工。

這種獻身不是出自偶然——這是他們從預言確信他們職責的直接結果。其核心是啟示錄第14章6節中第一位天使的命令，要傳給「各國、各族、各方、各民」，也是啟示錄第10章11節的命令，「你必指著多民、多國、多方、多王再說預言」。

克萊德・希維特在批評他的復臨教派所面臨的萎縮，試圖尋找解釋基督復臨安息日會成功的原因。他提到一個關鍵的因素，這樣寫道，「基督復臨安息日會的信徒確信，他們已經被賦予神聖的使命，繼承始於威廉・米勒耳的預言工作。他們將身心完全奉獻給此項聖工上。」

相反地，希維特的父親在1944年寫到，一般的復臨教派已經放棄了米勒耳對但以理書第8章14節中二千三百日的解讀，對經文的含意有異議。1984年，我拜訪了一位復臨教派的權威學者，他指出他們的教派已經不再接受米勒耳千禧年的解釋——然而這是米勒耳的最核心貢獻。

主啊，求祢幫助祢現代的教會，使他們認識到聖經預言不是死的歷史，而是在地球軌道走向頂點時，將歷史活出來的唯一解釋。

29日 「為什麼」會成功（八）

聖徒的忍耐就在此；他們是守上帝誡命和耶穌真道的。（啟14：12）

當奧爾巴尼復臨信徒和屬靈主義信徒，跳出米勒耳的預言平臺，他們對末後事件的解釋就開始糊塗了，這樣的侵蝕導致他們喪失了異象和使命。不同的是，基督復臨安息日信徒傳承米勒耳運動，認真看待預言。

我們應該注意到，僅僅堅信這「正確的教義」，並不能完整解釋守安息日的復臨信徒增長的原因。畢竟，守安息日的浸信會也堅信並傳講第七日為安息日的道理。但到2003年，他們在美國只有4,800位信徒，比該會在1840年的人數還少一點。十九世紀的一位第七日浸信會傳道人告訴貝約瑟，浸信會信徒可以「說服人接受第七日為安息日的合法性，卻不能使他們向前邁步，像基督復臨安息日會所做的那樣。」

同樣地，很多沒有守安息日的教會，也在傳揚基督前千禧年的基督復臨，卻沒有得到和基督復臨安息日會一樣的果效。克萊德‧希維特說他的「復臨教派沒能成為一個宣講福音的教會，也沒有給世界帶來多大影響。」他指出，小──並不僅僅是指人數含意上的小，但更重要的是「在夢想、在異象上的微小所帶出的行為，也是微小。」他還指出，復臨教派不能把他們無法成長歸咎於他們有非大眾化的教義，因為基督復臨安息日會同樣有非大眾化的教義，「它囊括了所有復臨基督教會的信仰，還加上幾條教義。」最後，他找出基督復臨安息日會成功的根源，是在於有堅定的信念，持定威廉‧米勒耳傳統中的預言使命。

總之，成功的主要動力，不局限於他們相信自己擁有安息日和基督復臨的真理。那支持和驅動基督復臨安息日會的力量，來自他們堅定的信念：他們是預言中的子民，擁有獨特的信息──基督將要再來到這個罪惡世界。他們很清楚他們的使命是早有預言的，加上與三天使信息框架裏的教義整合在一起，為守安息日的信徒提供了巨大的動力，使他們樂意獻身於福音廣傳的偉大事工之中。

二十一世紀初的復臨教會，正處於遺忘這些教導的危險之中。

那些米勒耳信徒怎麼樣了（三） **30**日

沒有異象，民就放肆；惟遵守律法的，便為有福。（箴29：18）

所有那些米勒耳信徒後來怎麼樣了？相當部分的後米勒耳主義教會已經死亡並且已被埋葬。還有些正處於衰敗垂死的過程中。這是理查‧尼科斯（Richard C. Nickels）在1973年所寫有關「上帝教會（第七日）」的歷史書中所下的結論，結尾一章的題目就叫「一個垂死的教會？」這個不中聽的詞，是從基督給撒狄教會的話中引用過來的，「按名你是活的，其實是死的！」同樣，在克萊德‧希維特三卷復臨基督教會歷史書（1990年）的最後一部分中也提到，「一個教會可以被告知是正在垂死嗎？」

這些想法把我們帶回到年輕的懷愛倫，在1844年12月所見的第一個異象中來。在講這個異象之前，我們必須說明，她很少做預測。也許最有趣的一次預測就是在她開始服事工作的時候。

她寫到有關復臨信徒後大失望時期的經歷，她指出「我看見一條筆直的窄路，遠遠高過這個世界。那些復臨信徒正在這路上往聖城走去，那城設在這路的盡頭。在他們的後面，就是這路的起點處，有一道明光。有一位天使告訴我說，這光就是夜半的呼聲。這光照耀著全部路程，使他們可以看清楚自己的腳步，不致跌倒。他們若定睛仰望行在他們前面領他們走向那城的耶穌，就得安全。但不久就有人感到疲倦……。」

「其他的人則輕率地否認那在他們後面的光，說那領他們奔走這遙遠路程的不是上帝。於是他們後面的光就熄滅了，他們的腳步也就陷於全然黑暗之中；他們既看不見耶穌和前面的目標，便從那路上跌到下面黑暗罪惡的世界中去了。」（《早期著作》第14、15頁）

我們在早些時候已經提到「夜半呼聲」，是上帝對那些因誤解預言導致1844年10月大失望的人們的指引。歷史事實顯明，後米勒耳主義的教派中，除了基督復臨安息日會以外，其餘的都放棄了「在他們後面的一道明光」，以致陷入虛無或幾乎是虛無之中（亦即，他們「便從那路上跌到下面」）。這就是曾經強大的福音派復臨教會，復臨教派，和其他一些教會的結局。

不同的是，有一個教會始終持守著預言的根基，並且將之當成是一項全力推展的普世運動而繼續興旺。唯有一件事我們必須時時刻刻戒慎恐懼的，就是勿忘在過去歷史中上帝的帶領。

12

31 日　　　　古老的石頭仍舊說話

他們從約旦河中取來的那十二塊石頭，約書亞就立在吉甲，對以色列人說：「日後你們的子孫問他們的父親說：『這些石頭是甚麼意思？』你們就告訴他們說：『以色列人曾走乾地過這約旦河。』」（書4：20－22）

我們藉著回顧復臨信徒的歷史，展開這一年旅程的時候，也是用這段經文。現在我們也將以這段經文結束這個旅程，這絕非偶然。上帝的真理從來沒有隨著時間流逝而改變。聖經是一本關乎歷史的書，它追溯偉大的救贖歷史，這是從創世記直到基督的第二次再來。

聖經也是一本記載上帝對祂子民奇妙帶領的書。

而且上帝的帶領沒有結束。祂將繼續引導他們直到贏得最後勝利為止。

如果教會失去了上帝在過去歷史中的帶領，所包含的意義和真實性，就會陷入麻煩的境地之中。在聖經時代是那樣，今天也如此。

無怪乎年老的懷愛倫，也在這個話題上警告她的讀者們要「回顧我們過去的歷史」。她說：「我既親自經驗了我們前進過程中的每一階段，現在回顧我們過去的歷史時，我就要說，讚美上帝！當我看見上帝對我們的鍛鍊，就驚奇不已，又因基督是我們的導師，而信心滿滿。面對未來，我們一無所懼；除非，我們忘記上帝過去的帶領和教導。」（《懷氏傳略》第196頁）

唯恐我們忘記！作為基督復臨安息日會的信徒，我們對將來毫無所懼，除非我們忘記上帝以往的帶領。

歷史的小徑指示了將來的道路。當基督徒忘記了上帝過去的帶領，就會迷失自我。迷失了自我，也就失去了使命和目標。如果你不知道自己在上帝永恆計畫裏的意義，那你還有什麼可以告訴這個世界的呢？

在過去的364天裏，我們注意到基督教的歷史上，時常會有些教會團體遺忘自己是從哪裏來的，以致於面對未來毫無方向。

在這年終的時候，我們知道復臨信徒的歷史上，時常會有已經消滅或正在垂死中的團體，這都是肇因於他們已經忘記了上帝以前所賜給他們的預言。

遺忘是基督復臨安息日會信徒最大的試探之一。但我們對將來一無所懼，除非我們忘了祂！

一些較重要的索引

M

M.L. Andreasen 安德森
Madras 馬德拉斯
Matabeleland 馬塔貝萊蘭地區
Middletown 米德爾敦
Midnight Cry 夜半呼聲
Milton Hook 彌爾頓‧胡克
Morning Star 晨星號
Wolf 沃爾夫

N

New Bedford 新貝德弗德鎮
New Hampshire 新罕普斯費爾

O

O.A. Olson 奧森
O.R.L Crosier 克羅西亞
Oberlin College 奧伯林學院
Olive Maria Rice 奧利弗‧瑪利亞‧賴斯
Oliver Wendell Homes 奧利弗‧荷密斯
Oriental Watchman 《東方守望者》雜誌
Orton 奧頓
Osborne 奧斯伯尼

P

Paradise Valley 天堂谷
Paul Gordon 保羅‧戈登
Percy T.Magan 佩西‧梅根
Petaluma 巴圖路馬
Peverinis 皮伐瑞尼斯
Pitcairn Island 皮特凱恩島
Prudy Bates 普露蒂

R

Restorationism 復原主義論
R.De Witt Hottel 迪威特‧豪特爾
R.F. Cottrell 卡切爾
R.S. Owen 歐文
Rachel Oakes 拉結‧奧克絲
Rarotonga 拉羅湯加
Review and Herald 《評閱宣報》
Richard C. Nickels 里查德‧尼科斯
Richard Godsmark 裏查德‧戈斯馬克
Rochester 羅徹斯特

S

Sabbatarians 守安息日的信徒
Samuel H. Rhodes 撒母耳‧羅德

Samuel S. Snow 撒母耳‧斯諾
Sarah Lindsay 撒拉‧林達賽
Schenectady 斯克內克塔迪
Sentinel of Religious Liberty 《宗教自由前哨》
Sidney Brownsberger 西德尼‧布朗斯伯格
Solusi Mission 索盧西區會
South Lancaster Academy 南蘭卡斯特學校
Spiritualizers 屬靈主義信徒
Stephen N. Haskell 司提反‧哈斯科爾
Sylvester Grabam 西爾威斯特‧格裏罕

T

T.H. Okohira 奧克希拉
Tahiti 塔希提島
The Taberbacle of the Air 空中會幕
The Voice of Prophecy 預言之聲
Theodore Dwight Weld 希歐多爾‧維爾
Thomas M. Preble 湯瑪斯‧普列伯
Thompson 湯普森
True Missionary 《真佈道士》

U

Uriah Smith 烏利亞‧史密斯

W

Waukon 華康
W.C. Grainger 格林格
W.H. Brinkerhoff 伯林克霍夫
W.W. Prescott 普列斯科特
Walter Guy Bond 沃爾特‧邦德
Washington Foreign Missionary Seminary
華盛頓海外宣教神學院
Wesleyan holiness denominations
衛理公會的聖潔派
Will Palmer 維爾‧帕曼
William A. Spicer 威廉‧施拜瑟
William Carey 威廉‧凱裏
William E. Foy 傅威廉
William Fagel 威廉‧斐吉爾
William Farnsworth 威廉‧範斯吾斯
William H. Healey 威廉‧希萊
William Hunt 威廉‧罕特
William Lenker 威廉‧蘭克
William Miller 威廉‧米勒耳
Willie White 懷維利

國家圖書館出版品預行編目資料

唯恐我們忘記 / 喬治・賴特(George R. Knight)作；
張恩澤譯. -- 初版.-- 臺北市：時兆, 2010.09
　　面；　　公分
　　譯自：Lest we forget：daily devotionals
　　ISBN 978-986-6314-03-2(精裝)

1. 基督徒　2. 靈修

244.93　　　　　　　　　　　　99011737

唯恐我們 忘記

| 作　　者 | 喬治・賴特（George R. Knight） |
| 譯　　者 | 張恩澤 |

董 事 長	胡子輝
發 行 人	周英弼
出 版 者	時兆出版社
客服專線	0800-777-798
電　　話	886-2-27726420
傳　　真	886-2-27401448
地　　址	台灣台北市105松山區八德路2段410巷5弄1號2樓
網　　址	http://www.stpa.org
電　　郵	stpa@ms22.hinet.net

責任編輯	周麗娟
文字校對	徐雲惠、宋道明、陳美如、蕭人華
封面設計	時兆設計中心、林俊良
美術編輯	時兆設計中心、林俊良
法律顧問	統領法律事務所　電話：886-2-23212161

商業書店 總 經 銷	東芝文化事業有限公司
電　　話	886-2-82421523
地　　址	台灣台北縣235中和市中山路二段315巷2號4樓

基督教書 房總經銷	恩膏國際文化事業有限公司
電　　話	886-2-82422081
地　　址	台灣台北縣235中和市安邦街11號

Ｉ Ｓ Ｂ Ｎ	978-986-6314-03-2
定　　價	新台幣430元　港幣99元　美金16元
出版日期	2010年10月　初版1刷

時兆讀友回函

謝謝您購買時兆的出版品，希望您看了很滿意。也請費心填寫此回函卡，讓我們可依此提升服務品質，我們並將不定期寄上最新出版訊息，以饗讀者。

您購買的書名：＿＿＿＿＿＿＿＿＿＿＿＿＿＿＿＿

姓名：＿＿＿＿＿＿＿＿＿＿　性別：□男 □女

生日：＿＿＿年＿＿＿月＿＿＿日

地址：□□□＿＿＿＿＿＿＿＿＿＿＿＿＿＿＿＿＿

聯絡電話：＿＿＿＿＿＿＿＿　傳真：＿＿＿＿＿＿＿＿

若您願意收到時兆不定期的新書資訊或優惠活動，請留下您的E－mail：

＿＿＿＿＿＿＿＿＿＿＿＿＿＿＿＿＿＿＿＿＿＿＿＿

學歷：□高中及高中以下 □專科及大學 □研究所以上

職業：□學生　□軍公教 □服務 □金融 □製造 □資訊 □傳播
　　　□自由業 □農漁牧 □家管 □退休 □其他

您覺得本書價格： □偏低 □合理 □偏高

您對本書的整體評價：（請填代號1.非常滿意2.滿意3.普通4.不滿意5.非常不滿意）

書名＿＿　內容＿＿　封面設計＿＿　版面編排＿＿紙張質感＿＿＿＿＿

您從何處得知本書消息？

□教會 □文字佈道士 □書店（店名：　　　　）□親友推薦

□網站（站名：　　　　　）□雜誌（名稱：　　　）

□報紙 □廣播 □電視 □其他：

您通常透過何種方式購書？

□教會　　　□文字佈道士　　□逛書店　　□網站訂購　　□郵局劃撥

□電話訂購　□傳真訂購　　　□團體訂購　□其他：

您喜歡閱讀哪些類別的書籍？

□宗教：　　　□靈修生活 □見證傳記 □讀經研經 □慕道初信 □神學教義

□醫學保健　□心靈勵志 □文學　　□歷史傳記 □社會人文

□自然科學　□休閒旅遊 □科幻冒險 □理財投資 □行銷企劃

□其他：

對我們的建議：

＿＿＿＿＿＿＿＿＿＿＿＿＿＿＿＿＿＿＿＿＿＿＿＿

＿＿＿＿＿＿＿＿＿＿＿＿＿＿＿＿＿＿＿＿＿＿＿＿

＿＿＿＿＿＿＿＿＿＿＿＿＿＿＿＿＿＿＿＿＿＿＿＿

＿＿＿＿＿＿＿＿＿＿＿＿＿＿＿＿＿＿＿＿＿＿＿＿

＊ **請放大影印傳真至本社，傳真熱線：**（02）2740-1448

請沿虛線對摺，謝謝！

唯恐我們 忘記